Christian Winkler
Christina Winkler

MIT DEM WOHNMOBIL NACH BAYERN

Teil 2: Der Südosten

Oberbayern mit
Niederbayern südlich der Donau

Die Anleitung für einen Erlebnisurlaub

DER WOHNMOBIL-VERLAG
D-36452 Kaltennordheim
OT Mittelsdorf

Die Deutsche Bibliothek – CIP-Einheitsaufnahme

Bibliografische Information der Deutschen Bibliothek

Die Deutsche Bibliothek verzeichnet diese Publikation in der Deutschen Nationalbibliografie.
Detaillierte bibliografische Daten sind im Internet über <http://dnb.ddb.de> abrufbar.

Titelbild: Karwendelblick (Tour 5)
Innenumschlag: Ramsau (Tour 8)
Seite 6 / 7: Bad Tölz (Tour 4)

2. aktualisierte Auflage 2020

Druck:
Louis Hofmann Druck- und Verlagshaus Sonnefeld

Vertrieb:
GeoCenter, 70794 Filderstadt

Herausgeber:
WOMO-Verlag, OT Mittelsdorf, 36452 Kaltennordheim
GPS: N 50° 36' 38.2" E 10° 07' 55.6"

Fon: 0049 (0) 36946-20691
Fax: 0049 (0) 36946-20692
eMail: verlag@womo.de
Internet: www.womo.de

Autoren-eMail: winkler@womo.de

ISBN 978-3-86903-842-1

Jede Tour und jeder Stellplatz sind von uns meist mehrfach überprüft worden, wir können jedoch inhaltliche Fehler nie ganz ausschließen. Bitte achten Sie selbst auf Hochwasser, Brandgefahr, Steinschlag und Erdrutsch!
Verlag und Autoren übernehmen keine Verantwortung für die Legalität der veröffentlichten Stellplätze und aller anderen Angaben. Unsere Haftung ist, soweit ein Schaden nicht an Leben, Körper oder Gesundheit eingetreten ist, ausgeschlossen, es sei denn, unsere Verantwortung beruht auf Vorsatz oder grober Fahrlässigkeit.

EINLADUNG

Grüß Gott und herzlich willkommen im Süden Bayerns!
Oder noch genauer: in Oberbayern
mit Niederbayern südlich der Donau.

Dies ist unsere Heimat, der Ort an dem wir aufgewachsen sind. Wir haben uns bemüht, für Sie die sehenswertesten Winkel und interessantesten Ecken herauszusuchen, immer mit dem Augenmerk auf "Wohnmobil-Tauglichkeit".

Ziel dabei ist, dass Sie nichts verpassen, aber auch nicht mit Informationen erschlagen werden.

Am Ende sind es fast 400 Seiten geworden, voller Wissenswertem, Ideen und Anregungen für einen hoffentlich unvergesslichen Aufenthalt – in einer der schönsten Gegenden Europas. Wir jedenfalls sind davon überzeugt und ziemlich sicher, dass Sie nach Ihrer Reise ähnlich denken werden.

Ob Sie den Touren genau folgen, sich einzelne Teile herauspicken oder das Buch als lose Inspiration verwenden, während Sie sich einfach treiben lassen, ist Ihnen dabei völlig freigestellt.

Entdecken Sie die Möglichkeiten
für Ihren ganz individuellen Traumurlaub:

- Biergärten unter schattenspendenen Kastanienbäumen,
- Märchenschlösser der bayerischen Könige,
- Alpenseen vor einzigartigem Bergpanorama,
- Gipfelglück zwischen Watzmann und Zugspitze,
- Münchner Lebensart und bayerische Gemütlichkeit,
- gelebte Tradition zwischen Lech und Inn, Traun und Donau,
- stolze Städte und Dörfer in sanft geschwungenem Grün.

Wir wünschen Ihnen eine tolle Zeit mit unseren Touren und allzeit gute Fahrt. Vergessen Sie auch nicht die Gebrauchsanleitung und die Tipps am Ende des Buches zu lesen, sie geben Ihnen einen wertvollen Leitfaden mit auf den Weg.

Und dann bleibt nur noch eins zu tun: endlich losfahren...

Eine "Mordsgaudi und a sakrisch guade Zeit",

Ihr Christian Winkler

1: München

Nicht nur während des Oktoberfests gehört ein Besuch von München fast schon zum Pflichtprogramm. Zwischen Stachus und Münchner Freiheit gibt es das ganze Jahr über viel zu sehen (Tour 1).

2: Biergartenkultur

Egal ob laut und quirlig im Münchner Hirschgarten, traditionell am Kloster Andechs oder ruhig und beschaulich irgendwo an Amper und Isar – planen Sie am besten gleich mehrere Biergartenbesuche ein!

3: Walchensee

In Bayern gibt es herrliche Badeseen gleich im Dutzend und somit fällt die Entscheidung äußerst schwer. Eine beinahe unschlagbare Kulisse bietet dabei das zugegeben meist eher frische Walchensee-Südufer (Touren 4).

4: Garmisch-Partenkirchen

Nicht die Stadt selbst, sondern vor allem ihre Umgebung ist eine Schau. Zugspitze, Eibsee, Höllentalklamm und Karwendelmassiv liegen alle nur wenige Kilometer entfernt (Tour 5).

5: Engtal

Streng genommen gehört dieses besonders schöne Tal schon zu Tirol. Erreichbar ist es aber nur von bayerischer Seite aus über den Sylvensteinsee. Die Bergkulisse und der Ahornboden sind einmalig (Tour 6).

6: Königssee

Unterhalb der Felsriesen des Watzmannmassivs lässt sich ein sonniger Tag kaum besser verbringen, als bei einer Bootsfahrt nach St. Bartholomä oder bis zum ruhigen Hintersee am Talschluss (Tour 8).

7: Chiemsee

Das bayerische Meer lockt mit schönen Badestellen, einem tollen Radweg ringsum und den sehenswerten Inseln Frauenchiemsee und Herrenchiemsee, mit einem nie vollendeten Märchenschloss Ludwigs II. (Tour 9).

8: Burghausen

Auch wenn die längste Burg der Welt eher unbekannt ist, lohnt ein Besuch der riesigen Anlage ganz im Osten Bayerns. Ein hübsches Städtchen und einen tollen Badesee gleich unterhalb gibt es noch dazu (Tour 10).

9: Passau

Die hübsche Stadt am Zusammenfluss von Inn und Donau bietet ein sehenswertes Zentrum, eine aussichtsreiche Burg und ein interessantes Umland mit vielen Thermen (Tour 12).

10: Landshut

Altstadt und Hauptplatz von Landshut gehören zu den schönsten Ortsensembles in ganz Bayern. Nicht nur während des alle vier Jahre stattfindenden Historienspektakels „Landshuter Hochzeit“ (Tour 13).

Inhaltsverzeichnis

Gebrauchsanleitung

Ein paar Infos zu Ihrem Reisegebiet vorab

Nicht von ungefähr gehört der Süden Bayerns zu den beliebtesten Urlaubsdestinationen Deutschlands. Bunt bemalte Bauernhäuser auf saftigen Kuhweiden, im Hintergrund immer die Alpen. An vielen Orten wirkt die Landschaft wie gemalt, manchmal fast unwirklich, ja beinahe schon kitschig. In dieser Kulisse verteilen sich dann noch viele herrliche Seen, Schlösser und andere Sehenswürdigkeiten, die es zu entdecken gilt. Die mannigfaltigen Möglichkeiten Bayerns Berge zu erwandern noch gar nicht mitgezählt. All dies liegt in so überschaubarer Entfernung zueinander, dass es kein Problem ist, bei Bedarf schnell von einem Lieblingsort zum anderen zu wechseln. Falls Ihnen zwischendurch dann doch einmal nach mehr Trubel und städtischer Atmosphäre ist, bietet München zigfache Gelegenheiten, sich beim Shoppen, Sightseeing und Kennenlernen seiner vielen interessanten Seiten zu verausgaben. Vergessen werden darf bei all dem auch Oberbayerns Norden nicht, sowie das südliche Niederbayern. Zwar ist die Landschaft dort weniger pittoresk wie am Alpenrand, doch sie haben Gelegenheit stillere Winkel zu entdecken, an denen der Tourismus im großen Stil weitestgehend vorüber gegangen ist. Entlang von Altmühl und Donau, im Thermendreieck südlich von Passau und in hübschen Städten, wie Landshut, Freising und Landsberg scheinen die Uhren ein wenig langsamer zu ticken und oft finden Sie die vielgerühmte bayerische Gemütlichkeit genau dort. Das richtige Umfeld für eine entschleunigte Urlaubszeit. Praktisch ist auch, dass Sie sich über Sprache und Verständigung keine Gedanken machen müssen. Selbst wenn es Ih-

nen ab und an vielleicht schwer fallen mag, den bayerischen Dialekt vollends zu entschlüsseln, am Ende versteht man sich herrlich unkompliziert, von der Waterkant bis ins Berchtesgadener Land und von Mannheim bis Rosenheim dann eben doch.

Kulinarisch kommen Sie in Bayern voll auf Ihre Kosten, ohne dass es für empfindliche Gaumen zu exotisch wird – weit über den „Weißwurstäquator" hinaus sind Leberkäs, Schweinshaxn, Grillhendl und Brezn ein Begriff. Besonders gut schmeckt das alles bei einer zünftigen Maß unter freiem Himmel im Biergarten. In Sachen Gersten- und Weizensaft macht man in Bayern keine Kompromisse – unter einer Halben geht meist nichts, im Freischankbereich ist der Literhumpen noch immer „die Maß der Dinge". Wem solche Mengen Helles, Dunkles oder Weißbier doch etwas zu mächtig sind, der mischt eben. Radler (Helles oder Dunkles mit Limo), Ruß (Weißbier mit Limo) oder Cola-Weizen sind fast immer erhältlich. Für kulinarische Abwechslung sorgen zusätzlich die Einflüsse anderer Länder, an manchen Orten ist die Dichte italienischer Lokale schon höher als die bayerischer Wirtschaften und es kann Ihnen auch passieren, dass sie in einem Biergarten landen, in dem griechische oder türkische Schmankerl serviert werden. Kurz: Sie werden immer etwas finden, dass Ihnen schmeckt.

In Sachen Wohnmobilfreundlichkeit liegt Bayern im guten Mittelmaß. Zwar gibt es offizielle Stellplätze und Ver-/Entsorgungseinrichtungen, doch in manchen Gebieten muss man sie schon suchen und gerade die touristischen Hotspots und München sind in Sachen Wohnmobil-Infrastruktur eher noch Entwicklungsland. Am Ende präsentieren wir Ihnen dann aber doch fast 400 (!) Plätze, auf denen Sie nächtigen können, da ist für jeden Gusto etwas dabei. Mal sind das einfache Parkflächen in der Natur, an Seen oder in Städten, mal speziell gekennzeichnete Womo-Rastplätze und auch eine ganze Reihe an Campingplätzen, die kaum Wünsche bei der Ausstattung offen lassen und ihre Leistungen fast allerorts zu recht fairen Preisen anbieten.

Klimatisch machen Sie von April bis Oktober nichts falsch, März und November / Dezember können dagegen schon einmal grau, nass und kalt werden. Im Januar und Februar herrscht Frost und Schnee vor, nicht das ideale Klima für einen Womo-Urlaub – außer Sie möchten Ski fahren und Wintercampen. Dann ist genau diese Zeit des Jahres die Ihre – dafür ist dieses Buch jedoch nicht geschrieben.

Nur in den höheren Lagen gibt es selbst im Frühling und Spätherbst regelmäßig Schnee, zwischen Juni und September stehen die Chancen dagegen gut, an den vielen Seen und in Freibädern Erfrischung und Badevergnügen genießen zu können. Gutwettertage bis weit in den Oktober versprechen herrliche Aussicht und frische Bergluft bei einem Wander- und Gipfelabenteuer.

Wenn es selbst im Sommer dann doch einmal kühl ist oder regnet, ist das kein Grund für Verdruss: Sie finden an vielen Orten Hallenbäder und Thermen, sowie eine ganze Reihe unterschiedlichster Indooraktivitäten, zum Schauen, Staunen, Erleben und um selbst aktiv zu werden. Dabei werden fast immer alle Altersklassen berücksichtigt. Von Kindern und Jugendlichen bis zu Senioren.

Von wenigen Bergstraßen und Güterwegen abgesehen, müssen Sie die bayerischen Straßenverhältnisse nicht fürchten, selbst in bergigen Regionen und mit großen Womos nicht. Fast überall sind die Straßen sehr gut ausgebaut und ausreichend breit, so dass Sie problemlos reisen können.

Und auch in Sachen Kriminalität kann ein Urlaub in Bayern gegenüber dem in Südeuropa punkten: Die Wahrscheinlichkeit nach einer Wanderung oder einem Stadtbummel auf ein aufgebrochenes oder gar gestohlenes Wohnmobil zu treffen (bzw. eben nicht mehr zu treffen), ist extrem gering und liegt im Promillebereich. Das heißt aber nicht, dass immer und überall völlige Sorglosigkeit angebracht ist, denn Taschendiebe, die in großen Menschenmengen ihr Unwesen treiben, gibt es natürlich auch in Bayern. Touristenansammlungen in München, Volksfeste in Kleinstädten und Umzüge am Land – immer dann, wenn sehr viele Menschen zusammen kommen schadet es nicht, ein wenig besser auf die mitgeführten Habseligkeiten zu achten.

Sie haben es sicher schon gemerkt, unter dem Strich spricht eine ganze Menge für Urlaub in Bayern im Allgemeinen und seinen Südteil im Besonderen. Einem ungetrübten Urlaubsvergnügen steht praktisch nichts im Weg!

Aufbau der Touren und Tourenkarten

Die Touren in diesem Buch sind alle nach dem gleichen Prinzip aufgebaut. Links finden Sie jeweils die Übersichtskarte mit der

rot eingezeichneten Tourenstrecke. Darin sind Stellplätze und Sehenswürdigkeiten vermerkt. Offizielle und privat errichtete (kommerzielle) Übernachtungsplätze sind auf den Karten mit WOMO-Icons gekennzeichnet, andere inoffizielle Plätze mit Ovalen. Alle besitzen fortlaufende Nummern und Icons für die wichtigsten Ausstattungsdetails. Diese und alle weiteren verwendeten Symbole sind als Legende auf der Rückseitenklappe des Buches erklärt.

Rechts daneben finden Sie im Tourenkopf einen Namen und eine Kilometerangabe zur jeweiligen Tour sowie die wichtigsten Orte, nach denen die Tour mit Zwischenüberschriften gegliedert ist.

Der farbige Kasten darunter gewährt Ihnen eine schnelle Übersicht über Stellplätze, Sehenswürdigkeiten sowie die beschriebenen Bade- und Wandermöglichkeiten.

Im nun folgenden Text des Tourenkapitels folgt auf eine kurze Einleitung die ausführliche Beschreibung mit vielen relevanten Informationen zur Fahrtstrecke, zu Städten, Sehenswürdigkeiten, Badeplätzen und allem anderen, was aus unserer Sicht für Sie von besonderem Belang sein könnte.

Diese Texte werden an den jeweiligen Stellen von Stellplatzkästen unterbrochen. Dort werden mögliche Übernachtungsplätze beschrieben (siehe nächste Überschrift).

Außerdem gibt es hellgelb hinterlegte Kästen mit etwas kleiner gedruckter Schrift im Buch, die Hintergrundinformationen zu wichtigen Persönlichkeiten, lokalen Spezialitäten oder landestypischen Themen enthalten können. In anderen dieser Kästen finden Sie Beschreibungen von Stadtrundgängen, die einen Spaziergang ermöglichen, den sie sich so nicht selbst zusammenstückeln müssen. Ähnlich aufgebaute hellgrüne Kästen beschreiben verschiedene Wanderungen entlang der Route.

Am Ende jedes Textabschnitts oder, falls didaktisch sinnvoll, an Zwischenabsätzen, haben wir Ihnen, durch eine kleinere Schrift vom Haupttext abgesetzt, Zusatzinformationen angefügt. Dabei handelt es sich um Wissenswertes zu den beschriebenen Sehenswürdigkeiten, wie Adressen, Öffnungszeiten und kodierte Preise. Der Preisschlüssel bedeutet in diesem Fall:

€	bis ca. 6 EUR
€€	bis ca. 12 EUR
€€€	bis ca. 24 EUR
€€€€	über 24 EUR

Am Ende vieler Abschnitte finden Sie in olivgrün umrandeten Kästen korrespondierende Gastrotipps. Trifft eine solche Empfehlung einmal nicht Ihren Geschmack oder hat möglicherweise zwischenzeitlich der Koch gewechselt, bitten wir dies zu entschuldigen... Hinter den aufgeführten Restaurants finden Sie kleine Sterne. Diese haben folgende Bedeutung

*	solide Lokalität mit unterdurchschnittlichen Preisen
**	gutes Restaurant mit durchschnittlicher Preisstruktur
***	teure Gastronomie mit entsprechender Qualität.

Stellplätze
Natürlich sind eine große Anzahl und Auswahl an Stellplätzen ein besonders wichtiger Teil eines Wohnmobilreiseführers. Dabei erheben wir nicht den Anspruch, alle nur möglichen und unmöglichen Stell- und Campingplätze aufzuführen. Dies tun Campingführer, Stellplatz-Apps und -Internetseiten inzwischen zur Genüge. Die in diesem Buch genannten Plätze sind geprüft, haben sich meist über einen längeren Zeitraum bewährt und liegen direkt oder nah an der beschriebenen Route, ohne, dass Sie sich selbst Wege und Plätze zusammensuchen müssen. Zudem genießen Sie den unschlagbaren Vorteil, auch dann ans Ziel zu kommen, wenn die Technik / das Internet einmal versagt...

Damit Sie die Übernachtungsplätze schnell und mit allen relevanten Daten gut erfassen können, haben wir diese im Text durch farbige Kästen hervorgehoben und, analog zu den Übersichtskarten, fortlaufend durchnummeriert. Alle sind gleichartig aufgebaut. Neben dem Namen des Platzes und der Ortschaft ist ersichtlich, ob es sich um einen offiziellen oder inoffiziellen Stellplatz handelt. Des Weiteren unterscheiden wir namentlich als auch durch die Kastenfarbe gekennzeichnet zwischen den Arten der Stellplätze.

- Auf einfache Stellplätze weist die Farbe Gelb hin (z.B. in Städten).
- Übernachtungsplätze mit Bademöglichkeit sind mit hellblauer Farbe unterlegt.
- Wanderparkplätze sind grün gekennzeichnet.
- Picknickplätze erkennen Sie an der violetten Farbe.
- Gastro-Stellplätze haben einen hellgelben Hintergund.
- Campingplätze besitzen ein olivgrünes Kästchen.

Darunter folgen die exakten GPS-Koordinaten im Format Grad / Minuten / Sekunden (bitte passen Sie ihr Navigationsgerät gegebenenfalls an) und die Straßenangabe, soweit benennbar.

In den nächsten Zeilen finden Sie Angaben zu der Kontakttelefonnummer und der Internetadresse sowie den Öffnungszeiten, falls der Platz nicht durchgängig zugänglich ist.

„Max. WOMOs“ soll andeuten, wie viele WOMOs dieser Platz maximal verträgt und nicht, wie viele theoretisch auf ihn passen würden (schließlich gibt es auch Anwohner und andere Urlauber). Bei Campingplätzen entfällt diese Angabe.

„Ausstattung“ benennt alle relevanten Informationen zu Ver- und Entsorgungseinrichtungen, Stromanschlüssen, ob Duschen / Toiletten verfügbar sind, ob es Mülleimer und WLAN-Empfang gibt oder was sonst noch für Sie wichtig sein könnte. Bei Campingplätzen dürfen Sie, falls nicht anders vermerkt, dagegen immer von Ver- und Entsorgungsmöglichkeiten, Strom sowie Duschen und Toiletten ausgehen. Alles darüber hinaus Relevante finden Sie ebenfalls in dieser Rubrik.

Unter „Beschreibung“ geben wir Ihnen ein paar mehr Informationen zur Optik und Umgebung der Plätze mit auf die Reise. ACHTUNG: Beachten Sie bitte, dass in Bayern Campingverhalten, also das Aufstellen von Tischen und Stühlen, Ausfahren von Markisen und Ausbreiten diverser Utensilien außerhalb von Campingplätzen und wenigen campingplatzähnlichen Stellplätzen untersagt ist. Je mehr Touristen dabei eine Region besuchen, desto strenger die Handhabung. Gerade in Oberbayern sollten Sie dies daher unbedingt beachten.

Nur, wenn ein Platz kostenpflichtig ist, taucht die Zeile „Preis“ auf. Diese ist für bayerische Stell- und Campingplätze wie folgt kodiert:

€	bis 10 EUR
€€	bis 18 EUR
€€€	bis 26 EUR
€€€€	bis 35 EUR
€€€€€	über 35 EUR

Als Referenz wird dabei immer mit zwei Erwachsenen und einem Wohnmobil von sechs bis acht Metern kalkuliert. Sollte

ein Platz saisonal oder ausstattungsbedingt unterschiedliche Preise verlangen, finden Sie Preisangaben wie zum Beispiel „€-€€". Der günstigste Preis bezieht sich dann immer auf die Nebensaison, einfache Parzellen und, falls wählbar, nicht vorhandenen Stromanschluss, der teuerste Preis auf die Hauptsaison mit Premiumparzellen und Strom.

Zu guter Letzt folgt die Anfahrtsbeschreibung, die Ihnen dann ergänzend weiterhilft, wenn Ihr Navi nicht mitspielt. Ist hier ein „Achtung!" vermerkt, sollten Sie sich in jedem Fall an die Beschreibung halten, da sonst Gefahr besteht, an falscher Stelle zu stranden...

Zusätzlich zu den Kästen können einfache Stellplätze am Wegesrand oder nicht näher bekannte Campingplätze, statt so umfangreich wie eben beschrieben, in einigen Fällen auch nur als GPS-Koordinaten mit wenigen Zusatzinfos direkt in den Text integriert sein. Dann erhalten diese einen farbigen Hintergrund der jeweiligen, zuvor beschriebenen Kategorie.

Solche Felder, die nur einen Rahmen besitzen, aber keinen farbigen Hintergrund, zeigen reine Tagespark- / Tagesbade- / Tageswander- / Tagespicknickplätze an, ohne Eignung zur Übernachtung.

Tipps von A-Z und Abspann

Das Ende des Buches bildet eine große Anzahl weiterführender Tipps zu Bayerns Süden, die über Land, Leute und alle möglichen reiserelevanten Dinge aufklären. Wir empfehlen Ihnen, diese bereits vor der Reise und auch vor der Nutzung der Tourenkapitel einmal durchzublättern. Nicht alles wird für Sie relevant sein, aber mit Sicherheit Vieles interessant, Einiges gar unverzichtbar.

Ganz zum Schluss folgen dann noch Bildnachweis und Stichwortverzeichnis sowie die Übersichtskarte aller Touren im rückwärtigen Umschlag.

Unsere Bitte an Sie:

Wie bei allen Reiseführern werden, trotz aller Sorgfalt, am Ende Fehler vorkommen. Auch ändern sich Angaben wie Öffnungszeiten und Preise. Stellplätze schließen oder werden in kurzer Zeit heruntergewirtschaftet, Restaurants wechseln Namen und Besitzer. Wenn Sie solche oder ähnliche Entdeckungen machen, helfen Sie uns und allen anderen Lesern / -innen sehr, indem Sie sich an uns wenden und davon berichten. Auch über Neuentdeckungen aller Art (idealerweise mit Koordinatenangaben) freuen wir uns immer. Selbst, wenn Sie einfach „nur" zufrieden waren oder mitteilen können, dass sich an besuchten Stellen nichts verändert hat, unterstützen

Sie unsere Arbeit. Wir bitten Sie, uns solche Angaben direkt per Email zukommen zu lassen:

winkler@womo.de.

Alternativ können Sie das als vorletzte Seite angehängte Infoblatt (oder einen Text in Freiform) an den Verlag senden. Bitte beachten Sie auch das Womo-Forum (**www.forum.womoverlag.de**). Dort werden wir zwischen den Auflagen mindestens einmal jährlich unter der Rubrik „Korrekturen" besonders relevante Änderungen des Buchs veröffentlichen, die Sie für noch mehr Aktualität gegebenenfalls ausdrucken und mitnehmen können.

Außerdem werden wir zusätzliches Material, wie zu den hier nur textlich vermerkten Stadtrundgängen oder Informationen, die schlichtweg im Buch keinen Platz mehr hatten, auf unserer Internetseite **www.tourlustmag.de** zur Verfügung stellen.

Eine zweite Bitte in eigener Sache betrifft unser aller Verhalten als Wohnmobilreisende. Immer wieder müssen wir unterwegs feststellen, dass einstmals schöne Übernachtungsplätze schließen und Parkplätze mit Höhenbarrieren oder Verboten versehen werden. In vielen Fällen liegt das nicht (nur) an der Willkür der Gemeinden, sondern am Fehlverhalten einiger Weniger. Achten Sie bitte darauf, nicht dazu beitragen, Wohnmobilurlauber in ein schlechtes Licht zu rücken. Dafür ist es allein schon hilfreich, die Maximalangaben für freie Stellplätze zu beachten und nicht sämtlichen Platz für andere Fahrzeuge zu blockieren oder wild zu Campen, also Tische und Stühle an Stellen aufzubauen, die dafür nicht vorgesehen sind. Mit dem Entsorgen von Müll und dem Leeren von Fäkalientanks im benachbarten Gebüsch wollen wir gar nicht anfangen, haben aber all das leider bereits erlebt... Im Zweifelsfall klären Sie, wenn denn möglich, freundlich, aber bestimmt auf. Am Ende kommt das Ihnen und uns allen zu Gute.

Herzlichen Dank!

TOUR 1
5 km
N
Freising
F.J.S. Flughafen München
Erding
Mitt. Isarkanal
Kronthaler Weiher
Therme Erding
28
27
Notzinger Weiher
388
WC
29
Wilfinger Weiher
Hallbergmoos
26
Markt Schwaben
Neufahrn
301
Isar
Echinger See
Eching
A 92
A 9
11
25
24
Speichersee
Wildpark Poing
Poing
Kirchheim
Bajuwarenmuseum
TOUR 2
Garching
Ismaning
Heimhausen
22
23
Hollerner See
Unter-
schleißheim
20
Oberschleißheim
13
A 99
Heimstetten
A 94
Aschheim
Heimstett. See
30
Feringaeee
5
Feld-
kirchen
471
Riemer See
Haar
München
Englischer Garten
9
19
304
21
Karlsfelder See
Regattasee
Karlsfeld
Feldmochinger See
Fasanerieseе
Lerchenauer See
6
8
10
17
2
Neubiberg
Ottobrunn
Unterhaching
Waldschw. See
Würm
Olympiapark
Botanischer Garten
Nymphenburg
11
16
1
12
A 8
3
Langwieder Seenplatte
15
14
4
7
Taufkirchen
18
Oberhaching
Gröbenzell
Germering
Gräfelfing
Planegg
A 96
2
A 95
Pullach
Grünwald

Tour 1: München und das nördl. Umland – 170 km

München – Ober- und Unterschleißheim
Eching – Flughafen München – Erding
Poing und Kirchheim

Stellplätze:	München (13x), Taufkirchen, Sauerlach, Oberschleißheim (2x), Unterschleißheim (2x), Eching, Hallbergmoos, Notzing, Erding, Wilfing, Kirchheim
Campingplätze:	München (4x)
Besichtigen:	München, Schloss und Flugwerft Schleißheim, Besucherpark Flughafen München, Erding, Wildpark Poing, Bajuwarenhof Heimstetten
Baden:	Münchner Badeseen, Regattasee Oberschleißheim, Unterschleißheimer See, Hollerner See, Echinger See, Notzinger Weiher,, Kronthaler Weiher, Therme Erding, Wilfinger Weiher, Heimstettener See

Willkommen im Süden Bayerns! Bevor Sie mit diesem Buch die oberbayerischen Berge und niederbayerischen Ebenen erkunden, möchten wir Sie zuallererst in die so vielfältige wie schöne Landeshauptstadt München und in ihre Randgebiete mitnehmen.

München

Ihr Wohnmobil brauchen Sie fürs Erste nur als Schlafgelegenheit, denn die beste Möglichkeit zur Erkundung der Isarmetropole bietet der öffentliche Nahverkehr des MVG / MVV. Ohne Weiteres werden Sie mit der Stadterkundung mehrere Tage zubringen können – wenn Sie denn wollen. Neben einem umfangreichen Kulturangebot, vielfältigen Einkaufsmöglichkeiten und zünftigen Biergärten, bietet München viel Grün in den Parks, entlang der Isar und an den Baggerseen der Vorstadt. Nehmen Sie sich Zeit und nutzen Sie die Gelegenheit hier und da einfach einmal entspannt die Seele baumeln zu lassen und das bayerische Lebensgefühl zwischen Englischem Garten, Schloss Nymphenburg, Flaucher und Friedensengel zu verinnerlichen, bevor Sie im weiteren Verlauf von Tour eins wieder Ihr Fahrzeug besteigen und das nordöstliche Umland erkunden.

ACHTUNG: München hat eine Umweltzone innerhalb des Mittleren Rings eingerichtet. Nur Fahrzeuge mit grüner Plakette dürfen ins Zentrum einfahren. Beachten Sie gegebenenfalls die Beschilderungen!

Zunächst brauchen Sie einen geeigneten Standplatz für Ihr Fahrzeug. Das Campieren ist im Stadtgebiet ausdrücklich verboten, doch wie so oft machen die Feinheiten die Musik: in ganz Deutschland ist das einmalige Übernachten ohne jegliche Campingeinrichtungen erlaubt. Das gilt, auch wenn es offiziell gerne verschwiegen wird, ebenso für München. Eine Ausnahme mit besonderen Verordnungen und eigens eingerichteten Stellplätzen bildet die Zeit des Oktoberfestes. Mehr dazu ein paar Seiten weiter hinten unter der entsprechenden Überschrift. Nur an den offiziellen Plätzen wird auch ein mehrtägiger Aufenthalt geduldet. Wenn Sie mehrere Tage bleiben möchten, empfiehlt sich sowieso einer der Münchner Campingplätze samt Ver-/ Entsorgungseinrichtungen und Stromanschlüssen. Vorschläge zum Übernachten finden Sie wie folgt:

(001) WOMO-Campingplatz: München 1 (Campingplatz München-Obermenzing)

GPS: N 48°10'30" E 11°26'48", Lochhausener Str. 59.
Internet / Tel.: www.campingplatz-muenchen.de, 089 811 22 35.
Öffnungszeiten: Mitte März bis Oktober.
Ausstattung: Waschmaschine / Trockner, Bar / Minimarkt.
Beschreibung: Großer Platz mit rund 180 ebenen, schattigen Parzellen auf Rasen, nicht ganz leise durch die nahe Autobahn, Badeseen ca. 3 km entfernt, Großer Gartencenter mit Restaurant und Lebensmittelhandel schräg gegenüber.
München Zentrum: Direkt am Campingplatz fährt der Bus 164 ab (Halt „Campingplatz Obermenzing"), drei Stopps zum S-Bahnhof „Untermenzing". Die S2 bringt Sie von dort direkt ins Zentrum. Alternativ fahren Sie bis zur Busendhaltestelle und können dort am „Westfriedhof" in die U1 / U7 oder Trambahn 20 / 21 wechseln.
Preis: €€€€.
Zufahrt: Von der A8 aus Richtung Stuttgart kommend, halten Sie sich am Autobahnende links in die Pippinger Straße und dann bei nächster Gelegenheit erneut schräg links in die Lochhausener Straße. Nach rund 1,1 km links (beschildert). Von der A99 kommend nehmen Sie die Ausfahrt München-Lochhausen. Dort halten Sie sich stadteinwärts und biegen nach der Autobahnüberführung links ab. Nach etwa 200 m befindet sich der Platzzugang auf der linken Seite.

(002) WOMO-Campingplatz: München 2 (Campingplatz München-Nordwest)

GPS: N 48°11'57" E 11°29'50", Auf den Schrederwiesen 3.
Internet / Tel.: www.campingplatz-nord-west.de, 089 150 69 36.
Öffnungszeiten: Ende Februar bis Januar.
Ausstattung: Waschmaschinen und Trockner, Imbiss.
Beschreibung: Freundlicher kleinerer Platz mit 80 teils schattigen, ebenen Stellflächen auf Rasen. Nicht ganz ruhig neben dem Rangierbahnhof gelegen. Badeseen 2 km entfernt.
München Zentrum: Direkt am Campingplatz fährt der Bus 175 ab (Halt „Ludwigsfeld Campingplatz"), nach fünf Stopps erreichen Sie den Halt der S-Bahn („Fasanerie", S1), die Sie direkt ins Zentrum bringt. Alternativ erreichen Sie nach vier weiteren Busstationen das „Olympia-Einkaufszentrum" mit U-Bahnanbindung (U1 / U3).
Preis: €€€-€€€€.

Zufahrt: Von der A99 kommend nehmen Sie die Ausfahrt „München-Ludwigsfeld" und fahren auf der Dachauer Straße stadteinwärts. An der ersten Ampel biegen Sie links in die Schroppenwiesenstraße ein und dann rechts in „Auf den Schrederwiesen". Nach knapp 400 m rechts.

(003) WOMO-Campingplatz: München 3 (Camping am Langwieder See)

GPS: N 48°11'55" E 11°24'40", Eschenrieder Str. 119.
Internet/Tel: www.camping-langwieder-see.de, 089 864 15 66.
Öffnungszeiten: Ganzjährig.
Ausstattung: Waschmaschinen / Trockner, Restaurant, Minimarkt, Brötchenservice.
Beschreibung: Etwas enger Platz am äußersten westlichen Stadtrand, Plätze auf Rasen oder Schotter, teilweise Schatten, recht eben, nahe der Autobahn, daher nicht ganz ruhig. Gegenüber Minigolfanlage, direkt benachbart drei Badeseen (einer FKK), am See Biergarten.
Nach München: Von Ende Mai bis Mitte September pendelt ein Badebus tagsüber vom Bahnhof Lochhausen (S3) zum Langwieder See. Die Haltestelle befindet sich gegenüber des Campingplatzeingangs. Ansonsten muss man die rund 1,9 km zum Bahnhof entlang der Eschenrieder Straße zu Fuß oder per Fahrrad auf einem angelegten Weg absolvieren.
Preis: €€€.
Zufahrt: Von der A99 kommend bis Ausfahrt München-Lochhausen fahren. Dort stadtauswärts auf der Lochhausener Straße bis zum S-Bahnhof. Gegenüber rechts in die Langwieder Hauptstraße einbiegen. Sie geht, immer geradeaus, in die Eschenrieder Straße über, nach rund 1,9 km nach der kleinen Autobahnbrücke links.
Von der A8 aus Richtung Stuttgart kommend die Ausfahrt München-Langwied nehmen. Rechts halten, nach etwa 300 m auf der linken Seite.

(004) WOMO-Campingplatz: München 4 (Camping München-Thalkirchen)

GPS: N 48°05'29" E 11°32'38", Zentralländstr. 49.
Internet: www.campingplatz-thalkirchen.de.
Öffnungszeiten: Mitte März bis Oktober.
Ausstattung: Waschmaschinen / Trockner, Imbiss, Minimarkt, Spielplatz.
Beschreibung: Sehr schön gelegener Platz für rund 100 Fahrzeuge im Münchner Süden in den Isarauen nahe dem Tierpark Hellabrunn, teils schattig Plätze auf Rasen. recht eben, und ruhig. Rund 700 m zu Flussbadeplätzen an der Isar. Gastronomie ringsum.
Nach München: Direkt am Campingplatz fährt der Bus 135 (Halt „Campingplatz Thalkirchen" in vier Stationen zum S-Bahnhof Solln (S7) oder wahlweise in drei Stationen zum U-Bahnhalt „Thalkirchen" Von dort jeweils direke Verbindung ins Zentrum.
Preis: €€€-€€€€.
Zufahrt: Der A99 in südöstlicher Richtung bis zum Ende folgen bzw. von der A8 aus Salzburger Richtung kommend am Autobahnkreuz München-Süd Richtung Taufkirchen/Lindau fahren. Sie gelangen so automatisch auf den Mittleren Ring Richtung Westen. Unmittelbar nachdem Sie die Isar überquert haben, halten Sie sich rechts und an der kommenden Kreuzung links in die Schäftlarnstraße (Beschilderung Richtung Tierpark). Nach 1,2 km links auf die Tierparkstraße einbiegen und unmittelbar vor der Thalkirchner Brücke rechts in die Zentralländstraße abfahren. Nach rund 1,3 km links.

(005) Offizieller WOMO-Stellplatz München 1 (Allianz Arena Fröttmaning)

GPS: N 48°13'19" E 11°37'29", Werner-Heisenberg-Allee.
Internet: www.allianz-arena.de/service/wohnmobile. **Max. WOMOs**: 110.

Ausstattung: Ver-/Entsorgung und wenige Stromanschlüsse (gegen Gebühr), Toilette, Mülltonnen, Bistro.
Bescheibung: Einfacher Parkplatz neben der Allianz Fußball-Arena, kaum Schatten, eben, durch Busse und das nahe Autobahnkreuz eher unruhig.
München Zentrum: Rund 1 km südlich des Parkplatzes auf der Südseite des Stadions befindet sich der Endhaltepunkt der U6 „Fröttmaning". Ab dort direkte Verbindung ins Zentrum.
Preis €€.
Zufahrt: Von der A9 aus Richtung Nürnberg kommend nehmen Sie die Ausfahrt „München-Fröttmaning Süd" und fahren dann rechts herum auf das Stadion zu. Folgen Sie der Beschilderung zum „Busparkplatz Mitte". Von der A99 aus östlicher Richtung wechseln Sie am Autobahnkreuz München-Nord auf die A9 Richtung München und nehmen ebenfalls die Ausfahrt Fröttmaning. Aus westlicher Richtung gibt es, kurz vor dem Autobahnkreuz Nord, ab der A99 auch eine direkte Zufahrt zu den Parkplätzen am Stadion.
Hinweis: An Spieltagen im Stadion und den Abenden zuvor darf der Platz nicht genutzt werden (siehe Terminkalender auf der Internetseite), da er dann für Fanbusse reserviert ist. Außerdem ist der Platz während des Oktoberfestes geschlossen. Im Winter bei Frost keine Ver-/ Entsorgung.

(006) Offizieller WOMO-Stellplatz: München 2 (Olympia-Parkharfe)

GPS: Südeinfahrt: N 48°10'14" E 11°32'21", Toni-Merkes-Weg, Nordeinfahrt: N 48°10'33" E 11°32'43", Sapporobogen. **Max. WOMOs**: 50.
Ausstattung: Keine Einrichtungen.
Beschreibung: Parkplätze auf Pflastersteinen unter Bäumen, recht schattig, einigermaßen eben. Neben dem Mittleren Ring, an Veranstaltungstagen abends laut, voll und unruhig, sonst für die Lage recht still. Olympiaturm, Sea-Life, BMW-Welt und -Museum in unmittelbarer Nähe, im Park gibt es Toiletten und Gastronomie.
München Zentrum: Vom östlichen Ende der Parkharfe sind es nur wenige hundert Meter bis zum BMW-Gelände. Von dort fährt die U3 („Olympiazentrum") in die Stadtmitte. Vom südlichen Ende der Parkharfe ist es nicht weit zur Dachauer Straße. Von dort fährt die Trambahn 20 und 21 (Halt „Olympiapark West") ins Zentrum.
Preis €€€.
Zufahrt: Aus westlicher Richtung kommend nehmen Sie ab der A99 die Autobahnausfahrt „München-Ludwigsfeld" und halten sich stadteinwärts. Nach Überquerung der Gleisharfe folgen Sie an der zweiten Einmündung der Dachauer Straße weiter nach rechts stadteinwärts (Achtung: max. Durchfahrtshöhe 3,40 m) bis zum Mittleren Ring. Diesen unterqueren Sie, fahren unmittelbar danach links und halten sich sofort wieder rechts auf die Parkplatzeinfahrt zu. Aus östlicher Richtung kommend folgen Sie der A9 stadteinwärts bis zum Ende und wechseln dort auf den Mittleren Ring in nordwestliche Richtung. Nach dem BMW-Gebäude können Sie vom Georg-Brauchle-Ring aus die Ausfahrt rechts zur Olympia-Parkharfe nehmen.

(007) Offizieller WOMO-Stellplatz: München-Taufkirchen (Stellplatz am Dulipphof)

GPS: N 48°02'24" E 11°37'14", Hochstr. 11. **Max. WOMOs**: 8-10.
Internet / Tel.: www.dulipphof.de, 089 612 12 66.
Ausstattung: Ver-/ Entsorgung, Strom, Reservierung möglich, Brötchenservice.
Beschreibung: Parzellierte Plätze auf einer Wiese neben dem Dulippbauernhof, kein Schatten, recht eben und ruhig, Hunde erlaubt, Freibad in der Nähe.
München Zentrum: Gleich am Haus fahren die Busse 225 zum S-Bahnhof „Taufkirchen" (Linie S3) bzw. 222 bis zum S- und U-Bahnhof „Neuperlach-Süd" (Linie S7 bzw. U5). In allen Fällen erreichen Sie ab dort direkt die Innenstadt.
Preis €€.
Zufahrt: Fahren Sie auf der A99 in südöstlicher Richtung immer Richtung Garmisch bis zur Ausfahrt „Sauerlach" bzw. von der A8 aus Salzburger Richtung kommend am Kreuz München-Süd Richtung Taufkirchen und dann ebenfalls an der Ausfahrt „Sauerlach" ab. Dann links halten und am 1. Kreisverkehr links in den Hohenbrunner Weg abfahren. Nach rund 400 m links in die Hochstraße einmünden, dann nach rund 200 m linker Hand.

(008) WOMO-Stellplatz: München 1 (Ungererbad)

GPS: N 48°10'18" E 11°35'36", Soxhletstraße. **Max. WOMOs**: 2-3.
Ausstattung: Keine Einrichtungen.
Beschreibung: Asphaltparker unter Bäumen, teils schattig, nicht immer ganz eben, etwas unruhig und teils laut, direkt neben dem Freibad, im Sommer tags oft überfüllt.
ACHTUNG: Umweltzone! Zufahrt nur mit grüner Plakette.
München Zentrum: An der Ungererstraße ums Eck fährt die U6, entweder ab der Station „Nordfriedhof" oder „Dietlindenstraße" ins Zentrum.
Zufahrt: Der A9 bis zum Autobahnende folgen. Ab dort dem Mittleren Ring in südwestliche Richtung folgen. Sofort wieder die nächste Ausfahrt (Ungererstraße/Schwabing) nehmen und rechts abbiegen. Nach rund 300 m rechts.

(009) WOMO-Stellplatz: München 2 (Studentenstadt)

GPS: N 48°11'03" E 11°36'26", Ungererstr. 214. **Max. WOMOs**: 3-4.
Ausstattung: Toiletten, sonst keine Einrichtungen.
Beschreibung: Asphaltparker, großteils durch Bäume getrennt, teils schattig, recht eben, eher belebt als ruhig.
München Zentrum: Direkt neben der U-Bahnhaltestelle „Studentenstadt" (Linie U6) mit direkter Anbindung an die Altstadt.
Zufahrt: Von der A9 kommend bis Ausfahrt „München-Frankfurter Ring" nehmen und sich dort links halten. Da Sie dann aber auf die andere Straßenseite müssen, biegen Sie bei erster Gelegenheit links in den Jospeh-Dollinger-Bogen ein, fahren die ganze Schleife durch und zweigen dann rechts erneut in den Frankfurter Ring ab. Unmittelbar rechts vor der Autobahnüberführung zum P&R Parkplatz Studentenstadt abknicken. Nach ca. 150 m rechts.

(010) WOMO-Stellplatz: München 3 (Am Tucherpark)

GPS: N 48°09'02" E 11°35'48", Tivolistraße. **Max. WOMOs**: 2.
Ausstattung: Keine Einrichtungen.
Beschreibung: Von Bäumen umgebener, ebener Asphaltparkplatz gleich östlich des Englischen Gartens mit nahem Biergarten. Gastronomie keine

hundert Meter entfernt. Mo – Fr wochentags oft stark frequentiert, dann nur bedingt geeignet. Etwas Schatten, für die Lage relativ ruhig. Eher für kleinere Womos bis ca. 6 m gedacht.
ACHTUNG: Umweltzone! Zufahrt nur mit grüner Plakette.
München Zentrum: Durch den Park sind es nur rund 1000 m ins Zentrum, auch die Tramlinie 18 („Tivolistraße") hält gegenüber und bringt Sie in die Stadtmitte.
Zufahrt: Von der A9 kommend bis zum Ende der Autobahn durchfahren und dann auf den Mittleren Ring in südöstliche Richtung wechseln. Nach rund 2,5 km rechts Richtung „Tucherpark" abfahren. Nach 600 m rechts in die Tivolistraße einbiegen, dann auf der rechten Seite.

(011) WOMO-Stellplatz: München 4 (Schloss Nymphenburg)

GPS: Zufahrt ab N 48°09'30" E 11°30'40", Südliche / Nördliche Auffahrtsallee.

Max. WOMOs: 3-4.
Ausstattung: Keine Einrichtungen.
Beschreibung: Parkflachen auf groben Pflastersteinen, nicht ganz eben, nachts ruhig, kein Schatten. Am Schloss gibt es ein Restaurant mit Biergarten, im Schlosspark tags ein Café, Schotterparkplätze befinden sich um das Schlossrondell verteilt.
München Zentrum: Ab der kleinen Zufahrtsbrücke an der Menzinger Straße fährt die Trambahn 17 direkt ins Stadtzentrum.
Zufahrt: Von der A8 aus Stuttgarter Richtung kommend immer geradeaus stadteinwärts fahren. Nach rund 4,5 Kilometern überqueren Sie eine kleine Brücke rechts mit Blick zum Schloss. Direkt danach rechts abbiegen. Auch über die Nördliche Auffahrtsallee (Straße direkt vor der kleinen Brücke) gelangen Sie zu weiteren Parkplätzen auf der anderen Seite des Schlosskanals.

(012) WOMO-Stellplatz: München 5 (Blutenburg)

GPS: N 48°09'52" E 11°27'32", Seldweg. **Max. WOMOs**: 2.
Ausstattung: Keine Einrichtungen.

Beschreibung: Kleiner, versteckter Asphaltparkplatz zwischen Bäumen. Eben, recht ruhig, schattig, etwas dunkel. Hinter einer 24h-Tankstelle, nur 200 m zur Blutenburg mit Parkanlage und Gastronomie. Nur für Womos bis max. 6 m geeignet. Während Veranstaltungen in der Burg ungeeignet.
Nach München: Mit Bus 143 (Halt „Blutenburg") vier Stationen bis zum S-Bahnhof „Obermenzing" (S2) fahren. Ab dort Verbindung ins Zentrum. Alternativ weiter bis zum Halt „Amalienburg" mit Anschluss an die Tramlinie 17.
Zufahrt: Am Ende der aus Stuttgart kommenden A8 die Ampel geradeaus überfahren und dann nach nur 150 m direkt vor der Agip-Tankstelle rechts einbiegen. Dann sofort linker Hand.

(013) WOMO-Badeplatz: München 6 (Feldmochinger See)

GPS: N 48°13'02" E 11°30'49", Karlsfelder Straße. **Max. WOMOs**: 2-3.
Ausstattung: Keine Einrichtungen.
Beschreibung: Größerer, schattiger Badeparkplatz am Feldmochinger Badesee, recht eben, außerhalb der Saison ruhig, Gastronomie am See.
München Zentrum: Mit Bus 172 bis zum S-Bahnhof „Feldmoching" (S1) fahren. Ab dort Verbindung ins Zentrum.
Zufahrt: Von der A99 kommend die Ausfahrt Ludwigsfeld nehmen, dann stadtauswärts halten und nach dem MAN-Busforum rechts abbiegen. Die Straße macht nun eine Links-Rechts-Kurve, dann rechts in die Karlsfelder Straße abbiegen und bis zum Platz nach rund 1,5 km auf der rechten Seite fahren.

(014) WOMO-Stellplatz: München 7 (Inninger Straße)

GPS: N 48°06'14" E 11°30'50", Inninger Straße. **Max. WOMOs**: 3-4.
Ausstattung: Keine Einrichtungen.
Beschreibung: Schattiger Parkplatz in recht zentraler Lage im Südpark an einem städtischen Gartenbaubetrieb oder an der Straße davor. Viele Einheimische parken hier ihre Womos. Recht ruhig, eben.
München Zentrum: Unweit entfernt fährt ab der Höglwörther Straße der Bus 132 zum Harras. Von dort mit der U6 ins Zentrum.
Zufahrt: Von der A95 aus Süden kommend die Abfahrt München Kreuzhof nehmen und rechts halten. Bei erster Gelegenheit links in die Höglwörther Straße abbiegen und dann nach knapp 500 m links in die Inninger Straße. Dort linker Hand.

(015) WOMO-Stellplatz: München 8 (Am Westpark)

GPS: N 48°07'26" E 11°30'29", Westendstr. 300. **Max. WOMOs**: 3-4.
Ausstattung: Keine Einrichtungen.
Beschreibung: Schattiger Asphaltparkplatz am Westende des Westparks. Spielplatz und Gastronomie nur rund 150 m entfernt im Park. Relativ eben, kaum Schatten, meist recht ruhig. Während Veranstaltungen im Park ungeeignet.

München Zentrum: Vom Parkplatz gelangen Sie in nördlicher Richtung über die Autobahn hinweg nach gut 200 m zum Trambahn-Halt „Stegener Weg" der Linie 18. Diese bringt Sie ins Stadtzentrum.
Zufahrt: Von der A96 aus Richtung Lindau kommend stadteinwärts bis zur Ausfahrt München-Laim fahren. Die erste Kreuzung geradeaus überqueren und dann rechts halten. Rechts in die Westendstraße einbiegen. Nach ca. 50 m links.

(016) WOMO-Stellplatz: München 9 (Theresienwiese)

GPS: N 48°08'09" E 11°32'59", Bavariaring. **Max. WOMOs**: 4-5.
Öffnungszeiten: November bis Mitte Juli.
Ausstattung: Keine Einrichtungen.
Beschreibung: Großparkplatz auf Schotter und Asphalt am nördlichen Ende der Theresienwiese. Kein Schatten, eben, relativ ruhig. Gastrono-

mie und Geschäfte ringsum.
ACHTUNG: Umweltzone! Zufahrt nur mit grüner Plakette.
München Zentrum: Direkt an der Theresienwiese befindet sich die gleichnamige U-Bahnstation der Linie 4 / 5, die Sie in die Stadtmitte bringt. Auch zu Fuß möglich.
Preis €.
Zufahrt: Von der A96 kommend die Autobahn bis zum Ende durchfahren und dann, geradeaus, auf den Mittleren Ring Nord wechseln. Bei der ersten Gelegenheit sofort nach rechts wieder ausfahren und über Tübinger-, Hansa- und Radlkofenerstraße dem Verlauf über ca. 1,8 km bis zur Theresienwiese rechter Hand folgen. Am Nordende des Platzes befindet sich die Parkplatzeinfahrt.
Hinweis. Der Platz ist während der Auf- und Abbauphase des Oktoberfestes (Mitte Juli bis Anfang November) nicht und bei einigen anderen Veranstaltungen tagesweise nicht oder nur eingeschränkt nutzbar.

(017) WOMO-Badeplatz: München 10 (Michaelibad)

GPS: N 48°07'00" E 11°38'23", Feichtstr. 1. **Max. WOMOs**: 3.
Ausstattung: Keine Einrichtungen.
Beschreibung: Asphaltparker zwischen Bäumen, etwas Schatten, relativ eben, nicht ganz ruhig, beste Plätze am hinteren Ende, neben dem Michaeli(frei)bad am Ostpark mit Gastronomie.
München Zentrum: Ca. 300 m entlang der Heinrich-Wieland-Straße stadteinwärts erreichen Sie den U-Bahn-Halt „Michaelibad" der Linie U5 die Sie ins Zentrum bringt.
Zufahrt: Von der A94 kommend am Ende auf den Mittleren Ring in südliche Richtung wechseln. Direkt nach der Unterführung rechts ausfahren und sofort links stadtauswärts über die Berg-am-Laim-Straße. Nach rund 1,5 km rechts in die St.-Veit-Str. einbiegen und dann immer geradeaus bis zum Parkplatz.

(018) WOMO-Stellplatz: Sauerlach

GPS: N 47°58'29" E 11°39'17", Sommerstraße. **Max. WOMOs:** 2-3.
Ausstattung: Keine Einrichtungen.
Beschreibung: Parkplätze entlang einer ruhigen Nebenstraße, kaum Bebauung, direkt an der S-Bahn. Kein Schatten, ruhig, eben.
München Zentrum : Die S-Bahn-Haltestelle „Sauerlach" der Linie S3 befindet sich unmittelbar neben den Parkflächen, dadurch direkte Anbindung an die Innenstadt. Achtung: beachten Sie die Fahrpreisregelungen, der Platz befindet sich außerhalb der Kernzone!
Zufahrt: Von der A99 kommend zunächst auf die A8 Richtung Salzburg wechseln bzw. von dort kommend die Ausfahrt „Hofoldinger Forst" wählen und Richtung Sauerlach fahren. Nach der Bahnunterführung rechts in die Münchner Straße einbiegen und, nach erneuter Bahntunnelung rechts, in die Sommerstraße halten. Nach ca. 100 m rechter Hand beginnen die Parkplätze.

Es gibt noch eine ganze Reihe weiterer Stellplätze im Umland, die durch die S-Bahn-Anbindung gut für Stadtbesichtigungen Münchens geeignet sind und Sie nicht mit dem teils zähen und nervenaufreibenden Großstadtverkehr konfrontieren. Die entsprechenden Beschreibungen finden Sie in den relevanten Touren 1, 2, 3, 13 und 15.

Unterwegs in München

Rund 1,4 Millionen Menschen leben heute im Stadtgebiet, die Metropolregion umfasst gar 5,6 Millionen und macht München damit, nach

Berlin und Hamburg, zur drittgrößten Stadt Deutschlands. Neben der höchsten Bevölkerungsdichte verzeichnet man auch die höchsten Mieten und Immobilienpreise des Landes und rühmt sich seiner wirtschaftlichen Stärke und hohen Lebensqualität. Regelmäßig belegt München bei dieser Messung einen der Top Ten Plätze weltweit. Auch touristisch ist die Stadt einer der am häufigsten besuchten Orte Deutschlands, die meisten Besucher werden dabei Ende September bis Anfang Oktober während des Oktoberfestes (in München nur „Wiesn" genannt) registriert. Die genaue Siedlungsgründung aus der die Stadt einst entstand und welchen Namen sie damals trug, liegt im Dunkeln. Belegt ist erst eine Zollbrücke an der Salzstraße und Marktgründung im Jahr 1158 unter Heinrich dem Löwen und verbrieft durch Kaiser Friedrich Barbarossa. Heinrich legte auch einen ersten Mauerring um den aufwärtsstrebenden Markt Munichen an. Der Name leitet sich vermutlich aus dem Dativ-Plural für die alten Bezeichnungen für Mönch, „Munih" und „Münech", ab und bedeutete soviel wie „Bei den Mönchen". Ob sich dies auf ein schon im 12. Jahrhundert existierendes Klosterkirchlein am Petersberg oder eine einfache Siedlung stützt, ist nicht bekannt.

Altes Rathaus

Im Verlauf des Mittelalters übernahmen die Wittelsbacher die Macht und schon 1255 wurde die Stadt unter Ludwig dem Strengen zur herzoglichen Residenz. Als Ludwig der Bayer 1328 zum römisch-deutschen Kaiser ernannt wurde, baute er einen neuen Mauerring um „seine Stadt" und erweiterte damit ihr Gebiet erheblich. Um sich gegen die selbstbewusste Bürgerschaft besser schützen können, wurde der Alte Hof vom Adel aufgegeben und man zog sich an den Stadtrand in die neue Residenz zurück. 1468 erfolgte die Grundsteinlegung des bis heute wohl wichtigsten Münchner Wahrzeichens, der neuen Marienkirche, im Volksmund als „Frauenkirche" bezeichnet. Schon nach einer für damalige Verhältnisse rasanten Bauzeit von nur 20 Jahren war das Bauwerk vollendet. Ein weiteres „Original", freilich ganz anderer Güte und Nutzung, wurde 1589 durch Wilhelm den V. gegründet – das Hofbräuhaus. Im 17. Jahrhundert standen der Stadt schwere Prüfung bevor. Unter König Carl Gustaf besetzten 1632 schwedische Truppen das Land. Ein immenses Lösegeld und viele Geiseln waren der Preis, um der Zerstörung zu entgehen. Auch die Folgejahre sollten nicht besser werden. Der 30-jährige Krieg forderte seine Opfer, ein Drittel der Bevölkerung wurde durch die Pest dahingerafft. Der Spanische Erbfolgekrieg sorgte für große Umbrüche in ganz Europa, auch München blieb davon nicht verschont und fand sich 1704 unter Habsburger Herrschaft wieder. Ein Aufbegehren der Bürger wurde am 25.12.1705 in der Sendlinger Mordweihnacht niedergeschlagen und besiegelte das Ende der bayerischen Aufstände gegen das Kaiserreich. Erst unter Kurfürst Maximilian III. Joseph erlangten die Wittelsbacher 1745 die

Vorherrschaft zurück. Unter seinem wenig geliebten Nachfolger Karl Theodor entstanden die heute noch viel genutzten Anlagen des Englischen Gartens und der Isarauen. Erst nach 1806, dem Jahr als München zur Hauptstadt des napoleonischen Königreichs Bayern ernannt wurde, begann der Aufstieg zur Großstadt. Wurden bis dahin nur rund 40.000 Einwohner gezählt waren es 1871 bereits mehr als 170.000. Ab 1825 begann unter Ludwig I. die Ära Münchens als Kunststadt. Er ließ weite Teile durch namhafte Architekten wie Klenze und Gärtner umgestalten, sein Sohn, Max II., förderte vor allem die Geisteswissenschaften. Der bis heute als Märchenkönig weltberühmt gewordene König Ludwig II. wirkte dagegen mehr im Umland – München war ihm schon damals zu laut und hektisch. Prinzregent Luitpold schließlich legte den Grundstein für die wirtschaftliche Stärke Münchens. Als Kulturhort mit dem Zentrum Schwabing wurde die Stadt nun Anziehungspunkt für Maler, Literaten und andere Teile der Bohème. Nur wenige Jahre hielt sich der letzte bayerische König Ludwig III., bis er in Folge des ersten Weltkrieges 1919 abdanken musste und ins Exil ging. Auf Kurt Eisner, der in München den Freistaat Bayern ausrief, folgte der gescheiterte Versuch einer sozialistischen Räterepublik. Die Folgen daraus waren weitreichend und katastrophal: zunehmend nationalistische Aktivitäten gingen 1923 mit dem missglückten Hitlerputsch an der Feldherrnhalle noch unter, gipfelten aber schließlich, nur 10 Jahre später, in der Machtergreifung der NSDAP. Als Hitlers „Hauptstadt der Bewegung" gab es erst einschneidende städtebauliche Veränderungen, später starke Zerstörungen durch Luftangriffe. Am Ende des 2. Weltkrieges waren 90% der Altstadt teils oder ganz zerstört.
Der Wiederaufbau orientierte sich am historischen Vorbild, Firmen siedelten im Nachkriegs-München und kurbelten die Wirtschaft an. Die vielen Sehenswürdigkeiten und Museen wurden zu einem Anziehungspunkt für Touristen und für die Olympischen Spiele 1972. Schließlich erhielt München neben dem Olympiapark ein weit ins Umland reichendes S- und U-Bahnnetz. So bietet die Stadt heute ein attraktives Miteinander aus Alt und Neu, Moderne und Tradition, dass ihr einen besonderen Charme verleiht und jedes Jahr Millionen von Besuchern in seinen Bann zieht. Überzeugen Sie sich selbst.

Verkehrsmittel:
Mit dem Wohnmobil durch München zu fahren macht wenig Sinn. Im Zentrum gibt es keine Parkplätze, es ist eng, das Kfz-Aufkommen hoch und die Beschilderungen und Verkehrsführung oft etwas speziell. Daher lassen Sie ihr Fahrzeug besser an einem der beschrieben Plätze stehen und machen Sie sich mit den öffentlichen Verkehrsmitteln *(S-Bahn, U-Bahn, Trambahn und Bus)*, die wirklich alle touristischen Attraktionen gut erschließen, auf den Weg. Wenn es schnell gehen muss, findet sich auch fast überall ein Taxi. Per E-Scooter oder Fahrrad kommen Sie ebenfalls gut rum – Radwege sind recht gut beschildert und komfortabel ausgebaut, wenn Sie kein eigenes dabei haben, können Sie an vielen Stationen im Stadtgebiet welche leihen *(Altstadt, Schwabing und am Olympiagelände, Anmeldung an der Station, telefonisch, per App oder online unter www.nextbike.de, E Scooterverleih über die entsprechenden Smartphone-Apps)*.
Per Münchner Verkehrsverbund (MVV) müssen Sie vor Fahrtantritt eine Fahrkarte lösen. Diese wird als Einzelticket, Tages-, Gruppen oder auch Streifenkarte für mehrere Fahrten an den S- und U-Bahnhöfen an Kiosken und Automaten verkauft. Ein etwas eingeschränkteres Ti-

cketangebot erhalten Sie in Bussen beim Fahrer oder in Trambahnen an Automaten im Fahrgastraum. Wenn Sie nicht nur von A nach B wollen, empfehlen sich für einen Sightseeingausflug vor allem Tageskarten *(Stadtkerngebiet: Singleticket, gültig bis sechs Uhr des folgenden Tages €€, 3-Tagesticket €€€, Gruppen bis 5 Personen für einen Tag €€, drei Tage €€€€, 1 – 4 Tage mit vergünstigten Eintrittspreisen zu über 70 Zielen ab €€, als Gruppenticket ab €€€, alle Varianten auch als Handyticket verfügbar über die App **„MVG-Fahrinfo"**, mehr unter www.mvv-muenchen.de)*. Netzpläne der S- und U-Bahnlinien, sowie Stadtpläne mit den restlichen Linien hängen an Bahnhaltestellen aus. Sie erhalten diese zum Mitnehmen auch an den MVV-Servicecentern und –points *(Hauptbahnhof, Karlsplatz, Kurfürstenplatz, Marienplatz, Münchner Freiheit, Odeonsplatz, Olympiazentrum, Sendlinger Tor)*. Empfehlenswert ist in jedem Fall die genannte Smartphone-App. Eine weitere Variante einen Überblick der städtischen Sehenswürdigkeiten zu erlangen, ist die Fahrt mit einem Doppeldecker-Sightseeingbus im „Hop-on / Hop-off-Service". Dabei können Sie mit einem gültigen Ticket die Fahrt an jeder angefahrenen Station unterbrechen, sich beliebig lang aufhalten und später die Fahrt mit dem folgenden Bus fortsetzen. Zum einen bietet Yellow Cab solche Stadtrundfahrten an *(Expresstour €€€, alle Stadtrouten kombiniert €€€€, Onlinetickets unter www.citysightseeing-muenchen.de bis zu 22% günstiger, auch Mehrtages- und Familientickets erhältlich. Hauptabfahrtsstelle nordöstlich des Münchner Hauptbahnhofes nahe dem Bahnhofsplatz vor dem Elisenhof)*. Zweiter lokaler Anbieter ist Gray Line *(Expresstour €€€, Grandtour €€€€, Onlinetickets unter www.stadtrundfahrten-muenchen.de ca. 10% günstiger, auch Mehrtages- und Familientickets erhältlich. Zusätzlich verschiedene Themenfahrten im Angebot. Abfahrtsstelle* östlich *des Münchner Hauptbahnhofes am Bahnhofsplatz vor dem Karstadtgebäude)*.

Maibaum am Viktualienmarkt

Wenn Sie, statt einem unserer Routenvorschläge zu folgen, lieber einen geführten Rundgang durch die Altstadt machen möchten, finden Sie täglich zwischen 10.00 und 11.30 Uhr Anschluss zu solchen Rundgängen, zu Fuß oder per Fahrrad, gleich am Marienplatz vor dem Rathaus *(im Sommer auch häufiger, genaue Zeiten, Preise und Treffpunkte unter www.muenchen-touristeninformation/stadtfuehrung.htm, keine Anmeldung erforderlich)*. Mehr Infos, auch zu Spezialführungen, zum Beispiel via Segway etc., in der Touristeninformationsstelle im Rathaus.

Je nach Interessenlage und Zeit haben wir für Sie ein paar schöne Routenvorschläge erarbeitet die Sie nach Lust und Laune nachverfolgen können.

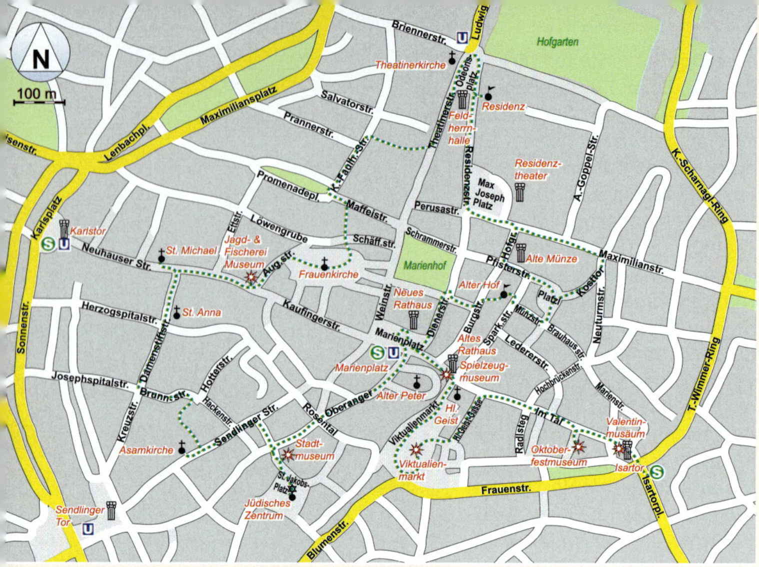

Route 1: Innere Altstadt

Starten Sie die Tour am besten gleich morgens am S-Bahnhalt **Isartor** *(S-Bahnen 1 – 8, Tram-Bahn 16 und 18)*, denn es gibt viel zu sehen. Vom unterirdisch angelegten Bahnhof geht es per Rolltreppe nach oben und Sie haben zu Beginn Ihres Rundgangs das gleiche Bild vor sich, wie Händler und Reisende der letzten 700 Jahre. So lange schon begrenzt die mächtige Toranlage den Ostzugang zur Altstadt. Im Turm ist ein Museum zu Ehren zweier der beliebtesten Volksschauspieler und Komödianten Münchens, Karl Valentin und Liesl Karlstadt, untergebracht *(**Valentin Karlstadt Musäum**, Tal 50, Mi / Di / Do 11.01 – 17.29 Uhr, Fr / Sa 11.01 – 17.59 Uhr, So schon ab 10.01 Uhr, €, www.valentin-musaeum.de)*. Folgen Sie nun der Straße **Im Tal**, einst wichtigster Handels- und Umschlagplatz für Salz und andere Güter, die Händler nach München brachten. Ein paar Meter nach links, in die kleine Sterneckerstraße hinein, stoßen Sie auf das **Bier- und Oktoberfestmuseum** – vielleicht ein zünftiger Auftakt für die München-Tour falls Sie erst später gestartet sind *(Steineckerstr. 2, Di – Sa 13.00 – 18.00 Uhr, €, Bierstüberl bis 24.00 Uhr geöffnet, www.bier-und-oktoberfestmuseum.de)*. Ein paar Meter weiter stoßen Sie im Tal auf der gegenüberliegenden Straßenseite auf die Virtual Reality-Attraktion „**TimeRide**", bei der Sie auf einer Reise in einem Schwanen-Luftschiff bayerische Geschichte sehr lebendig präsentiert von oben erleben können *(Tal 21, 10.00 – 20.00 Uhr, €€€, www.timeride.de/muenchen)*. Gleich vor der großen **Heilig-Geist-Kirche** linker Hand gehen Sie durch die schmale **Heilig-Geist-Gasse** hindurch. Sie erreichen nun Münchens bekannten **Viktualienmarkt** auf dem vor allem Lebensmittel, aber auch Blumen und einige andere Dinge feil geboten werden. Dahinter befindet sich die an historischer Stelle die wiedererbaute **Schrannenhalle**. Wenn Sie früh dran sind, schlendern Sie doch ein wenig zwischen den Ständen umher bevor Sie, diesmal links um die schon bekannte **Heilig-Geist-Kirche** herum und dann sofort wieder links am **Alten Rathaus** mit Turm vorbei, dem Sitz des Münchner Magistrats bis 1874, den **Marienplatz** *(S-Bahn 1-8, U-Bahn 3 und 6)* ansteuern. Besagter Rathausturm, einst als Talbruckturm bezeichnet, ist, wenn auch nur als Rekonstruktion des nach dem 2. Weltkrieg abgebrochenen ursprünglichen Bauwerks, das letzte Überbleibsel Münchens erster Stadtmauer von 1175. Darin ist ein **Spielzeugmuseum** eingerichtet *(Marienplatz 15, 10.00 – 17.30 Uhr, €)*. Nun sehen Sie schon die imposante Fassade des riesigen **Neuen Rathauses**. Wenn Sie es um 11.00 oder 12.00 Uhr bis hierhin geschafft haben, können Sie das Glockenspiel im Turm miterleben, ein (touristisch vermarktetes) Highlight, dass täglich Hunderte anzieht. Im Rathaus, dem Sitz des Bürgermeisters und seiner über 600 Bediensteten, befindet sich auch die **Touristeninformation** der Stadt. Wenn Sie Lust auf eine 90-minütige Führung durch das Gebäude haben, startet diese genau dort *(Marienplatz 8, Mo und Fr 15:30 Uhr, Sa 11:30 und 13:30 Uhr, Erw. €€, Tickets vorab in der Touristeninformation)*. Die Aussichtsterrasse des Turms können Sie auch außerhalb dieser Führungen per Lift erreichen *(Mai – Sep 10.00 – 19.00 Uhr, sonst Mo – Fr 10.00 – 17.00 Uhr, €)*. Den **Marienplatz** schmückt außerdem die namensgebende **Mariensäule** und der **Fischbrunnen**. Auch wenn er sich im Lauf der Geschichte verändert hat, ist an ungefähr der heutigen Stelle schon 1318 ein Brunnen nachweisbar, damals hieß die Fläche ringsum noch Schrannenplatz. Er soll finanzielles Glück und Wohlstand garantieren. Darum wäscht jeden Aschermittwoch der Oberbürgermeister zusammen mit dem Stadtkämmerer das leere Stadtsäckel im Brunnen – auf das es im kommenden Jahr wieder gefüllt sein möge. Zumindest geschadet hat das dem Münchner Haushalt in der jüngeren Vergangenheit nicht... Gehen Sie nun gleich gegenüber durch den Oberanger auf Münchens ältestes Gebäude, die Kirche **St. Peter**, im Volksmund nur „Alter Peter" genannt, zu. Historiker haben diesen Platz als eine von zwei möglichen Keimzellen der Stadt ausgemacht. Hier, am Petersbergl soll schon lange vor der offiziellen Gründung, die, nicht ganz astrein, auf eine Urkunde vom 14. Juni 1158 datiert wird, ein erstes Kirchlein ge-

Marienplatz

standen haben. Diese Außenstelle des Klosters Schäftlarn war wohl Namensgeber des Ortes „Zu den Mönchen", aus dem sich München entwickelte. Auch die heutige Kirche geht schon auf das 13. Jahrhundert zurück und wurde 1294 fertig gestellt. Wie schon im Rathaus kann auch dieser Turm erklommen werden, allerdings nur zu Fuß. Nichts für Klaustrophobiker und Höhenkranke, denn die engen Treppenschächte führen auf eine, vor allem während des Glockenläutens, merklich schwankende, schmale Aussichtsplattform. Dafür werden Sei mit dem besten Altstadt-Postkarten-Blick belohnt *(Rindermarkt 1, Sommer Mo – Fr 9.00 – 18.30 Uhr, Sa / So ab 10.00 Uhr, Winter nur bis 17.30 Uhr, €)*.

Weiter entlang des Oberangers erreichen Sie linker Hand den **St.-Jakobs-Platz**. Im Zeughaus befindet sich heute das **Münchner Stadtmuseum** *(St. Jakobs Platz 1, Di– So 10.00 – 18.00 Uhr, €€, www.muenchner-stadtmuseum.de)*, der futuristisch anmutende Bau in der Mitte des Platzes ist das 2006 fertig gestellte **Jüdische Zentrum** mit Synagoge und Museum *(St. Jakobs Platz 16, Di – So 10.00 – 18.00 Uhr, €, www.juedisches-museum-muenchen.de)*.

Auf der anderen Seite des Oberangers wechseln Sie nun durch die Dultstraße zur Sendlinger Straße. Links herum gehen Sie auf das **Sendlinger Tor** zu *(U-Bahn 1 – 3, 6 – 8 und Trambahn 16 –18, 27 / 28)*, das zweite der drei erhaltenen ehemaligen Stadttore. Vorher stoppen Sie an der in die rechte Häuserfront integrierten, reich verzierten **Asamkirche** von 1746 *(offiziell St. Nepomuk Kirche)*. Die einstige Privatkapelle der Baumeister-Gebrüder Asam ist innen genauso reich verziert wie außen und sicher ein architektonisches Highlight der Stadt. Statt bis zum Tor weitergehen zu müssen, treten Sie nur ein paar Schritte zurück und nehmen gleich vor der Kirche die Passage in den **Asamhof** mit Geschäften und Cafes. Halten Sie sich rechts, erreichen Sie am Ausgang die Brunnstraße. Erst links und an der nächsten Kreuzung erneut rechts, vorbei an der **St. Anna Damenstiftskirche**, gelangen Sie schlussendlich in die Fußgängerzone und stehen vor der mächtigen Fassade der **St. Michaelskirche** und des **Richard-Strauß-Brunnens** in der Neuhauser Straße. Links sehen Sie das **Karlstor**, an welchem Route 2 startet *(S-Bahn 1 – 8, U-Bahn 1, 2, 4, 5, 7, 8, Tram-Bahn 18 – 22, 27,28)*. Orientieren Sie sich nun aber stattdessen nach

Viktualienmarkt, oben Alter Peter

rechts. Am **Jagd- und Fischereimuseum** *(Neuhauser Str. 2, 9.30 – 17.00 Uhr, Do bis 21.00 Uhr, €, www.jagd-fischerei-museum.de)* mit der auffälligen Wildsaustatue davor spazieren Sie links durch die Augustinerstraße auf den „Dom zu unserer lieben Frau“, kurz **Frauenkirche**, zu und stehen alsbald vor dem bekanntesten Wahrzeichen Münchens. Mächtig ragen die massiven Mauern hinauf bis zu den verspielten Welschen Hauben, mit denen beide Türme bedeckt sind. Innen wie außen bleiben die Formen sonst erstaunlich klar – wenig Zierwerk für einen repräsentativen Protzbau des 15 Jahrhunderts. Die Fernwirkung bleibt auch zukünftig erhalten. Denn per Gesetz wurde schon früh geregelt, dass kein Bauwerk der Altstadt die Türme überragen darf. Seit 2004 gilt dies auch für das restliche Stadtgebiet. München ist, mit den wenigen bestehenden Ausnahmen, seit dem wolkenkratzerfreie Zone. Eine beliebte Sage rankt sich um den Fußabdruck mit Sporn in der Eingangshalle der Kirche, den sogenannten Teufelstritt. Gleich mehrere Varianten erzählen wie der Dom selbst oder wahlweise ein missglückter Pakt mit dem Baumeister Ganghofer den Teufel erzürnte und fest aufstampfen ließ. Ein weiteres diabolisches Überbleibsel sollen die selbst an warmen Tagen ständig frisch blasenden Winde vor der Pforte sein – die es doch nie schafften die Mauern wieder zum Einsturz zu bringen.

Asamkirche

Durch die Dresdner Bank-Passage auf der Nordseite verlassen Sie nun den **Frauenplatz** und orientieren sich in der Maffeistraße nach links auf den **Promenadenplatz** zu. Vorsicht, die hier verlaufenden Trambahngleise sind nur schlecht gesichert. Am Platz befindet sich der **Bayerische Hof**, bevorzugte Herberge der Reichen und Schönen wenn Sie in München weilen. Ein Kuriosum ist die **Statue des Komponisten Orlando di Lasso** davor: da Michael Jackson, wann immer er in München weilte, am Promenadeplatz gastierte, wird er mit diesem Ort verbunden. Kurzerhand funktionierten geschockte Fans nach seinem Tod 2009 besagte Statue einfach um und trauern nun dort am „falschen Jackson“ devotionalienschwer um ihr Idol. Am nordöstlichen Eck führt die Kardinal-Faulhaber-Straße weiter bis zum rückwärtigen Eingang des Nobelkaufhauses **Fünf Höfe**. Ob Sie sich im Inneren nach links bewegen oder doch lieber geradeaus weitergehen: Sie stoßen so oder so auf die wieder autofreie Theatinerstraße. Links herum passieren Sie das schöne **Preysing Palais** und die **Theatinerkirche** von 1690. Sie würde in ihrem spätbarocken Stil wohl noch besser nach Italien passen, doch auch am **Odeonsplatz** *(U-Bahn 3 – 6)* neben der **Feldherrnhalle** macht sie eine gute Figur. Diese wirkt nicht weniger mediterran und wurde bewusst in Anlehnung an italienischen Pomp von König Ludwig I. 1841 beim Hofarchitekten Friedrich von Gärtner in Auftrag gegeben. Unrühmlich ist der NS-Teil ihrer Geschichte, war sie doch bevorzugter Aufmarschplatz der Nazischergen. Nach vorne hin öffnet sich der Platz zur **Ludwigstraße**, einer Münchens Prachtstraßen. In der Ferne ist das **Siegestor** zu erkennen. Rechts befindet sich die Anlage des **Hofgartens** die Sie auf Route drei näher erkunden können.

Sie wechseln stattdessen an der Pfälzer Weinstube rechts ab in die **Residenzstaße**. Gleich links befindet sich der Zugang zum einstigen Sitz der Wittelsbacher. Von hier aus wurden die Landesgeschicke ab dem 15. Jahrhundert gelenkt – bis der letzte bayerische König Ludwig III. 1918 abdanken und ins Exil gehen musste *(Residenz München, bestehend aus* ***Residenzmuseum, Schatzkammer, Cuvilliés-Theater****, Residenzstraße, Apr – Mitte Okt 9.00 – 18.00 Uhr, sonst 10.00 – 17.00 Uhr, ab €, Kombitickets ab €€€, www.residenz-muenchen.de).*

Auf die Residenz folgt der **Max-Joseph-Platz** mit dem **Residenztheater** in dem die **Bayerische Staatsoper** beheimatet ist. Daneben schließt sich die **Maximilianstraße** an. Als Flaniermeile für Superreiche hat sie das dichteste Aufkommen an Luxusboutiquen in der ganzen Stadt. Bevölkert werden diese heutzutage oft von arabischen Prinzessinnen die sich, streng verschleiert, gern zum Shopping-Stelldichein an der Isar treffen. Falls Sie schnell genug von Prada-Taschen und Louis Vuitton Haute Couture haben, verlassen Sie diese eigene Welt nach rechts, durch den Hofgraben mit dem arkadengesäumten **Alten Münzhof** *(Mo – Do 8.00 – 16.30 Uhr, Fr bis 13.00 Uhr)* und danach links durch die Pfisterstraße. Sofern Sie stattdessen noch ein Stück entlang der Maximilianstraße flanieren, gehen Sie rechts weiter durch Am Kosttor und stoßen so auf das **Platzl**, welches ganz im Zeichen der leiblichen Genüsse steht. Kaum ein Tourist der diese Ecke Münchens auslässt. Zunächst schreiten Sie beidseitig durch das Reich des Münchner TV- und Sternekochs Alfons Schuhbeck, der mit Gewürz- und Eisladen, Kochschule und Restaurants gleich mehrfach vertreten ist, bevor Sie links zum sagenumwobenen **Hofbräuhaus** gelangen. Freilich ist die Dichte an Touristen im Inneren oft bei Weitem größer als die echter Münchner, einen Blick hinein oder eine Tagesabschluss-Maß dürfen Sie sich dennoch ruhig gönnen.

Residenztheater, oben Feldherrnhalle und Theatinerkirche

Wenn Sie dagegen noch „Körner haben" für die letzten Meter der Innenstadtrunde folgen Sie der Münzstraße hinter dem Hard Rock Cafe nach rechts und queren die Sparkassenstraße. Leicht nach rechts versetzt geht es über einen Treppenaufgang in Münchens erste Herzogsburg, den **Alten Hof**. Im **Gewölbekeller** befindet sich die Dauerausstellung „Kaiserburg" *(Alter Hof 1, Mo – Sa 10.00-18.00 Uhr, kostenfrei)*. Darüber ist die **Informationsstelle der Museen und Schlösser** in Bayern mit vielen wichtigen Besuchertipps und Infomaterial untergebracht *(geöffnet wie die Dauerausstellung)*.
Nun verlassen Sie den Alten Hof nach links zur Burgstraße. Entweder sie gehen durch diese von einigen der ältesten Münchner Häuser gesäumte Gasse bis zum **Marienplatz** zurück oder biegen vorher noch rechts durch die Altenhofstraße auf den **Marienhof** auf der Rückseite des **Neuen Rathauses** ab. Einst mittelalterliches Viertel, das im zweiten Weltkrieg komplett zerstört wurde, war er später mal Parkplatz, mal Ausgrabungsfeld. Aktuell ist er eine große U- und S-Bahnbaustelle. Rechts in der **Dienerstraße** finden Sie das Stammhaus des größten Delikatessengeschäftes Deutschlands **Dallmayr**. Bei einem Gang durch die Geschäftsräume finden Sie sicher die ein oder andere Leckerei, im Obergeschoss ein Gourmetrestaurant. Über die Diener- oder Weinstraße gelangen Sie schließlich wieder zum **Marienplatz** zurück *(S-Bahn 1 – 8, U-Bahn 3 und 6)* und damit zum Ende der Altstadttour.

Gastrotipps Route 1: **Little London*****, Tal 31, **Schneider Bräuhaus****, Tal 7, **Zwickl****, Dreifaltigkeitsplatz 2, **Ratskeller****, Marienplatz 8, **Chocolaterie Beluga** (Café), Viktualienmarkt 6, **Augustiner Klosterwirt****, Augustinerstr. 1, **Andechser am Dom****, Frauenplatz 7, **Café Maelu** (Café), Theatinerstr. 32, **Pfistermühle*****, Pfisterstr. 4, **Wirtshaus Ayinger****, Platzl 1a, **Haxnbauer****, Sparkassenstr. 6, **Bistro Dallmayr*****, Dienerstr. 14

Route 2: Maxvorstadt und Kunstareal
Diese Runde beginnt und endet gut erreichbar am **Karlsplatz** *(S-Bahn 1-8, U-Bahn 1, 2, 4, 5, 7, 8, Tram-Bahn 18 – 22, 27,28)*, in München noch öfter als **Stachus** bezeichnet. Während sich der erste Name leicht erschließt, er geht auf Kurfürst Karl Theodor zurück, der den Platz im 18. Jahrhundert neu anlegen ließ, ist der Ursprung der Bezeichnung Stachus heute kaum noch geläufig. Sie bezieht sich auf eine im gleichen Jahrhundert betriebene Gaststätte mit Biergarten, ungefähr dort, wo heute das Kaufhofgebäude steht. Der erste Wirt, Eustach Föderl, genannt Eustachi, war so prominent, dass man im Volksmund den ganzen Platz zum naheliegenden Stachus machte. Während das noble Hotel-Restaurant Königshof den westlichen Rand markiert und im Osten, hinter dem großen Brunnen, Karlstor und die runde Baufront den Abschluss zur Fußgängerzone hin bilden, steht im nordwestlichen Eck der **Justizpalast**. Davor gehen Sie nun ein Stück nach Norden und stoßen so, vorbei am **Künstlerhaus** rechter Hand, auf den **Lenbach-** und **Maximiliansplatz**. Die schmale, aber üppige Grünfläche wird vom prunkvollen **Wittelsbacherbrunnen** geziert. Als eine Art „Miniatur-Englischer-Garten" konzipiert, finden sich im weiteren Verlauf noch mehrere Denkmäler zu Ehren von Karl A. Hartmann, Max v. Pettenkofer, Justus v. Liebig, Karl Effner, Schiller und Goethe sowie weitere Brunnenanlagen. Am Abend tobt in den Diskotheken ringsum das Leben, so hat sich in neuerer Zeit bei den Jüngeren auch der Name „Feierba-

nane“, aufgrund der gebogenen Form vom Platz bis hinüber zur Sonnenstraße, etabliert.

Am Ende machen Sie einen Abstecher rechts in die Jungfernturmstraße. Dort finden Sie die letzten Überbleibsel der zweiten Münchner Stadtmauer, die im 13. und 14. Jahrhundert errichtet wurde. Rechts steht am Ende der Straße das **Literaturhaus** mit Café, links gelangen Sie zur Briennerstraße. Schräg rechts vor Ihnen liegt der **Wittelsbacherplatz** mit Reiterstandbild des Kurfürsten Maximilan I., dahinter das **Palais Ludwig Ferdinand**, in dem heute die Leitung des Siemens-Konzerns residiert. Gehen Sie rechts daran vorbei in die **Kardinal-Döpfner-Straße**, fallen Ihnen sicher die gut bewachten Häuser rechts auf. Es sind die Staatsministerien für Inneres und Finanzen, daher das Polizeiaufgebot. Ein paar Meter weiter, linker Hand, liegt das kleine **Cafe Erbshäuser**. Eine berühmte Tortenspezialität nahm hier ihren Anfang und wird bis heute nach Originalrezept hergestellt. Die **Prinzregententorte** hat es zwar zu Bekanntheit über die Stadtgrenzen hinaus geschafft, dem ehemaligen Hoflieferanten Erbshäuser dagegen weit weniger Aufmerksamkeit beschert als beispielsweise einem Hause Sacher die gleichnamige Torte in Wien. Direkt dahinter geht es durch die Fußgängerpassage der **Glückstraße** zum **Altstadtring** hinüber. Ein kurzes Stück nach links und dann rechts, hinein in die **Türkenstraße**, die eine Verbindung nach Schwabing herstellt, erreichen Sie das Kunstareal. Das erste Gebäude links beheimatet die **Pinakothek der Moderne**. Gleich vier voneinander unabhängige Museen sind darin enthalten: die **Sammlung Moderne Kunst** der Bayerischen Staatsgemäldesammlung, das **Designmuseum Neue Sammlung**, das **Architekturmuseum** der TU München und die **Staatliche Graphische Sammlung** – zusammen

Pinakothek der Moderne

ein Muss für Freunde modernen Kunstschaffens *(Barer Str. 40, Di – So 10.00 – 18.00 Uhr, Do bis 20.00 Uhr, €€, So €, Kombitickets mit restlichen Pinakotheken, Museum Brandhorst und Sammlung Schack erhältlich, www.pinakothek-der-moderne.de)*.

Entlang der **Türkenstraße** Richtung Norden gehen Sie an einem kleinen Gebäude links von Ihnen vorbei. Das **Türkentor** ist letztes Überbleibsel der einstigen Türkenkaserne an dieser Stelle und beherbergt heute das Kunstwerk „Large Red Sphere". Es gehört zum **Museum Brandhorst** das im länglichen Hauptgebäude dahinter zu Hause ist. Wechselnde Ausstellungen, die sich mit Werksschauen der Moderne auseinandersetzen und von Malerei über Installationen bis zu Videokunst reichen können, finden sich darin *(Theresienstr. 35a, Di – So 10.00 – 18.00 Uhr, Do bis 20.00 Uhr, €€, So €, Kombitickets erhältlich, www.museum-brandhorst.de)*. Nach links, durch die **Theresienstraße**, passieren Sie nun das **Reich der Kristalle**. Die kleine Ausstellung zur Welt der Mineralien ist eher etwas für Besucher mit speziellem Interesse an der Thematik *(Theresienstr. 41a, Di – So 13.00 – 17.00 Uhr, €, www.mineralogische-staatssammlung.de)*. Nun können Sie zwischen den zwei großen Bauten links und rechts von Ihnen wählen. Die **Neue Pinakothek**, rechts, befasst sich mit Werken des 19 Jahrhunderts und stellt mehr als 400 Bilder von Künstlern wie Monet, Cezanne oder Van Gogh aus *(Barer Str. 29, Di – So 10.00 – 18.00 Uhr, Mi bis 20.00 Uhr, zuletzt wegen Renovierung geschlossen, €€, So €, Kombitickets erhältlich)*. Die **Alte Pinakothek** linker Hand zeigt mehr als 700 Gemälde aus der Zeit des 14. bis 18. Jahrhunderts, unter anderem von Meistern wie Da Vinci, Dürer, Rubens oder Tintoretto *(Barer Str. 27, Di – So 10.00 – 18.00 Uhr, Di bis 20.00 Uhr, €, Kombitickets erhältlich, www.pinakothek.de)*. Wer sich für bildende Kunst interessiert, wird in beiden viel Zeit verbringen können. Durch die Grünanlagen wechseln Sie zur anderen Seite der Alten Pinakothek und stehen nun an der **Gabelsberger Straße**. Auf der gegenüberliegenden Straßenseite befindet sich mit dem **Ägyptischen Museum** schon die nächste Sehenswürdigkeit. Etwas kompakter als vergleichbare Ausstellungen anderer Städte ist es gleichwohl sehenswert und umfasst viele interessante Stücke *(Gabelsberger Str. 35, Di – So 10.00 – 18.00 Uhr, Di bis 20.00 Uhr, €€, So €, www.smaek.de)*. Rechts entlang der **Arcisstraße** sind Sie mit einem Mal in Griechenland angekommen – könnte man zumindest meinen. Während die Blickachse nach links den **Karolinenplatz** mit einem **Obelisken** enthüllt, stehen sich am **Königsplatz** *(U-Bahn 2 und 8)* rechts gleich mehrere, von Säulenhallen geprägte, hellenisch anmutende Gebäude gegenüber. Ein paar Schritte in Richtung Obelisk bringen Sie auf Wunsch zunächst noch zum **NS-Dokumenationszentrum**. An Stelle des einstigen „Braunen Hauses", der NSDAP-

Glyptothek am Königsplatz

Parteizentrale, eröffnete erst 2015 der Quaderbau in dem rund 1000 Quadratmeter für wechselnde, thematische Ausstellungen und Dokumentationen zur Verfügung stehen *(Max-Mannheimer-Platz 1, Di – So 10.00 –19.00 Uhr, Eintritt frei, www.ns-dokuzentrum-muenchen.de)*. Auch der **Königsplatz** trägt als Zentrum des Nazi-Parteiviertels und Aufmarschplatz eine belastende Vergangenheit. Sein Ursprung und die Athens Akropolis nachempfundene Optik gehen jedoch auf König Ludwig I. zurück, der die Bauten im griechischen Stil beauftragte. Rechts befindet sich die **Glyptothek**, Münchens am längsten bestehendes Museum, das sich ganz antiken Skulpturen widmet. Gegenüber, in der **Antikensammlung** werden weitere Stücke der Klassik und Antike ausgestellt *(Königsplatz 1 / 3, beide Di – So 10.00 – 17.00 Uhr, Mi bis 20.00 Uhr, €€, So € pro Haus, www.antike-am-koenigsplatz.mwn.de)*. Den westlichen Abschluss bilden die einer Tempelanlage nachempfundenen **Propyläen**. Studenten der nahen Technischen Universität nutzen die schattige Halle heute gerne als „Pausenraum".
Bevor Sie sich auf den Rückweg machen, können Sie noch einen Blick hindurch riskieren. Gleich rechts dahinter hat die **Städtische Galerie im Lenbachhaus** ihren Sitz. Werke des 19. Jahrhunderts bis in die Gegenwart, der Künstlervereinigung Blauer Reiter und Joseph Beuys werden gezeigt *(Luisenstr. 33, Di –So 10.00 – 21.00 Uhr, Erw. €€, www.lenbachhaus.de)*. Ein weiteres, eher unbekanntes Münchner Museum versteckt sich wiederum schräg dahinter. Die **Bayerische Staatssammlung für Paleontologie und Geologie** bietet als Kontrastprogramm ganze Dino-Skelette und eine Vielzahl an Fossilien *(Richard-Wagner-Str. 10, Mo – Do 10.00 – 16.00 Uhr, Fr 8.00 – 14.00 Uhr, 1. So im Monat 10.00 – 16.00 Uhr, Eintritt frei, www.bspg.palmuc.org)*. Über den **Königsplatz** und danach rechts durch die Katharina-von-Bora-Straße kommen Sie dann am stadtbekannten Parkcafé im **Alten Botanischen Garten** vorbei. Entspannen Sie noch ein wenig im Grünen, bevor Sie, links herum, durch die **Elisen-** oder **Sophienstraße** erneut den **Karlsplatz** erreichen.

Gastrotipps Route 2: **Theresa Grill*****, Theresienstr. 29, **Ballabeni** (Eis), Theresienstr. 46, **Sophia`s Restaurant*****, Sophienstr. 28

Route 3: Gärtnerplatzviertel und Isar
Diese Tour schließt sich direkt im Osten an die Altstadt an und startet am gut erreichbaren **Sendlinger Tor** *(U-Bahn 1 – 3,6 – 8 und Trambahn 16 – 18,27,28)*. Statt hindurch zu gehen, bleiben Sie auf der gegenüberliegenden Seite der verkehrsreichen Sonnenstraße und nehmen den Tram-Bahn- und Fußgängerdurchgang im südwestlichen Eck hinüber zur Müllerstraße. Während früher Schwabing unangefochtener Hot-Spot des Nachtlebens und der Kneipenkultur war, hat sich ein gehöriger Teil der bei einheimischen Nachtschwärmern beliebten Lokale

Isarimpression

in dieses besonders bunt schillernde Viertel verlagert. Entlang der vielen kleinen Läden, Bars und Cafes schlendern Sie bis zur Frauenhofer Straße, die Sie nach rechts einschlagen. So kommen Sie zur Klenzestraße. Links herum erreichen Sie den **Gärtnerplatz** mit dem gleichnamigen Theater. Sternförmig verlaufen die Straßen ab hier und können Ortsunkundige gehörig in die Irre führen. Damit das nicht passiert, halten Sie sich rechts herum bis

Nationalmuseum und Friedensengel

zur Corneliusstraße, die Sie nach 200 Metern zum Isarufer bringt. Links, vorbei am Europäischen Patentamt, können Sie alsbald die kleine **Boschbrücke** zur Museumsinsel hinüber nehmen. Dort erwartet Sie das berühmte **Deutsche Museum**. Es ist das weltweit größte im Bereich der naturwissenschaftlichen Museen mit über 28.000 Schaustücken in über 50 Bereichen. Leider ist die Ausstellung im Lauf der Zeit etwas in die Jahre gekommen und wirkt nicht überall „up to date", moderne Museumspädagogik sieht man anderswo zumindest besser. Darum wurde ein riesiges Sanierungspaket beschlossen. Die Summe bewegt sich im hohen 3-stelligen Millionenbereich, denn auch das Gebäude selbst muss dringend saniert werden. Sehenswert ist das Haus, allein schon aufgrund der Fülle an verschiedensten Themenbereichen, auch in der Umbauzeit *(Museumsinsel 1, 9.00– 17.00 Uhr, €€, Kombitickets mit Flugwerft Schleißheim und Verkehrszentrum an der Theresienwiese €€€, www.deutsches-museum.de)*.

Über die **Zenneckbrücke** gehen Sie nun, genau gegenüber von der Stelle wo Sie die Museumsinsel betreten haben, wieder ans „Festland" und dann bei der zweiten Gelegenheit links durch die Lilienstraße. An der folgenden Kreuzung bei den historischen Museumslichtspielen halten Sie sich geradeaus zu Münchens ältestem, im schönen Jugendstil-Bauwerk gelegenen Hallenbad **Müller`sches Volksbad**. Noch weiter rechts lugt das **Kulturzentrum Gasteig** hervor. Gehen Sie nun links vom Bad die Stufen hinab und, vorbei am Industriedenkmal und Veranstaltungsort **Muffathalle**, an der Isar entlang. Am **Kabelsteg** überqueren Sie das Wasser und gelangen auf die **Praterinsel**. Neben dem **Aktionsforum** das im künstlerischen Bereich Veranstaltungen organisiert, ist das nicht zwingend zu besuchende **Alpine Museum** des Alpenvereins ansässig *(Praterinsel 5, Di - Fr 13.00 – 18.00 Uhr, Sa /*

So 11.00 – 18.00 Uhr, €, www.alpenverein.de).
An der **Maximiliansbrücke** wechseln Sie erneut zum Ostufer und stehen vor dem imposanten Bau des **Maximilianeums**, dem Sitz des bayerischen Landtags. Einzelbesucher dürfen, wann immer Plenar- oder Ausschusssitzungen stattfinden und Platz ist, gerne auf den verfügbaren Besuchersitzen teilnehmen. Wenn Sie Interesse haben, fragen Sie an der Ostpforte nach, vielleicht haben Sie Glück, ein Ausweisdokument müssen Sie aber mitführen.

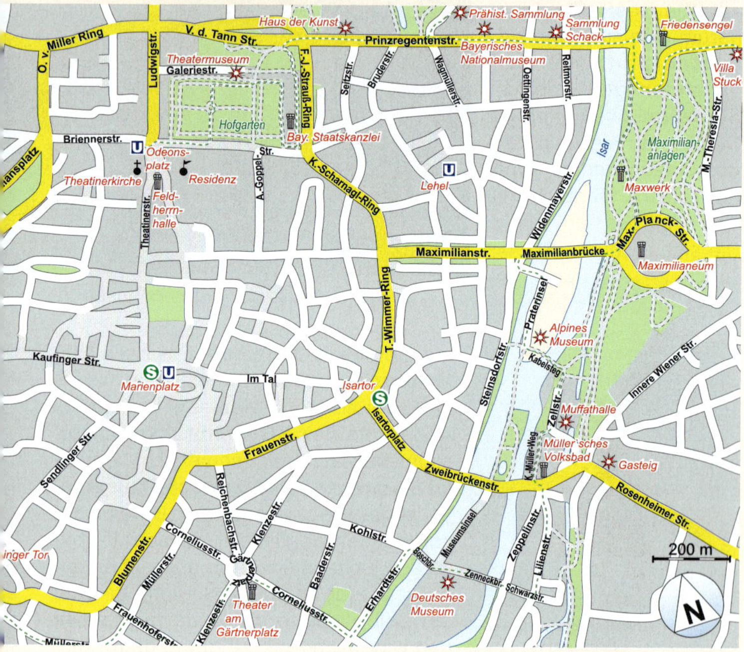

Nun gehen Sie noch ein Stück durch die Grünanlagen am Ufer entlang nach Norden. Das **Maxwerk** ist eines der ältesten noch in Dienst stehenden Wasserkraftwerke Bayerns. Gleich danach stoßen Sie am **Friedensengel**, der an 25 friedliche Jahre nach dem deutsch-französischen Krieg von 1870 / 71 erinnern soll, auf die **Prinzregentenstraße**. Bei Interesse können Sie nun noch nach rechts bergauf bis zum **Museum Villa Stuck** klettern. Es zeigt Kunst des 19.– 21. Jahrhunderts, auch mehrere historisch eingerichtete Räume des Gründers Franz von Stuck und ein Künstlergarten gehören dazu *(Prinzregentenstr. 60, Di – So 11.00 – 18.00 Uhr, 1. Fr im Monat bis 22.00 Uhr, €€, www.villastuck.de)*. Schräg gegenüber befindet sich das Gebäude von **Feinkost Käfer** mit opulent bestücktem Lebensmittelmarkt und Restaurant darüber.
Die Tour setzt sich ansonsten über die Isar zurück auf die Westseite des Flusses fort. Links stehen die Häuser des Stadtteils Lehel, rechts folgt schon bald der **Englische Garten**. Zuvor kommen Sie aber noch zur **Sammlung Schack**, die mit den Pinakotheken von Tour 2 zusammenhängt und Werke des 19. Jahrhunderts zeigt *(Prinzregentenstr. 9, Mi – So 10.00 –18.00 Uhr, 1. und 3. Mi im Monat bis 20.00 Uhr, €, Kombitickets mit Pinakotheken erhältlich)*. Auch der prächtige Bau des **Bayerischen Nationalmuseums**, das selbst weniger Kunstinteressierten einen Besuch wert sein sollte, steht vorher noch an. Al-

Eisbachsurfer neben dem Haus der Kunst

te Gemälde, Waffen, Spiele, Krippen, Silber- und Elfenbeinschmuck wurden zusammengetragen und ergeben ein abwechslungsreiches Ganzes *(Prinzregentenstr. 3, Di – So 10.00 – 17.00 Uhr, Do bis 20.00 Uhr, €, www.bayerisches-nationalmuseum.de)*. Wer mehr Interesse an Ausgrabungen und Prähistorischem hat, findet schräg dahinter in der **Lerchenfeldstraße** die auch nicht zu verachtende **Archäologische Staatssammlung** *(Lerchenfeldstr. 2, Di – So 9.30 – 17.00 Uhr, €, www.archaeologie-bayern.de)*.

Der **Englische Garten** ist Teil der Route vier durch Schwabing, doch einen Blick auf eine echte Münchner Institution erhaschen Sie besser von hieraus. Unterhalb der Brücke über die Sie nun gehen, verläuft der kleine **Eisbach**. Seit vielen Jahren schon stürzen sich dort mutige Stadtsurfer in eine künstliche Welle und reiten auf dieser bei fast jedem Wetter und von Frühling bis in den Herbst hinein. Am Kiosk dahinter können Sie sich fürs Zusehen und Staunen mit kleinen Speisen und Getränken eindecken. Es folgt das **Haus der Kunst**. Es ist eines der bekanntesten Münchner Ausstellungshäuser und zeigt wechselnde, oft sehr moderne und unangepasste Werke bekannter und neuerer Künstler der Gegenwart *(Prinzregentenstr. 1, 10.00 – 20.00 Uhr, Do bis 22.00 Uhr, €€, www.hausderkunst.de)*. Damit sich in diesem repräsentativen Bau auch nachts etwas tut, wurde schon 1949 das legendäre **P1** auf der Rückseite etabliert. Münchens berühmteste Diskothek wird von denen einen so verehrt wie sie von anderen gehasst wird. Den Betreibern wird es so oder so recht sein, Hauptsache man bleibt im Gespräch. Wechseln Sie nun noch schräg gegenüber zur **Staatskanzlei**, dem Sitz des bayerischen Ministerpräsidenten und dahinter

Staatskanzlei

in den **Hofgarten**. Der 1613 – 1617 unter Kurfürst Maximilian I. angelegte Renaissancegarten im italienischen Stil wird mittig vom **Dianatempel** gekrönt. Im Gebäude auf der Nordseite befindet sich das **Deutsche Theatermuseum**, im Süden die Residenz, die Sie schon auf Route 1 kennengelernt haben. Zuletzt schreiten Sie nach Osten durch die Arkaden auf den **Odeonsplatz** *(U-Bahn 3 – 6)* hinaus. Vielleicht zu einem Feierabenddrink in der Sonne auf den Terrassen der ansässigen Bars.

Gastrotipps Route 3: **Andys Krablergarten***, Thalkirchner Str. 2, **Wirtshaus in der Au****, Lilienstr. 51, **Café Rosi** (Café), Rosenheimer Str. 2, **Ristorante Cupido****, Bruderstr. 8

Route 4 Schwabing und Englischer Garten

Dort, wo sich einst die Münchner Bohème die Klinke in die Hand gab, Studenten und Handwerker, Reiche und Arme, Einheimische und „Zua-groaste“ die Nacht zum Tag machten, ist es heute ein wenig ruhiger geworden. Trotzdem ist Schwabing noch immer eines der beliebtesten Viertel, nicht nur für die Jugend. Die Nähe zur Universität, zum Englischen Garten im Osten, der Altstadt im Süden, günstigen Verkehrsanbindungen im Norden und die bis heute große Anzahl an Bars und Gaststätten macht es zu einer beliebten Wohnlage – teurer als anderswo in München ist es am Ende auch nicht. Auf dieser Tour geht es weniger um die großen Sehenswürdigkeiten als mehr um ein paar gemütliche Stunden in den Grünflächen des Englischen Gartens, im Biergarten oder mitten auf der Leopoldstraße.

Fahren Sie mit der U-Bahn zunächst zur **Haltestelle Universität** *(U3 und U6)*. Oberirdisch stehen Sie direkt an der **Ludwigstraße** und vor dem Hauptportal der **Ludwig-Maximilian-Universität**. Ein Stück weiter ragt das 24 Meter hohe **Siegestor** in den Himmel. Obenauf steht die Patronin Bavaria, hier als bayerische Siegesgöttin, mit ihren vier Löwen nach Norden den bayerischen Heeren entgegen blickend. Rechts vom Platz spazieren Sie zunächst durch die Veterinärstraße hinüber zum **Englischen Garten**, der hinter dem Kultkiosk Milchhäusl beginnt. Mehr oder minder geradeaus gehen Sie in den mit 375 Hektar größten innerstädtischen Park der Welt hinein. Den **Schwabinger Bach** querend, an dem im Sommer traditionell bis heute einige „Nackerte“ die Sonne genießen und dann nach leicht links vorne haltend, kommen Sie links

Siegestor

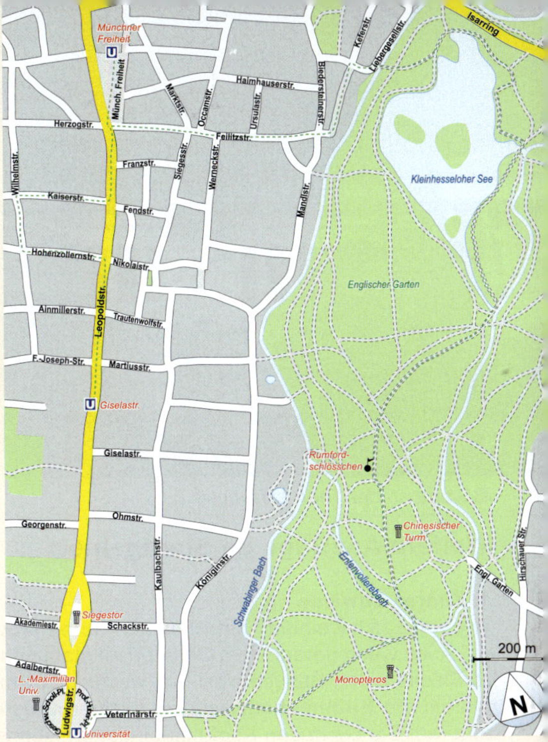

am **Monopteros**-Ziertempel vorbei. Wenig später geht es, links herum, über die Brücke am **Entenvolierbach** zum beliebten Bayerischen **Biergarten am Englischen Turm**. Egal ob zum Frühschoppen, Mittagessen, einer gediegenen Nachmittagsmaß oder zum Tagesausklang, hier ist an schönen Tagen immer etwas los. Am Wochenende kommt oft Livemusik dazu.

Weiter nach Norden, am **Rumfordschlösschen** vorbei, gelangen Sie schlussendlich zum zweiten Hotspot des südlichen Englischen Gartens – seine größte Ausdehnung hat er nämlich erst weiter im Norden jenseits des Mittleren Rings, doch bis hierhin soll der Fußweg genügen. Kaum ein Münchner Biergarten öffnet früher und selbst an schönen Wintertagen sind viele der Bierbänke des **Seehauses** am Ufer des **Kleinhesseloher Sees** schon gut besucht. Um die Nordspitze des Sees herum und dann rechts ab, verlassen Sie die Grünanlage an der Liebergesellstraße. Schlagen Sie die Keferstraße nach links ein, gelangen Sie automatisch von hinten auf die Feilitzstraße, mit einem der dichtesten Kneipenaufkommen Münchens. An der **Leopoldstraße** angelangt, können Sie entweder noch einen kurzen Schlenker nach rechts zur **Münchner Freiheit** einlegen, doch an sich ist der Platz weniger sehenswert als der Name vermuten lässt. Besser Sie gehen nach links, nehmen vielleicht hier und da eine Seitenstraße, zum Beispiel die **Hohenzoller Straße** nach rechts, falls Sie ein wenig bummeln und shoppen wollen, und machen es sonst so wie die Münchner: setzen Sie sich an einem schönen Tag in eines der vielen Straßencafés, trinken Sie einen Kaffee, essen Sie ein Eis und werden Sie Teil des Ganzen beim Beobachten des allgemeinen Schaulaufens der Schönen, weniger Schönen, „Stinos" und Ausgeflippten – das ist Schwabing! Und aus keinem anderen Grund sind diese Plätze so beliebt, dass man meist ein Weilchen suchen muss, bis man eine der schon entsprechend ausgerichteten Sitzgelegenheiten findet. Zur Rück- oder Weiterfahrt empfiehlt sich eine der nahen U-Bahnstationen an der **Münchner Freiheit** oder **Giselastraße** *(U3, U6)*.

Gastrotipps Route 4: **Café Königin** (Café), Königinstr. 43, **Chopan****, Occamstr. 3, **Ruff`s Burger***, Occamstr. 4, **Weinbauer****, Fendstr. 5, **Gelato Bartu** (Eis), Wilhelmstr. 23

Bavaria an der Theresienwiese

Weitere Ausflüge im Stadtgebiet

1. Theresienwiese

Wie wäre es mit einem Abstecher zur **Theresienwiese** *(U-Bahn 4 und 5)*? Auch wenn gerade kein Oktoberfest stattfindet, ist die riesige leere Fläche einen Besuch wert. Am westlichen Rand befindet sich immerhin die **Ruhmeshalle** mit der riesigen **Bavaria**-Statue, in deren Innerem Sie bis in den Kopf hinauf klettern können, um von dort das Münchner Panorama zu genießen *(Theresienhöhe 16, April bis Mitte Oktober 9.00– 18.00 Uhr, während der Wiesn bis 20.00 Uhr, €)*. Das Ensemble stammt von 1853 und wurde vom Hofbaumeister Leo von Klenze angelegt. Gleich schräg dahinter hat das Deutsche Museum im ehemaligen Messegelände ein **Verkehrszentrum** eingerichtet. Dort gibt es von der Lok bis zum Oldtimer viel zum Thema Verkehr und Mobilität zu bestaunen *(Am Bavariapark 5, 9.00 –17.00 Uhr, €)*. Nur wenige Minuten zu Fuß Richtung Norden und dann links in die Landsberger Straße, kommen Sie auch noch zum Hauptsitz der ältesten Brauerei Münchens – Augustiner. Die **Augustiner Bräustuben** ist eines der urigsten Lokale der Stadt, doch Vorsicht – so mancher ist dort schon versackt *(von dort S-Bahnhof Hackerbrücke, S1 – 8 und Tram-Bahn Halt „Holzapfelstraße, Linie 18 / 19)*.

2. Nymphenburg und Botanischer Garten:

(Anfahrt mit Tram-Bahn, Linie 17, auch Linie 12 und 16 bis Romanplatz möglich.) Das 1664 von Kurfürst Ferdinand Maria für seine Frau Adelheid von Savoyen in Auftrag gegebene Schloss war als Dank zur Geburt des lang ersehnten Thronerben Max Emanuel gedacht. Später wurde das anfangs kleine Ausflugsschlösschen kontinuierlich erweitert und stetig umgebaut. Erst im 19. Jahrhundert wurde die ganze Anlage, so wie sie sich heute präsentiert, fertig gestellt. Mit See und eigenem Park, darin mehrere Lustschlösschen, ist sie ein beliebter Anziehungspunkt für Touristen und Ruhesuchende gleichermaßen. Ohne Weiteres können Sie einen ganzen Tag vor Ort verbringen. Das Schlossrund mit seinen Kanälen und Wasserspielen *(im Sommer zwischen 10.00 – 12.00 Uhr und 14.00 – 16.00 Uhr in Betrieb)* ist gleich zu Beginn ein echter Hingucker. Wenn Sie direkt vor dem Hauptportal stehen, müssen Sie sich entscheiden, was Sie zuerst sehen wol-

len. Außer dem eigentlichen **Schloss Nymphenburg** können Sie das **Marstallmuseum**, das **Museum Nymphenburger Porzellan** und die vier Parkburgen im ansonsten kostenfrei zugänglichen Park besuchen. Eine ganze Reihe der opulent geschmückten Schlossräumlichkeiten sind heute noch zu besichtigen. Gönnen Sie sich ruhig eine Führung oder zumindest einen Audioguide, um ein wenig Erklärung zu erhalten, was es zum Beispiel mit der Schönheitengalerie, insbesondere einer gewissen, skandalumwobenen Lola Montez auf sich hatte... Genauso interessant sind die **Amalienburg**, **Badenburg**, **Pagodenburg** und **Marienklause** im Schlosspark, die den Entspannung suchenden oder jagenden Adeligen den notwendigen Zeitvertreib boten. Am skurrilsten ist sicher die Marienklause. Welche Parkburg Ihnen als Wochenendhäuschen am besten gefallen würde, müssen Sie ansonsten selbst heraus finden. Für einen Rundgang im Park empfiehlt sich die Smartphone-App „Schlosspark Nymphenburg" mir 23 Stationen. In den Museen gibt es neben dem bekannten Nymphenburger Porzellan vor allem alte, prunkvolle Kutschen und Schlitten im Marstall zu sehen *(Schloss Nymphenburg 1, Schloss und Museen Apr – Mitte Okt 9.00– 18.00 Uhr, sonst 10.00– 16.00 Uhr, Parkburgen nur Apr– Mitte Okt 9.00 – 18.00 Uhr, Schlosspark Nov – Mär 6.00 – 18.00 Uhr, Apr / Okt bis 20.00 Uhr, Mai – Sep bis 21.30 Uhr, Gesamtkarte €€, nur Schloss, Museen oder Parkburgen €, www.schloss-nymphenburg.de).*
Im Nordtrakt des Schlossrondells befindet sich das tolle **Museum „Mensch & Natur"** mit modern aufbereiteten Informationen zu den Themen Erdgeschichte, Geologie, Entstehung des Lebens, Ernährung und Gehirn sowie mit Sonderausstellungen. Auch eine eigene Kinderabteilung ist vorhanden *(Schloss Nymphenburg, Di – Fr 9.00 – 17.00 Uhr, Do bis 20.00 Uhr, Sa / So 10.00 – 18.00 Uhr, €, Kombiticket mit Botanischem Garten erhältlich, www.mmn-muenchen.de).*
An den Schlosspark grenzt im Norden direkt der **Botanische Garten** an. Je nach Jahreszeit ist er unbedingt sehenswert und gehört zu den schönsten und größten weltweit. Über 16.000 Pflanzenarten werden kultiviert und verwandeln die Beete und Wiesen im Frühling und Sommer in ein wahres Blütenmeer. Selbst im Winterhalbjahr gibt es viel zu entdecken. Das riesige Gewächshaus mit mehreren Abteilungen zeigt ganzjährig exotische Pflanzen und saisonal frei fliegende, tropische Schmetterlinge *(etwa Dez – Mär)*. Der Zugang erfolgt im Sommer entweder beschildert per Übergang vom Schlosspark aus oder ganzjährig am eigenen Haupteingang an der **Menzinger Straße** *(Menzinger*

Schloss Nymphenburg

Str. 65 Tram-Bahn 17, Halt „Botanischer Garten", Jan / Nov / Dez 9.00 –16.30 Uhr, Feb / Mär / Okt bis 17.00 Uhr, Apr / Sep bis 18.00 Uhr, Mai – Aug bis 19.00 Uhr, Gewächshaus und Übergang zum Schloss Nymphenburg 30 min. früher, Sommer €, im Winter ist nur das Gewächshaus kostenpflichtig, incl. Schmetterlinge €, www.botmuc.de).
Wer gut zu Fuß ist und eine kleine Wanderung in Kauf nimmt oder München mit dem Fahrrad erkundet, kann durch einen grünen Korridor, den „Durchblick", der einst eine direkte Sichtachse vom Schloss bis zur **Blutenburg** am westlichsten Ende der Stadt ermöglichte, auch noch dieses Schlösschen besuchen. In der Burg, die vermutlich schon seit dem beginnenden 13. Jahrhundert existiert, können Sie die Wehrganggalerie, die Schatzkammer, den Turm und das **Michael Ende Museum** besuchen *(Seldweg 15, Mo – Fr 10.00 – 16.00 Uhr, Sa / So 14.00 – 17.00 Uhr, €, www.blutenburg.de).*
Tipp: Stoppen Sie auf der Rückfahrt mit der Tram 17 noch am **Hirschgarten** (Halt „Romanplatz" oder „Steubenplatz") und besuchen Sie den wunderbar unter riesigen Kastanien am Rand der Parkanlage platzierten Bayerischen **Biergarten am Hirschgarten** – münchnerischer kann es kaum zugehen, ein perfekter Ausklang für Ihren Besichtigungstag.

3: Olympiapark
Auch wenn die Olympischen Spiele 1972 in München schon rund 50 Jahre her sind und durch die damaligen Anschläge auf die israelische Delegation, die palestinensischen Attentäter und den missglückten Polizeieinsatz nicht nur in guter Erinnerung geblieben sind, ist der **Olympiapark** mit seinen einmaligen Dachkonstruktionen, dem **Olympiaturm**, der bis heute genutzten Schwimmhalle, seinen Veranstaltungsbereichen und dem 850.000 Quadratmeter großen Parkgelände samt See stets ein beliebter Anlaufpunkt. Sie erreichen das Gelände per U-Bahn und Tram, auch Parkplätze für Womos stehen bereit *(siehe Stellplätze, U-Bahn: U3, Halt „Olympiazentrum", nördlich am BMW Museum, oder per Tram-Bahn, südwestlich Linie 20/21, Halt „Olympiapark-West", östlich auch mit Linie 27, Halt „Gartenstraße").*
Einen guten Überblick erhält, wer sich aufmacht den **Olympiaberg** zu erklimmen. Aus nach dem 2. Weltkrieg abtransportierten Schuttteilen entstanden, ist er knappe 60 Meter hoch. Mit dem **Olympiasee** im Vordergrund ergibt sich so ein schönes Bild auf die einem Spinnennetz nachempfundene Stahl-Netz-Platten-Konstruktion. Wieder unten angekommen, können Sie für mehr Informationen rund um Park und Gebäude an der Haltestelle zwischen See und Olympiaturm eine Runde mit der **Parkeisenbahn** drehen *(Ende Mär – Anfang Nov, 10.00 – 18.00 Uhr, ca. 20 min., €, Kombiticket mit Sealife erhältlich).* Gleich daneben fährt ein Aufzug mit einer Geschwindigkeit von sieben Metern pro Sekunde hinauf zur 190 Meter hoch gelegenen Aussichtsterrasse des insgesamt 291 Meter hohen **Olympiaturms**. An guten Tagen genießt man eine Aussicht weit über die Stadtgrenzen hinaus bis in die Allgäuer Alpen und ins Salzkammergut *(Spiridon-Louis-Ring 7, 9.00 – 24.00 Uhr, €, Kombitickets / Ermäßigungen erhältlich, www.olympiapark.de).* Auch das kostenlose, höchstgelegene **Rockmuseum** der Welt, mit Exponaten wie handsignierten Gitarren, goldenen Schallplatten, Autogrammen und Fotos vieler Stars der Rock- und Popszene, befindet sich oben im Turm, außerdem ein Restaurant.
Am Fuß des Turms soll ein wenig Hollywoodatmosphäre und Glamour versprüht werden. Darum verewigen sich seit 2003 Künstler und andere berühmte Persönlichkeiten mit Händen und Unterschrift auf dem

Olympiapark mit Fernsehturm, im Hintergrund das BMW-Museum

„**Walk of Stars**“ am See.
Das **Olympiastadion** dürfen Sie, je nach Jahreszeit von 9.00 / 11.00 Uhr bis 16.00 / 20.00 Uhr auf eigene Faust erkunden *(Spiridon-Louis-Ring 27, €, www.olympiapark.de)*. Die Mannschaft des 1. FC Bayern ist jedoch längst umgezogen in die neue Allianz-Arena im Norden der Stadt. Verschiedene Führungen durch das Stadion, den ganzen Park und, besonders abenteuerlich und beliebt, über das Zeltdach der Anlage werden regelmäßig angeboten. Eine Voranmeldung unter www.touren-olympiapark.de ist unbedingt anzuraten.
Neuzugang unter den Attraktionen ist das Aquarium **Sealife** nahe des Turms, das in einem Erdhügel versteckt seinen Zugang hat. 8000 Tiere, vom Oktopus bis zum Hai, leben in den mehr als 30 Becken und vermitteln echtes Unterwassergefühl *(Willi-Daume-Platz 1, Jan – Mitte Mär / Nov / Dez 10.00 – 17.00 Uhr, sonst bis 18.00 Uhr im Hochsommer bis 19.00 Uhr geöffnet, €€€, Rabatt in Verbindung mit Olympiaturmticket, www.visitsealife.com)*. Nur einen Katzensprung nach Norden und per Fußgängerbrücke über den Georg-Brauchle-Ring hinweg gelangen Sie zur Zentrale des Autobauers Bayerische Motorenwerke mit eigenem, sehenswerten **BMW-Museum** *(Am Olympiapark 2, Di – So 10.00 – 18.00 Uhr, €€, Rabatt mit Olympiaturm- oder Stadionticket, www.olympia-welt.com)* und der Erlebnis- und Auslieferungshalle **BMW-Welt** *(Am Olympiapark 1, 7.30 – 24.00 Uhr, So ab 9.00 Uhr, Eintritt kostenlos, www.olympia-welt.com)* – auch Werksführungen werden angeboten *(Mo – Fr 9.00 – 16.00 Uhr, €€, Voranmeldung unter 089 – 125 01 60 01 erforderlich)*. Alles in allem – zumindest für Autofans – ein echtes Highlight.

4. Tierpark Hellabrunn und Flaucher

(Anfahrt: U-Bahn U3, Halt „Thalkirchen“, für die Isarauen evtl. auch U1 „Candidplatz“)
Als **Flaucher** werden die stadtnahen Teile der Isarauen bezeichnet. In den Grünanlagen gibt es den hübschen Bayerischen Biergarten „**Zum Flaucher**“, am Wasser einen Kultur-Strand, eine Surferwelle und viele Kiesbänke zum (Nackt)-Baden und Grillen, die von den meist jungen Münchnern und Münchnerinnen im Sommer auch stark frequentiert werden. Vor allem an heißen Tagen ein entspannter Ausflug abseits vom Besichtigungsstress.

Der Münchner **Tierpark Hellabrunn** gehört zu den schönsten und größten Deutschlands und ist, nicht zuletzt auch wegen seiner grünen Lage am Südende der Stadt gleich neben der Isar, ein ebenso beliebtes Ausflugsziel. Über 19.000 Tiere aus mehr als 750 Arten werden nach Kontinenten „sortiert" gehalten und nachgezüchtet *(Tierparkstr. 30, Mär – Okt 9.00 – 18.00 Uhr, sonst bis 17.00 Uhr, €€€, www.hellabrunn.de)*.

5. Allianz Arena
(Anfahrt: Mit dem Wohnmobil, siehe Stellplätze, U-Bahn U6, Halt „Fröttmaning")
Fußballfans werden kaum umher kommen, dem Stadion des 1. FC Bayern München einen Besuch abzustatten. Auch außerhalb des Spielbetriebs ist ein Besuch und eine Führung durch die Anlage möglich *(Werner-Heisenberg-Allee 25, verschiedene Zeiten, €€, Reservierung und Infos unter www.fcb-erlebniswelt.de)*. Die multimediale **FC-Bayern-Erlebniswelt** informiert umfassend und modern aufbereitet zu allen möglichen Themen rund um den Münchner Traditionsverein *(10.00 – 18.00 Uhr, €€)*. Ein Arenashop, ein FC-Bayern-Megastore und das Bistro mit Kinder-Spielwelt runden das Angebot ab.

Oktoberfest

(In den letzten zwei Septemberwochen bis Anfang Oktober)
Einmal im Jahr schaut die ganze Welt auf München. Und das „nur" wegen dem **Oktoberfest** / der Wiesn auf gut bayerisch.
Erstmals zwischen dem 12. und 17. Oktober 1810 ausgetragen, geht es auf das Hochzeitsfest des Kronprinzen Ludwig und seiner Gemahlin Prinzessin Therese zurück. Für den letzten Tag der Feierlichkeiten organisierte Andreas Dall`Armi, Major der Nationalgarde, ein öffentliches Pferderennen am Sendlinger Berg, heute Theresienhöhe genannt. Es gab Tribünen für 4000 Zuschauer und umliegend Stände mit Wein, Bier und anderen Verköstigungen. Bei der Bevölkerung kam dies so gut an, dass von Jahr zu Jahr mehr Schaukeln, Kletterbäume und Karussells aufgestellt wurden. Einige Male musste es wegen Kriegen oder Epidemien ausfallen, auch wenn schon 1819 beschlossen wurde das Oktoberfest möglichst jährlich stattfinden zu lassen. Gegen Ende des 18. Jahrhunderts wurde die Dauer verlängert und erste Hendlbratereien und Bierhallen bauten ihre Zelte auf. Schon 1910 gab es im größten Zelt, damals die Bräurosl, 12.000 Plätze. Bei Wiederaufnahme nach dem Zweiten Weltkrieg fiel das Pferderennen weg, dafür entwickelte

Riesenrad am Oktoberfest

es sich zum bis heute größten Volksfest der Welt. Einen Dämpfer gab es 1980 als am 26. September am Haupteingang bei einem Terroranschlag mit rechtsextremem Hintergrund eine Bombe explodierte. Dabei starben 13 Menschen, über 200 wurden verletzt.
Heute zieht das Fest alljährlich zwischen sechs und sieben Millionen Besucher aus aller Welt an. Damit die Tradition zumindest einigermaßen gewahrt wird, gilt seit 2005 die Verordnung bis 18.00 Uhr in den Zelten nur ruhigere Blasmusik zu spielen, seit dem Jubiläumsjahr gibt es neben dem eigentlichen Oktoberfest nun noch das Gelände der eintrittspflichtigen „Oiden Wiesn" wo es ruhiger und beschaulicher zugeht, für all die, denen der Trubel sonst zu viel geworden ist.
Pünktlich am Eröffnungssamstag marschieren die Wienswirte ein. Erst wenn der Oberbürgermeister mit einem „O´zopft is!" um Punkt 12.00 Uhr das erste Fass im Schottenhamel-Zelt angezapft hat, bekommen auch die Besucher ihre erste Maß. Die Mengen sind immens: Rund sieben Mio. Liter Bier fließen in den zwei Wochen, unzählige Hendl und Brezn gehen über die Tresen und Biertische. 2014 wurde erstmals die Schallmauer von zehn Euro pro Liter Bier durchbrochen, inzwischen werden rund zwölf Euro fällig.
Wenn Sie die Wiesn besuchen wollen, nehmen Sie entweder eine S-Bahn bis zum Halt „**Hackerbrücke**" (S1 – 8) und folgen dann einfach den Besucherströmen zur Festwiese. Oder Sie nehmen die U-Bahn Linie 4 / 5 zur „**Theresienwiese**" die direkt am Rand des Geländes hält. Einen Sitzplatz in einem der 14 großen Zelte zu ergattern, kann, vor allem am Wochenende, schwer werden, wenn Sie nicht schon gleich mittags da sind. In den Biergärten, den kleineren Zelten und auf der „Oiden Wiesn" ist die Chance höher, dafür steigt dort meist die bierselige Stimmungskurve weniger stark an.
Beachten Sie unbedingt, dass die Ordnungsbehörden zur Vermeidung eines völligen Chaos in dieser Zeit rigider als sonst durchgreifen. Davon sind, dank starkem Womo-Aufkommen, vor allem aus Richtung Italien, auch Sie ganz konkret betroffen: in einem großzügig rings um die Festwiese abgesteckten Areal gibt es ein komplettes Halte- und Parkverbot für Wohnmobile. Das Übernachten im Fahrzeug außerhalb der dafür vorgesehenen Plätzen ist in den 2 Wochen in München per Sonderverordnung tatsächlich komplett verboten und wird auch geahndet. Fahren Sie daher unbedingt einen der Campingplätze oder das extra während des Oktoberfestes errichtete, teure Wiesncamp an.

(019) Offizieller WOMO-Stellplatz: München 3 (Wiesncamping – Messe Riem)

GPS: N 48°08'00" E 11°42'39", De-Gaspari-Bogen. **Max. WOMOs**: 1500.
Internet: www.oktoberfest-camping.com.
Öffnungszeiten: Achtung – nur zwei Wochen während des Oktoberfestes von Mitte September bis Anfang Oktober geöffnet!
Ausstattung: Strom, Toiletten / Duschen, WLAN, eigenes Bierzelt, Gastronomie, Mini-Markt, Schließfächer.
Beschreibung: Am östlichen Stadtrand neben dem Messegelände gelegenes zweckmäßiges areal mit Plätzen auf Rasen / Schotter, kein Schatten, Onlinereservierung für Fahrzeuge über 8 Meter ratsam.
Zum Oktoberfest: Die Haltestelle der U2 ist gleich neben dem Platz. Diese fährt direkt ins Zentrum. Zum Oktoberfest steigen Sie entweder schon am „Innsbrucker Ring" in die U5 um oder erst am Hauptbahnhof in die U4/ U5 zur „Theresienwiese" oder nehmen die S-Bahn 1-8 Richtung Pasing bis zur Hackerbrücke.
Preis €€€€.

Zufahrt: Im Osten der A99 auf die A94 Richtung München wechseln und bis zur Ausfahrt „Feldkirchen-West“ fahren. Dann links zum Messegelände hin abbiegen. Nach knapp 1 km linker Hand.

Ober- und Unterschleißheim

Lassen Sie nun die City hinter sich und erkunden Sie das Münchner Umland. Zur Weiterfahrt nehmen Sie entweder die A99 und wechseln von dort auf die A92 bis zur Ausfahrt „Oberschleißheim“ oder die A9 bis Garching-Süd und dann, nach links, auf die B471.

In **Oberschleißheim** befindet sich, neben Nymphenburg, die zweite große Schlossanlage im Raum München. Parkplätze gibt es direkt am Einlass zur Anlage in der Effnerstraße bei [N 48°14’59” E 11°33’27”].

Die Gründung des Areals geht auf Herzog Wilhelm V. ab 1597 zurück. Von ihm als recht bescheidene, bäuerliche Ökonomie und als Rückzugsort zur religiösen Kontemplation geplant, ließ sein Sohn Maximilian ab 1617 das **Alte Schloss** im Stil einer venezianischen Villa errichten. Heute sind im Inneren zwei Dauerausstellungen untergekommen, eine zu sakraler Kunst die zweite Sammlung beschäftigt sich mit der Geschichte West- und Ostpreußens.

Kurfürst Max Emanuel baute den Landsitz knapp 100 Jahre später zu einer Residenz aus, ließ Hofgarten und zunächst das Parkschlösschen **Lustheim** mit seinen beiden Pavillons errichten. Sie können dort eine weltberühmte Ausstellung mit Meißner Porzellan des 18. Jahrhunderts erleben.

Nach 1700 wurden die Anlagen mit dem größten Bauwerk, dem **Neuen Schloss** komplettiert. Noch immer sind einige der opulent gestalteten Räume zu sehen. Besondere Erwähnung verdienen außerdem die Deckengemälde, zum Beispiel das damals größte Fresko der Welt im Großen Saal von Jacopo Amigoni. Nur wenige Jahre als Wohngebäude genutzt, ging es schon um 1800 in die öffentliche Nutzung als Galerieschloss über.

***Schloss Schleißheim**: Maximilianshof 1, parken bei [N 48°14’59” E 11°33’27”, Effnerstraße], Hofgarten frei zugänglich, sonst Mai – Aug 8.00 – 20.00 Uhr, Apr / Sep bis 19.00 Uhr, Mär / Okt bis 18.00 Uhr, sonst bis 17.00 Uhr, Schlösser Apr – Sep 9.00 – 18.00 Uhr, Okt – Mär 10.00 – 16.00 Uhr, Audioguides im Neuen Schloss verfügbar. €€, www.schloesser-schleissheim.de*

Vom Parkplatz am Schloss aus erreichen Sie nach wenigen Gehminuten entlang der Effnerstraße die **Flugwerft Schleißheim** des Deutschen Museums. Auf 6500 Quadratmetern sind in den Hallen mehr als 60 Flugzeuge, Hubschrauber sowie allerlei andere Stücke, vom Gleiter über den Motor bis zum Flugsimulator zu bestaunen – nicht nur für Flugenthusiasten ein interessantes Ziel

Schloss Schleißheim

***Flugwerft**: [N 48°14'45" E 11°33'28", Effnerstraße 18], mit dem Fahrzeug über die Parkplätze an der Ferdinand Schulz Allee aus südlicher Richtung auch direkt erreichbar, täglich 9.00-17.00 Uhr,€€, Familienkarten und Kombitickets mit Deutschem Museum erhältlich*

Etwas außerhalb finden Sie einen weiteren echten Biergarten am **Waldrestaurant Bergl** mit möglichen Stellplätzen an der Zufahrtsstraße, [**020**: N 48°15'33" E 11°34'05", Bergl]. Bade- und Erholungsmöglichkeiten gibt`s rund um die einstige olympische Ruderregatta-Strecke. Der **Regatta-Badesee** mit normalem Bade- und FKK Bereich befindet sich südlich der Parkplätze. An der einstigen olympischen Strecke ist im Sommer ein Strandareal mit Gastronomie, Volleyballplätzen, Musik und Liegestühlen entstanden. Sie können auch übernachten.

(021) WOMO-Badeplatz: Oberschleißheim (Ruderregattastrecke)

GPS: N 48°15'09" E 11°31'29" (Zufahrt), Dachauer Str.33.
Max. WOMOs: 4-5.
Ausstattung: Mülleimer, sonst keine Einrichtungen.
Beschreibung: Große Parkflächen auf Schotter und Asphalt, teils Schatten, recht eben und ruhig, im Sommer Toiletten und Gastronomie an der Ruderregattastrecke und tagsüber am Badesee. Rund 2,5 km in den Ort.
Preis: € (nur tagsüber im Sommer).

Zufahrt: Von der A92, Ausfahrt „Oberschleißheim" Richtung Dachau fahren bzw. von Oberschleißheim aus über die B471. Zufahrt ca. 300 m nach der Autobahnüberführung linker Hand.

Auf der Weiterfahrt in Richtung Erding kommen Sie zwar nicht an großen Sehenswürdigkeiten vorbei, dafür finden Sie bei Bedarf eine ganze Reihe recht hübscher Badeseen und Stellplatzmöglichkeiten mit teils guter Anbindung zur Münchner Innenstadt. Den Anfang macht die Stadt **Unterschleißheim**. Dort gibt es auch eine **V/E-Station** an der Shell-Tankstelle am Münchner Ring 11 bei [N 48°16'19" E 11°35'27"]. Nur 400 Meter weiter besteht die Möglichkeit am Volksfestplatz über Nacht zu stehen, [**022:** N 48°16'13" E 11°35'11", Münchner Ring]. Wer baden möchte wird am westlichen Ende der Stadt am **Unterschleißheimer See** fündig.

(023) WOMO-Badeplatz: Unterschleißheim (Unterschleißheimer See)

GPS: N 48°17'12" E 11°33'25", Furtweg. **Max. WOMOs**: 2-3.

Ausstattung: Mülleimer, sonst keine Einrichtungen.

Beschreibung: Teils schattige Parkflächen am See, im Sommer Gastronomie mit Toiletten in Ufernähe samt Spielplatz und Grillzone. Der ruhigere mit Koordinaten angegebene Parkplatz im Süden befindet sich nahe an der Autobahn, nur Parken ohne jegliches Campingverhalten möglich! Rund 2,5 km in den Ort, mit der S-Bahn nach 1,5 km, Halt „Unterschleißheim" nach ca. 11 Stationen mit der S1 ins Münchner Zentrum.

Preis: € (nur tagsüber im Sommer).

Zufahrt: Von Oberschleißheim über die Landshuter Straße, dann ca. 1 km nach Ortsbeginn links in den Furtweg abzweigen, dann noch rund 1100 m. Die ruhigen, für Womos besser geeigneten Plätze befinden sich von der Kreuzung am See aus rechts.

Stellplatz 024

Eching

Über die südöstlich der Stadt anschließende **St2053** gelangen Sie in die nächste Gemeinde Eching. Touristisch ähnlich unspektakulär finden Sie auch dort zwei interessante Badegelegenheiten, in beiden Fällen wäre auch das über Nacht parken möglich, zum Beispiel am **Hollerner See** zwischen Unterschleißheim und Eching bei [**024:** N 48°16'51" E 11°36'28", Am Fretz] und von der Route rechts ab, direkt in Eching angeschrieben, am **Echinger See**.

(025) WOMO-Badeplatz: Eching (Echinger See)

GPS: N 48°17'41" E 11°37'58", Dietersheimer Straße. **Max. WOMOs**: 2-3.

Ausstattung: Mülleimer, sonst keine Einrichtungen.

Beschreibung: Teils schattige Parkflächen in Seenähe auf Asphalt, im Sommer Gastronomie mit Toiletten in Ufernähe, dort auch Grillzone. Nahe an der Autobahn, recht eben, relativ ruhig. Rund 1 km in den Ort, S-Bahn-Halt nach 1,8 km, Halt „Eching", von dort in ca. 13 Stationen mit der S1 ins Münchner Zentrum.

Zufahrt: Nach der Aral-Tankstelle in Eching an der nächsten Kreuzung rechts halten. Nach ca. 400 m beschildert erneut rechts abfahren.

Flughafen München

Ein offizieller Stellplatz an einem Bauerngut versteckt sich am Ortsbeginn von **Hallbergmoos**, ab wo Sie einen Abstecher zum **Besucherpark am Flughafen München** machen können.

(026) Offizieller WOMO-Bauernhof-Stellplatz: Hallbergmoos (Hausler Hof)

GPS: N 48°17'29" E 11°43'16", Garchinger Weg 72. **Max. WOMOs**: 4-5.
Internet / Tel.: www.hausler-hof.de, 0811 99 87 98 50.
Ausstattung: Strom (gegen Gebühr), Toiletten / Duschen.
Beschreibung: Stellplätze direkt am Bauernhof, jährlich mit vielen Events. Gastronomischer Betrieb am Wochenende, rund 3,3 kmin den Ort, S-Bahn 3,5 km entfernt, Halt „Hallbergmoos", ca. 15 Stationen mit der S1 ins Münchner Zentrum.
Preis: €€.
Zufahrt: Von Eching immer geradeaus Richtung Erding bis zum Ortsbeginn von Hallbergmoos (Ortsteil Goldach). Gleich zu Beginn führt rechts eine Stichstraße über die Felder beschildert zum Hof.

Gleich nach der Gleis-Überführung vor Hallbergmoos wechseln Sie auf die B301 Richtung Norden und dann, nach rund 4,5 Kilometern, rechts auf die **Zentralallee** des Flughafens. Der **Besucherpark** samt kostenpflichtigem Parkplatz ist gut beschildert. Hauptattraktion ist sicher der Besucherhügel, der einen guten Überblick des Münchner Verkehrsflughafens ermöglicht und beide Start- und Landebahnen überblickt. Drei historische Flugzeugmodelle können unmittelbar daneben von innen und außen begutachtet werden, ein Infopoint mit Shop, ein Restaurant, ein Spielplatz und ein Minigolfplatz runden das Angebot ab. Vom Besucherpark aus können auch Flughafenrundfahrten gebucht werden

Flughafen München

***Munich Airport Center**: [N 48°21'19" E 11°46'17", Nordallee 27], Attraktionen je €, Führungen täglich 14.30 Uhr, 50 min, Sondertouren für Kinder, zum Airbus 380 u.a. Sa / So 11.00 / 13.00 Uhr, bis zu 90 min., Ausweisdokument erforderlich, ab €€, www.munich-airport.de*

Erding

Nachdem das Flughafengelände hinter Ihnen liegt, biegen Sie Richtung Schwaig, Oberding und Notzing ab. Von dort gelangen Sie links ab nach Erding. Nur ein kleines Stück südlich von

Stellplatz 027

dieser Kreuzung finden Sie eine weitere Badegelegenheit am eher stillen **Notzinger Weiher** bei [**027:** N 48°17'53" E 11°50'22"].

Erding besitzt eine wirklich hübsche Innenstadt, die in jedem Fall einen Rundgang wert ist. Mehrere Parkflächen sind am Parkleitsystem rund um die Altstadt ausgeschildert, die zentralste, für Wohnmobile geeignete, P6, befindet sich zwischen **Am Mühlgraben** und der **Landshuter Straße** bei [N 48°18'27" E 11°54'41"]. Über die Landshuter Straße kommen Sie zu Fuß auch bis zum zentralen **Schrannenplatz**. Ringsum gruppieren sich in teils verkehrsberuhigten Bereichen viele Läden, Cafes und Lokale. Jeden Donnerstag von 8.00 bis 12.00 Uhr wird Markt gehalten. Kulturell können Sie sich im **Museum Erding** über Stadtgeschichte und Handwerk erkundigen. Besondere Erwähnung verdient auch noch die fantastische **Schoko-Laden-Werkstatt** in der Lange Zeile 23 mit tollen Kreationen. Auch außerhalb des Zentrums hat Erding in allen Himmelsrichtungen noch etwas zu bieten: Im Osten befindet sich die weltberühmte **Erdinger Weißbier-Brauerei**, die Sie auf einer Führung sechs Mal die Woche besichtigen können. Nördlich ans Stadtgebiet grenzt das große Bade- und Erholungsgebiet rund um den **Kronthaler Weiher** an. Im Westen befindet sich das **Bauernhaus-Freilichtmuseum** mit 13 zusammengetragenen und neu arrangierten Baudenkmälern des 18. und 19. Jahrhundert aus der Umgebung. Erdings inzwischen wohl bekannteste Attraktion befindet sich jedoch südlich. Mitten auf der flachen Wiese wurde dort seit den späten 90er Jahren mit der **Therme Erding** eine Badelandschaft aus dem Boden gestampft, die sich mittlerweile größtes Bade- und Saunaresort der Welt nennen darf. Die verschiedenen In- und Outdoor angeordneten Bereiche umfassen, neben der eigentlichen Therme, auch ein Rutschen- und Fungelände, eine Vitaloase, die riesige Saunalandschaft mit rund 30 unterschiedlichen Schwitzräumen und ein großes Wellenbad samt Hotelanlage. Der Spaß hat seinen Preis. Wer möchte, kann direkt vor dem Haupteingang auch übernachten. Badegäste stehen kostenlos, wenn auch ohne Einrichtungen, am gekennzeichneten Teil des Parkplatzes. Für alle Ankommenden ist der kostenpflichtige, offizielle Stellplatz mit Einrichtungen direkt neben dem Thermengelände gedacht .

***Museum Erding**: Prielmayerstr.1, Di – So 13.00 – 17.00 Uhr, €, www.museum-erding.de | **Erdinger Weißbier Brauerei**: [N 48°18'53" E 11°53'24", Franz Brombach Str. 1-20] , Mo – Fr 9.00 Uhr, Mo auch 13.30 Uhr, Erw. 12€, erm. 7,50€, Kinder bis 14J. kostenlos | **Kronthaler Weiher**: parken bei [N 48°19'07" E 11°54'27", An der Melkstatt], nur tagsüber | **Freilichtmuseum**: [N 48°18'16" E 11°55'29", Taufkirchener Str. 24], Ostern bis Okt Sa / So10.00 – 17.00 Uhr, €, Freitag 13.00 – 17.00 Uhr Markt | **Therme Erding**: Thermenallee 1-5, Therme, Wellenbad und Sauna 10.00 – 23.00 Uhr, Sa / So ab 9.00 Uhr, Sauna Sa bis 24.00 Uhr, Rutschenwelt 14.00 – 21.00 Uhr Sa / So ab 9.00 Uhr, ab €€€, www.therme-erding.de*

Gastrotipps Erding: Gruberei***, Lange Zeile 5, **Karin`s****, Freisinger Str. 1, **Kreuzeder****, Münchner Str. 56

(028) Offizieller WOMO-Badeplatz: Erding (Stellplatz an der Therme Erding)

GPS: N 48°17'31" E 11°53'11", Thermenallee.
Internet: www.wohnmobilpark-erding.de.

Max. WOMOs: 55 im Wohnmobilpark sowie weitere Plätze nur für Badegäste am Thermenparkplatz.
Ausstattung: Ver-/ Entsorgung und Strom (gegen Gebühr), Toiletten 7 Duschen, Mülltonnen.
Beschreibung: Modern und professionell angelegtes Areal mit Parkautomat und Schranke. Eben, relativ ruhig, kein Schatten. Die einfachen Stellplätze nur für Badegäste ohne Einrichtungen befinden sich im hinteren, Bereich des Parkplatzes linker Hand der Zufahrt. Bäckerei und Laden im Foyer der Therme. 2,8 km in den Ort, zur S-Bahn 1,4 km, Halt „Altenerding", S 2, ca. 13 Stationen bis ins Münchner Zentrum.
Preis: €€.
Zufahrt: Südlich der Stadt ist die Therme überall angeschrieben, zum Beispiel über die B388.

Vitalpool der Therme Erding am Abend

Setzen Sie Ihren Weg nach Süden Richtung Markt Schwaben und Poing fort. Ein weiterer Bade- und Stellplatz versteckt sich unterwegs bei Wilfing.

(029) WOMO-Badeplatz: Wilfing (Wilfinger Weiher)

GPS: N 48°14'17" E 11°53'40". **Max. WOMOs**: 2-3.

Ausstattung: Keine Einrichtungen.
Beschreibung: Ruhige, schattige Parkflächen direkt am kleinen Badeweiher in Ortsrandlage. Teils etwas Schatten, nicht ganz eben, meist sehr ruhig.
Ab der S-Bahn in 1,5 km Entfernung, Halt „St. Koloman“, mit S2 in ca. 11 Stationen bis ins Münchner Zentrum.
Zufahrt: Über die Schlossallee südlich von Erding über Aufhausen nach Wilfing fahren. Im Dorf links Richtung Wörth abzweigen. Die Abfahrt zum See linker Hand folgt nach 500 m.

Poing und Kirchheim

In Poing können Sie Deutschlands tierreichstem Wildpark einen Besuch abstatten. Auf 570.000 Quadratmetern Fläche führt ein vier Kilometer langer Wanderweg vorbei an Gehegen einheimischer Tiere wie Hirsche, Schafe und Wildschweine, aber auch Wölfe, Luchse und Braunbären fehlen nicht. Fast täglich können Sie einer Greifvogelvorführung beiwohnen. Kindern gefällt der große Abenteuerspielplatz des Geländes. Der Parkplatz des **Wildparks Poing** kann an schönen Wochenendtagen unangenehm voll werden, sonst kommen Sie aber problemlos unter.

***Wildpark Poing**: [N 48°10'31" E 11°49'35", Osterfeldweg 20], Apr-Nov 9.00–17.00 Uhr, sonst bis 16.00 Uhr, Hunde verboten. Greifvogelvorführung Apr–Okt Sa–Do 10.30 oder 11.00 Uhr und 15.00 Uhr, €€, www.wildpark-poing.de*

Wilfinger Weiher

Zum Ende von Tour eins steht dann noch eine Fahrt durch den wenig attraktiven östlichen Speckgürtel Münchens an, der zwischen Poing, Kirchheim und Feldkirchen arg industriell geprägt ist. Doch selbst hier verstecken sich noch ein paar interessante Stationen. An der Zufahrt zum **Heimstettener See** und unmittelbar vor der Autobahnbrücke, befindet sich der **Bajuwarenhof Kirchheim**. Zwischen Hütten und frühzeitlich gekleideten Akteuren können Sie rund 1400 Jahre zurück in die Vergangenheit reisen und das Leben von damals erleben.

Bajuwarenhof Kirchheim

Am Badesee, nur wenige hundert Meter weiter, finden sich, abgesehen von heißen Sommerwochenenden, meist genügend Stellplätze für einen gemütlichen Tagesausklang.

***Bajuwarenhof**: Bajuwarenstr. 11, Mai – Sep So 11.00 – 17.00 Uhr, Sa oft Veranstaltungen, mehr unter www.bajuwarenhof.de*

Gastrotipps Feldkirchen / Heimstetten: Gasthof Eberle**, Bahnhofstr. 8, **Restaurant Bauer****, Münchner Str. 6

(030) WOMO-Badeplatz: Kirchheim (Heimstettener See)

GPS: N 48°09'27" E 11°44'05", Seestraße. **Max. WOMOs**: 2-3.
Ausstattung: Keine Einrichtungen.
Beschreibung: Asphaltierte, durch Sträucher getrennte Parkstreifen, wenig Schatten, eben, je nach Saison ruhig oder belebt, am See gleich daneben im Sommer Gastronomie, Toiletten, Spielplatz und Grillzone. Bis Feldkirchen 900 m, S-Bahn nach 600 m, Halt „Feldkirchen", S2, ca. 6 Stationen bis ins Münchner Zentrum.
Preis: € (nur im Sommer tagsüber).
Zufahrt: Bei Poing auf die A94 Richtung München auffahren, bis zur Ausfahrt Feldkirchen West. Dort rechts halten und nach wenigen hundert Metern erneut rechts Richtung Feldkirchen fahren. Im Kreisverkehr links zum See abbiegen.

TOUR 2
5 km
N
Inn
Markt Schwaben
Hohenlinden
Forstinning
Poing
Heimstetten
Feldkirchen
Vaterstetten
Haar
Neubiberg
Ottobrunn
Unterhaching
München
Taufkirchen
Bavaria Filmstadt
Grünwald
Walderlebniszentrum
Oberhaching
Straßlach-D.
Pullach
Neuried
Krailling
Gauting
Würm
Starnberg
Starnberger See
TOUR 3
TOUR 3
Schäftlarn
Icking
Isar
Wolfratshausen
B
Loisach
Eurasburg
Beuerberg
Königsdorf
Bibisee
Geretsried
Harmatinger See
Dietramszell
Waldweiher
Kirchsee
Hackensee
Holzkirchen
Warngau
Sachsenkam
Valley
Weyarn
Mangfall
Seehamer See
Feldkirchen-W.
Aschbach
Bergtierpark Blindham
Aying
Kasten-seeoner See
Egmating
Steinsee
Glonn
Hermannsdorfer Werkstätten
Oberpframmern
Moosach
Grafing
Ebersberg
M. Wald und Umwelt
Eggburger See
Kirchseeon
Penzberg
A 94
A 99
A 8
A 95
471
304
12
13
318
11
2
WC
WC
31
32
33
34
35
36
37
38
39
40
41
42
43
44

Tour 2: Südlich der Landeshauptstadt – 240 km

Ebersberg – Aying – Weyarn
Sachsenkam und Dietramszell – Wolfratshausen
Grünwald – Würmtal

Stellplätze:	Ebersberger Forst, Ebersberg, Blindham, Sachsenkam (2x), Dietramszell, Königsdorf, Eurasburg, Kloster Schäftlarn, Pullach, Neuried
Campingplätze:	Weyarn, Königsdorf, Wolfratshausen
Besichtigen:	Museum Wald und Umwelt Ebersberg, Herrmannsdorfer Werke, Bertierpark Blindham, Kloster Weyarn, Kloster Dietramszell, Wolfratshausen, Walderlebnisweg und Burg Grünwald, Bavaria Filmstadt, Wallfahrtskirche Maria Eich
Wandern:	Hohenlindener Sauschütt, Mangfall-Mühlenweg Weyarn, Isar bei Großhesselohe (Radtour)
Baden:	Kastenseeoner See, Seehamer See, Kirchsee, Waldweiher Dietramszell, Bibisee, Pupplinger Au

Beginnend im Ebersberger Raum kreuzen Sie auf Tour zwei durch das hügelige, waldreiche Voralpenland südlich von München – ein erster Vorgeschmack auf das kommende Bilderbuch-Bayern mit seinen typischen Postkartenmotiven.

Ebersberg

Am schnellsten gelangen Sie zum Einstieg in die Tour über die A94 in Richtung Passau. Verlassen Sie die Autobahn an der Ausfahrt Hohenlinden und halten Sie sich dann in Höhe der Ortsumfahrung rechts Richtung Ebersberg. Die Straße quert nun das mit Abstand größte zusammenhängende Waldgebiet im Großraum München, den **Ebersberger Forst**. Einen Zwischenstopp bietet unterwegs die **Hohenlindender Sauschütt**. An Ende der kleinen Stichstraße nach rechts befindet sich ein Parkplatz, ein Waldbiergarten mit Spielplatz und ein

„Heiße Kröten" in der Sauschütt

Stellplatz 031

3,5 Kilometer langer **Naturlehrpfad**, der vorbei an den namensgebenden „Sauen“, dem Wildschweingehege, Wildgattern und Feuchtbiotopen nicht nur Kindern Spaß bringt. Am Parkplatz können Sie auch über Nacht stehen, [**031:** N 48°08'16" E 11°58'25", Sauschütt 1]. Das Verbotsschild für Fahrzeuge über 2,8 Tonnen am Anfang des Zuweges richtet sich in erster Linie an LKWs, mit einem Womo bis rund sieben Meter Länge finden Sie gut Platz und sind ein gern gesehener Gast in der Wirtschaft *(mit Biergarten, im Sommer geöffnet Mi-So 10.00 – 22.00 Uhr, nur bei gutem Wetter)*.

Spuk im Forst

Schon seit vielen Jahrzehnten hält sich hartnäckig die Sage vom Spuk im Ebersberger Forst. So soll in den 1930er Jahren eine Frau von einem Auto angefahren worden sein. Der Lenker beging daraufhin Fahrerflucht und die Frau verstarb am Unfallort. Immer dann, wenn in manchen Nächten rings um die Hubertuskapelle mitten im Wald diffuses Licht am Straßenrand leuchtet, soll ihr unruhiger Geist sein Unwesen treiben. Der Sage nach steht die „weiße Frau“ dann am Wegesrand und winkt vorbeifahrende Fahrzeuge heran, um sie mitzunehmen. Wer anhält, dem geschieht nichts, wer sie jedoch stehen lässt, dem greift sie ins Lenkrad. Tatsächlich gab es in den 70er und 80er Jahren eine Reihe von ungeklärten Unfällen auf den meist völlig geraden Straßen im Forst. Seit dem sind aber kaum mehr relevante Zwischenfälle vermerkt worden.

Die große Kreisstadt Ebersberg lohnt nicht unbedingt einen Stopp, einen Preis fürs Ortsbild wird sie kaum erhalten. Sie bietet aber einen weiteren guten Ausgangspunkt für Wanderungen im Forst, garniert mit dem **Museum Wald und Umwelt**, dass sich dem Thema Forstwirtschaft widmet. Im Freigelände gibt es einen Aussichtsturm und mehrere thematische Naturpfade. Der Parkplatz an der Ebersberger Alm darf von Waldgästen mitbenutzt werden. Etwas außerhalb von Ebersberg gibt es einen Stellplatz.

***Museum Wald und Umwelt**: [N 48°05'18" E 11°57'40", Ludwigshöhe 2], Mitte Mär – Mitte Nov Sa / So 11.00 – 18.00 Uhr, sonst nur So 12.00 – 17.00 Uhr, €, www.museumwaldundumwelt.de*

Gastrotipps Ebersberg: Ebersberger Alm**, Ludwighöhe 3, **Kugleralm****, Asslkofen 4

(032) WOMO-Gastro-Stellplatz: Ebersberg (Gasthof Huber)

GPS: N 48°04'43" E 11°59'47", OT Oberndorf 11. **Max. WOMOs:** 5.
Ausstattung: Tagsüber Toiletten, sonst keine Einrichtungen.
Beschreibung: Parkplätze auf Rasengittersteinen unterhalb des Gasthofes, kein Schatten, fast eben, ruhig, schöne Sicht, rund 1,7 km nach Ebersberg.
München Zentrum: Ab S-Bahn-Halt „Ebersberg" in 1,3 km Entfernung mit der S4 in rund 15 Stationen erreichbar.
Preis: €€ inkl. kleinem Verzehrgutschein.
Zufahrt: Etwas außerhalb, von Ebersberg über die B304 Richtung Steinhöring fahren. Dann rechts am Baumarkt nach Oberndorf abbiegen. Der Gasthof befindet sich mitten im Ortsteil links ab.

Zunächst über den recht schönen Ort **Grafing** geht es weiter nach Moosach. Bei Glonn können Sie über die **Rotter Straße** einen Abstecher nach **Hermannsdorf** machen. Die dort in den 1980er Jahren gegründeten **Hermannsdorfer Landwerkstätten** haben sich einer Lebensmittelerzeugung nach ethischen, ökologischen und nachhaltigen Richtlinien verschrieben und verkaufen ihre Waren inzwischen bis weit über regionale Grenzen hinaus. Im kleinen Laden können Sie selbst einkaufen, am Gelände ein paar „glückliche" Schweine, Schafe und mehr beobachten oder sich im zugehörigen Wirtshaus verwöhnen lassen.

„Glückliche"-Bio-Schweinchen

***Hermannsdorfer Landwerkstätten**: [N 47°59'31" E 11°53'52", Herrmannsdorf 7], www.hermannsdorfer.de*

Aying

Ansonsten führt die Hauptroute von Glonn und vorbei am beliebten **Kastenseeoner See** nach Oberpframmern und weiter bis **Aying**. Die Ortschaft hat sich bis heute einen eher dörflichen Charakter bewahrt. Die meisten Gäste zieht es direkt zum bekannten **Braugasthof Aying** mit schönem Bräustüberl und echtem Biergarten, der tatsächlich eine Einkehr wert ist. Der Maibaum vis-a-vis ist der höchste in ganz Europa.

Maibaum-Stellen (und Stehlen)

Nach alter Tradition wird, vor allem in Süddeutschland und Österreich, in der Nacht vor oder am 1. Mai selbst am Dorfplatz vieler Orte, verbunden mit einem Fest, ein Maibaum aufgestellt. Dabei handelt es sich um bis zu sechs Tonnen schwere, hochstämmige Bäume,

die reich verziert und in Bayern meist blau weiß geschnürt oder bemalt, oft noch traditionell per Muskelkraft in die Senkrechte gebracht werden. Je nach Region bleiben die Bäume fast ganzjährig oder auch nur einen Monat stehen, teils werden sie jährlich neu geschlagen, teils wiederverwendet.
Vor allem in Bayern erreichen Sie Rekordhöhen. So bringt es der Ayinger Maibaum auf über 50 Meter. Nachdem die Riesen in ihre endgültige Position gewuchtet wurden, werden noch bunte Zunftzeichen angebracht, auch ein Ortswappen darf meist nicht fehlen. Neben der Tradition des Aufstellens ist auch die des Maibaum-Stehlens beliebt. Dann versuchen meist junge Männer aus Nachbargemeinden ihr Glück, um sich einen zweiten Baum zu sichern, mehr aber noch um die Nachbarn ordentlich zu ärgern und zu blamieren. Der Baum muss übrigens nicht immer wirklich gestohlen werden – es reicht ihn als erster zu berühren und als gestohlen zu kennzeichnen bevor er von der heimischen Burschenschaft „geschützt" werden konnte. Danach wird über einen Auslösepreis verhandelt. Er wird normalerweise in Form von Speis und Trank abgegolten. So gelangt der Baum dann fast immer doch noch pünktlich zum Ort seiner Bestimmung.
Woher die Tradition kommt ist bis heute unklar. Es gibt Theorien, die den Maibaum als heidnisches Opfer für Waldgottheiten verstehen, später wurde er teils als christlicher Pfingstbaum umgedeutet. Im 17. Jahrhundert wurde der Brauch sogar zeitweise verboten – zu sehr erinnerte das „unflätig, unchristlich Ding" so manchen Pfaffen an einen Riesen-Phallus...

Ein beliebtes Ausflugsziel in der Nähe ist der **Bergtierpark Blindham**. In Privatinitiative ist dort seit 2004 ein inzwischen 250.000 Quadratmeter großes Areal mit heimischen Wildtieren und vom Aussterben bedrohten Haustierrassen entstanden. Ein Wanderweg leitet durch das Gelände, natürlich gibt es auch ein großes Abenteuerspielgelände und gastronomische Versorgung. Als Gast darf man auf Anfrage auch mal die Nacht am Parkplatz verbringen, [**033**: N 47°55'45" E 11°48'37"].

Bergtierpark: *Blindham 2, 9.00 – 20.00 Uhr, Winter 10.00 – 8.00 Uhr, €€, www.bregtierpark.de*

Weyarn

Zunächst bis Feldkirchen und dann weiter in südliche Richtung quert die MB17 die Autobahn und mündet in der Nähe des **Seehamer Sees** in die MB18.

Schön gelegen stört das Seeidyll linker Hand nur die arg nah verlaufende A8, von der Tag wie Nacht ein gedämpfter, jedoch unüberhörbarer Geräuschpegel ausgeht. Badeplätze sind rar, daher macht der Seeaufenthalt nur Sinn, wenn Sie Zeit auf einem der beiden Campingplätze verbringen wollen. Intimer und etwas autobahnferner ist der **Campingplatz Großseeham** mit Stellflächen auf einer Wiese, Badestelle und Bootsverleih, *([**034:** N 47°51'18" E 11°51'23", Hauptstraße 24], Apr – Okt, €€€, www.camping-gross-seeham.de).*

Rechts ab gelangen Sie nach Weyarn selbst. Einen Zwischenstopp können Sie dort am seit 1999 vom Deutschen Orden übernommenen **Kloster Weyarn** einlegen. Wer sich für sakrale Kunst interessiert, wird in der zugehörigen denkmalgeschützten Kirche **St. Peter und Paul** sicher auf seine Kosten kommen. Interessant ist auch ein Blick unter die Mangfall-Autobahnbrücke, die für Fußgänger begehbar ist und neben einer schönen Aussicht ein ganz besonderes Brückenerlebnis bietet, wenn über einem gerade gerade tonnenschwere LKWs vorbeidonnern. Auch in eine kleine Wanderung lässt sie sich einbinden.

Gastrotipps Weyarn: Zum goldenen Tal**, Im goldenen Tal 19, **Lindl****, Mittenkirchner Str. 1, **Klostercafé** (Café), Klosterweg 2

Mangfall-Mühlenweg (rund 5,4 km, 75 min)
Nehmen Sie zunächst nördlich des Ortskerns am Kreisverkehr die linke Abfahrt über die Holzkirchener Straße und parken Sie gleich unterhalb der Brücke. Für die Wanderung folgen Sie dem Sträßchen direkt entlang der Mangfall in nördliche Richtung bis zur Maxlmühle. Dabei passieren Sie interessante Kalk-Tuff-Ablagerungen, die sich an hier entspringenden Quellen gebildet haben. Nun halten Sie sich nach links und steigen steil an den Hängen des Mangfalltals hinauf, bis Sie oben auf die Straße zwischen Darching und Valley stoßen. Dort geht es nach links weiter und an der Einmündung in die Staatsstraße biegen Sie nach rechts ab. Die Autobahn wird nun unterquert und gleich danach biegen Sie links in einen kleinen Weg ein. Der führt zuerst an der Autobahn entlang und dann zur Mangfallbrücke zurück. Nun geht es auf dem erwähnten, interessanten Weg unter der Fahrbahn der Autobahn über die Brücke – Schwindelfreiheit schadet hier nicht! Auf der anderen Seite des Mangfalltals angekommen biegen Sie nach

Weyarn

rechts ab und erreichen eine kleine Wohnsiedlung, die bereits wieder zur Weyarn gehört. Wandern Sie von dort, erneut rechts herum, hinab ins Mangfalltal und zurück zum Ausgangspunkt.

Sachsenkam und Dietramszell

Der 15.000-Einwohner Markt **Holzkirchen** ist kein Muss-Ziel, aber mit einem Einkaufszentrum, der geschäftigen Innenstadt und vielen großen Supermärkten ein willkommenes Ziel, falls ein Einkaufsstopp ansteht. Fahren Sie dann über die B13 in südwestliche Richtung weiter bis **Sachsenkam** und nehmen Sie dort die kleine Straße rechts ab in Richtung **Kirchsee**. Der Biergarten des Klosterbräustüberls Reutberg ist wirklich eine Schau, bietet er doch freie Blicke über die ganze Gegend, während Sie schattig unter Kastanien sitzen können. Und wenn Sie sich im Anschluss erfrischen wollen, sind Sie auch schon fast am Ziel. Der unter Naturschutz stehende Kirchsee schmiegt sich still in eine Senke des Ellbach- und Kirchseemoors und bietet tolle Aussichten und Spazierwege, schöne Seezugänge, die über Stege erreichbar sind, und ganz viel Natur. Die Zufahrtsstraße ist kostenpflichtig, die Parkgebühr ist dafür damit schon abgegolten. Auch für eine Übernachtung ein empfehlenswertes Plätzchen. Ein alternativer, kleinerer Wander-Parkplatz befindet sich nicht weit entfernt an der **Kirchbichler Straße**, **[036:** N 47°48'24" E 11°37'36", Am Neuweiher].

Kirchsee bei Sachsenkam, oben Kloster Dietramszell

(035) WOMO-Badeplatz: Sachsenkam (Kirchsee)

GPS: N 47°49'20" E 11°37'32", Kirchseestraße. **Max. WOMOs**: 6-8.

Ausstattung: Toiletten, tagsüber Kiosk, Badestelle.
Beschreibung: Große, ruhige Parkflächen auf Schotter, schattig, Badeplatz nur ca. 150 m entfernt, nicht ganz eben, nachts ruhig, rund 2 km bis in den Ort.
Preis: €.
Zufahrt: Von Sachsenkam aus in nördlicher Richtung beschildert.

Die nächste Station Ihrer Rundfahrt ist **Dietramszell**. Parken Sie am südlichen Ortsrand neben der früheren **Klosterkirche Maria Himmelfahrt**, [**037:** N 47°50'56" E 11°35'49", Am Weiherfeld], um dieser einen Besuch abzustatten. Innen haben sich namhafte Künstler wie J. B. Zimmermann und P. J. Rämpl an der Ausstattung verewigt. Vom schattigen Parkplatz führt ein Weg in wenigen Gehminuten zum ruhigen **Waldweiher** mit Badegelegenheit.

Über **Geretsried** können Sie entweder direkt rechts ab nach Wolfratshausen weiterfahren oder noch einen Schlenker Richtung Königsdorf einbauen. In diesem Fall kommen Sie am **Bibisee** vorbei. Kurz vor dem beliebten Naherholungsgebiet führt die Straße Zum Lindenrain an

Stellplatz 039

den **Campingplatz Königsdorf** mit einem eigenem kleinen See, *([038: N 47°50'14" E 11°28'09", Zum Lindenrain], €€€, www.camping-koenigsdorf.de)*. Wenn Sie nur im See baden möchten oder mit einer Nacht ohne Einrichtungen zufrieden sind, parken Sie besser nach dem Campingplatz links ab auf dem schattigen Waldparkplatz. Die Zufahrt ist ungeteert, für den Badezugang wird eine kleine Gebühr erhoben, [**039:** N 47°50'03" E 11°28'11"].

Gastrotipps Holzkirchen: Alte Post**, Marktplatz 10a, **Eiscafé Franzetti** (Eis), Münchner Str. 7 | **Dietramszell**: **Klosterschänke****, Klosterplatz 2

Wolfratshausen

Halten Sie sich nun erst Richtung Königsdorf und dann weiter nach Beuerberg. Von dieser Straße haben Sie bei gutem Wetter und leichtem Föhn eine wunderbare Sicht auf die Alpenkette. Das Kirchdorf selbst wird vom ehemaligen Klosterkomplex dominiert, in dem heute eine Schule untergebracht ist. Die vielen alten Bauernhäuser und Höfe im Ort sorgten dafür, dass in der Gemeinde einst fast alle Aufnahmen für die fünf Filme der „Lausbubengeschichten“ von Ludwig Thoma gedreht wurden. Inzwischen ist das Dorf der etwas nördlicher gelegenen Gemeinde **Eurasburg** angeschlossen. Neben dem Sportplatz können Sie gut auf dem Parkplatz vor dem Sportgelände an der **Robert-Koch-Straße** eine Nacht verbringen, [**040:** N 47°51'27" E 11°24'30"]. Komfortabler stehen Sie aber am nahen Campingplatz, der auch ein vergünstigtes Stop and Go Angebot für Womos bietet.

(041) WOMO-Campingplatz: Wolfratshausen

GPS: N 47°54'30" E 11°25'09", Badstr. 2.
Internet/Tel.: www.campingbayern.de, 08171 787 95.
Öffnungszeiten: Teils ganzjährig, teils Winterpause.
Ausstattung: Minimarkt, Spielplatz, kleiner See.
Beschreibung: Knapp 30 Plätze auf Rasen, recht eben und ruhig gelegen, wenig Schatten, ca. 300 m in den Ort.
München Zentrum: Zum S-Bahn Halt Wolfratshausen (S7) ca. 900 m, von dort 17 Stationen bis in die Münchner Innenstadt.
Preis: €€€, „Stop & Go“ bei Ankunft nach 16 Uhr und Abfahrt bis 10.00 Uhr €€.
Zufahrt: Von Eurasburg kommend befindet sich der Platz direkt rechter Hand, angeschrieben nahe des Ortszentrums.

Unterwegs in Wolfratshausen

Die Stadt Wolfratshausen wird von der Loisach durchzogen und im Osten von der Isar begrenzt. Herzstück ist die historische Innenstadt – schon über 1000 Jahre gibt es den Ort und einige der heute noch vorhandenen Gebäude gehen auf das 15. Jahrhundert zurück. Parken Sie für einen Rundgang am Altstadt-Parkplatz am **Josef-Bromberger-Weg** [N 47°54'53" E 11°25'14"] *(gebührenpflichtig)*.
Entlang des eingedeckten **Sebastiani-Steigs** gelangen Sie über die Loisach und durch die Rathauspassage zum **Untermarkt**. Kurz zuvor,

rechts vor dem **Rathauscafé**, steht ein bronzenes Wolfsdenkmal, das Wappentier der Stadt. Auf der gegenüberliegenden Seite des Untermarkts befindet sich der **Marienplatz** mit Brunnen, dahinter das Wahrzeichen der Stadt, die 1484 erbaute Pfarrkirche **St. Andreas** mit prunkvoll geschmücktem Innenraum. Rundum befinden sich allerlei Geschäfte. Wenn Sie Interesse an Geschichte haben, können Sie in der **Touristeninformation** im Rathaus gleich neben Ihnen, für ein paar Euro einen Führer für den **Historienpfad** erstehen, der Sie an 34 Stationen vorbei durch den Ort leitet. Auch im **Heimatmuseum** können Sie in die Vergangenheit abtauchen und viel über die Stadt und ihre Bewohner erfahren *(Untermarkt 10, Do/So 14.00-18.00 Uhr, Sa bis 17.00 Uhr, www.heimatmuseum.wolfratshausen.de)*. Oder Sie schlendern einfach Unter- und Obermarkt entlang in Richtung Süden und nehmen dann für den Rückweg vielleicht den Panoramawanderweg durch den Bergwald. Dazu zweigen Sie am Ende des Obermarktes rechts in die **Berggasse** ab und nehmen dann den **Eichheimweg** nach rechts, der Sie später wieder zum Untermarkt und dort erneut rechts herum zurück zum Ausgangspunkt führt. Haben Sie kleinere Kinder dabei, sollten Sie auch noch einen Sprung in die Neustadt machen und dem schönen **Märchenpark** im Isartal einen Besuch abstatten. Parken können Sie entlang der **Kräuterstraße** bei [N 47°54'34" E 11°26'19"]. Dort befindet sich auch der Eingang *(April – Mitte Oktober, 9.00 – 18.00 Uhr, €€€, www.maerchenwald-isartal.de)*.

Nahe der Stadt befindet sich am Flussbett der Isar die **Pupplinger Au**. Beliebt bei Gästen aus München und dem gesamten Umland wird dort entlang des Flusses gebadet, geradelt, gewandert und Boot gefahren. Wenn man ein schönes, ruhiges Plätzchen auf einer Kiesbank gefunden hat, fühlt man sich teils ganz weit weg – Wildnis pur, dann scheint Kanada

Pupplinger Au

Isarkanal nahe Schäftlarn

näher als Bayern zu sein. Wenn Sie Lust auf diesen Ausflug haben, nehmen Sie die St2070 nach Osten in Richtung Egling und biegen direkt nach der Isarbrücke links auf den großen Tagesparkplatz neben dem Ausflugsgasthof Aujäger ab, [47°55'08" E 11°26'56"]. Die Spazierwege und Badeplätze (wer mag darf sich abseits der Wege dort auch textilfrei sonnen) erstrecken sich vor allem weiter nach Süden. Alternative Parkplätze finden Sie bei [N 47°54'12" E 11°27'25"] und [N 47°53'52" E 11°27'44"].

Auch in Richtung Norden gibt es weitere Wege und Kiesbänke, die sich über das Isarwehr und den Forellengasthof Aumühle erstrecken. Alternative Zugänge zum Gebiet gibt es von **Icking** in Höhe Isarwehr und im Norden beim Parkplatz am **Bruckenfischer**, nahe dem **Kloster Schäftlarn**. Dort ist außerhalb der Saison auch eine Übernachtung möglich, Toiletten sind am Platz vorhanden, [**042:** N 47°58'25" E 11°28'22", Klosterstraße]. Platz und Kloster erreichen Sie von der Hauptroute über die B11 ab der Ortschaft Schäftlarn, wenn Sie der kurvigen Straße hinab zur Isar folgen. Bis heute ist die Benediktinerabtei in Betrieb, die meisten Besucher lockt das Klosterbräustüberl.

Grünwald

Am Isar-Ostufer schwingt sich die Straße nun wieder bergauf und dann links ab. Mit Strasslach und **Grünwald** rücken die südlichen Ausläufer der Stadt München wieder in greifbare Nähe. Dazwischen können Sie noch dem **Walderlebniszentrum Grünwald** einen Besuch abstatten. Parkplätze gibt es rechter Hand bei [N 48°01'38" E 11°31'10", Tölzer Straße]. Neben einem Klettergarten finden Sie dort einen Walderlebnispfad rund um ein Wildschweingehege und einen einst für die königliche Jagd errichteten Pavillon mit Pilz- und Tierausstellung sowie ein Insektenhaus.

Führung in der Bavaria Filmstadt

***Walderlebniszentrum**: Mo – Fr 8.00 – 16.30 Uhr, Sa / So ab 11.00 Uhr, der Walderlebnispfad ist immer zugänglich, www.walderlebniszentrum-gruenwald.de*

Grünwald selbst hat sich einen Namen als Refugium des Münchner Geldadels gemacht. Und tatsächlich ist die Zahl der Villen hier so hoch wie nirgends sonst im Großraum. Bevor Sie im Zentrum links ab erneut die Isarseite wechseln und Richtung Pullach lenken, sollten Filmenthusiasten noch ein Stück geradeaus über die Südliche Münchner Straße Richtung Norden fahren, bis rechts die **Bavaria Filmstadt** angeschrieben ist. Auf einer Erlebnistour werden Besucher zunächst rund 90 Minuten lang durch die Studios geführt. Dabei lassen sich zahlreiche bekannte Kulissen entdecken und natürlich auch jede Menge Neues. Danach folgt eine Vorführung im 4D-Kino und die Film-Entdeckerwelt „Bullyversum“. Verschiedene Individualpakete können außerdem geschnürt werden, mehr dazu auf der Homepage der Studios.

***Filmstadt**: [N 48°04'06" E 11°32'45", Bavariafilmstraße], 9.00 – 18.00 Uhr, Nov – Mitte Mär nur 10.00 – 17.00 Uhr, €€€€, www.filmstadt.de*

Isar mit Burg Grünwald

Stellplatz 043

Unmittelbar vor der Isarbrücke hinüber nach **Pullach** befindet sich rechter Hand ein Parkplatz bei [N 48°02'36" E 11°31'05"]. Von dort steigen Sie über einige Stufen hinauf zum **Burgmuseum Grünwald**. Im ehemaligen Jagdschloss der Wittelsbacher ist die Ausstellung „Burgen in Bayern" eingerichtet, der Schwerpunkt liegt auf der Burggeschichte Grünwalds. Ein Café ist ebenfalls im Gebäude untergekommen. Am anderen Ufer angelangt ließe sich eine Zwischenübernachtung nahe der Gaststätte Brückenwirt auf den Parkflächen der Straße **Beim Kraftwerk** verwirklichen, **[043:** N 48°02'26" E 11°30'51"].

***Burgmuseum Grünwald**: Zeillerstr. 3, Ostern-Allerheiligen, Mi – So 10.00 – 17.00 Uhr, €, www.archaeologie-bayern.de*

Isarradtour (ca. 17 km)

Entlang des Isarufers lässt sich von hier aus auch eine schöne Radtour unternehmen: In Richtung Norden, immer am Ufer entlang, kommt man zum beliebten, bayerischen Ausflugsbiergarten **Waldwirtschaft Großhesselohe** *(auch mit dem Womo erreichbar, an schönen Tagen aber sehr voll, dann über Georg Kalb Straße, parken bei [N 48°04'03" E 11°32'20"])*. Im weiteren Verlauf geht es dann vorbei am Hinterbrühler See und dem Campingplatz München-Süd bis zum Flaucher und zur Thalkirchener Brücke wo Sie die Seite wechseln und am Tierpark Hellabrunn die Rückfahrt entlang des gegenüberliegenden Isarufers antreten. Alternativ könnten Sie natürlich auch noch weiter Richtung Innenstadt fahren. Vorbei am Biergarten **Menterschwaige** gelangen Sie kurz vor der **Grünwalder Einkehr** nach links auch auf dem Drahtesel zu den Bavaria Filmstudios, bevor Sie unterhalb der Grünwalder Burg wieder zum Ausgangspunkt zurück radeln.

Würmtal

Zurück in München fahren Sie links ab über die Herterichstraße und den Stadtteil Forstenried, bis in die Vororte Neuried und **Planegg**. Sie befinden sich nun im Würmtal. Eine ganze Reihe schöner Biergärten lädt hier entlang des kleinen Flusses Würm zum Verweilen ein. Als echten Geheimtipp, den selbst viele Münchner nicht kennen, darf der Biergarten des **Waldheims Gräfelfing** gelten, [N 48°07'14" E 11°24'49", Geigerstraße].

Einen schönen Spaziergang bis zur **Wallfahrtskirche Maria Eich** unternehmen Sie am Ende der Planegger Bahnhofsstraße durch die Bahnunterführung hindurch. Wenn Sie eine Übernachtungsgelegenheit suchen, werden Sie am **Biergar-**

Würmtal bei Gauting

ten Forsthaus Kasten fündig. Auf dem großen Gelände ist auch ein Abenteuerspielplatz samt Minigolfanlage und Tiergehegen eingerichtet. Im umliegenden Wald gibt es vielfältige Spaziermöglichkeiten.

(044) WOMO-Gastro-Stellplatz: Neuried (Forsthaus Kasten)

GPS: N 48°04'28" E 11°25'07", Planegger Sträßl. **Max. WOMOs:** 4-5.
Internet: www.forst-kasten.de
Öffnungszeiten: März – Dezember.
Ausstattung: Toilette während der Öffnungszeiten, sonst keine Einrichtungen.
Beschreibung: Großer Parkplatz auf Schotter, etwas Schatten durch kleine Bäumchen, Im Sommer Biergarten, Einkehr obligatorisch, rund 3,5 km in den nächsten größeren Ort (Gauting).
Zufahrt: Von Krailling in südlicher Richtung bis Gauting fahren, dort scharf links abbiegen Richtung Neuried. Nach rund 2,5 km links.
Info: Auf der gegenüberliegenden Straßenseite der Einfahrt zum Biergarten gibt es auch noch einen Wanderparkplatz im Wald, der alternativ als Stellplatz dienen kann, [N 48°04'21" E 11°25'06"].

Von Gauting aus finden Sie schließlich über die St2349 in Richtung Weßling Anschluss an Tour 3.

Gemütlicher Biergarten in Krailling

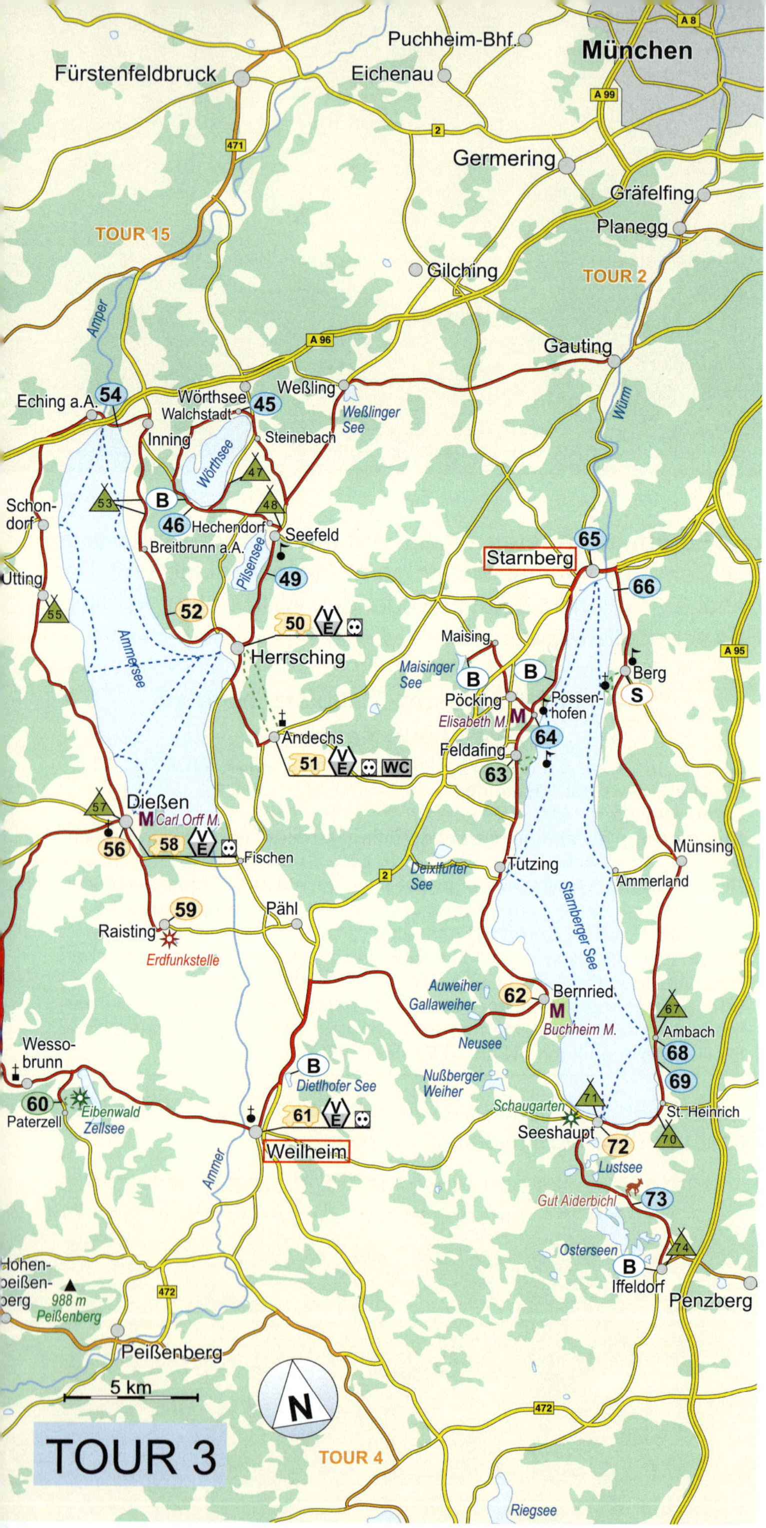
München
Puchheim-Bhf.
Eichenau
Fürstenfeldbruck
Germering
Gräfelfing
Planegg
TOUR 15
Gilching
TOUR 2
Gauting
Eching a.A.
Wörthsee
Walchstadt
Weßling
Weßlinger See
Inning
Steinebach
Schondorf
Hechendorf
Seefeld
Breitbrunn a.A.
Pilsensee
Utting
Starnberg
Ammersee
Herrsching
Maising
Maisinger See
Pöcking
Possenhofen
Berg
Elisabeth M.
Andechs
Feldafing
Dießen
Carl Orff M.
Fischen
Tutzing
Deixlfurter See
Münsing
Ammerland
Starnberger See
Pähl
Raisting
Erdfunkstelle
Auweiher
Gallaweiher
Bernried
Buchheim M.
Neusee
Ambach
Wessobrunn
Dietlhofer See
Nußberger Weiher
Paterzell
Eibenwald
Zellsee
Schaugarten
Seeshaupt
St. Heinrich
Weilheim
Ammer
Lustsee
Gut Aiderbichl
Osterseen
Iffeldorf
Penzberg
Hohenpeißenberg
988 m
Peißenberg
5 km
N
TOUR 3
TOUR 4
Riegsee

Tour 3: Das 5-Seen-Land – 200 km

Wörth- und Pilsensee – Ammersee – Wessobrunn Weilheim – Starnberger See – Osterseen

Stellplätze:	Wörthsee, Walchstadt, Pilsensee, Seefeld, Herrsching, Andechs, Breitbrunn, Stegen, Dießen (2x), Raisting, Paterzell, Weilheim, Bernried, Feldafing (2x), Starnberg, Percha, Ambach, Seeshaupt, Osterseen
Campingplätze:	Walchstadt, Pilsensee, Buch (2x), Utting, Dießen, Ambach, Seeshaupt (2x), Fohnsee
Besichtigen:	Kloster Andechs, Marienmünster Dießen und Orff Museum, Erdfunkstelle Raisting, Weilheim mit Stadtmuseum, Buchheim Museum, Roseninsel, Sissi Museum Possenhofen, Starnberg mit Museum, Votivkapelle Berg, Seeshaupter Schaugarten, Gut Aiderbichl
Wandern:	Weßlinger See, Andechs, Lindenplatz Wessobrunn, Parterzeller Eibenwald
Baden:	Weßlinger See, Wörthsee, Pilsensee, Ammersee, Dietlhofer See, Starnberger See, Maisinger See, Osterseen

Das 5-Seen-Land verdankt seinen Namen, den fünf Münchner Hausseen, die hier im Südwesten der Stadt nur wenige Kilometer von einander entfernt liegen. Die von eiszeitlichen Gletschern geformte, hügelige Moränenlandschaft wird im Westen vom Ammersee begrenzt und im Osten vom Starnberger See. Dazwischen befinden sich von Nord nach Süd der kleine Weßlinger See, Pilsen- und Wörthsee. Alle fünf werden Sie auf dieser Tour kennenlernen und zumindest teilweise umrunden.

Wörth- und Pilsensee

Von Gauting kommend, gelangen Sie nach rund sieben Kilometern zuerst nach **Weßling**. Eine Runde um den See ist recht schnell gemacht, unterwegs bieten sich schöne Blicke auf Ort und Uferbereich. Starten Sie auf der Ostseite nahe der Hauptstraße. Links herum wandern Sie bis zur Stirnseite wo es die beste Badegelegenheit gibt. Am Südende verliert der Weg kurz die Uferlinie, bevor Sie schließlich im Osten wieder an die Promenade zurückkommen und die Runde im Café am See gemütlich ausklingen lassen können.

Auf einer von alten Bäumen gesäumten Allee fahren Sie weiter in Richtung Starnberg. Leicht könnte man so den **Wörthsee** übersehen und abseits liegen lassen. Um dies zu vermeiden, nehmen Sie die Straße rechts ab nach Steinebach. Im Ort schräg nach links vorne über die Seestraße erreichen Sie bald den Uferbereich. Nach wenigen Metern finden Sie

Wörthsee

rechts erste Parkplätze. Der größte im Ort, der auch für eine Zwischenübernachtung in Frage käme, folgt bald darauf an der Ecke Maistraße / Wörthstraße bei **[045:** N 48°04'22" E 11°11'48"]. Die tagsüber fällige Gebühr können Sie im kleinen Kiosk begleichen.

Entlang des Waldrandes haben Sie von **Walchstadt** aus den schönsten Blick über den See. Dann schwingt sich die Straße wieder hinab bis Bachern. Einer der besten Badeplätze im 5-Seen-Land folgt dann am **Erholungsgebiet Oberndorf** mit kostenpflichtigem Parkplatz, [N 48°03'06" E 11°09'30", Wörthseestraße]. Großzügige Liegewiesen, auf denen man auch im Hochsommer noch ein freies Plätzchen findet, Badestege, ein gemütlicher Imbiss. Kleine Womos finden kostenfreie Parkflächen ein Stück weiter auf der rechten Seite bei einem markierten Feld am Waldrand. Hier besteht kein Nachtparkverbot, dennoch nur ein Notplatz für die Nacht bei **[046:** N 48°02'51" E 11°09'46"]. Für einen etwas längeren und komfortableren Aufenthalt sollten Sie auf den nahen **Campingplatz am Wörthsee** zurückgreifen, der nur wenige hundert Meter entfernt direkt am Wasser liegt, *(**[047:** N 48°02'48" E 11°10'49", Wörthseestr. 29], Apr – Okt, €€€-€€€€, www.campingplatz-am-woerthsee.de)*.

Gastrotipps Meiling: Landgasthof zum Sepperl**, Dorfstr. 35 | **Wörthsee: Augustiner am Wörthsee****, Seepromenade 1

Durch Hechendorf und Seefeld steuern Sie nun auf den **Pilsensee** zu. An der Kreuzung zur St2068 können Sie noch ein Stück geradeaus, hinauf zum **Schloss Seefeld** fahren. Da die Anlage bis heute partiell in Privatbesitz ist, macht der Besuch nur für eine Einkehr im schönen Bräustüberl Sinn *(Schlosshof 4c, parken kurz nach dem Schloss linker Hand)*. Biegt man vorher rechts ab, um dem Seeufer zu folgen, kommen Sie direkt am großen **Campingplatz Pilsensee** vorbei, *([048: N 48°01'47" E 11°12'05", Am Pilsensee 2], €€€-€€€€, www.camping-pilsensee.de)*. Nicht so schön wie am Wörthsee, aber für einen kurzen Sprung ins kühle Nass durchaus geeignet ist die folgende Badestelle mit Liegewiese und Kiosk, die Sie durch eine Unterführung der Hauptstraße erreichen. Der Parkplatz befindet sich linksseitig.

(049) WOMO-Badeplatz: Seefeld am Pilsensee

GPS: N 48°01'22" E 11°11'46", Seefelder Straße. **Max. WOMOs:** 2-3.
Ausstattung: Keine Einrichtungen.
Beschreibung: Der Platz ist durch einen Fußgängertunnel mit dem Badeplatz verbunden. Dort gibt es einen Kiosk. Untergrund Asphalt und Schotter, durch Hecken unterteilt, schattig, durch die nahe Straße nicht ganz leise, eher zweckmäßig, rund 2,2 km in den Ort.
Zufahrt: Direkt links an der Hauptstraße zwischen Seefeld und Herrsching.

Ammersee

Am Ende des Sees erstreckt sich rechts die sumpfige Fläche der Herrschinger Mooses. Der Ammerseer Hauptort **Herrsching** folgt direkt danach. Ein Halt lohnt auf jeden Fall. Leider sind die Parkplätze direkt an der Seepromenade sehr begrenzt. Daher sollten Sie etwas weiter hinten im Ort parken, zum Beispiel an der **Mühlfelder Straße** bei [N 47°59'37" E 11°10'25"] oder **Zum Landungssteg,** [N 47°59'46" E 11°10'15"]. Oder Sie suchen gleich den Herrschinger Stellplatz südlich des Ortes beziehungsweise die Parkplätze im Norden an der **Rieder Straße** bei [N 48°00'10" E 11°10'04"] auf und spazieren dann das Stück Weg bis ins Ortszentrum.

(050) Offizieller WOMO-Stellplatz: Herrsching-Mühlfeld

GPS: N 47°59'11" E 11°09'56", Mühlfeld 24. **Max. WOMOs:** 20+.
Ausstattung: Ver-/Entsorgung und Strom (gegen Gebühr), kalte Duschen, Mülleimer.
Beschreibung: Ehemaliges Campinggelände, Stellplätze auf etwas schräger Wiese, Sanitäreinrichtungen nur rudimentär. Direkt gegenüber befindet sich ein Gasthaus. Teils etwas Schatten, relativ ruhig, rund 1 km in den Ort.
Preis: €€.
Zufahrt: Herrsching durchfahren und am Ende rechts in Richtung Wartaweil halten.

Entlang der schönen Promenade gelangen Sie in Höhe des Ortszentrums zum Dampfersteg. Mit Ausflugsbooten können Sie ab hier eine Seerundfahrt starten und die Orte auf der Westseite auch per Schiff statt mit dem Wohnmobil erreichen. Gleich daneben sitzen Sie besonders hübsch direkt am Seeufer im Biergarten des Restaurants Seehof. Nördlich schließt der Kurpark mit dem **Kurparkschlösschen** an. Ab 1888 vom Kunstmaler Ludwig Scheuermann errichtet, dienen Park und Gebäude heute als Kulisse für vielerlei Feste, Konzerte und Kunstausstellungen. Im Schlösschen befindet sich auch ein beliebter Trausaal. Auf der Nordseite des Geländes folgt das Seebad Seewinkel mit Liegewiesen, Badestegen und Beachvolleyballfeld. Weitere Badeplätze schließen sich entlang der Promenade an.

***Ammerseer Seenschifffahrt**: ab Schiffsanlegesteg, große Rundfahrt €€€, Fahrplan und mehr unter www.seenschifffahrt.de*

Gastrotipps Herrsching: Gasthof zur Post**, Andechsstr. 1, **Steg 32***** , Summerstr. 32

Wanderung nach Andechs
(Hin und zurück ca. 12 km, 3,5 Stunden)

Ein Besuch in Herrsching ist eigentlich erst dann komplett, wenn man sich auch auf den Weg zum **Kloster Andechs** gemacht hat, dass am Hügel hinter dem Herrschinger Kienbachtal thront. Es ist Bayerns ältester Wallfahrtsort. Der schöne Weg startet am Bahnhof in Herrsching und führt dort, nahe der kleinen **Touristeninformationsstelle**, die **Kienbachstraße** hinauf nach Osten. An der **Mühlfelder Straße** halten Sie sich links, durchqueren den Biergarten am **Gasthof zur Post** und wandern entlang des Bauchlaufs auf die **Andechsstraße** zu. Vor der Kirche müssen Sie sich entscheiden, ob Sie geradeaus durch das **Kienbachtal** oder rechts herum über den **Hörndlweg** aufsteigen wollen. Die erste Variante ist schattiger und breiter. Sie wandern einfach immer weiter beschildert geradeaus, die Straße wird später im Wald zum Forstweg, der dann am **Wallfahrtssteig** über mehrere Stufen links ab das Kloster erreicht. Wenn Sie den zweiten Weg einschlagen wollen, geht es sonniger und aussichtsreicher hinauf. In dem Fall biegen Sie kurz nach der ersten Abzweigung links in die **Leitenhöhe** ab und später, bereits auf Schotter, erneut links zum eigentlichen Hörndlweg. Im Ort Andechs ist der weitere Weg beschildert, auch in dem Fall geht es am Ende über den Wallfahrtssteig hinauf. Ein schöner Rund-

weg wird daraus, indem Sie für den Rückweg die jeweils andere Variante wählen. Zunächst erreichen Sie am „Heiligen Berg" angekommen die **Klosterkirche**. Ihre Ursprünge gehen auf die Andechser Grafen um 1130 zurück. Die Innenausstattung wurde maßgeblich von Johann Baptist Zimmermann im Stil des bayerischen Rokoko erschaffen. Ziel vieler Wallfahrer ist der Reliquienschatz, den man besichtigen kann. Rechts, gegenüber des Haupteingangs, befindet sich noch die kleine, kuppelartige Prälatenkapelle mit unzähligen Gedenkkerzen im Inneren. Geschwungen führt ein Weg einige Meter hinab zu dem Teil des Benediktinerklosters, der auch rein profan angehauchten Besuchern den Weg wert ist, hinab zum urigen **Andechser Bräustüberl**. Vor allem im alten Teil sitzt man an langen Bänken, auf dunklem Boden und hell getünchten Wänden, die den Gasthausgeruch der Jahrhunderte aufgesogen haben im „stilechten" Ambiente. Bei schönem Wetter darf es natürlich auch die große Freiterrasse sein. Der Rückweg erfolgt, wie erwähnt, über den Aufstiegsweg oder die angegebene Alternative.

Wenn Sie statt zu wandern lieber direkt am Kloster übernachten wollen, steht zu diesem Zweck ein extra angelegter Stellplatz bereit – fahren sollten Sie nach ein paar süffigen Maß Andechser Bier nämlich besser nicht mehr!

(051) Offizieller WOMO-Stellplatz: Kloster Andechs

GPS: N 47°58'30" E 11°11'10", Seefelder Straße 21. **Max. WOMOs:** 40.

Internet: www.wohnmobilstellplatz-andechs.de
Ausstattung: Ver-/Entsorgung, Strom (gegen Gebühr), Mülltonnen, Toiletten.
Beschreibung: Ebene Plätze auf Schotter, kein Schatten, am Rande des Andechser Großparkplatzes unterhalb des Klosters, in der Saison Brötchenservice und auf Anfrage Gasflaschenverkauf. Zum Kloster nur rund 150 m.
Preis: €€, inkl. kleinem Verzehrgutschein.
Zufahrt: Nach Ortsdurchfahrt von Herrsching ist Andechs bereits angeschrieben. Immer den Schildern folgen, diese leiten Sie direkt zum Parkplatz.

Von Herrsching aus umrunden Sie nun den Ammersee zunächst in nördliche Richtung. Zwischen dem Gut Ried und **Breitbrunn** befindet sich links im Wald ein großer Schotter-Parkplatz, der sich für eine Übernachtung eignet, **[052**: N 48°01'06" E 11°08'33", St2067].

Bis **Inning** folgen hübsche Orte, die aber nicht zu einem zwingenden Stopp verleiten. Dann erreichen Sie die Nordspitze des Sees. Erwähnenswert ist, dass es unterwegs in **Buch** noch zwei kleinere Campingplätze gibt *(**Camping Penker-Jäschok**, [**053a:** N 48°03'00" E 11°07'54", Strandweg 1] Mitte Apr – Mitte Okt, €€€-€€€€] und **Camping Baumann**, [**053b:** N*

Dampfersteg mit Biergarten in Herrsching

48°03'25" E 11°08'09", In der Senke 2], Mitte Apr – Okt, €€€, www.campingplatz-baumann.de).

Vor der Autobahnquerung biegen Sie links in die **Landsberger Straße** Richtung **Stegen** ab. Der Ort besteht fast nur aus Lokalen und dem Dampfersteg. In der Strandbar und dem benachbarten bayerischen Biergarten des **Seehaus Schreyegg** sitzen Sie ähnlich schön wie zuvor in Herrsching. Im östlichen Eck gibt es ein weiteres, gepflegtes Badegelände, am westlichen Ortsende einen Parkplatz. Zum Übernachten nehmen Sie aber besser den etwas zurückversetzten Großparkplatz an der St2070 bei [**054:** N 48°04'46" E 11°08'17"].

Über **Eching** und **Schondorf** fahren Sie weiter bis **Utting**. Noch vor dem eigentlich Ortsbeginn zweigt links die Fahrmannbachstraße zum Uferbereich ab. Ein besonders kreativ angelegter **Hochseilgarten** samt Schiffskörper befindet sich links von Ihnen, dahinter gibt es große Parkflächen für Besucher der Seepromenade und der dortigen Liegeflächen. Wenn Sie das Wasser erreicht haben, gehen Sie nach rechts zum traditionellen Ausflugsbiergarten Alte Villa, der sich idyllisch zwischen Wasser, Wald und Schilf in die Landschaft schmiegt. Der **Campingplatz Utting** befindet sich

Marienmünster Dießen

bereits zuvor, unübersehbar zwischen Parkplatz und See *([055: N 48°01'41" E 11°05'42", Im Freizeitgelände 5], €€€€, www.ammersee-campingplatz.com)*.

Wenn Sie nach vielen Biergärten und Badeplätzen nun wieder mal etwas mehr Kultur erleben möchten, machen Sie sich auf nach **Dießen**. Dort steht neben dem Klosters St. Vinzenz der **Marienmünster Dießen**. Die ab 1720 erbaute Kirche gilt als eines der bedeutendsten Raumkunstwerke des bayerischen Barock. Zur Gestaltung des Innenraums hat gleich eine ganze Heerschar an Künstlern beigetragen. Als besonders herausragend gilt die Deckenmalerei im Altarraum von J.G. Bergmüller, der Dießener Himmel. Sie zeigt Christus umringt von 28 Seligen und Heiligen. Auch die schön arrangierte Orgel zwischen weiß-gold verzierten Brüstungen, Decken und Wänden auf der gegenüberliegenden Seite verdient Beachtung. Am Parkplatz hinter dem Münster ließe sich bei Bedarf eine Nacht verbringen, [**056:** N 47°56'48" E 11°05'44"]. Besser stehen Sie jedoch am offiziellen Stellplatz von Dießen oder im Gelände des **Campingplatz St. Alban** am Ortsbeginn links ab *([057: N 47°57'51" E 11°06'20", Seeweg Süd 85], Mär –Okt, €€€€, www.camping-ammersee.de)*. Gleich daneben stoßen Sie auf das örtliche Strandbad.

(058) Offizieller WOMO-Stellplatz: Dießen am Ammersee

GPS: N 47°57'11" E 11°06'19", Seestr. 20. **Max. WOMOs:** 10.

Ausstattung: Ver-/ Entsorgung und Strom (gegen Gebühr).

Beschreibung: Ausgewiesene Parkplätze auf Asphalt am Rande eines Parkplatzes neben den wenig befahrenen Gleisen. Kaum Schatten, ruhig, eben, zentrale Lage, nur 350 m ins Zentrum.

Preis: €.

Zufahrt: Von der Hauptstraße aus nach links in die Seestraße einfahren, dann nach rund 150 m rechts, der Platz ist auch angeschrieben,

Musikinteressierte können dem **Carl-Orff-Museum** einen Besuch abstatten. Die moderne Ausstellung führt auf lebendige Weise durch Leben und Wirken des Münchner Komponisten (1895-1982), der die letzten knapp 30 Jahre seines Lebens in Dießen verbrachte. Sein wohl bekanntestes Werk, Carmina Burana, erlangte weltweite Berühmtheit. Leider sind die Öffnungszeiten stark eingeschränkt.

***Orff Museum**: Hofmark 3, Sa/So/Ft 14.00-17.00 Uhr, www.orff-museum.de*

Nur für Technikbegeisterte lohnt ein Abstecher ins Dorf Raisting. Dort stehen, mitten auf den Feldern zwischen Erntegut und Kühen, eine Vielzahl riesiger Parabolantennen. Sie gehören zur **Erdfunkstelle Raisting**, die Kontakt mit Nachrichtensatelliten hält. Eine nähere Besichtigung / Führung ist zur Zeit leider nur mit Voranmeldung für größere Gruppen möglich. Unterhalb könnte man aber am Ende des Hofstetterweges zumindest eine ruhige Nacht auf dem Asphaltparkplatz verbringen, [**059:** N 47°54'11" E 11°06'57"].

Gastrotipps Schondorf: Schondorfer**, Bahnhofstr. 41 | **Utting**: **Lenas am See**** , Seestr. 10 | **Dießen**: **Café Seehaus** (Café), Seeweg Süd 22, **Seerestaurant St. Albans****, Seeweg Süd 85, **Michihochzwei***, Mühlstr. 18, **Café Süßwahn** (Café), Schützenstr. 32, **Wirtshaus am Kirchsteig****, Am Kirchsteig 30

Wessobrunn

Von Dießen fahren Sie nun über Rott weiter bis **Wessobrunn**. Das dortige **Kloster Wessobrunn** war weit über die Regionalgrenzen durch seine Künstler bekannt, die der Wessobrunner Schule folgend in ganz Europa an Kirchen- und Klosterausstattungen mitwirkten, vor allem als Stuckateure. Das ist lange her. Das Kloster ist heute im Besitz einer Kosmetikfirma, die einstige Klosterkirche längst abgerissen. Wenn Sie einen Zwischenstopp einlegen wollen, dann am besten, um zum **Lindenplatz** zu spazieren. Dort ist auf einer Gedenktafel seit 1875 das Wessobrunner Gebet eingraviert. Es gilt als ältester Text in deutscher Sprache und wurde als handschriftliche Notiz in einem lateinischen Büchlein von 814 entdeckt und lange im Kloster gehütet. Es handelt von der Schöpfung und der Überwindung des

Erdfunkstelle Raisting, oben Eibenwald Paterzell

Bösen. Am Weg zur Linde kommen Sie am **Grauen Herzog**, dem letzten bestehenden Teil der einstigen Klosterkirche vorbei. Im Erdgeschoss sind noch einige behauene Steine aus alter Zeit erhalten geblieben. Außerdem passieren Sie die **Mariengrotte** – ein „Neubau" der erst 2009 vom Augsburger Bischof Mixa geweiht wurde.

Rechts ab ist wenige Kilometer weiter der Ort Paterzell angeschrieben. Eine biologische Rarität befindet sich am Weg dorthin. Es handelt sich um den **Parterzeller Eibenwald**. Die rund 2300 teils sehr alten Eiben, die gemischt mit anderen Baumarten in dem sumpfigen Waldareal wachsen, gelten als größter zusammenhängender Bestand dieser Baumart in Deutschland. Die eigentümliche Stammbeschaffenheit und Nadelfärbung grenzt die Eiben optisch deutlich ab. Ein auf Tafeln beschriebener Rundweg führt von einem Waldparkplatz durch den interessantesten Teil des Naturschutzgebietes. Auch Broschüren zur Mitnahme sind vorhanden. Am Parkplatz lässt sich eine ruhige Nacht verbringen, *[**060:** N 47°51'40" E 11°02'58"]*.

Weilheim

Der größte Ort im Landkreis ist **Weilheim**. Es gibt einen offiziellen Wohnmobilstellplatz nahe der historischen Innenstadt, die einen hübschen Spaziergang hergibt. Unterwegs stoßen Sie auf die spätgotische **Stadtpfarrkirche**, die Fußgängerzone mit **Mariensäule** und **Marienplatz** sowie auf das **Stadtmuseum** an eben diesem. Zu sehen sind im wesentlichen Skulpturen, Gemälde und Möbel des Pfaffenwinkels aus dem 15. – 19. Jahrhundert. Auch eine Frühgeschichtliche Abteilung, eine Jahreskrippe sowie zwei nachgebaute, bäuerliche Schlafzimmer sind zu sehen.

***Stadtmuseum Weilheim**: Marienplatz 1, Di – Sa 10.00 – 17.00 Uhr, So ab 14.00 Uhr, Eintritt frei*

(061) Offizieller WOMO-Stellplatz: Weilheim

GPS: N 47°50'24" E 11°08'10", Lohgasse 17. **Max. WOMOs:** 14
Ausstattung: Ver-/ Entsorgung und Strom (gegen Gebühr), Mülltonnen.
Bescheibung: Asphaltierter Randbereich eines zentrumsnahen Großparkplatzes, abgetrennt und relativ ruhig gelegen. Kaum Schatten, fast ebener Untergrund, rund 400 m ins Zentrum.

Preis: €.
Zufahrt: Nach Ortseinfahrt direkt hinter der Ammer Brücke rechts in die Lohgasse abzweigen. Am Parkplatz links halten. Dann nach 100 m rechts.
Info: Eine alternative Stellplatzge-

legenheit finden Sie, falls der Platz einmal belegt sein sollte, am südöstlichen Ortsrand nahe dem Ausflugslokal Am Gögerl mit aussichtsreichem Biergarten in der gleichnamigen Straße. Markierte Parkplätze im Grünen bei [N 47°49'51" E 11°09'14"].

Da die Bahnunterführung in der Lohgasse zur Weiterfahrt für höhere Wohnmobile nicht geeignet ist, müssen Sie zunächst zurück bis zur Schützenstraße und dort dann rechts einscheren. Auf der B2 verlassen Sie die Stadt Richtung Starnberg. Gleich nach dem Ortsende bietet sich am **Dietlhofer See** noch die Gelegenheit zum Baden. Schattige Wiesenparkplätze auch für Womos sind vorhanden, [N 47°51'18" E 11°09'29"]. Der Badebereich liegt ein paar Meter weiter nördlich. Für den Weiterweg biegen Sie rechts ab, um über Haunsdorf bei Bernried an den bekanntesten der fünf Seen zu gelangen, den Starnberger See.

Starnberger See

An der Seestraße nach links, kommen Sie am **Buchheim Museum** vorbei. Diese auch ,,Museum der Fantasie" genannte Ausstellung geht namentlich auf ihren Gründer, den Maler, Verleger und Autor Lothar-Günther Buchheim (1918-2007) zurück, dessen Wunsch, seine auf 100 Millionen geschätzte Sammlung in einem Museum unterzubringen, erst nach 30-jähriger Anstrengung durch eine Stiftung in Erfüllung ging. Sicherlich nicht gerade förderlich war dabei sein Ruf als ,,Enfant terrible", der von dem oft barschen Auftreten und einer schwarzen Augenklappe unterstrichen wurde. Im und um das Museum werden vor allem Kunstwerke des Expressionismus und Völkerkundliches gezeigt. Schön ist auch der umliegende **Bernrieder Park**, der zu einem Spaziergang einlädt. Parken können Sie etwas weiter nördlich, rechts der Hauptstraße. Auf dem großen, asphaltierten Platz besteht kein Nachtparkverbot **062:** [N 47°52'21" E 11°17'00"].

***Buchheim Museum**: Am Hirschgarten 1, Apr – Okt Di – So 10.00 – 18.00 Uhr, Nov – Mär bis 17.00 Uhr, €€, www.buchheimmuseum.de*

Stellplatz 062

Der Starnberger See gilt schon seit langer Zeit als beliebteste ,,Badewanne" der Großstädter, entsprechend voll kann es an Sommersonnenwochenenden werden. Ganze Autokolonnen wälzen sich dann ringsum und man braucht schon mal gehörige Geduld, um von A nach B zu kommen. Auch König Ludwig II. und Kaiserin Sissi von Österreich, die als Prinzessin zu Bayern nur wenige Kilometer nördlich im Schloss Possenhofen geboren wurde und dort ihre Kindheit verbrachte, waren zeitlebens regelmäßige Gäste.

Stellplatz 063

Auf Spurensuche dieser prominenten Besucher können Sie sich in **Feldafing** machen. Schöne, meist schattige Wanderwege durch den **Linnépark** beginnen am Waldparkplatz gegenüber der Bundeswehrkaserne bei [**063:** N 47°56'10" E 11°17'47", Tutzinger Straße 46].

Die Wege schlängeln sich von dort zwischen den einzelnen Löchern des hiesigen Golfclubs ans Wasser nach vorne. Ziel der meisten Besucher ist die kleine, vorgelagerte **Roseninsel**.

Roseninsel

Die Insel wurde schon seit Menschengedenken besiedelt. Vorgelagert fand man sogar Reste von Pfahlbauten die zum UNESCO Weltkulturerbe gezählt werden. Als Besucher sieht man leider nichts davon, nur unterhalb der Wasseroberfläche stehen letzte Holzstützen. Später diente die Insel als Fischerstützpunkt und als Ausflugsbiergarten, bevor König Maximilian II. die Insel 1850 erwarb. Gemeinsam mit dem Gartenarchitekten Linné und dem Baumeister ließ er die Umgestaltung als Parkanlage mit einem namensgebenden Rosengarten vornehmen und einer Art Gartenschlösschen als Mix aus alpenländischer und italienischer Architektur vom Baumeister Kreuter errichten. Später diente die Insel als beliebter Rückzugsort für Ludwig II. und Sissi. Cousin und Cousine sollen sich sogar das ein oder andere Mal an diesem Ort zu einem stillen Plausch getroffen haben. Nach Ende der bayerischen Monarchie fiel die Insel in einen Dornröschenschlaf, der auch nach Erwerb durch den bayerischen Staat 1970 vorerst kein Ende fand. Erst ab 1998 wurde mit der Wiederherstellung begonnen. Mit einem kleinen Kahn setzt man heute wieder über und kann dann

die kleine Parkanlage, die duftenden Rosenrabatten, ein Infozentrum und eine Führung durch das Schlösschen genießen *(Fährbetrieb Mai – Mitte Okt., So – Mi 10.00 – 18.00 Uhr, Mai / Okt nur erst ab 11.00 Uhr, Do – Sa wegen Trauungen teils erst ab 12.00 Uhr, Hin- und Rückfahrt €, Hunde verboten).*

Ein kürzerer Weg zur Insel beginnt am Ende von Feldafing, rechts ab, über die **Königinstraße** am Strandbad, parken dort bei [N 47°56'56" E 11°18'25"]. Der etwas weiter zurückversetzte Parkplatz hinter dem Tennisclub ist sogar nachtparkgeeignet, [**064**: N 47°57'08" E 11°18'19"]. So sind es nur wenige hundert Meter am Ufer bis zum Bootssteg.

Es folgt **Possenhofen**. Das einstige Sissi-Schloss wurde mittlerweile aufwändig saniert, nachdem es völlig verwahrlost und zuletzt als Schafsstall missbraucht worden war. In den 1980er Jahren wäre es dann beinahe abgerissen worden. Heute beherbergt es private Appartements und ist damit nicht öffentlich zugänglich. Dafür kann der vorgelagerte Schlosspark von der Allgemeinheit betreten werden. Dort, wo einst die Kaiserin als Kind spielte und badete dürfen Sie sich heute vergnügen. Da Parkplätze sehr rar sind und die Zufahrt für Wohnmobile äußerst schmal und eher ungeeignet scheint, fahren Sie besser die Schloßstraße links bis zum alten Bahnhof hinauf und parken dort. Dann sind Sie auch gleich richtig für einen Besuch des **Kaiserin Elisabeth Museums**, das sich im Inneren befindet. Große und kleine Schätze aus der damaligen Epoche und dem ganz persönlichen Umfeld Sissis gibt es darin zu bewundern .

Sissi Museum*: Schloßberg 2, Mai – Mitte Okt, Fr – So 12.00 – 18.00 Uhr, €, www.kaiserin-elisabeth-museum-ev.de*

Kaiserin Sissi (Elisabeth von Österreich-Ungarn)

Vor allem wegen der Sissi-Filme aus den 1950er Jahren ist die Popularität der einstigen österreichischen Kaiserin bis heute ungebrochen. Romantisch verklärt und mit dem Antlitz der jungen Romy Schneider

Starnberger See

versehen stimmen Filmplot und historische Realität nicht immer ganz überein. Das wird deutlich, wenn man das tragische Leben Elisabeths betrachtet, ständig auf der Flucht und der Suche nach sich selbst. Am 24.12.1837 in München geboren wuchs sie als zweite Tochter des Herzogs Max in Bayern und seiner Frau Ludovika, der Tochter des bayerischen Königs Maximilian I., beschaulich heran - die Familie hatte keinerlei Verpflichtungen am königlich-bayerischen Hof. Während sie die Wintermonate im Münchner Herzog-Max-Palais verbrachte, residierte die Familie im Sommer hier am Starnberger See im Schloss Possenhofen. Da Kaiser Franz Joseph von Österreich im Jahr 1853 im Alter von 23 Jahren noch immer unverheiratet war, beschloss dessen Mutter, gleichzeitig Sissis Tante, ihm deren ältere Schwester Helene vorzustellen. Das Kennenlernen fand in Bad Ischl im Salzkammergut statt. Überraschend zog Franz aber die 15-jährige Elisabeth, die nur zur Unterstützung mitgereist war, ihrer Schwester vor. Am 18. August hielt er an seinem Geburtstag um die Hand seiner Cousine an. Schon im darauffolgenden Jahr reiste Elisabeth nach Österreich und die Hochzeit fand in Wien statt. In den nächsten zwei Jahren gebar Sisi zwei Töchter von denen eine nach einer Reise an einer Durchfallerkrankung verstarb. Der zweiten Tochter, Gisela, und dem 1858 geborenen Kronprinzen Rudolf schenkte sie in Folge nur noch wenig Aufmerksamkeit. Die Schwiegermutter übernahm die führende Rolle im Leben der Kinder. Immer wieder versuchte die junge Kaiserin nun aus der höfischen Etikette auszubrechen, die ihr schwer zusetzte. Zum Beispiel zog sie sich ein ums andere Mal in ihre alte Heimat Bayern zurück, wo sie beispielsweise auf der Roseninsel mit ihrem Cousin Ludwig II. zusammentraf, der mit ähnlichen Problemen zu kämpfen hatte. Die Diagnose einer Lungenkrankheit half ihr erstmals auch alleine ausgedehnte Reisen in den Süden zu unternehmen – der Gesundheit wegen. Sie bereiste ganz Europa, Kleinasien und Nordafrika. Ihr liebster Platz wurde die griechische Insel Korfu, auf der sie mit dem Achilleion ein eigenes Schloss erbauen ließ - ihr Gemahl, der Schifffahrten hasste, besuchte sie dort nie. Ihre Beziehung blieb aber zeitlebens weitestgehend intakt. Nach fast zwei Jahren Abwesenheit kehrte Sie 1865 an den Hof zurück, deutlich gereift aber immer noch unglücklich im engen Korsett des Hoflebens. Einen ihrer wenigen politischen Akzente setzte sie 1867, indem sie sich für einen Ausgleich mit Ungarn einsetzte und diesen auch durchzusetzen wusste. Im Jahr darauf kam eine weitere Tochter, Marie, zur Welt um die sich Sisi nun intensiv kümmerte. Vielleicht um gut zu machen, was sie bei den ersten beiden Kindern versäumt hatte. Von ihren Reisen, Gewaltmärschen durch abgelegendste Gegenden und tagelangen Schifffahrten auf der eigenen Yacht brachte sie das aber nicht ab. Ihrer Liebe zum Meer verlieh sie 1888 sogar durch eine Anker-Tätowierung Ausdruck. Einen Namen machte sich Elisabeth auch als außergewöhnlich gute Reiterin. Ihre große, heimliche Leidenschaft waren Gedichte, oft schwermütiger Natur, die sie Zeit ihres Lebens verfasste. Als im Jahr 1889 ihr Sohn Rudolf sich gemeinsam mit seiner Geliebten auf Schloss Mayerling das Leben nahm, traf dieser Schicksalsschlag Elisabeth schwer. Ab diesem Tag trug sie nur noch schwarz. Zeit ihres Lebens wurde die Schönheit Elisabeths gerühmt. Sie selbst war aber einem regelrechten Schlankheitswahn verfallen. Diäten, manische Sportexzesse und eine Wespentaille von 48 cm die streng ins Korsett geschnürt wurde, waren das Ergebnis. 1898 weilte die vermutlich längst magersüchtige Kaiserin auf einer Kur in Bad Nauheim. Von dort reiste sie, inkognito, am 9. September an den Genfer See um die Baronin von Rothschild zu treffen. Am Folgetag war sie in Begleitung ihrer Hofdame am Weg vom Hotel zum Schiff, als sich der italienische Anarchist Luigi Lucheni auf sie stürzte und ihr eine Feile ins Herz stieß. Der Einstich war so klein, dass er zunächst unerkannt bliebt. Erst an Bord des Schiffes brach sie zusammen und starb wenig später im Hotel, in das sie sofort zurückgebracht wurde. Tragischerweise war sie ein Zufallsopfer - eigentlich wollte Lucheni einen anderen Prinzen ermorden, der kurzfristig seine Reisepläne geändert hatte. Sie wurde in der Wiener Kapuzinergruft neben ihrem Mann Franz Joseph (18-30 –1916) und ihrem Sohn Rudolf beigesetzt.

Ab Possenhofen können Sie noch einen Abstecher zum stillen **Maisinger See** vornehmen. Fahren Sie am Bahnhof vorbei, an der kommenden Hauptstraße rechts und sofort wieder links in die **Maisinger Straße** ein. Am Ende links und dann, direkt nach der kleinen Siedlung, schlecht markiert erneut links ab. Es gibt ausreichend große Parkplätze und den gemütlichen Seehof mit Biergarten auf dem Seedeich, [N 47°58'56" E 11°17'00", Seestraße]. Ein sehr kleiner Badesteg mit Wiese befindet sich hinter dem Seehof.

Entlang des Starnberger Sees folgt kurz hinter Possenhofen das **Paradies**. Zumindest werden die dortigen Naherholungsflächen mit Kiosks, Liegewiesen und Badestegen so genannt. Große Parkplätze befinden sich links der Straße. Leider sind diese zumindest teilweise mit Höhenbeschränkun-

Bootshäuser bei Percha, oben rechts Badesteg Starnberg

gen versehen. Einige Plätze wurden bislang aber immer offen gelassen, somit stehen die Chancen ganz gut doch einen Platz zu finden, wenn Sie früh ankommen, ab [N 47°57'47" E 11°18'56"].

Starnberg ist mit rund 23.000 Einwohnern der größte Ort am See und zieht sich entlang der nördlichen Spitze. Seit Jahren belegt er beim GFK-Kaufkraftindex, abwechseln mit dem Taunuskreis bei Frankfurt, einen der beiden Spitzenplätze und das es der Gemeinde recht gut geht, sieht man auch. Zum Beispiel entlang der schönen Seepromenade. Um diese zu besuchen oder ganz allgemein die Stadt näher zu erkunden, bietet sich zentral entweder der Parkplatz am **Bahnhofsplatz**, bei [N 47°59'49" E 11°20'44"], oder die Stellflächen an der Strandbadstraße an. Mit kleineren Womos sind diese zur Not für eine Übernachtung geeignet, [**065:** N 47°59'56" E 11°21'11"]. Ersterer Parkplatz hat den Vorteil, dass man rund um die dahinter liegende **Maximilianstraße** direkt im Geschäftszentrum ist, beim zweiten Parkplatz befindet sich der Starnberger Badeplatz in unmittelbarer Nähe. Ungefähr gleich weit entfernt liegt mittig der Dampfersteg von dem aus Schiffe rund um den See schippern und Sie die Region vom Wasser aus erkunden können

Die dritte Parkgelegenheit befindet sich am Ende des Ortes, schon in Percha am dortigen Strandbad – die Uferpromenade führt durchgehend bis nach Starnberg hinein.

(066) WOMO-Badeplatz: Percha

GPS: N 47°59'42" E 11°21'36", Schiffbauerweg.
Max. WOMOs: 3-4.
Ausstattung: Keine Einrichtungen.
Bescheibung: Parkflächen auf Schotter-/ Erdboden hinter dem Badeplatz Percha, teils etwas Schatten, nicht ganz eben, in der Saison belebt, sonst ruhig.
Zufahrt: Von Starnberg aus der östlichen Seestraße in Richtung Berg folgen. Dann rechts ab zum Badeparkplatz bei der Seestubn.

***Starnberger See Schifffahrt**: ab Schiffsanlegesteg Starnberg, große Rundfahrt €€€, mehr Infos und Fahrpläne unter www.seenschifffahrt.de*

Eine weitere interessante Station im Ort ist das **Museum Starnberger See** westlich des Bahnhofs. Es befasst sich mit der königlichen Lustschifffahrt und dem Fischerleben. Geschichte und Geschichten rund um den See werden greifbar, so auch im angrenzenden Lochmannhaus, dem ältesten Holzblockbau in der Umgebung.

***Museum Starnberger See**: Possenhofener Str. 5, Di – So 10.00 – 17.00 Uhr, €, www.museum-starnberger-see.de*

Gastrotipps Starnberg: Wirtshaus Starnberg**, Tutzinger-Hof-Platz 7, **Starnberger Eiswerkstatt** (Eis), Wittelsbacher Str. 9, **Aubergine*****, Münchner Str. 17, **Zum Brückenwirt****, Berger Str. 7, **Seestubn Percha****, Schiffbauerweg 20 | **Berg**: **Maria Graf Stüberl****, Grafstr. 9

Während Sissi auf der Ostseite aufwuchs, verbrachte Ludwig II. in seiner Jugend viel Zeit auf **Schloss Berg** am Westufer. Tragischerweise sollte genau dort auch sein Leben enden, unter bis heute mysteriösen Umständen. Das Schloss ist nun ein Hotel, den Parkplatz davor in der **Seestraße** bei [N 47°58'21' E 11°21'06"] können Sie nutzen, um Richtung Süden eine kleine Wanderung zur **Votivkapelle Berg** zu unternehmen. Sie wurde anlässlich des 10. Todestages des Regenten zwischen 1896 und 1900 erbaut und befindet sich genau oberhalb des **Monuments Ludwig von Bayerns**, an der Stelle, wo der König einst tot aus dem See geborgen wurde.

König Ludwig II. von Bayern

Ludwig II. machte sich während seiner Regentschaft vor allem durch seine rege Bautätigkeit und seinen Faible für opulente Ausstattungen einen Namen. Neuschwanstein, Linderhof und Herrenchiemsee gehen alle auf ihn zurück, weshalb er auch der Märchenkönig genannt wurde. 1845 als erster Sohn des Kronprinzenpaares Maximilian und Marie auf Schloss Nymphenburg in München geboren, wurde ihm sofort eine Amme zugeteilt. Als diese überraschend verstarb und er im Alter von acht Monaten auf einen Schlag abgestillt werden musste, wäre auch er beinahe gestorben, doch erholte er sich in Obhut seiner nächsten Erzieherin zusehends. Viel Zeit verbrachte er, gemeinsam mit seinem jüngeren Bruder Otto, in den Schlössern Hohenschwangau und Berg, abgeschottet von der Öffentlichkeit. Während der verträumte Ludwig ein wenig inniges Verhältnis zu seinen geradlinig veranlagten Eltern hatte, förderte sein Großvater Ludwig I. die Liebe des Buben zu Literatur und Baukunst. Nachdem dieser 1848 abgedankt hatte, wurde sein Vater König und er zum Kronprinz. Mit 16 Jahren hörte er zum ersten Mal Richard Wagners Opern Tannhäuser und Lohengrin, die ihn stark beeindruckten und in ihm eine zeitlebens andauernde Verehrung für den Komponisten hervorbrachten.

Als sein Vater am 10. März 1864 starb, wurde der gerade 18-jähri-

Das Kreuz im See markiert die Auffindestelle König Ludwigs II.

ge Ludwig zum König proklamiert. Bei der Trauerfeier, 4 Tage später, sah das Volk den mit 1,93 Metern für damalige Verhältnisse geradezu riesenhaften, jungen König zum ersten Mal. In den nächsten Jahren engagierte er sich vor allem bei der Förderung der Kultur. Dem verschuldeten Wagner ließ er 170.000 Gulden zukommen, finanzierte die Entstehung des Rings der Nibelungen sowie das Wagner-Festspielhaus in Bayreuth. Als er im Mai 1866 gegen seinen Willen, aber aufgrund von Bündnispflicht, auf österreichischer Seite in den Krieg gegen Preußen eintreten musste, überließ er die Kriegsführung seinen Ministern und zog sich zu einem Besuch in die Schweiz bei Wagner zurück. Die Armee war allerdings in einem desolaten Zustand und man fand sich auf der Verliererseite wieder. Auch wenn sich Reparationszahlungen und Gebietsverluste in Grenzen hielten, schmälerte das sein Ansehen und er bevorzugte es ab diesem Zeitpunkt, sich von München weitgehend fern zu halten und sich auf seine Schlösser zurückzuziehen. Amtsgeschäfte wurden durch Gesandte erledigt.
1867 verlobte er sich spontan mit Sissis jüngerer Schwester Sophie in Bayern. Während der Hochzeitsvorbereitungen verlor er aber zunehmend das Interesse und löste, allem Entsetzen seiner Familie und des Hochadels zum Trotz, schließlich 10 Monate später die Verlobung wieder auf. Heute geht man davon aus, dass Ludwig homosexuell war und diese Neigung zeitlebens, zumindest öffentlich, so gut wie möglich zu verbergen suchte – ein ewiger Konflikt, der sein scheues und menschenabgewandtes Wesen sicher nicht positiv beeinflusste.
1869 begannen die Bauarbeiten zum Schloss Neuschwanstein, bis heute Vorlage fast jedes Disney- und Märchenschlosses. Ludwig verbrachte dort allerdings nur 172 Nächte. Der Bau zu einem weiteren kleinen Schloss, hoch oben über Garmisch am Schachen, startete im gleichen Jahr.
1870 nahm Bayern am Deutsch-Französischen Krieg auf Seiten des Norddeutschen Bundes teil. In Folge des gemeinsamen Kriegsgewinns entstand das geeinte Deutsche Reich, wodurch Bayern jedoch seine Souveränität einbüßte - und Ludwig damit erneut an Prestige und Anerkennung. Immer öfter hing er nun seinen romantischen Tagträumen nach und zog sich noch weiter von den Amtsgeschäften zurück. In den Jahren 1873 und 74 startete er mit Linderhof und Herrenchiemsee zwei weitere Großprojekte. Während er Linderhof tatsächlich auch für

längere Zeit bewohnte, sollte das Chiemseeschloss während seiner Lebzeit nicht mehr fertig gestellt werden. Weitere Bauprojekte, wie ein Schloss an Stelle der Ruine Falkenstein nahe Neuschwanstein, ein asiatischer Palast am Tiroler Plansee oder ein byzantinischer Palast nahe Linderhof kamen nie über die Planungsphase hinaus.
1876 hatte er seinen letzten öffentlichen Auftritt bei der Generalprobe der Bayreuther Festspiele. Immer schwieriger wurde es für seine Minister wichtige Unterschriften zu erwirken, wenn Ludwig wieder einmal auf einer entlegenen Almhütte weilte. Dort machte er die Nacht zum Tag, was ihm damals auch den Namen Mondkönig einbrachte. Als Ludwig, durch seinen aufwendigen Lebenswandel und vor allem das stete Bautreiben mit 7,5 Millionen Gulden hochverschuldet, im April 1886 im Bayerischen Landtag per Brief um mehr Geld bat, wurde stattdessen von diesem seine Entmündigung eingeleitet. Die Regierung berief Ärzte, die ihn, in Abwesenheit und nur durch Zeugenaussagen gestützt, als unheilbar seelengestört diagnostizierten. Die Entmündigung erfolgte am 9. Juni 1886. Er selbst erfuhr einen Tag später in Neuschwanstein durch Gesandte davon, die er erst einmal festnehmen ließ. Schon einen Tag später kam eine neue Kommission, die ihm verkündete, dass sein Onkel Luitpold als Prinzregent die Regierungsgeschäfte übernommen hatte und diesmal den König festnahmen. Er wurde auf Schloss Berg am Starnberger See, damals noch Würmsee genannt, gebracht und festgesetzt. Zur Betreuung wurde Bernhard von Gudden, einer der Ärzte die das psychiatrische Urteil über Ludwig gefällt hatten, eingesetzt. Am 13. Juni brach Ludwig gegen 18 Uhr, nur in Begleitung des Arztes, zu einem Spaziergang im Schlosspark auf. Als die beiden Männer zwei Stunden später nicht zurück waren, begann man sie zu suchen. Gegen 22 Uhr fand man sie, keine 20 Meter vom Ufer entfernt, tot im seichten Wasser treibend. Nach offizieller Erklärung habe der Arzt Ludwig von einem Selbstmordversuch abhalten wollen, wobei beide ums Leben kamen. Schon damals wurde das bezweifelt, nicht allein weil Ludwigs Uhr durch eindringendes Wasser schon um 18.54 Uhr stehen blieb, während die von Guddens noch bis 20.10 Uhr lief. Die zahlreichen Vermutungen gehen heute eher in Richtung eines gescheiteren Fluchtversuches oder gar einer geheimen Hinrichtung des Monarchen und eines unerwünschten Mitwissers, der sich am Ende nicht ausreichend verschwiegen und kooperativ zeigte... Am 19. Juni wurde Ludwig II. in der Gruft der Münchner Michaelskirche bestattet – bis auf sein Herz, dass zwei Monate später in der Gnadenkapelle zu Altötting beigesetzt wurde.

Unten und oben rechts Badeplatz bei Amberg

Die Straße verlässt nun den unmittelbaren Seeverlauf und verläuft einige hundert Meter weiter östlich durch Münsing, bevor sie in Höhe Ambach wieder dem Ufer nahe kommt. Im Süden des Sees stehen statt Geschichte und Kultur einmal mehr Baden und Erholung im Vordergrund. Zunächst können Sie rechts zum **Campingplatz Ambach** abbiegen *([**067:** N 47°51'17" E 11°20'19", Am Schwaiblbach], €€€€, www.camping-ambach.de)*. Direkt danach folgt die Einfahrt zum schönen, weitläufigen **Ambacher Erholungsgebiet** mit großen Liegewiesen, Kiosks, Toiletten, zwei Gasthäusern am nördlichen und südlichen Ende. Auf den riesigen Parkplätzen wurde das vereinzelte Nachtparken bislang geduldet.

(068) WOMO-Badeplatz: Ambach

GPS: N 47°51'03" E 11°20'24", St2065. **Max. WOMOs:** 4-5.

Ausstattung: Keine Einrichtungen.

Beschreibung: Große, durch Bäume getrennte schattige Parkreihen, tags an den vorgelagerten Liegewiesen Gastronomie und Toiletten, teils asphaltiert, teils Schotter, fast eben und vor allem außerhalb der Hauptsaison sehr ruhig, rund 8 km bis in den nächsten Ort.

Preis: € (nur im Sommer tagsüber).

Zufahrt: An der ST2065 zwischen Münsing und Seeshaupt etwa auf halber Strecke, Einfahrt rechts.

Alternativ können Sie ein paar hundert Meter weiter zwischen Oktober und April bei Einkehr den Parkplatz am **Restaurant „Zum kleinen Seehaus“** wählen, [**069:** N 47°49'47" E 11°20'21"].

Ein ähnliches Bild bietet sich am Ortsbeginn der letzten Starnberger See-Gemeinde die Sie besuchen. **Seeshaupt** empfängt Sie rechter Hand mit dem **Strandbad St. Heinrich** und dem durch eine Straße davon getrennten **Campingplatz Beim Fischer**, *([**070:** N 47°49'35" E 11°20'19"], €€€€, www.*

Unten und oben am Seeufer bei Seeshaupt

camping-beim-fischer.de). Wenige hundert Meter weiter, diesmal rechts, befindet sich noch der erst vor wenigen Jahren neu gestaltete **Campingplatz Seeshaupt**. Er ist größer und etwas unpersönlicher als Beim Fischer, dafür moderner und bietet direkten Seezugang *([**071:** N 47°49'13" E 11°19'28", St. Heinricher Str. 127], Apr – Mitte Okt, €€€€, www.camping-seeshaupt.de)*. Kurz nach dem Café am See biegen Sie links Richtung Penzberg ab. Im Zentrum von Seeshaupt gibt es in der **Penzberger Straße** links einen größeren Parkplatz der auch für nachts geeignet ist, [**072:** N 47°49'25" E 11°18'02"]. Gegenüber beginnt die Bahnhofstraße. Sie führt zum **Seeshaupter Schaugarten.** In den letzten 15 Jahren ist dort auf einem ehemaligen Acker ein Kleinod für Gartenliebhaber entstanden. Die Idee war Besuchern zu zeigen, welche Vielfalt mit Staudenpflanzen über die Jahre erzielt werden kann. Aber auch Gehölze, Zwiebelgewächse und historische Rosen wurden ausgebracht – ein netter Zwischenstopp.

***Schaugarten**: Bahnhofstr. 40, Apr – Nov, Zutritt frei, www-schaugarten-seeshaupt.de*

Osterseen

Nun fahren Sie nach **Iffeldorf** und zu den **Osterseen**. Mehr als 20 Einzelgewässer sind es, die als Naturschutzgebiet teils gar

Badeplatz am Fohnsee

nicht oder nur durch vorbeiführende Wander- und Radwege erschlossen sind. Lediglich zwei Badestellen gibt es. Die erste befindet sich am nördlichen Ende des **Großen Ostersees**. Kostenpflichtige Parkplätze befinden sich am **Gut Aiderbichl** das selbst eine Sehenswürdigkeit darstellt. Erst vor rund 15 Jahren durch Michael Aufhauser gegründet, hat sich der ehemalige Bauernhof der Rettung und dem Wohlergehen von Tieren verschrieben, die auf den insgesamt 26 Gütern der Aiderbichl-Gemeinschaft ein wertiges, möglichst naturnahes und artgerechtes Leben führen können. Bei Iffeldorf können vor allem Haus- und Hoftiere besucht werden, auch Exoten gehören ab und an zu den Bewohnern, je nachdem wer dringend einen Platz benötigt. Besucher treten in direkten Kontakt mit den Tieren, vor allem für Kinder ein schönes Erlebnis. Auch ein vegetarisches Restaurant gehört zum Gelände.

***Gut Aiderbichl**: [N 47°47'57" E 11°18'36", Osterseehof 1], 9.00 – 18.00 Uhr, €€, 40min. Führung inklusiv, www.gut-aiderbichl.com*

Den gleichen Badeplatz erreichen Sie auch nach kurzer Waldrand-Wanderung vom Parkplatz in Höhe **Seeshaupter Str. 69** aus *([**073:** N 47°47'38" E 11°18'57"], tags kostenpflichtig)*. Ein anderer, sehr schöner Badezugang befindet sich am kleineren **Fohnsee**. Entweder am westlichen Iffeldorfer Ortsende, wo Sie den gebührenpflichtigen Schotterparkplatz **Am Angerweg**, nutzen, [N 47°46'19" E 11°18'54"]. Rund 700 Meter sind es dann noch zur naturnahen Badestelle auf einem in den See reichenden Landzipfel samt FKK Bereich. Nicht ganz so idyllisch, aber immer noch den Weg wert, ist der Badeplatz am Ende des **Fohnseeweges** neben dem Fohnseestüberl mit großen Parkplätzen, die im Sommer aber schon mal voll werden können. Praktisch, dass es dort auch den gemütlichen, kleineren **Campingplatz Fohnsee** gibt *([**074:** N 47°46'44" E 11°19'00", Fohnseeweg 30], Mitte Apr – Mitte Okt, €€€, www.campingplatz-fohnsee.de)*

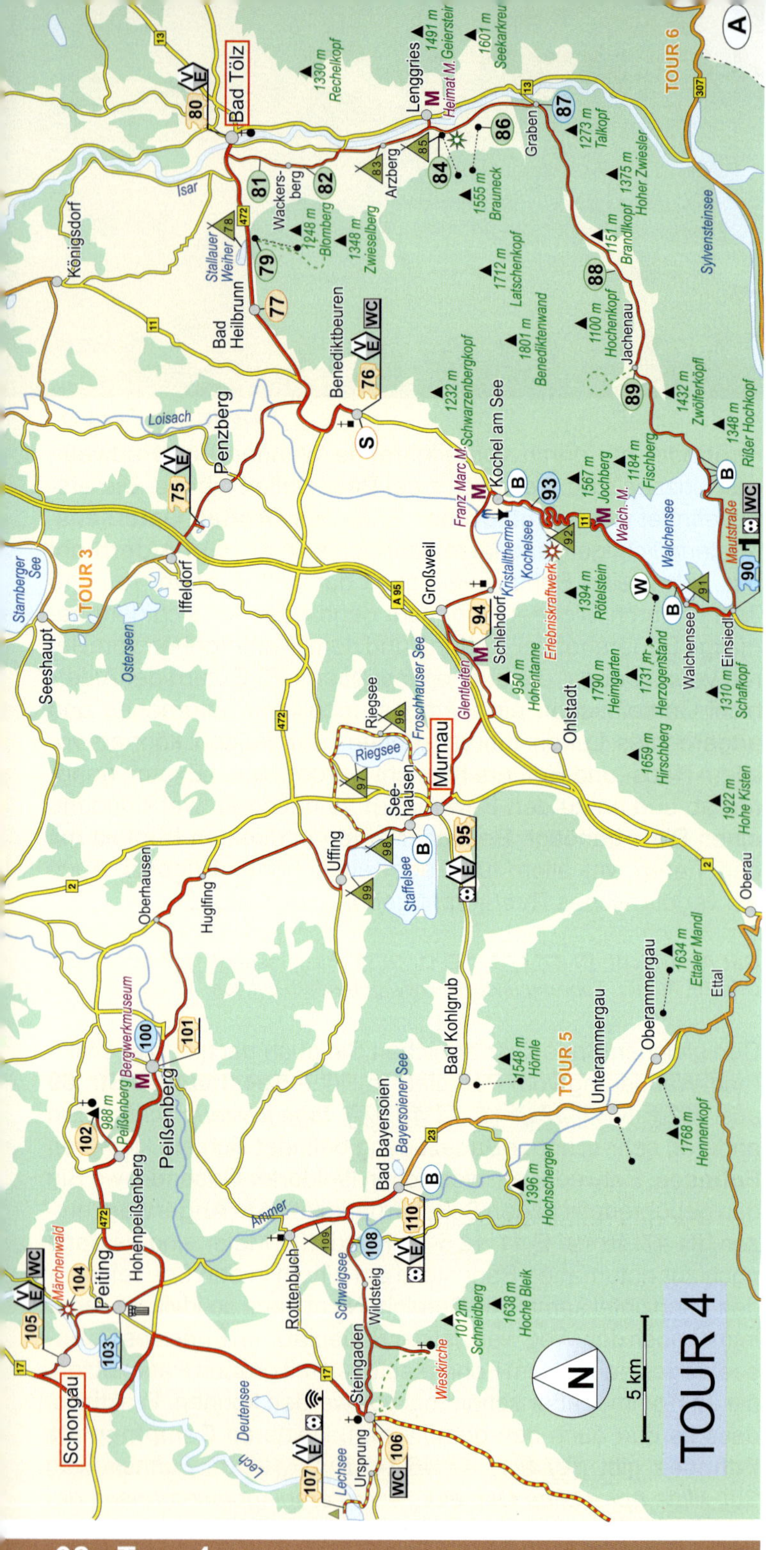

TOUR 4
TOUR 3
TOUR 5
TOUR 6
A
5 km
N
Bad Tölz
Lenggries
Heimat M.
Geierstein
Seekarkreuz
Rechelkopf
Isar
Königsdorf
Wackersberg
Blomberg
Zwieselberg
Arzberg
Brauneck
Graben
Talkopf
Hoher Zwiesler
Brandlkopf
Sylvensteinsee
Stallauer Weiher
Bad Heilbrunn
Latschenkopf
Benediktenwand
Benediktbeuern
Hochenkopf
Jachenau
Schwarzenbergkopf
Zwölferköpfl
Rißer Hochkopf
Loisach
Penzberg
Kochel am See
Franz Marc M.
Jochberg
Fischberg
Walch. M.
Walchensee
Mautstraße
Kristalltherme
Kochelsee
Erlebniskraftwerk
Starnberger See
Iffeldorf
Großweil
Rötelstein
Osterseen
Seeshaupt
Schlehdorf
Hohentanne
Heimgarten
Herzogenstand
Einsiedl
Schafkopf
Froschhauser See
Glentleiten
Ohlstadt
Riegsee
Murnau
Seehausen
Hirschberg
Hohe Kisten
Uffing
Staffelsee
Oberhausen
Hugling
Oberau
Ettaler Mandl
Oberammergau
Ettal
Bad Kohlgrub
Hörnle
Unterammergau
Hennenkopf
Bergwerkmuseum
Peißenberg
Hohenpeißenberg
Bad Bayersoien
Bayersoier See
Hochschergen
Ammer
Märchenwald
Peiting
Rottenbuch
Schwaigsee
Wildsteig
Schneidberg
Hoche Bleik
Schongau
Steingaden
Wieskirche
Deutensee
Lech
Lechsee
Ursprung

Penzberg – Benediktbeuren – Bad Tölz – Lenggries Jachenau – Walchensee – Kochelsee – Staffelsee Peißenberg – Schongau – Steingaden – Wieskirche Rottenbuch und Bad Bayersoien

Stellplätze :	Penzberg, Benediktbeuren, Bad Heilbrunn, Blomberg, Bad Tölz, Wackersberg (2x), Lenggries (2x), Jachenau (3x), Einsiedl am Walchensee, Kochelsee, Großweil, Murnau, Peißenberg (2x), Hohenpeißennberg, Peiting, Schonagu (2x), Steingaden, Lechbruck, Schwaigsee, Bad Bayersoien
Campingplätze:	Wackersberg, Arzbach, Lenggries, Walchensee, Kochelsee, Riegsee (2x), Staffelsee, Uffing, Rottenbuch
Besichtigen:	Kloster Benediktbeuren, Bad Tölz, Lenggries mit Heimatmuseum, Walchensee Museum Urfeld, Erlebniskraftwerk und Franz-Marc-Museum Kochelsee, Freilichtmuseum Glentleiten, Schlossmuseum und Münter Haus Murnau, Bergwerksmuseum Peißenberg, Villa Rustica Peiting, Märchenwald und Altstadt Schongau, Welfenmünster Steingaden, Neuschwanstein und Hohenschwangau, Wieskirche, Stift Rottenbuch
Wandern:	Blomberg, Brauneck, Rabenkopf Jachenau, Herzogenstand, Wetterpfad Hohenpeißenberg, Brettlespfad Wieskirche
Baden:	Hubersee, Alpenwarmbad Benediktbeuren, Stallauer Weiher, Isar, Walchensee, Kochelsee, Kristalltherme Trimini, Staffelsee, Riegsee, Rigirutschn Peißenberg, Lechstausee, Schwaigsee, Bayersoiener See

Lernen Sie auf Tour vier die malerische Landschaft rund um Bad Tölz kennen. Durch die beliebte Wander- und Ausflugsregion Jachenau erreichen Sie im Anschluss Walchen- und Kochelsee, eingebettet in die Voralpenlandschaft. Der Pfaffenwinkel, benannt nach seinen unzähligen Kirchen und Klöstern, bietet am westlichen Ende Oberbayerns dann noch einen gelungenen Mix aus Kultur und Natur.

Penzberg

Zunächst machen Sie sich von Iffeldorf aus auf den Weg nach **Penzberg**. Die Stadt ist touristisch weniger sehenswert, einen kurzen Abstecher können Sie aber gleich nach der Autobahnunterführung rechts ab zum **Huber-** und **Kirnbergsee** machen. Es gibt Badeplätze und nach dem Dauercampingplatz rechts ein nettes Café im Landhaus Hub. Dort wurde auch ein rund 1,5 Kilometer langer Barfußweg angelegt, ein etwas anderes

Hubersee

„sinnliches“ Erlebnis. Gleich links zu Beginn des Sees gibt es einen Womo-Stellplatz

(075) Offizieller WOMO-Badeplatz: Penzberg (Stellplatz am Hubersee)

GPS: N 47°46'01" E 11°20'52", Vordermeir. **Max. WOMOs:** 6.
Ausstattung: Ver-/ Entsorgung (gegen Gebühr), Mülltonnen, Kiosk.
Beschreibung: Eingezeichnete Stellplätze auf einem Schotterparkplatz direkt am See. Schattig, meist ruhig und recht eben. Rund 2,3 km in die Ortsmitte.
Zufahrt: Gut 500 m nachdem Sie aus Richtung Osterseen kommend die Autobahn gekreuzt haben rechts abfahren. Dann gleich am Seebeginn links.

Benediktbeuren

Statt sich als nächstes gleich links Richtung Bad Tölz zu halten, machen Sie vielleicht noch einen Schlenker nach **Benediktbeuren**. Das Dorf wird vom mächtigen **Salesianerkloster** dominiert, dass sich am Ortsrand gut sichtbar vor der Alpenkette zwischen den Wiesen und Weiden erstreckt. Für einen Besuch stehen große Parkplätze in der **Don-Bosco-Straße** bereit, [N 47°42'33" E 11°24'00"]. Daneben befindet sich der schön angelegte Kräutergarten, links davon das Klosterstüberl im Vierkanthof. Die Kirche zu Ihrer Rechten wurde im 17. Jahrhundert

Oben und links unten Kloster Benediktbeuren

gebaut und beherbergt unter anderem ein Deckenfresko Georg Asams. Wenn auf Ihrem Handy ein QR-Code-Reader installiert ist, können Sie eine interaktive Tour durch das Gotteshaus machen. Der Klosterladen bietet hauseigene Produkte an, auch Führungen sind dort buchbar. Immerhin 35 Brüder aus sieben Nationen leben und arbeiten bis heute im Kloster. Wenn Sie sich schließlich durch das Gelände zur Südseite des Komplexes begeben, können Sie noch in der Klostergärtnerei bestes Gemüse und Obst aus eigener Herstellung erstehen. Im Ort, ein Stück weiter südöstlich, befindet sich nahe des schönen **Alpenwarmbades** ein offizieller Stellplatz auf einem ehemaligen Tennisplatz.

***Kloster Benediktbeuren**: Don-Bosco-Straße 1, Führungen Jul – Sep täglich 14.30 Uhr, Apr – Jun nur Di / Do / Sa, So auch immer 13.00 Uhr. Okt Di / Do / Sa/ So 14.30 Uhr, Nov – Mär nur Sa / So, €, www.kloster-benediktbeuren.de*

(076) Offizieller WOMO-Stellplatz: Benediktbeuren

GPS: N 47°41'57" E 11°24'56", Schwimmbadstr. 37. **Max. WOMOs:** 16.
Ausstattung: Ver-/ Entsorgung und Strom (gegen Gebühr), Duschen im Freibad nutzbar, Mülltonnen.
Beschreibung: Der Platz befindet sich auf einem ehemaligen Tenniscourt, kein Schatten, ruhig am Ortsrand gelegen, ebener Untergrund, rund 800 m in die Ortsmitte, Freibad benachbart.
Preis: €.
Zufahrt: Am Ortsende links durch die Benediktusstraße fahren, dann an der zweiten Kreuzung rechts.
Hinweis: Einen alternativen Platz finden Sie am ruhigen, kleinen Naturbad Bichl etwas außerhalb bei [N 47°43'01" E 11°25'44", Am Bad 3].

Bad Tölz

An der Hauptroute steuern Sie als nächstes auf **Bad Heilbrunn** zu. Der Kurort mit seinem großen Sanatorium ist nicht gerade

auf Wohnmobile ausgelegt. Am zentralen Parkplatz im **Wörnerweg** besteht aber kein Nachtparkverbot, **[077:** N 47°44'59" E 11°27'47"]. Nicht weit entfernt befindet sich in der gleichen Straße der Kurbereich mit dem **Kräutererlebnispark** samt Blumenrabatten, Bachlauf, Zauberwald, Labyrinth, keltischem Baumhoroskop – und natürlich vielen Kräutern.

Der **Stallauer Weiher** bietet ein Stück weiter entlang der Bundesstraße die besten Badeplätze beim Campingplatz am hinteren Ende.

(078) WOMO-Campingplatz: Wackersberg

GPS: N 47°45'02" E 11°30'08", Stallau 148.

Internet / Tel.: www.campingplatz-demmelhof.de, 08041 81 21.
Öffnungszeiten: April bis Oktober.
Ausstattung: Kiosk, Badesteg, Spielplatz, verschiedene Hoftiere am Platz..
Beschreibung: Schön gelegener Platz an einem kleinen See, knapp 30 Stellplätze für Kurzzeitcamper auf Rasen. Kaum Schatten, nicht ganz eben, bis auf die Bundesstraße am anderen Seeufer ruhig. Nahe Gaststätte mit Biergarten, Blomberg fußläufig erreichbar, Kurzzeit-Womo-Zone vor der Einfahrt, rund 5 km bis Bad Tölz.
Preis: €€€, Kurzzeit-Zone €€.
Zufahrt: Zwischen Bad Heilbrunn und Bad Tölz gleich nach dem See links ab zum Platz

Keine 500 Meter weiter liegen beidseits der Straße die Parkflächen des **Blombergs**, sie sind nur tagsüber kostenpflichtig, **[079:** N 47°44'53" E 11°30'58"]. Der 1248 Meterm hohe Tölzer Hausberg ist bei Einheimischen wie Tagesausflüglern im Som-

Blomberg, oben Stellplatz 077

mer wie Winter beliebt. Ein Grund ist neben den Wandermöglichkeiten sicher Deutschlands längste Sommerrodelbahn, die sich ab der Mittelstation der Liftanlage bis ins Tal schlängelt. Oben am Berg befindet sich zudem ein Klettergarten.

***Blombergbahn**: Am Blomberg 2, 10.00 – 17.00 Uhr, Jun – Sep bis 18.00 Uhr, €€, Rodelbahn „Classic“ oder „Blitz“ € / Fahrt, Mehrfach-Tickets verfügbar, www.blombergbahn.com*

Blomberg-Wanderung

(ca. 3 Stunden Gehzeit)

Die Wanderung bringt es zwar auf über 600 Höhenmeter, ist aber eher gemütlich, da sie auf einfachen Forstwegen statt schmalen, holprigen Wanderpfaden verläuft – wie immer Geschmackssache.

Sommerrodelbahn

Rechts des Parkplatzes laufen Sie auf der breiten Forststraße Richtung „Blomberghaus“. Nach rund drei Minuten folgt eine Weggabelung. Der kürzere Weg führt links über die Winterrodelbahn nach oben. In vielen Serpentinen steigt der Weg teils recht steil an, so gewinnen Sie zügig an Höhe. Nach rund 30 Minuten erreichen Sie die Mittelstation und folgen, rechts herum, der Rodelbahn weiter bergauf. Nach guten zehn Minuten gelangen Sie zu einer Kreuzung. Gehen Sie dort geradeaus weiter Richtung Blomberg. Nach 20 Minuten verlassen Sie den Bergwald und stehen an einer Gabelung. Vor Ihnen liegt das Blomberghaus, linker Hand eine kleine Bergwachthütte. Folgen Sie dem nur mehr leicht ansteigenden Forstweg scharf links durch eine Baumgruppe. In einem Rechtsbogen geht es schließlich, noch einmal etwas fordernder, zur Bergstation der Blombergbahn hinauf. Kurz darauf stehen Sie am Aussichtspunkt des Blombergs mit Blick hinunter zum Blombergkreuz. Das Holzkreuz liegt zwischen **Blomberg** und **Heigelkopf**. Über den breiten Weg spazieren Sie auf dem Almgelände innerhalb von zehn

Minuten, vorbei an der **Wackersberger Alm**, zum Kreuz hinab und genießen dabei schöne Blicke aufs Isartal.
Für den Rückweg über das Blomberghaus nehmen Sie eine alternative Route. Dazu gehen Sie vom Kreuz einige Schritte zurück Richtung Blomberg und treffen unterhalb der Wackersberger Alm auf einen Wegweiser. Nun biegen Sie nach links und schlagen den nicht beschilderten, leicht abfallenden Forstweg ein. Im Wald wird der Weg dann steiler. Gleich nach einer Linkskurve biegen Sie scharf rechts ab. Der schmalere Weg führt nun nochmals einige Meter hinauf zur Bergwachthütte. Nun gehen Sie links herum und spazieren so hinauf zum **Blomberghaus**. Es lockt eine Einkehr, bevor es über die bekannte Winterrodelbahn-Strecke zurück geht. Zeit und Weg können Sie natürlich einsparen, wenn Sie hochzu bis zur Mittel- oder sogar Bergstation den Sessellift nehmen und/oder abwärts (sommer)rodeln... Die kultige **Krapfenhütte** am unteren Blombergbahn-Parkplatz ist am Ende der richtige Ort für eine kleine Stärkung.

Nun erreichen Sie **Bad Tölz**. Die Gemeinde erlangte vor einigen Jahren auch über die bayerischen Grenzen hinaus große Popularität, als die beliebte Reihe „Der Bulle von Tölz" mit Ottfried Fischer in der Hauptrolle regelmäßig in die deutschen Wohnstuben gesendet wurde. Alles nur Film, doch die lockere, bayerische Gemütlichkeit der Serie vermag man auch im wahren Leben vor Ort zu verspüren. Erster Anlaufpunkt mit dem Wohnmobil sollte der Stellplatz direkt am Flussufer sein. Er ist recht zentral gelegen, anderswo quälen Sie sich sonst doch teils arg mit einem größeren Gefährt. Sie können ihn auch nur stundenweise nutzen, falls Sie nicht über Nacht bleiben möchten.

(080) Offizieller WOMO-Stellplatz: Bad Tölz

GPS: N 47°45'46" E 11°33'05", Königsdorfer Straße 67. **Max. WOMOs:** 30.
Ausstattung: Ver-/Entsorgung (gegen Gebühr), Mülleimer.
Beschreibung: Großer Stellplatz auf Schotter an der Isar, kein Schatten, eben, nachts recht ruhig. Zentral nur 500 m vom Zentrum entfernt gelegen, Gastronomie ringsum.
Preis: €.
Zufahrt: Von der B472 kommend die erste Abfahrt links Richtung Bad Tölz nehmen. Immer geradeaus und am Ende rechts in die Königsdorfer Straße einbiegen. Nach rund 600 m links.
Hinweis: Falls der Platz einmal nicht nutzbar sein sollte, finden Sie eine Alternative an der östlich des Zentrums gelegenen Wee-Arena bei [N 47°45'31" E 11°34'43", Am Sportpark].

Bad Tölz ist in zwei Bereiche geteilt. Da ist einmal der Kurbereich, der westlich der Isar auf der gleichen Seite wie der Stellplatz verläuft. An der Südwestseite des Stellplatzes führt

die Kyreinstraße zum Kurpark, dahinter geht es über die Ludwigstraße zur Wandelhalle und dem 1914 erbauten Kurhaus mit Café. Die Altstadt, die Sie ein kleines Stück flussaufwärts über die Brücke erreichen, erkunden Sie am besten auf einem Rundgang.

Unterwegs in Bad Tölz

Vom Isarostufer gehen Sie direkt die Tölzer Fußgängerzone, die **Marktstraße** hinauf. Rund um diese Achse spielt sich das Gros des Altstadtlebens ab. Am unteren Ende fällt vor allem das alte **Marienstift** auf, dessen von einem Wandfresko geschmückte Fassade durch Gabriel von Seidl gestaltet wurde. Bald sticht das massive **Kolberbräu**-Gebäude, die ehemalige Posthalterei, ins Auge. Darin hat sich bis heute ein Gastronomiebetrieb erhalten. Nach rechts bringt Sie ein kleiner Abstecher in die **Lenggrieser Straße** hinein ins ehemalige Flößerviertel Gries mit vielen kleinen Gassen und Brunnen. Gehen Sie die Straße bis zum Ende durch, erreichen Sie wieder das Isarufer und, gleich rechts, das **Bulle von Tölz-Museum**. Eine Hommage an die bekannte Fernsehserie die von 1996 bis 2009 ausgestrahlt wurde *(Kapellengasteig 3, Mo-Sa 10.00-18.00 Uhr, So ab 11.00 Uhr, Erw. 7,50€, erm. 6€, Kinder bis 15J. frei)*. Weiter, etwas oberhalb davon durch die **Römer-**

Bad Tölz, oben Marktstraße im Zentrum

Kalvarienberg mit Badestelle

gasse, stoßen Sie auf die **Stadtpfarrkirche Maria Himmelfahrt**. Zahlreiche Renaissancegrabmäler von Adelsfamilien aus dem 16. und 17. Jahrhundert befinden sich im Inneren. Nach links kommen Sie über die **Klammergasse** zur Marktstraße zurück, die Sie nach rechts bergan einschlagen. Bald sind Sie an der **Hofapotheke** mit bunten Lüftlmalereien angekommen. Noch ein Stückchen weiter befindet sich das 600 Jahre alte **Weinhaus Höckh**. Die Familie brachte im Laufe der Zeit eine ganze Reihe Tölzer Bürgermeister hervor. Im weiteren Verlauf treffen Sie auf das von einem Zwiebeltürmchen gekrönte **alte Rathaus**. Im Giebel ist das Stadtwappen abgebildet. Den oberen Abschluss der Marktstraße dominiert das Standbild des „Goldenen Ritters“, Kaspar Winzerer, dem einstigen Pfleger und Lehnsherrn von Bad Tölz der im 15. – 16. Jahrhundert lebte. Vielleicht haben Sie Lust auf einen Besuch im **Stadtmuseum** *(Marktstr. 48, Di – So 10.00 – 18.00 Uhr, €, Familientickets 7€)*? Auf drei Ausstellungsebenen wird ein interessanter Querschnitt der Geschichte des Tölzer Landes präsentiert. Den westlichen Wegabschluss bildet schließlich der **Khanturm**. Er ist eine Art Replica, die erst Ende der 1960er Jahre errichtet wurde. Der alte Turm, der früher an gleicher Stelle stand, war einfach zu schmal geworden, um den stärker werdenden Verkehr durchzulassen. Nördlich des Turmes befindet sich übrigens die **Salzstraße**, die, dem Namen nach, einst eine wichtige Handelsroute nach Bad Reichenhall und Salzburg darstellte.

Entweder gehen Sie auf der Marktstraße zurück oder machen einen Rundweg aus dem Ausflug. Dazu spazieren Sie nur ein kleines Stück zurück und rechts durch die Oberlandpassage hindurch. Bei nächster Gelegenheit nach links, führt Sie die Nockherstraße rechtsseitig an den Aufgang zum **Kalvarienberg**. Die Mühe des Aufstiegs wird nicht nur durch den weiten Blick ins Isartal und über die Stadt belohnt, sondern auch durch die einmalige barocke Doppelkirche mit ihren beiden schlanken Türmen, auch “Krone von Tölz“ genannt. Der Tölzer Salz- und Zollbeamte Friedrich Nockher ließ 1711 ein Kreuz aufstellen, dem 1718 sieben Wegkapellen und die „Heilige Stiege“ folgten. Ab 1735 wurde dann der Golgathahügel mit der Kreuzigungsgruppe errichtet und die Stiege mit einer Kirche überbaut. Auf der anderen Seite senkt sich der Hans-Carossa-Weg wieder hinab zur Isar. Kurz nach dem Feinschmeckerlokal Altes Fährhaus gehen Sie über die hölzerne Fußgängerbrücke und erreichen, links davon, nach wenigen Metern erneut Ihren Stellplatz.

Gastrotipps Bad Tölz: **Reutbergstüberl****, Schützenstr. 5, **Café im Süden** (Café), Rathausgasse 4, **Gasthaus Tölz****, Bahnhofstr. 2

Die schnellste Weiterfahrt erfolgt über die B12 nach Lengries. Schöner geht es, wenn Sie den gleichen Weg wie auf der Hinfahrt zurücknehmen, dann aber, statt erneut auf die B472 aufzufahren, die Unterführung nach Wackersberg nehmen. Sanft geschwungen gondeln Sie gemütlich durch Wald- und Weideflächen. Rechts passieren Sie eine kleine Schotterparkfläche, die auch für eine Nacht geeignet wäre, [**081:** N 47°44'16" E 11°31'50"]. Ein schöner Wanderweg führt gleich daneben zur beliebten **Waldherrn Alm** – Sie können aber auch mit dem Auto dorthin gelangen. Dazu halten Sie sich im nahen Ort **Wackersberg** rechts in die Lehenstraße und bei nächster Möglichkeit erneut rechts zum Parkplatz am Ende der Sackgasse unterhalb der Alm, [**082:** N 47°43'23" E 11°31'55"]. Auch ab hier gibt es schöne Wege, teils bis zum Blomberg hinauf, eine ganze Reihe an Wanderrouten sind markiert. Über **Steinebach** und **Arzbach** folgen Sie schließlich dem Isarverlauf weiter südwärts. Direkt in Arzbach folgt der etwas enge, aber gemütliche Alpen Campingplatz neben dem Freibad.

Kapelle bei Wackersberg, oben Stellplätze 081 und 082

(083) WOMO-Campingplatz: Arzbach (Alpen Camping)

GPS: N 47°42'28" E 11°33'01", Alpenbadstr. 20.
Internet / Tel.: www.alpen-campingplatz.de, 08042 84 08.
Ausstattung: WLAN, Waschmaschine / Trockner, Gasthaus, Frühstücksservice, Spielplatz.
Bescheibung: Parkflächen auf Rasen zwischen kleinen Bäumen, teils schattig, nicht immer ganz eben, ruhig, sehr schöne Lage, Schwimmbad nebenan, rund 4 km bis Lengries.
Preis: €€€.
Zufahrt: Bei Ortsdurchfahrt Arzbach rechts beim Schwimmbad angeschrieben.

Lenggries

Rechts über die Brücke können Sie ins Zentrum von **Lenggries** hinüberfahren. Kein Muss, am ehesten macht das Sinn, falls Sie das dortige **Heimatmuseum** besuchen möchten. Brauchtum, Handwerk sowie Land- und Almwirtschaft wird den Besuchern näher gebracht. Auch die nahe Hohenburg können Sie virtuell aus ihren Ruinen wieder auferstehen lassen. Wenn Sie die heimische Tierwelt von früher und heute, leider nur ausgestopft, in Augenschein nehmen wollen, kommt auch das **Tiermuseum** in Frage. Über mehr Möglichkeiten klärt die Touristeninformation am Rathausplatz auf.

***Heimatmuseum**: Rathausplatz 1, Mo – Fr 9.00 – 12.00 Uhr und 14.00 – 17.00 Uhr | **Tiermuseum**: Bergweg 12, zuletzt wegen Betriebsübergabe geschlossen, www.tiermuseum-lenggries.de*

Für einen Ausflug auf das bei Wanderern und Skifahrern sehr beliebte **Brauneck** brauchen Sie nicht die Flussseite zu wechseln. Vom riesigen Parkplatz führt ein schöner Wanderweg hinauf. Für den Rückweg können Sie die Kabinenbahn nehmen, die müde Fußgänger den Sommer über alternativ hinauf und retour befördert. Oben ist eine anspruchsvollere Tour zur **Benediktenwand** machbar. Am Parkplatz dürfen Bergbahnkunden nach Anfrage meist über Nacht stehen. Kurz zuvor gibt es auch einen richtigen Campingplatz.

Bergbahn Brauneck: *Berg-/Talfahrt €€€€, Betriebszeiten und mehr unter www.brauneck-bergbahn.de*

(084) WOMO-Wanderparkplatz: Lenggries (Brauneck Bergbahn)

GPS: N 47°40'37" E 11°33'22", Bergbahnstraße. **Max. WOMOs:** 2-3.
Ausstattung: Keine Einrichtungen.
Beschreibung: Großer Parkplatz der Bergbahn, nur am Rand etwas Schatten, fast eben, nachts ruhig. Tags Gastronomie und Toiletten an der Talstation, rund 1,9 km in den Ort, Supermarkt auf halbem Weg.

Zufahrt: Von Arzbach kommend im Kreisverkehr geradeaus fahren und den Schildern nach rechts zur Bergbahn folgen.
Hinweis: Das Parken über Nacht wird nur gestattet, wenn Sie ein Bergbahnticket gekauft haben und sich die Erlaubnis schriftlich am Schalter geben lassen. Eine Alternative finden Sie direkt in Lenggries am Volksfestplatz, Die Einfahrt liegt gleich hinter der Isarbrücke rechts bei [N 47°40'55" E 11°34'22"].

(085) WOMO-Campingplatz: Lenggries (Bergcamping Lenggries)

GPS: N 47°40'48" E 11°33'46", Gilgenhöfe 4.
Internet / Tel.: www.lenggrieser-bergcamping.de, 08042 564 06 02.
Ausstattung: WLAN, Waschmaschine / Trockner, Kiosk.
Bescheibung: Etwas parkplatzähnlicher Stellplatz an einem Bauernhof in schöner Lage, gleich unterhalb des Braunecks. Ruhig und eben, kein Schatten, etwa 1,8 km in die Ortsmitte.
Preis: €€€€.
Zufahrt: An der Zufahrt zum Brauneck beschildert rechts ab zum Platz.

Nur einen Ort weiter in **Wegscheid** befindet sich rechts ab die Zufahrt zum **Jaudenhang.** Die dortigen Lifte gehören im Winter zum Brauneck-Skigebiet. In der warmen Jahreszeit wird eine Sommerrodelbahn und eine kleine Wirtschaft betrieben. Gäste können auch dort über Nacht parken, wie am Brauneck gilt aber: vorher um Erlaubnis fragen, **[086:** N 47°39'49" E 11°34'01", Draxlhang].

Stellplatz 086, links Brauneck

Gastrotipps Lenggries: Die Schweizer Wirtin**, Schlegldorf 83, **Dorfschänke ****, Bachmairgasse 3, **Altwirt****, Marktstr. 13, **Café Schwarz** (Café), Münchner Str. 1, **Eireiner`s****, Jachenauer Str. 45

Am Isarstrand

Jachenau

Bei **Graben** verlässt die Straße das Isarbett und schwingt sich etwas bergan in die **Jachenau** hinauf. Dieses schöne Tal ist ein Eldorado für Wanderer und Naturliebhaber. Vorab haben Sie genau dort, wo Sie die Isar verlassen, noch Gelegenheit ans Flussbett hinab zu gehen und bei schönem Wetter auf den warmen Kieseln zu relaxen und vielleicht auch etwas zu baden. Unterhalb der Straße, nahe dem Gasthaus Langeneck, ist ein keiner Bade-Parkplatz vorhanden, [**087:** N 47°38'58" E 11°34'58"].

Die als „Sonnental Jachenau" beworbene Senke durchquert zunächst ein Waldstück, bevor die Straße sanfte Almböden durchzieht, linksseitig immer vom in einiger Entfernung wild meandernden Flüsschen Jachen begleitet. Der Ort im Tal gilt als eine der flächenmäßig größten bayerischen Gemeinden, ist aber auf die Einwohnerzahl bezogen die kleinste. Einen Wanderparkplatz mitten im Grünen finden Sie hinter dem Ortsfleck Tannern.

(088) WOMO-Wanderparkplatz: Tannern

GPS: N 47°37'00" E 11°30'02", St2072. **Max. WOMOs:** 2-3.

Ausstattung: Keine Einrichtungen.
Beschreibung: Teils schattiger Wanderparkplatz auf Schotter, fast eben und sehr ruhig, rechts unterhalb der Straße, verschiedene Touren sind angeschrieben, rund 5 km bis in den Hauptort Jachenau.
Preis: €.
Zufahrt: Unmittelbar rechts der St2072 auf Ihrer Route.

Einen weiteren Parkplatz, zum Beispiel für eine Wanderung oder um sich etwas im kleinen Jachenau umzusehen, gibt es rechts ab beim Schützenhaus, [**089:** N 47°36'22" E 11°25'59"].

Wanderung zum Rabenkopf

(800 Hm, Hin- und zurück rund 5,5 Stunden)

Ausgangspunkt dieser abwechslungsreichen Tour ist der zuletzt genannte Parkplatz im Ort Jachenau. Gut beschildert beginnt der Weg

an der kleinen Brücke und verläuft entlang des Laine-Baches aufwärts. Sie treffen auf eine Forststraße, die Sie nach rechts einschlagen und nach ungefähr 10 Minuten wieder in dieselbe Richtung verlassen. Nach einer hölzernen Brücke biegen Sie links auf den Fahrweg zur Staffelalm ein und nach weiteren rund 15 Minuten zweigt über eine Brücke der Pfad zur Rappinschlucht ab. Nun wird es steiler und der Steig deutlich schmaler. Vor allem in diesem Abschnitt finden sich im Frühling selten gewordene Blumen wie Türkenbund, Frauenschuh und Seidelbast. Schwindelfreiheit ist von Vorteil, wenn man einen Blick weit hinunter zum Flüsschen wagt. Nach etwa 30 Minuten durchwandern Sie einen Weidezaun und halten sich dahinter rechts auf die Staffelalm zu *(bewirtschaftet ca. Mitte Mai bis Mitte Oktober)*. Zunächst noch durch lichten Bergwald, erreichen Sie bald einen Weideboden und die Alm kommt in Sicht. Statt direkt einzukehren und eine zünftige, einfache Brotzeit zu genießen, nehmen die Sportlichen nun noch die letzten knapp 250 Höhenmeter durch blumenübersäte Wiesen bis zum aussichtsreichen Gipfel des Rabenkopfes (1555 m) in Angriff. An klaren Tagen erkennen Sie im Norden das Kloster Benediktbeuren, im Süden reicht der Blick weit hinein in die Alpenkette. Wieder an der Staffelalm angekommen ist spätestens jetzt eine Pause angesagt. Im Inneren können Sie übrigens etwas bewundern, dass man niemals in einer so einfachen Almhütte erwarten würde: Fresken des berühmten Malers Franz Marc. Auch er war schon Gast und zahlte die Brotzeit mit einem Wandbild – mehr war seine Kunst Anfang des 20. Jahrhunderts noch nicht wert.
Für den Rückweg nehmen Sie den Steig hinter dem Haus hinab zur Kochler Alm, einer Bergwacht-Hütte die auch „Hiatahüttl“ genannt wird. Über Wiese und durch den Wald schlängelt sich der Weg nun zunehmend steiler talwärts. An heißen Tagen lädt einer der kleinen Gumpen und Wasserfälle am Wegesrand vielleicht zu einer Erfrischung ein. Noch ein Stück entlang des Rappinbaches wechseln Sie auf Trittsteinen immer wieder die Seite, bis schließlich die Rappinalm erreicht ist. Weiter führt der Pfad über saftige Wiesen, bis zu einer Forsthütte nach der, nur ein kleines Stück weiter, der Pfad wieder auf den Aufstiegsweg trifft, dem wir nun durch die Rappinschlucht zurück zum Ausgangspunkt in Jachenau folgen.

Walchensee

Hinter Jachenau wird die Straße zu **Walchensee** mautpflichtig. An einem kleinen Häuschen wird eine Gebühr für Fahrzeu-

Kapelle in der Jachenau

ge erhoben (Womos €€). Der Preis lohnt sich, vor allem wenn Sie entlang des Walchenseeufers wenig später einen Badestopp machen wollen. Schöner als hier kann ein Alpensee kaum sein! Finden Sie selbst Ihr Lieblingsplätzchen. Überall gibt es zwischen dem Wasserkraftwerk Niedernach bei [N 47°35'02" E 11°23'36"] und **Einsiedl** ausreichend Parkflächen, das Nachtparken ist zwischen 22.00 und 7.00 Uhr allerdings verboten. Dafür befindet sich unmittelbar am Ende der Mautstraße rechter Hand ein offizieller Wohnmobilstellplatz.

(090) Offizieller WOMO-Badeplatz: Einsiedl

GPS: N 47°34'11" E 11°18'09", B11. **Max. WOMOs:** 80.
Internet: www.nachtparkplatz-einsiedl.de.
Ausstattung: Wasser und Strom (gegen Gebühr), Toiletten, Mülltonnen.

Beschreibung: Ruhiger Schotterplatz im Grünen mit Bäumen ringsum, teils Schatten, recht ruhig, Gastronomie in ein paar hundert Metern Entfernung. Wander- und Radwege. Eine Möglichkeit zur Entsorgung besteht an der Kläranlage. Der Weg dorthin ist am Platz beschrieben. Rund 2,5 km in den nächsten Ort.
Preis: €.
Zufahrt: Direkt am Ende der Mautstraße rechter Hand.

Noch mehr Komfort bietet der **Campingplatz Walchensee**, wunderschön am Rand einer kleinen Landzunge gelegen *([**091:** N 47°34'55" E 11°18'33", Lobisau], Mai – Sep, €€€,*

Walchensee, rechts mit Badestelle

www.camping-walchensee.de). Im Hauptort **Walchensee** stoßen Sie links auf die **Touristeninformationsstelle**, direkt an der Hauptstraße. Ein paar hundert Meter weiter können Sie rechts ein echtes Kuriosum bestaunen. Recken da nicht ein paar waschechte Wikingerhäuser ihre geschwungenen Giebel in die Luft? Des Rätsels Lösung ist ganz einfach: Nachdem vor einigen Jahren die beiden Wicki-Spielfilme als Realverfilmung neu gedreht wurden, hatte man die Idee, Teile der massiven Filmkulissen des kleinen **Wikingerdorfes Flake** am See wiederaufzustellen, statt sie rückzubauen. An den Hütten kann man jetzt auch baden, vor allem die hiesige Jugend mag diesen Platz, [N 47°35'36" E 11°19'07"]. Da sich dort jedoch schlecht parken lässt, fahren Sie noch ein kleines Stück weiter bis zur Talstation der **Herzogstandbahn** und spazieren das kurze Wegstück zurück. Die 1388 Meter lange Luftseilbahn im Hintergrund wurde erst 1994 statt eines bis dahin verkehrenden Sessellifts erbaut und bringt Sie in wenigen Minuten hinauf zum bewirtschafteten **Herzogstandhaus**. Auch dort lassen sich eine Vielzahl schöner, aussichtsreicher Wandertouren unternehmen. Zum Beispiel der markierte Naturlehrpfad oder Wege bis auf den Herzogstandgipfel, über den Grat zum Heimgarten *(jeweils 1,5 Stunden)* oder hinab zum Walchensee *(rund 2 Stunden)*. Der Parkplatz ist gebührenpflichtig. Die letzte Siedlung am See ist das kleine **Urfeld** am nördlichen Rand. Das **Walchensee-Museum** zeigt dort verschiedene Graphiken, Gemälde und Stiche zur Region sowie eine heimatkundliche Sammlung. Gleich daneben werden Boote am See verliehen.

***Herzogenstandbahn**: [N 47°35'46" E 11°19'04", Am Tanneneck 6], €€€, Betriebszeiten und mehr unter www.herzogstandbahn.de | **Walchensee-Museum**: [N 47°37'05" E 11°20'47", Urfeld], Jun– Sep, Do – So 10.30 – 17.30 Uhr, www.walchenseemuseum.de*

Kochelsee

Die **Kesselbergstraße** schwingt sich in vielen Serpentinen über den Bergsattel, bevor Sie, ähnlich kurvenreich, auf der Nordseite zum **Kochelsee** hin abfällt. Berg und Straße erlangten in der Vergangenheit vor allem dadurch traurige Berühmtheit, dass kaum woanders so viele Motorradunfälle passierten. Noch heute lieben Biker die Haarnadelkurven und stehen an Sommertagen zu Dutzenden in den Serpentinen. Rüttelstreifen und vermehrte Polizeikontrollen sorgen aber inzwischen für geordnetere Verhältnisse. Den besten Blick hinab zur anderen Seite haben Sie vom Aussichtsplatz kurz nach dem Scheitelpunkt. Weiter unten finden Sie an beiden Hängen auch größere Picknickplätze, die allerdings nicht ideal zum Übernachten sind. Erst am Kochelsee gibt es dafür wieder eine mögliche Stelle zwischen Bäumen und mit Badeplatz bei [**093:** N 47°38’45” E 11°21’45”], allerdings nur für ein bis zwei kleine Womos. Alle anderen kommen schon ein Stück vorher am **Campingplatz Renken** zum Zug.

(092) WOMO-Campingplatz: Kochel
(Campingplatz Renken)

GPS: N 47°38’22” E 11°21’17”, Mittenwalder Straße 106.
Internet/Tel.: www.campingplatz-renken.de, 08851 61 555 05.
Öffnungszeiten: April bis September.
Ausstattung: WLAN, Bistro, Spielplatz, direkter Seezugang.
Beschreibung: Schöner Platz mitten im Grünen von Bäumen umgeben, teils schattig, ruhig und eben. Etwa 3 km vom Ort entfernt auf der Südseite des Kochelsees.
Preis: €€€-€€€€.
Zufahrt: Am Ende der Kesselbergstraße nach links angeschrieben.
Hinweis: Ein Stück weiter schließt der zweite, etwas größere **Campingplatz Kesselberg** an, [N 47°38’12” E 11°20’56”, Altjoch 2], www.campingplatz-kesselberg.de.

Ungefähr in gleicher Höhe wie zum Campingplatz können Sie auch für einen Besuch des **Erlebniskraftwerkes** abzweigen. Im Infozentrum erfahren Sie allerlei Interessantes zur Anlage und Stromgewinnung, es finden auch regelmäßig Führungen während den Öffnungszeiten statt.

Unten und oben: Kochelsee

***Erlebniskraftwerk**: [N 47°37'50" E 11°20'22", Altjoch 21], 9.00 – 17.00 Uhr, Nov – Apr nur 10.00 – 16.00 Uhr, Dez / Jan geschlossen, €€, www.uniper.energy*

Abgesehen vom See ist die Hauptattraktion von **Kochel** das moderne **Franz-Marc-Museum**. Der bekannte Münchner Künstler lebte und arbeitete in den Sommermonaten gern am Kochelsee und kaufte 1914 im nahen Ried auch ein Haus. Kurz darauf zog er allerdings in den Krieg und fiel 1916 bei Verdun. Viele seiner Werke werden auf 700 Quadratmetern Fläche gezeigt und Werken anderer moderner Künstler gegenübergestellt.

Geradeaus, hinab zum Ufer, befindet sich eine Bootsanlegestelle der Kochelsee-Schifffahrt. Falls Sie Lust auf eine Runde haben, starten Boote im Sommer täglich vier- bis fünfmal täglich. Bald darauf folgt links die Straße Richtung **Großweil**. Am Ausgang von Kochel können Sie dort noch linker Hand zur **Kristalltherme Trimini** fahren. Der moderne Badepark umfasst Innen- wie Außenbecken im Freizeitbad sowie eine großzügige Wellnesslandschaft. Unweit der großen Parkflächen befinden sich auch freie Liegewiesen am See.

***Franz-Marc-Museum**: Franz-Marc-Park 8-10, parken bei [N 47°39'00" E 11°21'46"], 10.00 – 18.00 Uhr, Nov – Mär und bis 17.00 Uhr, €€, www.franz-marc-museum.de | **Kochel Seenschifffahrt**: Badstr. 26, Mai – Okt, meist 11.00 – 17.00 Uhr, ab €€, mehr unter www.motorschiffahrt-kochelsee.de | **Kristalltherme Trimini**: [N 47°39'25" E 11°21'20", Seeweg 2], Mo – Do 10.00 – 23.00 Uhr, So ab 9.00 Uhr, Fr / Sa 9.00 – 24.00 Uhr, ab €€, www.kristall-trimini.de*

Gastrotipps Kochel am See: Grauer Bär**, Mittenwalder Str. 82, **Blauer Reiter****, Franz-Marc-Park 8 | **Schlehdorf**: **Fischerwirt****, Unterauer Str. 1

In **Schlehdorf** fällt Ihnen vielleicht der stattliche Sakralbau auf. Es handelt sich um das **Nonnenkloster Schlehdorf**. Bis heute aktiv und nicht touristisch ausgerichtet, lohnt ein Besuch höchstens für eine Andacht oder den Besuch des Klosterladens.

Fast ein Muss dagegen ist ein Abstecher von Großweil zum **Freilichtmuseum Glentleiten**. Es ist das größte Freilichtmuseum Südbayerns und ermöglicht einen umfassenden Einblick in den ländlichen Alltag der Menschen Oberbayerns von einst, in ihre Baukultur und Arbeitswelt. Über 60 original erhaltene Gebäude sind samt ihrer Einrichtung in der nach historischen Vorbildern gepflegten Kulturlandschaft des Museumsgeländes wieder aufgebaut worden. Daneben finden Sie Gärten, Wälder und Weiden mit alten Tierrassen. Die erhöhte Lage ermöglicht tolle Ausblicke auf Bergwelt und Kochelsee. Im Sommer finden zudem viele Sonderaktionen und Vorführungen statt, fürs leibliche Wohl wird ebenso gesorgt. Auch an einen Womo-Stellplatz wurde gedacht.

***Freilichtmuseum**: An der Glentleiten 4, Mitte Mär – Mitte Nov Di – So, Jun – Sep auch Mo, 9.00 – 18.00 Uhr, €€, www.glentleiten.de*

(094) Offizieller WOMO-Stellplatz: Großweil (Freilichtmuseum Glentleiten)

GPS: N 47°39'50" E 11°17'02", An der Glentleiten 4. **Max. WOMOs:** 10.
Öffnungszeiten: Mitte März bis Mitte November.
Ausstattung: Keine Einrichtungen.
Beschreibung: Parkplatz des Freilichtmuseums, am hinteren Ende des Schotterparkplatzes. Man darf offiziell über Nacht stehen, teils Schatten, recht ruhig, fast eben, rund 2 km in den Ort, Gastronomie benachbart.
Zufahrt: In Großweil ist das Freilichtmuseum groß nach links beschildert.
Hinweis: Eine zweite Stellplatzgelegenheit bietet das nur wenige Meter hinter dem Freilichtmuseum gelegene Ausflugslokal Kreut Alm. Große asphaltierte Fläche am Lokal für PKWs und Womos, Blick schön, Einkehr obligat, auf Asphalt, Strom möglich, allerdings etwas schräg, [N 47°39'43" E 11°17'00", Kreut 1].

Staffelsee

Nun geht es unter der A95 hindurch ins Blaue Land und zum Pfaffenwinkel. Erster Stopp ist der Markt **Murnau**. Der geschäftige Ort ist Knotenpunkt der Region, entsprechend viel Verkehr herrscht meistens. Die teils verkehrsberuhigte, zentrale Achse befindet sich rund um den **Obermarkt**. Parkflächen für Womos gibt es am Bahnhof, ein Teil ist auch offiziell als Nachtstellplatz freigegeben.

(095) Offizieller WOMO-Stellplatz: Murnau

GPS: N 47°41'06" E 11°11'34", Bahnhofplatz 1. **Max. WOMOs:** 4-5.
Ausstattung: Ver-/ Entsorgung und Strom (gegen Gebühr).
Beschreibung: Asphaltierter, zweckmäßiger Platz zwischen Bahn und Hauptstraße, kein Schatten, eben, nicht ganz ruhiger Teil eines Großparkplatzes. Rund 850 m ins Zentrum und zum See. Maximale Standdauer drei Tage.
Preis: €.

Zufahrt: In den Ort einfahren und geradeaus, bis die Straße auf den Untermarkt trifft. Dort links und sofort wieder rechts in den Burggraben einfahren. Nach der Unterführung links ab und weiter bis zum Bahnhof.

Wenn Sie das **Schlossmuseum** besuchen wollen, finden Sie es ein kleines Stück südöstlich des Obermarkts. Es zeigt die mit dem Ort verbundene, international bedeutende Kunst- und Literaturgeschichte der ersten 30 Jahre des 20. Jahrhunderts. Einen Schwerpunkt bilden dabei die Werke der Künstlervereinigung Blauer Reiter um Marc und Kandinsky, sowie das Wirken des Dramatikers Ödön von Horváth. Darüber hinaus werden Besonderheiten des Alpenvorlandes rund um das Murnauer Moos, die Hinterglasmalerei dieser Region sowie die geschichtliche Entwicklung der Gemeinde dargestellt.

Kunstinteressierte zieht es vielleicht auch noch zum etwas abseits gelegenen **Münter Haus**. Gabriele Münter und Wassily Kandinsky weilten dort über Jahre in den Sommermonaten. Das Flair des Künstlerpaares ist bis heute durch die vielen gestalteten Ausstattungsgegenstände fühlbar. Das Haus war Inspiration und Ausgangspunkt des Expressionismus. Es war Treffpunkt und Refugium von Künstlern wie Franz Marc, Alexej von Jawlensky, Marianne von Werefkin, August Macke und Arnold Schönberg, die regelmäßig zu Besuch kamen, ebenso wie Sammler und Galeristen. Auch der Kunstalmanach „Der Blaue Reiter“ entstand hier.

***Schlossmuseum**: Schloßhof 2-5, Jan – Nov, Di – So 10.00 – 17.00 Uhr, Dez erst ab 13.00 Uhr, €, www.schlossmuseum-murnau.de | **Münter Haus**: Kottmüllerallee 6, Di – So, 14.00 – 17.00 Uhr, €, www.muenter-stiftung.de*

Zentrum von Murnau

Sicher wollen Sie noch Murnaus größtes Kapital, den **Staffelsee** erkunden. Sein Wasser ist mild und moorhaltig. An den Ufern laden Strandbäder zum Verweilen ein – Badegäste lieben ihn, denn er erwärmt sich im Frühsommer schnell – kühlt im Herbst allerdings ebenso schnell ab. Für Radfahrer gibt es viele angelegte Wege. Auf den sieben Inseln im See wurde Geschichte geschrieben: Kelten, Römer und Mönche des Mittelalters bevölkerten sie. Eine archäologische Erschließung steht allerdings noch aus. Das erste Strandbad finden Sie im vorgelagerten Ortsteil **Seeleiten** bei [N 47°40'47" E 11°11'19", Seestraße]. Sechs mal täglich bringt Sie von dort ein Ausflugsboot rund um den See und bis nach Uffing am Nordufer.

***Staffelsee Schifffahrt**: Johannisstraße, Mai – Sep zwischen 10.00 und 16.40 Uhr, Apr / Okt nur 2 – 3 x täglich, €€, mehr unter www.staffelsee.org*

Bevor Sie entlang des Staffelsees weiter fahren, können Sie noch eine kleine Rundfahrt zum **Froschauer See** und **Riegsee** einschieben. Da beide deutlich kleiner sind, werden sie sogar noch schneller warm. Am Froschauer See befindet sich an der Liegewiese ein gut erreichbarer Parkplatz, [N 47°41'16" E 11°13'38", Riegseer Str. 19]. Für gute Badeplätze am Riegsee müssen Sie dagegen schon Gast auf einem der beiden Campingplätze werden. Entweder beim **Camping Riegsee** auf der Ostseite, an dem viele Dauercamper ihre Lager aufgeschla-

Oben und unten Staffelsee

gen haben, *([096: N 47°42'02" E 11°13'46", Seestr. 21] €€€)*, oder am **Campingplatz Brugger** im Westen, der vergünstigte Wohnmobilplätze anbietet.

(097) WOMO-Campingplatz: Riegsee (Camping Brugger)

GPS: N 47°42'24" E 11°13'04", Seestr 2.
Internet / Tel.: www.camping-brugger.de, 08847 728.
Ausstattung: WLAN, Waschmaschinen / Trockner, Badestrand, Restaurant, Minimarkt, Spielplatz.

Beschreibung: Großer Platz mit wenig Schattenplätzen auf Rasen, nicht immer eben, ruhige Lage, im Hochsommer teils etwas voll und eng. Rund 4,3 km bis nach Murnau. extra Wohnmobilstellplätze vor und hinter der Schranke.
Preis: €€€-€€€€, Womo-Stellplätze €€-€€€.
Zufahrt: Von der Nordseite des Sees bei Hofheim ist die Zufahrt markiert.

Wenn Sie stattdessen gleich am Staffelsee bleiben und Richtung **Seehausen** fahren, können Sie auch dort den besonders schön gelegenen **Campingplatz Halbinsel Burg** anfahren, *([098: N 47°41'06" E 11°10'43", Burgweg 41], €€€, www.camping-staffelsee.de, keine Hunde erlaubt)*. Baderatten finden nur ein kleines Stück nördlich davon das nächste **Strandbad**. Mit dem Womo fahren Sie besser von der Nordseite über die Straße Am Arnbach an. Dort gibt es ausreichend Parkplätze entlang der Straße, etwa bei [N 47°41'29" E 11°10'50"].

Das Blaue Land verwöhnt Sie – denn auch in **Uffing** finden Sie das fast schon Übliche... ein Seerestaurant mit schattigem Biergarten und ein großes **Strandbad** mit recht vielen Parkplätzen daneben. Etwas südlich, außerhalb des Ortes in Alleinlage, folgt ein guter Campingplatz *(**Camping Aichalehof**, [099: N 47°41'56" E 11°09'29", Aichalehof 4], Mai –Sep, €€€, www.aichalehof.de)*.

Gastrotipps Murnau: Griesbräu**, Obermarkt 37, **Krönner** (Café), Seidlstr. 4 | **Uffing**: **Seerestaurant Alpenblick****, Kirchtalstr. 30

Peißenberg

Verlassen Sie nun den See und steuern Sie über **Huglfing** die Gemeinde **Peißenberg** an. Zwischen dem **Hohen Peißenberg** und dem Wildfluss Ammer gelegen, befindet sich der einstige

Bergwerksort mitten in der Region Pfaffenwinkel. Seit 1971 ist der Bergbau Geschichte, doch ein **Bergwerksmuseum** mit **Erlebnisbergwerk** ist geblieben. Über 32 Millionen Tonnen Kohle wurden vor Ort gefördert. In 14 Räumen kann man sich heute über die Entwicklung des Bergbaus im Pfaffenwinkel informieren. Geologische Schaubilder erläutern die Entstehung der Kohleflöze und es wird ein Querschnitt bergmännischer Techniken gezeigt. Bei einem Gang durch den ehemaligen Tiefstollen kann sich jeder Besucher in die Atmosphäre des Bergbaus hineinversetzen. Auch Audioguides stehen zur Verfügung. Neben dem Museum befindet sich eine **Bockerlbahn-Anlage** (Spur 7 1/4 Zoll). Noch mehr Besucher aus der Gegend kommen aber wegen des Freizeitbades **Rigirutschn** nach Peißenberg. Am Parkplatz davor darf man über Nacht stehen, [**100**: N 47°47'03" E 11°03'52", Pestalozzistr. 6]. Noch besser dafür geeignet ist aber der offizielle Stellplatz des Ortes.

***Bergwerksmuseum**: [N 47°47'54" E 11°0331", Tiefstollen 2], Mitte Mai – Mitte Sep, Mi sowie jeder 1. und 3. So von 13.30– 16.30 Uhr, €*

(101) Offizieller WOMO-Stellplatz: Peißenberg

GPS: N 47°47'53" E 11°03'45", Moosleite. **Max. WOMOs:** 15.
Ausstattung: Mülleimer, sonst keine Einrichtungen.
Beschreibung: Ruhiger Parkplatz etwas von der Hauptstraße zurückgebaut am Rand eines Wohngebietes. Teils schattig, recht eben, rund 400 m in die Ortsmitte. Ver- / Entsorgung ist an der ab dem Platz beschilderten Kläranlage möglich.
Zufahrt: Direkt neben der Hauptstraße linksseitig.

An der B472 zweigen Sie rechts nach **Hohenpeißenberg** ab. Die Bergstraße bringt Sie bis zum Gipfelsattel. Parken Sie dort am großen Platz bei [**102:** N 47°48'04" E 11°01'03"] und gehen Sie die paar Meter in Richtung Kirche. Der Ausblick wird

Blick von Hohenpeißenberg, rechts oben Stellplatz102

oft als schönster Rundblick Bayerns gerühmt. Tatsächlich sind alle Seiten unverbaut und bis weit ins Land hinein frei einsehbar. Die Kapelle „Zu unserer lieben Frau“ und die **Wallfahrtskirche Maria Himmelfahrt** sind das Wahrzeichen des Pfaffenwinkels, beide sind innen reich im Rokoko- beziehungsweise Renaissance-Stil geschmückt. An der hintersten Spitze des Berges befindet sich ein meteorologisches Observatorium des Deutschen Wetterdienstes. Alle interessierten Besucher können sich ganzjährig täglich von 8 bis 18 Uhr über die vielfältigen Arbeiten in der Anlage umfassend informieren, ringsum wurde ein **Wetter-Informationspfad** mit mehreren Stationen errichtet.

Gastrotipps Murnau: Griesbräu**, Obermarkt 37, **Krönner** (Café), Seidlstr. 4 | **Uffing**: **Seerestaurant Alpenblick****, Kirchtalstr. 30

Schongau

Bei Peiting und Schongau sind Sie am westlichsten Ende Ihrer Reise durch Oberbayern angekommen. Zunächst erreichen Sie **Peiting**. Am Wellenbad wurde ein Stellplatz eingerichtet.

(103) Offizieller WOMO-Badeplatz: Peiting

GPS: N 47°47’36” E 10°55’23”, Badweg. **Max. WOMOs:** 3-4.
Ausstattung: Keine Einrichtungen.
Bescheibung: Schattige, eigens ausgewiesene Parkbuchten unter Bäumen, Schotterrasen, direkt neben dem Wellenbad. Rund 200 m in den Ort.

Zufahrt: Von der Hauptstraße gleich am Fluss links ab beschildert zum Wellenbad.
Hinweis: Achtung, die Zufahrt ist extrem schmal. Wenn während des Badebetriebs dort Autos parken, kommt man mit Wohnmobilen weder hinein noch hinaus. Bis max. 5 t gestattet.

Etwas außerhalb des Ortes befinden sich die Ausgrabungen einer römischen **Villa Rustica** in Alleinlage auf einer Wiese. Die alten, freigelegten Mauern sind durch eine Umhausung geschützt, aber komplett verglast und somit gut einsehbar. Ringsum wurde ein römischer Nutzgarten angelegt. Schauen Sie auch mal zur Infotafel mit den römischen Rezepten – vielleicht ist Ihnen ja demnächst einmal danach, Frikassee mit Aprikosen, Gerstengrütze oder gegrillte Ringeltaube auf den Womo-Tisch zu bringen.

***Villa Rustica**: [N 47°47'05" E 10°54'04", Kreuther Weg], Führungen Mai – Okt Sa 14.00 – 16.00 Uhr, www.villarustica-peiting.de*

Stellplatz 104

Immer noch am Ostufer des Lechs, doch schon zu **Schongau** gehörend, führt eine Nebenstraße zum **Märchenwald**. Im Park sind Stationen zu den großen Klassikern wie „Der gestiefelte Kater", „Rotkäppchen" oder „Tischlein deck Dich" verteilt. Auf einem Rundweg wandert man so von Märchen zu Märchen, vorbei an Gehegen mit Schafen, Ziegen, Schweinen, Hirschen, Vogelvolieren und andere Tieren. Auch eine Miniatureisenbahn dreht ihre Runden mit den kleinen und großen Gästen. Am Parkplatz davor wird das Nachtparken von Gästen geduldet, [**104**: N 47°48'41" E 10°55'07"]. Jenseits des Flusses erwartet Sie dann am Festplatz unterhalb der Stadt ein offizieller Stellplatz.

***Märchenpark:** Dießener Str. 6, Mai – Sep 9.00 – 19.00 Uhr, Apr / Okt 10.00 – 18.00 Uhr, sonst an den Wochenenden und in den Ferien bis 17.00 Uhr, €, www.schongauer-maerchenwald.de*

(105) WOMO-Stellplatz: Schongau

GPS: N 47°48'32" E 10°53'54", Lechuferstraße. **Max. WOMOs:** Ca. 30.
Ausstattung: Ver-/ Entsorgung (gegen Gebühr), Toiletten, Mülltonnen.

Beschreibung: Eigens beschilderter Bereich des Festplatzes unterhalb des Zentrums, auf Schotter und Asphalt, kein Schatten, eben, nachts an Wochenden teils etwas unruhig durch benachbart parkende Nachtschwärmer. Etwa 400 m über den rückseitigen Fußweg ins Zentrum.
Preis: €.
Zufahrt: Von Peiting kommend nach der Lechbrücke die Schienen überfahren und danach links abbiegen. Dann sofort wieder rechts auf die Uferstraße. Dort nach rund 200 m.
Hinweis. Während Festveranstaltungen ist der Platz nicht nutzbar.

Schongau wurde im Mittelalter zur Nebenresidenz der bayerischen Herzöge ausgebaut. Wie ein Wahrzeichen begrüßt das **Ballenhaus** am Marienplatz Gäste und erinnert gemeinsam mit anderen historischen Gebäuden an die längst vergangene Zeit als Handelsmetropole. Der Platz ist ein idealer Ausgangspunkt für eine Entdeckungsreise durch die schöne Altstadt. Fünf Spaziergänge führen durch die verschiedensten Kapitel einstigen Stadtlebens: Auf den Wehrgang der historischen Stadtmauer, zum ehemaligen Schloss, durch verträumte Gassen und Winkel und in die barocke Stadtpfarrkirche Maria Himmelfahrt – mehr Informationen dazu erhalten Sie in der **Touristeninformationsstelle** gleich um die Ecke in der Münzstr. 1. Ein Stück weiter, in der Christophstraße, gibt es auch noch ein kleineres **Stadtmuseum** in und um die ehemalige Spitalkirche **St. Erasmus**.

Stadtmuseum Schongau: *Christophstr. 57, Mi / Sa / So 14.00 – 17.00 Uhr, €, www.historischer-verein-schongau.de*

Gastrotipps Peiting: S`zuckerl (Café), Bachstr. 2 | **Schongau**: **Löwenhof****, Löwenstr. 3, **Schongauer Brauhaus****, Altenstadter Str. 13

Steingaden

Am schnellsten gelangen Sie auf der B17 zurück zur anderen Lechseite, auf der Sie die Reise fortsetzen. Bei **Steingaden** beginnt schon der Endspurt von Tour vier. Wie es einem im Pfaffenwinkel nicht verwundert, ist das **Welfenmünster** die größte Sehenswürdigkeit der Ortschaft. Einst Klosterkirche eines Prämonstratenser-Stiftes, wurde die romanische Basilika ab dem 17. Jahrhundert barockisiert. Heute gilt sie als wahre Schatztruhe sakraler Kunst. In der Vorhalle hat sich mit der „Welfengenealogie" auch ein Rest Renaissance erhalten – darauf wird die Welfen-Stammfolge ab dem Stammherrn Azzo aufgezeigt. Am Parkplatz mit WC-Anlage nebenan spricht nichts gegen eine Übernachtung, [**106**: N 47°42'07" E 10°51'43", Kissingerstraße].

Nahe Steingaden befindet sich der beliebte **Lechstausee** nördlich von **Lechbruck**. Dort finden Sie einen großen, und schön gestalteten Campingplatz mit abgetrenntem Womo-Stellplatz.

(107) Offizieller WOMO-Stellplatz: Lechbruck (Stellplatz Via Claudia)

GPS: N 47°42'56" E 10°49'18", Via Claudia 6.
Internet / Tel.: www.via-claudia-camping.de, 08862 84 26.
Öffnungszeiten: April bis MItte Januar.
Ausstattung: Ver- / Entsorgung, Strom, Duschen, WLAN, Grillplatz.
Beschreibung: Gut ausgestatteter, frei zugänglicher Stellplatz neben dem Campinggelände, Parzellen auf Schotter gleich am See, eben, kein Schatten, sehr ruhig, knapp 3 km in den Ort.

Preis: €€.
Zufahrt: Von Steingaden rechts Richtung Lechbruck abzweigen. Dann rechts nach Ursprung fahren und der Straße bis zum See folgen. Nun rechts abbiegen und dann wieder links, immer dem Uferbereich nach. Nach der Staumauer links bis zum Platz auf der rechten Seite.
Hinweis. Die Koordinaten beziehen sich auf den Womo-Stellplatz. Wenn Sie auf den Campingplatz möchten, müssen Sie die südliche Einfahrt bei [N 47°42'42" E 10°49'08"] wählen. €€€-€€€€€, Ausstattung und zahlreiche Parzellenoptionen siehe Website.

Wegvariante über Schloss Neuschwanstein

Statt der Tour zu folgen wie im Text beschrieben können Sie ab Steingaden auch weiter in südliche Richtung fahren, um dort zwischen Schwangau und Füssen die weltberühmten Königsschlösser **Neuschwanstein** und **Hohenschwangau** samt dem dazugehörigen **Museum der Bayerischen Könige** zu besuchen. Einen Parkplatz nahe dem Alpsee und dem zentralen Kartenschalter finden Sie bei [N 47°33'17" E 10°44'14", Alpseestraße].
Um lange Wartezeiten zu vermeiden empfiehlt es sich, bereits im Vorfeld Tickets online zu reservieren *(Ticketoffice Alpseestr. 12, Schlös-*

Lechstausee, oben Stellplatz 106

Wieskirche

ser und Museum 9.00 – 17.00 Uhr, ab €€, Kombitickerts verfügbar, www.hohenschwangau.de).
Die Weiterfahrt lässt sich dann weiter in südliche Richtung über die B17 und ein kurzes Straßenstück durch Österreich, links über die B179 und am **Plansee** erneut links Richtung Schloss Linderhof, gestalten. Dort gelangen Sie zurück nach Bayern und stoßen im entsprechenden Abschnitt direkt auf Tour funf wieder zur Hauptroute. Mehr Informationen zu Neuschwanstein, der Stadt Füssen und den nordwestlich anschließenden Gebieten finden Sie im Womo-Band 24 über das Allgäu.

Wieskirche

Eines der berühmtesten deutschen Gotteshäuser und UNESCO-Weltkulturerbe ist die **Wieskirche**. Sie steht fast in Alleinlage am Weiler Wies zwischen Filz und Moor und beeindruckt von innen auch dann, wenn Sie sich sonst nicht für Kirchenkunst interessieren. Das zugehörige Museum im benachbarten Prälatenhaus kann kostenfrei mit besichtigt werden. Sie können zwar mit dem Wohnmobil direkt bis zur Kirche fahren. Eine gute Alternative ist aber der schöne **Brettleweg**, der in Steingaden beginnt.

***Wieskirche**: [N 47°40'58" E 10°53'57", Wies 12], Sommer 8.00 – 20.00 Uhr, sonst bis 18.00 Uhr, Zutritt frei, Führungen auf Anfrage, www.wieskirche.de*

Gastrotipp Wieskirche: Gasthof Schweiger**, Wies 9

Brettleweg und Wieskirche (rund 10 km, 2,5 Stunden)

Vom Parkplatz am Welfenmünster gehen Sie südlich über den **Marktplatz** und die **Welfenstraße** Richtung **B17** und ein kleines Stück entlang der Hauptstraße bis links die **Schlögelmühlstraße** abgeht. Auch ein kleines Schild weist den Weg „Wieskirche über Brettlesweg".
Sie folgen nun, immer dem Bach entlang, der Straße, die schon bald in einen Pfad übergeht. Durch Wald und Wiesen ist hier ein Naturlehrpfad angelegt und informiert nebenbei über die Flora und Fauna. Nach einer Brücke

Schwaigsee mit Stellplatz 108

durchqueren Sie ein Gatter und wandern auf einem Wiesenweg weiter. Erneut geht es in den Wald hinein und bei einer weiteren Brücke wechseln Sie die Flussseite.
Als breiterer Fahrweg stößt er schließlich auf eine Forststraße und folgt, rechts herum, dem Hinweis zur Wieskirche. Etwa 400 Meter weiter verlassen Sie beschildert diesen Fahrweg und wandern auf einem attraktiveren Fußweg bergan. Bald beginnt der Wiesfilz. Jetzt wird die Herkunft des Namens Brettleweg ersichtlich. Das Moor wird auf vielen hintereinander ausgelegten Holzbohlen durchquert, die hier Brettle genannt werden. Ein letztes Waldstück muss durchschritten werden, dahinter zeichnet sich bereits die **Wieskirche** ab, der Sie nun unbedingt einen Besuch abstatten sollten. Im Rokokostil erbaut, heißt sie mit ganzem Namen eigentlich „Kirche Zum Gegeißelten Heiland". Namensgebend ist die in der Mitte des Gotteshauses platzierte Figur Christus. Am 14. Juni 1738 sah die Bäuerin Maria Lory in den Augen der Figur des leidenden Jesus an jener Stelle Tränen. Dieses Tränenwunder war Ausgang für die Wallfahrt. Von 1745 bis 1754 wurde das einzigartige Gotteshaus geschaffen. Rokoko in höchster Vollendung schmückt die Kirche. Über eine Million Gäste besuchen sie jedes Jahr. Allein der eindrucksvoll bemalte Himmel ist den Weg wert. Auch ein **Wallfahrtsmuseum** und Einkehrmöglichkeiten sind vorhanden..
Der Rückweg erfolgt entweder auf dem gleichen Weg oder Sie gehen die Fahrstraße bis zur Gabelung, dort rechts und dann links auf dem mit Bäumen gesäumten Pfad weiter. Dieser führt Sie zur katholischen Landesvolkshochschule. Nach links quert der Fahrweg erneut die breitere Zufahrtsstraße der Wieskirche und taucht dann im Wald ab. Schließlich gelangen Sie in den Weiler Litzau und spazieren geradeaus hindurch. Nach einer Weile passieren Sie rechts noch den kleinen Badweiher bevor Sie erneut in Steingaden eintreffen und im Ort rechts durch die Welfenstraße zu Ihrem Ausgangspunkt zurückkehren.

Nach „der Wies" können Sie den isoliert gelegenen Ort **Wildsteig** rechts liegen lassen. Der kleine **Schwaigsee** gleich danach macht aber nochmals Lust auf einen Sprung ins dunkle Moorwasser. Am Parkplatz ließe sich auch nächtigen, [**108:** N 47°42'24" E 10°57'33", Morgenbacher Weg].

Rottenbuch und Bad Bayersoien

Sofern Sie noch mehr Kirchen verkraften, schieben Sie doch noch einen Abstecher nach **Rottenbuch** ein. Hauptsehenswürdigkeit ist das **Augustiner Chorherrenstift**. 1073 gegründet wurde es 1803 säkularisiert. Im Inneren der Klosterkiche Mariä Geburt gibt es unter anderem Arbeiten von Joseph Schmutzer zu sehen. Erwähnenswert sind auch die Fresken und der Hochaltar. Am Nordaltar hängt ein Marienbild von Erasmus Grasser aus dem Jahr 1493. Am Weg zum Ort passieren Sie den **Campingplatz am Richterbichl** mit eigenem kleinem Badesee und einem gesonderten Womo-Stellplatzbereich.

(109) Offizieller WOMO-Campingplatz: Rottenbuch (Terrassencampingplatz am Richterbichl)

GPS: N 47°43'39" E 10°58'01", Solder 1.
Internet / Tel.: www.camping-rottenbuch.de, 08867 15 00.
Öffnungszeiten: Ganzjährig.
Ausstattung: Badesee, Spielplatz, Kiosk, Frühstücksservice.
Beschreibung: Sympathischer kleinerer Platz mit eigenem kleinen Badesee. Stellflächen auf Rasen, teils etwas eng, kein Schatten, fast eben, ruhig. Rund 500 m in den Ort.
Preis: €€€-€€€€, gesonderter Womo-Hafen €€.
Zufahrt: Von Steingaden kommend treffen Sie auf die B23. Dort links nach Rottenbuch abbiegen. Vor Ortsbeginn linker Hand.

So oder so heißt Ihr letztes Ziel auf Tour vier dann **Bad Bayersoien**, das Sie gute zwei Kilometer nach dem Queren der Ammer über die schöne Echelsbacher Brücke anvisieren. Der Hotel- und Kurbereich ist für Sie weniger interessant, vielleicht aber die Bademöglichkeiten am **Bayersoiener See**. Da die Parkplätze tags sehr voll werden können, halten Sie besser am extra für Wohnmobile angelegten Stellplatz jenseits der Hauptstraße und gehen Sie die paar hundert Meter zu Fuß hinüber.

(110) Offizieller WOMO-Stellplatz: Bad Bayersoien

GPS: N 47°41'15" E 10°59'50", Am Bauhof 7. **Max. WOMOs:** 8.
Ausstattung: Ver-/ Entsorgung und Strom (gegen Gebühr).
Beschreibung: Etwas abseits am hinteren Ende des Bauhofes gelegen. Erd-/ Schotterboden, teils etwas Schatten, nachts ruhig. Etwa 250 m in die Ortsmitte.
Preis: €€.
Zufahrt: An der Hauptstraße rechts ab nach Bad Bayersoien, dort nach rechts beschildert.

Gastrotipps Rottenbuch: Schönegger Käse Alm**, Schönegg 6, **Kunstcafé am Tor** (Café), Klosterhof 1

Bayersoiener See

TOUR 5
Band 24: Mit dem Wohnmobil ins Allgäu
Band 60: Mit dem Wohnmobil nach Österreich-West
5 km
N
A
Saulgrub
Bad Kohlgrub
111
112
113
114
115
116
117
118
119
120
121
122
123
124
125
126
WC
W
S
B
M
1548 m Hörnle
1396 m Hochschergen
Ammer
Unterammergau
Oberammergau
1634 m Ettaler Mandl
Ettal
Bannwald-see
1925 m Gr. Klammspitze
1768 m Hennenkopf
Linderhof
Hohenschwangau
Neuschwanstein
1926 m Scheinbergspitze
1609 m Brunnenköpfl
1953 m Kienjoch
1889 m Notkarspitze
2023 m Kuchelbergspitz
Farchant
1985 m Kramerspitz
Pflegersee
Garmisch-Partenkirchen
2049 m Friederspitz
1864 m Hoher Ziegspitz
Grainau
Ober-grainau
Eibsee
Höllentalklamm
Plansee
2276 m Waxenstein
2628 m Alpspitze
1651 m Kreuzeck
2962 m Zugspitze
Schachenschloss
Partnachklamm
2633 m Dreitorspitze
2483 m Wettersteinkopf
1288 m Stellwagelskopf
Elmau
Mautstraße
Ferchensee
Lautersee
Leutaschklamm
Mittenwald
2196 m Große Arnspitze
2180 m Rotwandlspitz
2358 m West. Karwendelspitze
2476 m Wörner
2538 m Öst. Karwendelspitze
2749 m Birkkarspitze
2413 m Risser Falk
TOUR 4
A 95
Ohlstadt
1659 m Hirschberg
Eschenlohe
Oberau
1922 m Hohe Kisten
2086 m Krottenkopf
1780 m Wank
1685 m Rotenkopf
Barmsee
Wagenbrüch See
1310 m Schafkopf
Wallgau
Krün
Tenn-see
Isar Stausee
2049 m Schöttelkarspitze
2257 m Soiernspitze
1253 m Markkopf
Isar
Kochel am See
Kochelsee
Walchensee
Jachenau
1432 m Zwölferköpfl
1348 m Rißer Hochkopf
Sylvensteinsee
Fall
TOUR 6
Vorderriß
1753 m Grasköpfl
1785 m Kotzen
Rißbach
1858 m Vorderskopf
2102 m Schafreuter
1688 m Lerchkogel
2026 m Fleischbank
Hinterriß
2014 m Torkopf
2015 m Stuhlkopf
2010 m Kompar

Tour 5: Das Werdenfelser Land – 160 km

Bad Kohlgrub – Oberammergau
Schloss Linderhof – Ettal
Garmisch-Partenkirchen und Zugspitze
Mittenwald – Krün

Stellplätze:	Bad Kohlgrub, Saulgrub, Wurmansau, Oberammergau, Ettal (2x), Garmisch-Partenkirchen (2x), Pflegersee (2x), Elmau, MIttenwald (2x), Krün
Campingplätze:	Garmisch-Partenkirchen (2x), Mittenwald, Krün
Besichtigen:	Oberammergau mit Passionstheater und Museen, Schloss Linderhof, Käserei, Brennerei und Brauerei Ettal, Garmisch-Partenkirchen mit Museen und Skisprungschanze, MIttenwald mit Museen
Wandern:	Ammerschlucht, Ettaler Mandl, Zugspitze und Eibsee, Höllentalklamm, Eckbauer, Partnachklamm, Schachenschloss, Leutascher Geisterklamm, Karwendelspitze
Baden:	Pflegersee, Alpspitz-Wellenbad, Ferchensee, Lautersee, Barmsee, Grubsee, Tennsee

Eine ganze Reihe an Highlights erwartet Sie auf der folgenden Tour durch das Werdenfelser Land und das Karwendelgebirge. Traditionsreiche Alpengemeinden, Königsschlösser, der höchste deutsche Berggipfel und gleich drei der schönsten Klammen im Alpenraum.

Bad Kohlgrub

Nach Bad Bayersoien biegt die Straße südlich in Richtung Oberammergau ab. Wenn Sie erst noch eine Übernachtung ins Auge fassen, ist vielleicht diese etwas weiter östlich in **Bad Kohlgrub** das Richtige für Sie:

(111) WOMO-Gastro-Stellplatz: Bad Kohlgrub (Campingoase Reindl am Hotel Waldesruh)

GPS: N 47°39'28" E 11°02'38", Sonnen 95. **Max. WOMOs:** 16.
Internet: www.campingoase-reindl.de.
Ausstattung: Ver-/ Entsorgung, Strom, Dusche / WC, Spülgelegenheit, Waschmaschine / Trockner, Spielplatz, nebenan Restaurant im Hotel. Dort auch Wellness-Oase mit mehreren Saunen die mitgenutzt werden dürfen. Frühstück möglich.
Beschreibung: Stellplätze neben dem Hotel auf Schotter, eben, teils schattig. Ruhige Ortsrandlage, rund 800 m bergab in den Ort.

Preis: €€€, inkl. Wellnesseinrichtungen €€€€.
Zufahrt: Nach Bad Bayersoien links Richtung Bad Kohlgrub halten. Am Ortseingang Richtung Hörnle-Bahnen rechts abbiegen, nach 500 m wieder rechts zu den Reindlliften und weiter geradeaus bergan bis zum Hotel Waldesruh linker Hand.

In **Saulgrub** haben Sie Gelegenheit zu einer schönen Wanderung entlang der wildromantischen Ammerschlucht. Falls Sie Lust haben, nehmen Sie die Zufahrtsstraße **Achele**, kurz nach dem Supermarkt, rechts ab. Dort treffen Sie auf einen Wanderparkplatz, der übernachtungsgeeignet ist, [**112**: N 47°38'48" E 10°58'12", Königsstraße]. Alternativ kommen Sie am **Gasthaus Ammertal** ganz offiziell im kleinen Ort **Wurmansau** unter, [**113**: N 47°38'40" E 11°01'43", Alte Römerstraße].

Gastrotipps Bad Kohlgrub: Guggenberg Alm**, Hörnleweg 6

Ammerschlucht-Wanderung

(4 Stunden / 16 km, 450 Hm, nur Scheibum 1,5 km)
Am Weg zur Ammer passieren Sie das Gasthaus Acheleschwaig und halten sich dort links bis zum Parkplatz kurz vor der **Ammerbrücke** und dem **Kraftwerk Kammerl**.
Wenn Sie nur einen kurzen Blick auf die schöne Schlucht werfen wollen, gehen Sie zum Aussichtspunkt **Scheibum** der beim Parkplatz Richtung Norden auf einem ca. 800 Meter langen, schmalen Weg erreichbar ist. Für die ganze Wanderrundtour wechseln Sie dagegen auf die andere Uferseite. Meist schattig führt diese schöne, aber etwas längere Wanderung immer entlang der Ammer. Unterwegs gibt es auch ein paar steile und enge Stellen.
Zunächst gehen Sie am Kraftwerk links vorbei. Danach halten Sie sich sofort wieder rechts und spazieren auf gutem Weg zum Wasserausleitungsbauwerk und über den Kanal auf den Wald zu. Ein schmaler Eisensteg quert den Bach und ein befestigter mit Trittstufen versehener Steig führt Sie danach in nordwestliche Richtung zur Ammerleite hinauf. Am Waldrand folgen Sie dem kleinen aber deutlich sichtbaren Weg nach rechts. Mehrfach werden Senken und Wasserläufe auf kleinen Stegen gequert, bis Sie eine Forststraße erreichen. Nur ein kurzes Stück darauf in selber Richtung weitergehen, bevor Sie, leicht abfallend, links zu einer Lichtung mit Hütte wandern. Noch davor folgen Sie dem Wegweiser rechts herum zu einem engen Steig, der steil abfällt. Dort entspringt eine Quelle, deren Wasserlauf neben Ihnen bis zur Ammer hinabfließt. Im Tal halten Sie sich rechts zu den eindrucksvollen **Schleierfällen**.
Folgen Sie nach einer Pause der Ammer am gleichen Weg ein kurzes Stück zurück. Nun heißt es Augen offen halten, denn der weiterführende Weg nach rechts befindet sich an einer leicht zu übersehenden Stelle. Er senkt sich auf schmalem Pfad zum Flusslauf. Kurz darauf drehen Sie links ab in ein Seitental und dort über Treppenstufen steil den Hang hinauf. Schließlich erreichen Sie einen Waldrücken, der einen tollen Blick auf die Ammer gewährt. Noch ein Stück voran und leicht rechts haltend, steigen Sie schließlich wieder zur Ammer ab. Es geht nun mehrmals auf und ab, bis Sie kurz vor der **Soyermühle** ein Sträßchen erreichen auf dem Sie rechts zu eben dieser schreiten. Que-

ren Sie die Ammer und nehmen Sie nun den Stufenpfad in nördliche Richtung neben dem Fahrweg, der ansteigend bis zum Waldrand führt. Oben angekommen zweigen Sie rechts ab und folgen dem Weg durch Wald und über Wiesen in südöstliche Richtung. Nach einer ganzen Weile und einigen Weidezäunen erreichen Sie erneut einen Fahrweg. Rechts ab folgen Sie dem Wegweiser zum **Grundbauern**, bis Sie am Ende des Sträßchens links abzweigen und ein paar Minuten aufwärts gehen. Wieder kommen Sie an einen Fahrweg. Auf ihm nach rechts halten und den Wegtafeln Richtung Saulgrub folgen.
Nachdem Sie den Wald verlassen haben, führt das letzte Stück über freie Weidehänge zu einem Sträßchen, das nach rechts zum Ausgangspunkt hin abfällt.

Oberammergau

Der Luftkurort **Oberammergau** gehört zu den bekanntesten bayerischen Ferienorten. Eingebettet zwischen den Ammergauer Alpen ist er auch im Winter ein beliebter Ausgangspunkt für Skisportler. Überdies gilt er als Zentrum der Holzschnitzerei und macht seit fast 400 Jahren durch seine Passionsfestspiele von sich reden. Je nachdem, ob Sie übernachten möchten oder nur einen Parkplatz für den Tag suchen, parken Sie im Zentrum hinter dem **Passionstheater,** [N 47°36'01" E 11°03'38", Theaterstraße], oder am Campingplatz. Direkt davor befindet sich der örtliche Stellplatz.

(114) Offizieller WOMO-Stellplatz: Oberammergau

GPS: N47°35'23" E11°04'20", Ettaler St. 58.
Max. WOMOs: 12.
Ausstattung: Keine Einrichtungen.
Beschreibung: Einfache Parkfläche, die zum einmaligen Übernachten für Womos freigegeben ist. Schotteruntergrund, relativ ruhig, etwas Schatten. Gastronomie und

Minigolfanlage benachbart, rund 1,6 km ins Ortszentrum.
Preis: €.
Zufahrt: Erst an der zweiten Abfahrt von der B23 nach dem Tunnel links Richtung Oberammergau fahren. Nach rund 600 m linker Hand, dann links halten.
Hinweis: Einen voll ausgestatteten Campingplatz finden Sie direkt daneben, **Campingpark Oberammergau**, [N 47°35'24" E 11°04'14", Ettaler St. 56b], ab €€€, Womohafen-Bereich €€, www.campingpark-oberammergau.de.

Die Ammergauer Passion

Die Tradition der weltberühmten Oberammergauer Passionsspiele begann zur Zeit des 30-jährigen Krieges mit einem Gelübde. Nachdem 80 Einwohner der Pest zum Opfer gefallen waren, gelobten die Bürger, in der Hoffnung auf Gottes Hilfe, alle 10 Jahre Passionsspiele abzuhalten, wenn nur das Dorf von der Krankheit befreit würde. Tatsächlich kam die Seuche zum Stillstand und schon 1634 wurden die Spiele uraufgeführt. Nachdem in den ersten Jahren noch einfache Holzgerüste als Bühne herhalten mussten, gibt es seit 1830 einen festen Spielort, genau an dem Platz wo bis heute das Passionstheater steht. Seit 1930 hat das Theater seine heutige Form mit 4800 Plätzen und nach hinten ansteigenden Sitzreihen. Natürlich finden nicht nur alle 10 Jahre Veranstaltungen statt. Neben den Passionsspielen werden auch verschiedene andere Opern, Musik- und Schaustücke auf die Bühne gebracht. Doch wenn wieder Passionsspielzeit ist (das nächste Mal 2020 und 2030), steht der ganze Ort Kopf. Denn es gibt einige kuriose Fakten rund um die Spiele. Insgesamt müssen 120 größere und insgesamt sogar ganze 2000 (!) kleinere Rollen besetzt werden. Ausschließlich Oberammergauer dürfen teilnehmen. Was das bei über 100 Spieltagen und einer Einwohnerschaft von nur 5200 Menschen bedeutet, kann man sich vorstellen... Dazu kommt der sogenannte Haar- und Barterlass: ungefähr ein Jahr vor Beginn der Spiele tritt dieser in Kraft und besagt, dass sich die Mitwirkenden, um möglichst originalgetreu auftreten zu können, ab diesem Zeitpunkt weder Haare noch Bart schneiden dürfen. Wundern Sie sich also ab dem Jahr vor der nächsten Aufführung nicht über vollbärtige, langhaarige Polizisten, Ärzte oder Bankangestellte... Das Passionsspielhaus kann ganzjährig besichtigt werden. Im Foyer gibt es auch eine Ausstellung zur Geschichte und dem Ablauf der Passion. *(Passionswiese 1, Apr – Okt und Dez Di – So 10.00 – 17.00 Uhr, Führungen 10.00 und 14.00 Uhr, €€, incl. Oberammergaumuseum und Pilatushaus, www.passionsspiele-oberammergau.de).*

Vom Passionstheater schlendern Sie am besten weiter bis zur Dorfstraße und dort nach links. Die Straße macht einen Bogen und führt über die Verlegerstraße und Steinbachergasse zurück zum Ausgangspunkt. Vorbei an vielen traditionell bemalten Häusern befindet sich unterwegs auch das

Oberammergaumuseum mit Krippenausstellung, römischen Fundstücken sowie vielerlei Kunstgegenständen des 18. bis 20. Jahrhunderts *(Öffnungszeiten und Preis siehe Passionstheater)*. Auch am besonders auffällig bemalten **Pilatushaus** mit einer Hinterglasbildsammlung im Inneren kommen Sie vorbei *(Öffnungszeiten und Preis siehe Passionstheater)*. Natürlich können Sie Ihren Rundgang noch weiter ausdehnen, zu sehen gibt es, zusammen mit dem herrlichen Bergpanorama im Hintergrund, genug.

Gastrotipps Oberammergau: Mundart**, Bahnhofstr. 12, **Paradiso** (Eis), Dorfstr. 4, **Zur Rose****, Dedlerstr. 9, **Maxbräu****, Ettaler Str. 5, **Zauberstubn****, Ettalerstr. 58

Schloss Linderhof

Südlich von Oberammergau zweigt nach dem Ettaler Weidmoos rechts die St2060 zum Schloss Linderhof ab, benannt nach der Linder, dem Flusslauf der die Straße durch das fast menschenleere Tal begleitet.

Schloss Linderhof

Linderhof ist nicht nur ein Schloss, sondern eine ganze Anlage mit mehreren Gebäuden und Sehenswürdigkeiten, die sich über den weitläufigen Park verstreuen.

Ausgangslage zur Entstehung war das ehemalige Försterhäuschen

Ettaler Weidmoos, oben und links Häuser in Oberammergau

von Maximilian II., Vetter von Ludwig II., dass beide gemeinsam auf Jagdausflügen genutzt haben. Es stand am heutigen Schlossvorplatz. Ab 1869 ließ Ludwig II. dieses für seine Zwecke erstmals umbauen und neu gestalten.

Kontinuierlich wurden in den kommenden Jahren unter stetiger Bautätigkeit zwei Flügel und ein neuer Schlaftrakt errichtet, bis dahin aber alles noch aus Holz. Erst danach entschied sich Ludwig das alte Königshäuschen ganz zu seiner heutigen Stelle hin zu versetzen und im Neubau innen liegende Treppenhäuser und eine Ummantelung aus Stein zu beauftragen. 1874 lag schließlich auch die fertige Parkplanung durch Carl Joseph von Effner vor, die einige Zusatzgebäude und, den Wünschen des Königs entsprechend, eine Grotte umfasste. Tatsächlich brachte Ludwig II. geraume Zeit in seinem Refugium Linderhof zu. Den letzten Umbau ab 1885, bei dem das Schlafzimmer neu konzipiert und versetzt wurde, erlebte er allerdings nicht mehr in Vollendung.

Nachdem Sie die äußerst prunkvollen Räume im Inneren des Schlosses besichtigt haben, sollten Sie sich noch Zeit nehmen den Park mit seinen weiteren Attraktionen zu erkunden. Dazu gehört, neben der erwähnten **Venusgrotte**, zum Beispiel ein **Maurischer Kiosk**, das **Marokkanische Haus**, die wieder errichtete **Hundinghütte** und die **Einsiedlerhütte Gurnemanz** – allesamt auf ihre Art ganz speziell und absonderlich. Kein Wunder, standen doch, wie im Fall letzterer, zwei Fantasiegebilde Pate. Hier die Oper Walküre, dort der Parsival *(Linderhof 12, parken bei [N 47°34'10" E 10°57'26", Ettaler St. 58], Mitte Mär – Mitte Okt 9.00 – 18.00 Uhr, sonst 10.00 – 16.00 Uhr, Parkhäuser nur im Sommer geöffnet, €-€€, www.schlosslinderhof.de)*.

Ettal

Nach dem Besuch in Linderhof durchfahren Sie den kleinen Ort **Ettal**. Geprägt wird er vom **Kloster Ettal**, das sich mächtig vor der Bergkulisse abzeichnet. Das schöne Bauwerk mit der markanten Rundkuppel beherbergt eine bekannte Klosterschule, die allerdings auch nicht verschont blieb von Ermittlungen bezüglich diverser Übergriffe gegen Schüler in den letzten Jahrzehnten und das große Renommee etwas beschädigte – selbst wenn die Fälle hier schon länger zurückliegen. Besichtigen

können Individualurlauber nur die Basilika im Innenhof und die nebenliegende **Brauerei** samt **Museum** oder die **Klosterdestillerie**. Am Parkplatz hinter dem Kloster wird das über Nacht parken weniger Wohnmobile geduldet, [**115a:** N 47°34'14" E 11°05'48", Klosterstraße]. Das gleiche gilt für den Wanderparkplatz ein Stück weiter entlang der Hauptstraße rechter Hand, [**115b:** N 47°33'42" E 11°06'04", Gießenbacher Weg]. Beide sind tagsüber kostenpflichtig.
Hinter dem Kloster befindet sich außerdem die **Ammergauer Schaukäserei** samt Verkauf und Café.

***Brauerei und Destillerie**: Kaiser Ludwig Platz 1, jeweils nur mit Führung, Brauerei Anfang Apr – Anfang Nov Di / Fr 10.00 Uhr, sonst nur Fr, Destillerie Anfang Apr – Anfang Nov Mo / Do 16.00 Uhr, sonst nur Mo, Treffpunkt am Torbogen der Brauerei bzw der Destillerie, €€ inkl. Verkostungen, www.ettaler.de | **Schaukäserei**: [N 47°34'03" E 11°05'49", Mandlweg 1],10.00 – 17.00 Uhr, Präsentationen jeweils 11.00 Uhr, €, Nov – Mai Mo Ruhetag, www.schaukaeserei-ettal.de*

Wanderung zum Ettaler Mandl (11 km, 5 Stunden, 1040 Hm)
Vorbei an der Ammergauer Schaukäserei beginnt der Aufstieg beschildert zum Laber bzw. **Ettaler Mandl** auf einer Forststraße durch den **Tiefentalgraben**. Nach ca. 30 Minuten wird aus der Straße ein Pfad der in Serpentinen steil aufwärts führt. Sonnige Abschnitte wechseln

Ettal, oben Stellplätze 115a und 115b

sich mit Wald ab, ins Schwitzen kommen Sie hier aber so oder so. Kurz nachdem Sie einen schönen Blick hinab ins östlich gelegene Loisachtal haben, führt an einer Weggabelung der Weg zur Spitze. Diese ist nur über einen seilgesicherten Klettersteig zu erreichen, entscheiden Sie selbst, ob sie ganz nach oben wollen. Nicht anzuraten ist die Kraxelei am letzten Stück bis ganz nach oben bei viel Wanderverkehr und „Stau" am Steig. Auf alle Fälle geht es dann in nördliche Richtung aufs **Ettaler Weibl** zu weiter und recht steil durch den Wald hinab zum **Soilasee**. An der Südseite müssen Sie dann nochmals gute 200 Höhenmeter bis zur Scharte erklimmen und ab dort beschildert nach Ettal absteigen. Unterhalb des Mandl treffen Sie wieder auf den Aufstiegsweg der Sie zurück zum Kloster Ettal bringt.

Garmisch-Partenkirchen und Zugspitze

In mehreren Kehren schwingt sich die Straße nun ins Loisachtal hinab, das Sie bei Oberau erreichen. Garmisch-Partenkirchen ist nicht mehr weit. Ein Abstecher vorab nach **Farchant** lohnt, falls sie eine Wanderung auf dem gut markierten Walderlebnispfad zu den bekannten **Kuhflucht-Wasserfällen** machen wollen. Sie liegen auf gesamt drei Stufen und ergießen sich über 270 Meter. Sie gehören damit zu den höchsten Fällen Deutschlands. Parkmöglichkeiten bestehen am Schwimmbad bei [N 47°31'26" E 11°07'03"] in der **Esterbergstraße**. Von dort sind es etwa 60 Gehminuten zu den unteren Fällen, weitere 60 Minuten zu den oberen.

Gleich vor **Garmisch-Partenkirchen** befindet sich ein großer Wohnmobilstellplatz an der Wankbahn.

(116) Offizieller WOMO-Stellplatz: Garmisch-Partenkirchen (Alpencamp Wank)

GPS: N 47°30'16" E 11°06'24", Wankbahnstraße 2. **Max. WOMOs:** 110.
Ausstattung: Ver-/Entsorgung, Strom und WLAN (gegen Gebühr), Duschen / Toiletten.

Beschreibung: Terrassierter und beleuchteter Asphaltparkplatz an der Wankbahn. Kaum Schatten, „Parkplatzcharakter". Fast eben, nicht ganz ruhig, zweckmäßig, rund 2,2 km in die Ortsmitte.
Preis: €€.
Zufahrt: Auf der B2 Richtung Ortsteil Partenkirchen und Richtung Mittenwald halten. Dann den Schildern, links ab, zur Wankbahn folgen.

Falls Sie sich stattdessen entscheiden erst einmal in den bekannten Wintersportort hinein zu fahren, bleiben Sie vorerst in Richtung Ortsteil Garmisch auf der B23. Im Vorort Sonnenbichl zweigt rechts die stetig ansteigende, etwas holprige Straße zum wunderschönen **Pflegersee** ab. Ein kleines Strandbad, ein

Pflegersee mit Stellplatz 117b

Lokal, ein Bootsverleih und die Berge, was wollen Sie mehr? Am Parkplatz oben oder schon auf halber Strecke rechts mit Wanderweg können Sie für eine Nacht bleiben, [**117a**: N 47°30'30" E 11°05'00", Pflegerseestraße] oder [**117b**: N 47°31'12" E 11°04'57"]. Auch ein schöner **Burgenlehrpfad** beginnt hier und führt als Rundweg in 15 Stationen zur **Ruine Werdenfels**, die der ganzen Region den Namen gab. Viel Interessantes um die Burg gilt es unterwegs zu erfahren. Der Weg ist durchgehend markiert, rund fünf Kilometer lang und Sie müssen mindestens eineinhalb Stunden dafür kalkulieren. Der Start ist auch am Wanderparkplatz auf halber Höhe über die Forststraße möglich.

Das besondere an Garmisch-Partenkirchen ist die Zusammenlegung zweier Orte, die sich ihre jeweiligen eigenen Ortskerne bewahrt haben – und natürlich die einmalige Kulisse. Sie ist das wahre Kapital mit nahen Attraktionen wie der Zugspitze, dem Eibsee, der Höllental- und Partnachklamm sowie der Skisprungschanze. Für eine Tour zu all diesen folgen Sie zunächst der Beschilderung in Richtung **Grainau**. Erstes dieser Ziele soll die am weitesten westlich gelegene Zugspitzbahn und der Eibsee sein. Unterwegs passieren Sie genau genommen nur einen Campingplatz, der sich jedoch in mehrere Teile separiert.

(118) WOMO-Campingplatz: Grainau 1
(Camping Resort Zugspitze)

GPS: N 47°28'47" E 11°03'14", Griesener Str. 9.
Internet/Tel.: www.perfect-camping.de, 08821 943 91 15.
Öffnungszeiten: Ganzjährig.
Ausstattung: WLAN, auf Wunsch Privatbad / Gasanschluss, Waschmaschine / Trockner, Restaurant, Bistro, Sauna- und Wellnessbereich, Fit-

nessbereich, Spielplatz.
Beschreibung: Mittelgroßer Platz der Luxusklasse mit Stellflächen auf Rasen. Kein Schatten, eben, schönes Panorama, relativ ruhig. Kostenloser Bus zur Talstation der Zugspitzbahn, nach Grainau (rund 2 km) und nach Garmisch (rund 3 km).
Preis: €€€€-€€€€€.
Zufahrt: Direkt links der Hauptstraße zwischen Garmisch und Grainau gelegen.

(119) WOMO-Campingplatz: Grainau 2 (Campingerlebnis Zugspitze)

GPS: N 47°28'45" E 11°03'10", Griesener Str. 2.
Internet/Tel.: www.pure-camping.de, 08821 943 91 13.
Öffnungszeiten: Ganzjährig.
Ausstattung: Waschmaschinen / Trockner, Grillplatz, Bistro, Minimarkt, Spielplatz.
Beschreibung: Größerer Campingplatz mit Rasenstellflächen ohne Schatten, schönes Panorama. Kostenloser Bus zur Talstation der Zugspitzbahn, nach Grainau und Garmisch. Etwa 2 km bis Grainau, etwas 3 km bis Garmisch.
Preis: €€€€-€€€€€, großer, zugehöriger Womo-Hafenbereich €€-€€€.
Zufahrt: Direkt rechts an der Hauptstraße zwischen Garmisch und Grainau.

Kurz nach den Plätzen zweigt links die Straße zur **Zugspitzbahn** ab. Die großen, gebührenpflichtigen Parkplätze dort und am benachbarten **Eibsee** sind höchstens in den Sommerferien wirklich bis zum letzten Platz belegt, ab [N 47°27'27" E 10°59'41", Seefeldweg]. Wenn Sie sich zunächst eher zum See hin orientieren möchten, erreichen Sie diesen am Eibseehotel. Die ganze Schönheit der Umgebung nehmen Sie am besten bei einer rund 7,5 Kilometer langen Seeumrundung wahr. Von der Rückseite ergibt sich das beliebteste Panoramafoto mit der **Sasseninsel** im Vordergrund und der Zugspitze dahinter. Wenn Ihnen der Rückweg auf dem einfachen Spazierweg zu weit ist, können Sie auf halber Strecke auch das Motorboot „Reserl" besteigen. Alternativ gib es zu Beginn schon einen Bootsverleih und Badestellen.

Wenn Sie sich für eine Fahrt auf die **Zugspitze** entscheiden, können Sie zwischen der Zugspitzbahn mit Zahnradantrieb oder

Eibsee, oben Zugspitze

der Zugspitz-Seilbahn wählen, die fast nebeneinander am Parkplatz starten. Oben genießen Sie ein 360 Grad Panorama, drei Gletscher und natürlich die mit 2962 Metern höchste Erhebung Deutschlands. Am Gipfel befindet sich auch ein Restaurant. Natürlich gibt es oben Wandermöglichkeiten. Durch die ausgesetzte Lage und die Gletscher allerdings weniger als anderswo. Kurz, aber besonders interessant ist der nur temporär geöffnete, halbstündige Gletscherwanderweg zum Windloch mit spektakulärem Blick 2000 Meter in die Tiefe. Wenn Sie sich für einen Auf- oder Abstieg zur Zugspitze interessieren, informieren Sie sich bitte vor Ort über die Möglichkeiten und aktuellen Gegebenheiten. Der Weg ist jedoch nichts für Anfänger oder Ungeübte.

***Zugspitzbahn**: Am Eibsee 6, Ticket für beide Strecken, wahlweise auch als Rundfahrt mit Seil- und Zahnradbahn erhältlich, €€€€€, Betriebszeiten und mehr unter www.zugspitze.de*

Nun fahren Sie ein Stück zurück nach Grainau. Denn dort befindet sich der Einstieg zu einer der schönsten Klammtouren in den Alpen, der **Höllentalklamm**. Der Parkplatz liegt in der Höllentalstraße bei [N 47°28'07" E 11°02'26"], rund 2,7 Kilometer vom eigentlichen Klammeinstieg entfernt. Sie bietet eine bizarre Landschaft mit Schluchten von bis zu 150 Meter Tiefe, eine Vielzahl an Wasserfällen und beeindruckende Felsformationen. Über wilde Wege, Stege, Brücken und Tunnel wurde sie erschlossen. In den ersten Tagen und Wochen nach der Öffnung hängen oft noch große Eis- und Schneebrocken in der Klamm, dann ist sie am wildesten und aufregendsten. Falls Sie die Klamm lieber mit einer Rundwanderung verbinden möchten, fahren Sie noch ein Stück weiter zum Parkplatz bei Garmisch am Fuß von Kreuzeck und Alpspitze, [N 47°28'26" E 11°03'40", Kreuzeckbahnstraße].

***Höllentalklamm**: Höllental, etwa Mai – Oktober geöffnet, je nach Schneelage, €, www.hoellentalklamm.de*

Alpspix, unten an der Höllentalangerhütte

Rundwanderung vom Osterfeldkopf zur Höllentalklamm

(12 km, 320 Hm, 5 Stunden)

Gleich zwei Bergbahnen starten am Parkplatz. Für diese Tour wählen Sie die längere **Alpspitzbahn**, rechts, hinauf zum **Osterfeldkopf** *(einfache Fahrt €€€)*. Oben angekommen steht erst einmal ein Gang auf den **AlpspiX**, eine X-förmige Brückenkonstruktion die frei schwebend über den Abhang hängt, an. Ein tolles Panorama hinunter auf Garmisch und die umliegende Bergwelt eröffnet sich von dort. Nun orientieren Sie sich nach Osten vorbei an der Bergbahn und steigen in Richtung Schwarzenkopf rund 300 Meter ab. Der Pfad führt dann, schmal und verschlungen, mal auf aber meist leicht abwärts nach links weiter zum **Hupfleitenjoch**. Unterwegs haben Sie immer wieder tolle Blicke, hinauf zum AlpspiX und hinab ins Tal. Etwas steiler bergab

und deutlich felsiger folgen Sie dem Pfad nun zu den **Knappenhäusern**. Bei den Gebäuden des ehemaligen Erzbergwerks führt der Steig an der Felswand entlang, daneben der Abgrund – breit genug für einen sicheren Tritt aber für nicht ganz Schwindelfreie schon herausfordernd... Dann ist die schöne **Höllentalangerhütte** erreicht wo eine Jause wartet. Ein paar hundert Meter weiter haben Sie den oberen Eingang zur **Höllentalklamm** erreicht. Der Durchstieg ist ein echtes Erlebnis. Am Ende werden Sie zur Kasse gebeten (€). Nun beginnt

der uninteressanteste Teil, der Rückweg zum Parkplatz. Erst geht es entlang des Forstweges bis **Hammersbach**, dort rechts in den **Kreuzeckweg** und dann auf einem Fußweg dem Bahndamm folgend zurück zum Parkplatz. Der Weg ist nur mittelmäßig herausfordernd, da es meist bergab geht, aber doch recht lang. Nur wirklich Konditionsstarke sollten ihn in entgegengesetzter Richtung gehen, denn dann haben Sie einige Höhenmeter vor sich.

Nachdem Sie nun schon in **Garmisch** sind, sollten Sie auch einen Bummel durch die schöne Innenstadt machen. Parkplätze, vor allem für große Fahrzeuge sind rar, die beste Gelegenheit finden sie wohl am Parkplatz zwischen Eissport-Zentrum und **Alpspitz-Wellenbad,** [N 47°29'20" E 11°05'39", Am Eisstadion]. Durch die Klammstraße gehen Sie etwa 450 Meter zurück bis ins Zentrum, das sich hier quer vor allem über die Straßen Am Kurpark und Marienplatz erstreckt. Viele Geschäfte, Cafés und Wirtshäuser säumen die Fußgängerzonen. Nach rechts gelangen Sie zum **Michael-Ende-Kurpark**, eine Ausstellung über den Garmischer Schriftsteller lässt sich im Kurhaus erleben. Die Touristeninformation finden Sie am Richard-Strauß-Platz 2. Nach Überquerung der Hauptstraße in Höhe Pizza-Hut und McDonalds, können Sie ins traditionelle Garmisch, bis hinüber zur Loisachstraße schlendern. Im **Museum Aschenbrenner** finden Interessierte dort eine Ausstellung mit Porzellanfiguren, alten Puppen und elf großen Krippen

Im Zentrum von Garmisch-Partenkirchen

***Museum Aschenbrenner**: Loisachstr. 44, Di – So 11.00 – 17.00 Uhr, €, www.museum-aschenbrenner.de*

Ein eigenständiges, zweites Zentrum befindet sich im Ortsteil Partenkirchen weiter östlich. Hier geht es, entlang der Ludwigstraße, noch ein Stück ländlicher und gemütlicher zu, hat man den Eindruck. Parken Sie für eine Stippvisite am Bahnhof, [N 47°29'31" E 11°05'56", Bahnhofstraße] und gehen Sie die rund 450 Meter zur Ludwigstraße zurück, die kurz danach verkehrsberuhigt nach rechts abknickt. Interessant ist das **Werdenfelsmuseum.** Auf fünf Etagen erfahren Sie dort mehr über die Geschichte des Werdenfelser Landes und seine Kultur.

Die Sammlung vermittelt auch einen guten Eindruck vom Leben und Arbeiten vergangener Zeiten. Neben den vielen schönen Häusern mit Lüftlmalereien ist auch kulinarisch Abwechslung geboten.

***Werdenfelsmuseum**: Ludwigstr. 47, Di – So 10.00 – 17.00 Uhr, €.*

Noch immer haben Sie nicht alles entdeckt. Bevor Sie Garmisch-Partenkirchen verlassen, machen Sie rechts noch einen Stopp bei der **Olympia-Skisprungschanze** am Ende der **Wildenauerstraße**. Parken ist dort für Wohnmobile auch nachts möglich, [**120:** N 47°28'56" E 11°07'09", Karl-und-Martin-Neuner-Platz]. Das Skisprungstadion von 1936 kann das ganze Jahr über besucht werden. Die Schanze selbst wurde 2007 komplett neu errichtet – mit einem Anlaufturm von 100 Metern Länge. Oben angelangt befindet man sich heute 62 Meter über dem Gelände. Doch nicht nur das Stadion rechtfertigt diesen letzten Garmi-

Blick auf Garmisch-Partenkirchen, oben Skisprungschanze und Platz 120

scher Stopp. Gleich daneben schwingt sich die **Eckbauer-Bahn** auf den gleichnamigen Berg hinauf und eine Sommerrodelbahn kommt weiter links wieder im Tal an. Oben gibt es viele schöne Wanderwege. Besonders attraktiv ist eine zweieinhalbstündige Rundwanderung zur **Partnachklamm**, die Sie aber auch direkt von unten per Fußweg rechts des Skisprungstadions erreichen können. Sie ist vielleicht nicht ganz so spektakulär wie die Höllentalklamm zuvor, jedoch wesentlich schneller und einfacher zu erreichen. Immerhin ganze 700 Meter ziehen sich die Stege und Brücken entlang des Partnachflusses, bis zu 80 Meter türmen sich die Felswände ringsum auf.

***Skisprungstadion**: Karl-und-Martin-Neuner-Platz, Ausstellung und Touristeninformationsstelle im Stadion Di – So 10.00 – 16.00 Uhr, Schanzenführung immer Sa 15.00 Uhr, €€€, Voranmeldung sinnvoll | **Eckbauerbahn**: Karl-und-Martin-Neuner-Platz 2, €€€, Betriebszeiten und mehr auf www.eckbauerbahn.de | **Partnachklamm**: Graseck 4, ganzjährig zugänglich, Jul / Sep 8.00 – 19.00 Uhr, Mai / Jun / Okt bis 18.00 Uhr, sonst 9.00 – 18.00 Uhr, €*

Gastrotipps Garmisch Partenkirchen: Maronis**, Am Mohrenplatz 10, **Zur Schranne****, Griesstr. 4, **Mukkefuck****, Zugspitzstr. 3, **Wolpertinger****, Zugspitzstr. 27, **Hofbräustüberl****, Chamonixstr. 2, **Ratscafé** (Café), Rathausplatz 9, **Schloderer****, Schnitzschulstr. 1, **Gasthof Schatten****, Sonnebergstr. 10, **Chocolaterie Amelie** (Café) Ludwigstr. 37

Mittenwald

Am Weg nach Mittenwald fahren Sie auf das Karwendelgebirge zu, das sich groß und erhaben vor Ihnen abzeichnet. Besonders beeindruckend wirkt es, wenn Sie rechts nach Klais steuern und dann auf der kleineren St2542 weiterfahren. Von Klais aus lohnt auch ein Schlenker zum **Schloss Elmau**. Das Luxushotel war 2015 während des Weltwirtschaftsgipfels international in aller Munde, Sie können sich nun selbst von der

schönen Lage überzeugen. Die letzten sechs Kilometer der Zufahrt sind mautpflichtig, ein Wanderparkplatz steht zur Verfügung. Den braucht es, denn dieser Stopp macht nur Sinn, wenn Sie zu einer Wanderung aufbrechen wollen. Erste Wahl ist dabei der Königsweg zum **Schachenschloss**, ein weiteres Schlösschen König Ludwig II., hoch oben am Berg und nur zu Fuß erreichbar. Gleich nebenan befindet sich der **Alpengarten am Schachen**, der vom Botanischen Garten in München betreut und gepflegt wird. Kurz vor der Mautstation rechts befindet sich ein mit P1 bezeichneter Wanderparkplatz, den Sie für eine Übernachtung nutzen können, **[121:** N 47°28'38" E 11°14'14"].

Wanderung zum Schachenschloss

(6-7 Stunden, 19 km, 850 Hm)

Nachdem Sie an der Mautstelle eine Gebühr gezahlt haben (€), fahren Sie rund 6 Kilometer bis zum Ende der Straße. Dort landen Sie automatisch auf einem großen Wanderparkplatz. In südöstliche Richtung ist der Weg über den **Königsweg** zur Wettersteinalm angeschrieben. Diese bekannteste und meist genutzte Aufstiegsroute war schon der Weg auf dem einst Ludwig sein Schachenschloss ansteuerte – er nahm allerdings die Kutsche. Diesem folgen Sie, immer dem Kaltenbach folgend, stetig aber nur moderat ansteigend bis kurz vor die Alm. Dort zweigt rechts der Fortlauf des Königswegs ab. Eine Variante die ab hier einen Rundweg aus der Tour macht ergibt sich, wenn Sie hinter der Alm in die Nadel, ein locker bewaldetes Tal einsteigen, dass zum Schachentor hin aufsteigt und besonders schöne Blicke garantiert. In Folge muss ein zu Beginn bergab führender Schuttkegel unterhalb des **Frauenalplkopfes** passiert werden, dann geht es wieder hinauf zum **Schachenhaus**. Die Passage macht diesen Anstieg etwas herausfordernder als den Königsweg zuvor.

Karwendelmassiv, oben Stellplatz 121

Oben können Sie an der bewirtschafteten Hütte einkehren und auf Wunsch auch übernachten. Das Schlösschen selbst liegt gleich nebenan. Es entstand 1870. Im Schweizer Stil erbaut, wirkt es von außen eher bescheiden. Im Inneren ist es überaus prunkvoll ausgestattet. Ludwig stieg jedes Jahr für 10-12 Tage hier ab, sein Tross umfasste stets rund 20 Personen. Viel Eichen- und Zirbelholz wurde verarbeitet, herausstechend ist aber vor allem der opulente Türkische Saal – eine Zauberwelt wie aus 1001 Nacht mit Springbrunnen in der Mitte des Raumes. Ludwig liebte es in diesem Raum theatergleiche Inszenierungen mit sich selbst als Hauptdarsteller zu kreieren *(Ende Mai bis Anfang Oktober, Führungen um 11.00 / 13.00 / 14.00 / 15.00 Uhr, €)*. Der Alpengarten gleich daneben zeigt über 1000 Arten. Sowohl heimische Gebirgspflanzen wie auch Raritäten aus dem Himalaya. Auch ihn sollten Sie sich nicht entgehen lassen, wenn Sie im Hochsommer den Schachen besuchen (Mitte Jun – Anfang September 8.00 – 17.00 Uhr, Eintritt 2,50€). Der Abstieg erfolgt nun entlang des Königsweges zurück nach **Elmau**. Es gibt übrigens auch Aufstiegsvarianten von Garmisch (über die Partnachklamm) und von Mittenwald aus, die beide landschaftlich sehr reizvoll, jedoch mit einfacher Laufzeit von mindesten 5-6 Stunden deutlich weiter sind.

Mittenwald schließlich ist der südlichste Punkt Ihrer Bayernreise und genauso schön und vielseitig wie der größere Nachbar Garmisch-Partenkirchen zuvor. Zum Halten und Übernachten können Sie zwischen dem Wohnmobilstellplatz Mittenwald, den Parkplätzen der Karwendelbahn und dem etwas nördlicher gelegenen Campingplatz wählen.

(122) Offizieller WOMO-Stellplatz: Mittenwald 1 (Karwendelstellplatz)

GPS: N 47°26'15" E 11°15'51", Albert-Schott-Str. 35. **Max. WOMOs:** 30.

Ausstattung: Ver-/ Entsorgung und Strom (gegen Gebühr), Mülleimer.
Beschreibung: Zweckmäßiger Asphaltparkplatz neben der Bahnlinie, zentrumsnah gelegen, kaum Schatten, eben, nicht ganz ruhig, etwa 300 m bis in die Fußgängerzone.
Preis: €€.
Zufahrt: Bei der Ortsdurchfahrt im Zentrum vor dem Parkplatz an der Karwendelstraße nach schräg links vorne in die Albert-Schott-Straße einfahren, diese führt direkt zum Stellplatz linker Hand.

(123) WOMO-Wanderparkplatz: Mittenwald 2 (Karwendelbahn)

GPS: N 47°26'16" E 11°16'08", Im Schwarzenfeld. **Max. WOMOs:** 15.
Ausstattung: Keine Einrichtungen.
Beschreibung: Große Schotterparkfläche direkt an der Isar auf der das über Nacht parken geduldet wird. Gleich unterhalb der Karwendelbahn,

teils Schatten, eben, nicht ganz ruhig, etwa 700 m bis in die Fußgängerzone.
Preis: €.
Zufahrt: Von der St2542 kommend am Ortsbeginn links halten und der Hauptstraße bis zum Bahnhof folgen. Danach links fahren, die Isar queren und sofort rechts zum Parkplatz hin abknicken.

(124) WOMO-Campingplatz: Mittenwald (Naturcamping Isarhorn)

GPS: N 47°28'22" E 11°16'39", Am Horn 4.
Internet / Tel.: www.camping-isarhorn.de, 08823 52 16.
Ausstattung: WLAN, Waschmaschine / Trockner, Kiosk, Stüberl, Spielplatz.
Beschreibung: Sehr schön in einer Isarflussschleife gelegener Platz. Relativ großzügige Parzellen auf Rasen zwischen kleinen Nadelbäumen, teils etwas Schatten, meist eben, ruhig. Etwa 3,5 km bis Mittenwald. .
Preis: €€€-€€€€.
Zufahrt: Von Mittenwald aus der B 2 nach Norden folgen. Dann nach der ersten Isarbrücke nach links angeschrieben.

Es gibt viel zu tun und zu sehen in MIttenwald. Schlendern Sie durch die gemütliche Fußgängerzone am **Obermarkt**, vorbei an bunten Hausfassaden, die oftmals kleine Geschichten erzählen, Souvenirshops mit Schnitzereien und vielerlei mehr, sowie diversen Lokalitäten. Einen Namen hat sich Mittenwald seit langem als Geigenbauort gemacht. Das sehenswerte **Geigenbaumuseum** befindet sich gleich am Eck in der **Ballenhausgasse**. Entspannen Sie in einem der vielen Cafés mit Blick auf die Karwendelspitze oder in einem der zwei Kurparks Pult und Burgberg. Gleich

Leutascher Klamm, oben rechts MIttenwald

dort, am südwestlichen Ortsrand, zweigen schöne Wanderwege zum **Ferchen-** und **Lautersee** ab, samt Bootsverleih und Badegelegenheit.

Ein Highlight ist zweifelsohne auch eine Fahrt mit der **Karwendelbahn** auf 2244 Meter Höhe. Längere und kürzere Wanderwege, zum Beispiel der **Panorama-Rundweg Passamani** bieten unvergleichliche Ausblicke. Spannend ist oben auch ein Besuch des **Natur-Infozentrums** in Form eines Fernrohrs. In der Karwendelgrube dahinter können Sie oftmals seltene Schneehühner beobachten – selbstverständlich gibt es auch Gastronomie am Berg.

Die **Leutascher Geisterklamm** direkt an der Landesgrenze ist gut mit dem Wohnmobil erreichbar. Die Zufahrt steigt am Südende des Ortes rechts über die **Leutascher Straße** an. Der beste Einstieg mit großem Besucherparkplatz befindet sich auf österreichischer Seite. 75 Meter tief ist die Schlucht, die auf kühn angelegten Metallstegen begangen werden kann. Der Sage nach wohnen darin Klammkobolde und Wasserzwerge sowie ein Klammgeist tief unten am Grund der Schlucht. Doch auch wenn Sie ihn nicht sehen, lohnt eine Wanderung, die zum Rundweg ausgebaut werden kann. Ausführliche Informationen gibt es am Einstieg. Eine zweite Zugangsmöglichkeit mit kleinerem Parkplatz und schmalerer Zufahrt über **Am Köberl** befindet sich auf deutscher Seite und führt über den Wasserfallsteig, [N 47°25'40" E 11°15'14"]. Fast das gesamte Wegenetz ist kostenlos begehbar, nur für den Wasserfallsteig werden zwei Euro Gebühren verlangt. Hunde sind in der Klamm nicht erlaubt.

***Geigenbaumuseum**: Ballenhausgasse 3, Di – So Saison 10.00 – 17.00 Uhr, sonst 11.00 – 16.00 Uhr, €, www.geigenbaumuseum-mittenwald.de | **Karwendelbahn**: Alpenkorpsstr. 1, Jul – Okt 8.30 – 17.00 Uhr und Ende Dez im Apr 9.30 – 16.00 Uhr, €€€€€, www.karwendelbahn.de | **Geisterklamm**: [N 47°25'38" E 11°14'04"], Öffnungszeiten im Sommer witterungsabhängig, €, mehr unter www.leutaschklamm.com*

Gastrotipps Mittenwald: Café Obermarkt (Café), Obermarkt 24, **Café Costa** (Eis), Bahnhofstr. 7, **Marktrestaurant*****, Dekan-Karl-Platz 21, **Am Kurpark****, Ludwig Murr Str. 34, **Römerschanz****, Innsbrucker Str. 30

Krün

Von der B2 wechseln Sie im weiteren Verlauf rechts auf die B11 Richtung Krün, können aber auch noch ein Stück weiter der B2 folgen, um bei der übernächsten Gelegenheit zu den schönen Badegewässern **Barmsee** und **Grubsee** abzubiegen. Der kleine **Tennsee** daneben ist ein Biotop und wird fast vollständig vom Alpen-Caravanpark Tennsee mit zugehörigem Wohnmobilhafen eingenommen. Wenn Sie nur tagsüber zum Baden kommen möchten, finden Sie Parkplätze bei [N 47°29'42" E 11°15'12", Am Tennsee].

(125) WOMO-Campingplatz: Krün (Alpen-Caravanpark Tennsee)

GPS: N 47°29'25" E 11°15'19", Am Tennsee 1.
Internet: www.camping-tennsee.de, 08825 170.
Ausstattung: WLAN, Waschmaschine / Trockner, Geschirrspüler, Restaurant, Minimarkt, Spielplatz.
Beschreibung: Großer Platz mit Parzellen auf Schotter, wenig Schatten, eben, recht ruhige Lage, etwa 3 km bis Krün, die Badeseen sind etwa 1000 m jenseits der Bundesstraße erreichbar.
Preis: €€€€, Womohafen €€€, je nach Saison schwankend.
Zufahrt: Wie im Haupttext beschrieben mit beschilderter Abfahrt von der B2.

Natürlich ist auch **Krün** ein idealer Ausgangspunkt für vielerlei Outdooraktivitäten, mehr Infos bietet die **Touristeninformationsstelle** im Rathaus in der Schöttlkarspitzstr. 15. Wenn Sie noch dringend einen Platz für die Nacht suchen, werden Sie am Wanderparkplatz in der **Krottenkopfstraße** fündig, tags mit Parkgebühr, die am Automat zu entrichten ist, [**126:** N 47°30'23"

Stellplatz 126

Oben und unten Isartal entlang der Risser Straße

E 11°16'33"].

Letzte Station der Fahrt durchs Werdenfelser Land und die Zugspitzregion ist **Wallgau**. Für einen Ausflug hinab ans Isarbett parken Sie tagsüber bei [N 47°31'08" E 11°17'43", Isarstr. 30].

Die Hauptstraße würde Sie nun wieder zum Walchensee und damit zurück zu Tour drei leiten. Daher zweigen Sie nördlich des Zentrums nach rechts auf die kleine, zwölf Kilometer lange **Risser Straße** ab. Dafür wird Maut fällig (Womos €€). Sie führt durch das an dieser Stelle menschenleere und wildromantische Isartal mit vielen Tagesparkplätzen für Wanderungen, Abstiegen zum wilden Flussbett und Aussichtspunkten. Am Ende gelangen Sie zum Beginn von Tour sechs.

Gastrotipps Krün: Krüner Stubn, Soiernstr. 4, **Parkrestaurant Krün****, Kranzbachstr. 28

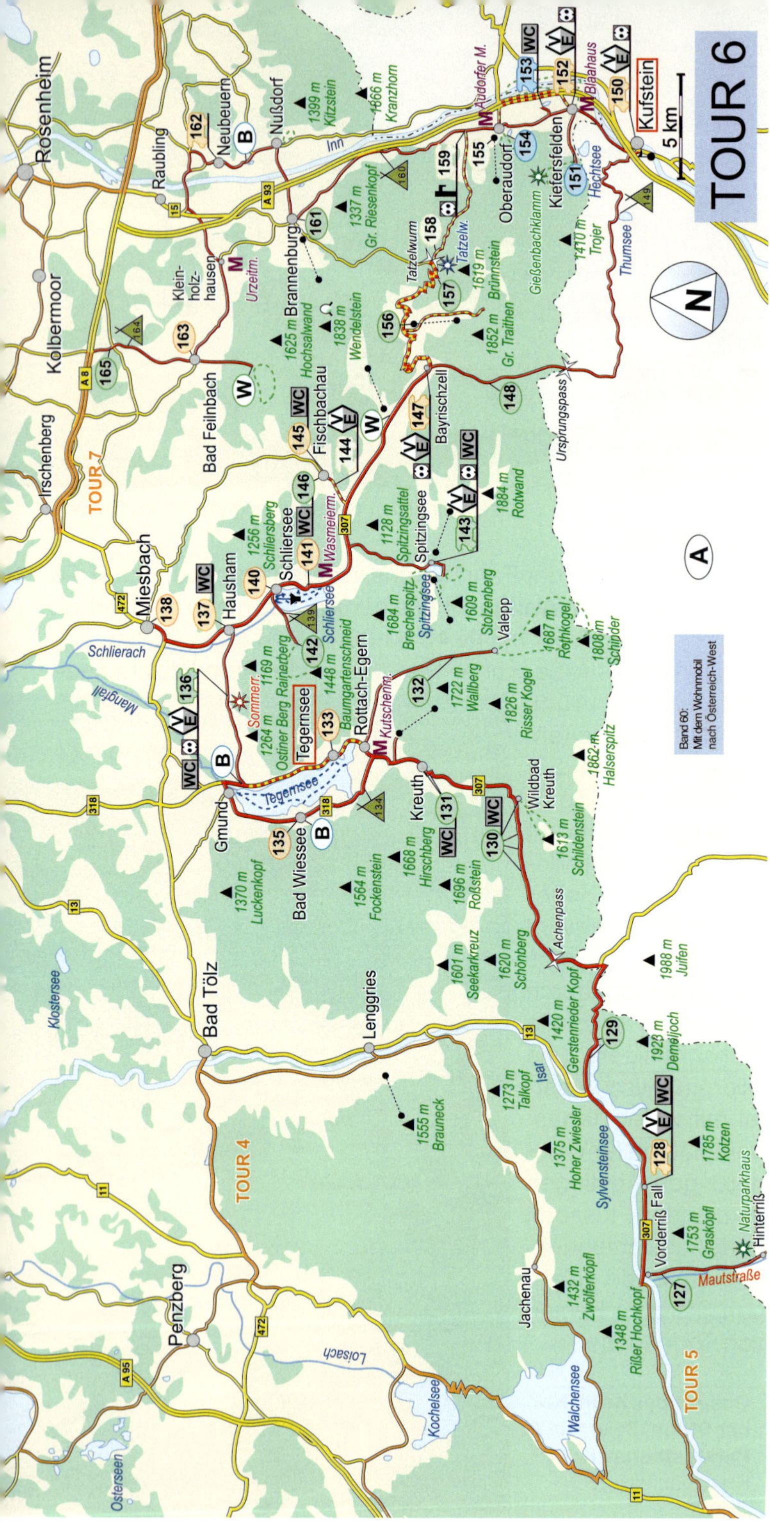
TOUR 6
5 km
N
A
Band 60: Mit dem Wohnmobil nach Österreich-West
Rosenheim
Raubling
Neubeuern
Nußdorf
Inn
1399 m Kitzstein
1866 m Kranzhorn
Kolbermoor
Irschenberg
TOUR 7
Miesbach
Bad Feilnbach
Kleinholzhausen
Urzeitm.
Brannenburg
1625 m Hochsalwand
1838 m Wendelstein
1337 m Gr. Riesenkopf
Tatzelwurm
Tatzelw.
1619 m Brünnstein
1852 m Gr. Traithen
Oberaudorf
Audorfer M.
Kiefersfelden
Gießenbachklamm
Hechtsee
Kufstein
Blaahaus
Thumsee
1410 m Trojer
Fischbachau
Bayrischzell
Ursprungspass
Hausham
Schliersee
Wasmeierm.
1256 m Schliersberg
1128 m Spitzingsattel
Spitzingsee
1884 m Rotwand
1684 m Brecherspitz
1609 m Stolzenberg
Valepp
1687 m Rotkogel
1808 m Schinder
Schlierach
Mangfall
Sommerr.
1169 m Ostiner Berg
1264 m Rainerberg
1448 m Baumgartenschneid
Tegernsee
Rottach-Egern
Kutschenm.
1722 m Wallberg
1826 m Risser Kogel
1862 m Halserspitz
Gmund
Bad Wiessee
Kreuth
Wildbad Kreuth
1613 m Schildenstein
1370 m Luckenkopf
1564 m Fockenstein
1668 m Hirschberg
1696 m Roßstein
Achenpass
1601 m Seekarkreuz
1620 m Schönberg
1988 m Juifen
Bad Tölz
Lenggries
Klostersee
1420 m Gerstenrieder Kopf
1923 m Demeljoch
1273 m Talkopf
Isar
1555 m Brauneck
1375 m Hoher Zwiesler
1785 m Kotzen
Sylvensteinsee
TOUR 4
Fall
Vorderriß
Hinterriß
Naturparkhaus
1753 m Grasköpfl
Mautstraße
Jachenau
1432 m Zwölferköpfl
1348 m Rißer Hochkopf
Penzberg
Loisach
Kochelsee
Walchensee
TOUR 5
Osterseen
A 8
A 93
A 95
307
318
472
13
11
15

Tour 6: Vom Tegernsee bis zum Inntal – 290 km

Riß- und Engtal – Sylvensteinspeicher
Kreuth – Tegernsee – Schliersee – Spitzingsee
Bayrischzell – Kufstein – Kiefersfelden
Oberaudorf – Brannenburg
Nussdorf und Neubeuern – Bad Feilnbach

Stellplätze:	Vorderriß, Fall, Sylvensteinspeicher (2x), Wildbad Kreuth (5x), Kreuth (2x), Tegernsee, Bad Wiessee, Oedberg, Hausham, Miesbach, Schliersee (3x), Spitzingsee, Fischbachau (3x), Bayrischzell, Kufstein, Kiefersfelden (2x), Oberaudorf (2x), Sudelfeld, Tatzelwurm (2x), Niederaudorf, Brannenburg, Neubeuern, Bad Feilnbach, Auer Weitmoos
Campingplätze:	Weissach, Schliersee, Thiersee, Flintsbach
Besichtigen:	Naturpark Hinterriß, Naturkäserei Kreuth, Rottach-Egern mit Kutschenmuseum, Tegernsee mit Museen, Bad Wiessee mit Aquadome, Schliersee und Markus Wasmeier Museum, Kufstein, Kiefersfelden, Urzeitmuseum Niederhell
Wandern:	Engtal, Wolfsschlucht und Schildenstein, Wallberg, Forsthaus Valepp, Erzherzog-Johann-Klause, Oedberg mit Sommerrodelbahn, Baumgartenschneid und Gindelalm, Firstalmen, Wendelstein, Gießenbachklamm, Hocheck, Sudelfeld, Nussdorfer Mühlenweg, Mitterberg und Farrenpoint
Baden:	Sylvensteinspeicher, Tegernsee und Seesauna Monte e Mare, Schliersee mit Bad Monte e Mare, Thiersee, Hechtsee und Hödenauer See, Innsola Kiefersfelden, Luegsteinsee

Mit dem großen Ahornboden, einer echten botanischen Rarität, Rundfahrten um Tegern- und Schliersee und schließlich dem schönen Inntal als Abschluss bietet Ihnen eine Fahrt entlang der Route von Tour sechs Oberbayern von seiner schönsten Seite!

Riß- und Engtal

Nachdem Sie die Mautstraße von Wallgau kommend bei der kleinen Brücke in Vorderriß verlassen haben, halten Sie sich rechts zu einem Abstecher ins **Rißtal**. Es gehört bereits zum österreichischen Bundesland Tirol, ist aber ausschließlich von Bayern her erreichbar. Die Straße ist nur in den Sommermonaten, etwa ab Ende April bis Anfang November komplett passierbar und Maut wird auch hier auf halbem Weg fällig {Womos €€). Am Talende der Hochebene befindet sich dann der **Große Ahornboden**. Über 2000 Ahornbäume wachsen dort, umgeben von den markanten und steilen Felsen des

Im Riß- und Engtal, unten mit Naturparkhaus Hinterriss

Karwendelgebirges – ein Gegensatz von sanft-üppigem Grün und kahlen grauen Felsen, der sofort ins Auge sticht. Bereits

1972 wurde das Gebiet daher zum Naturdenkmal erhoben, völlig zu Recht wie Sie selbst sehen werden. Zunächst steuern Sie durch die einzige dauerhaft bewohnte Siedlung des gesamten Tals, das kleine **Hinterriß**. Noch recht frisch ist das **Naturparkhaus Karwendel**, rechter Hand, in dem Sie modern aufbereitete Informationen über die Landschaft, die Tiere und Pflanzen des Karwendels, aber auch zur Geschichte des Ortes Hinterriß und des Ahornbodens erhalten. Dann folgen Sie dem Wegverlauf bis zum Parkplatz Eng, an dem die befahrbare Straße endet. Nur wenige hundert Meter auf einem ebenen Weg sind es dann zu Fuß bis ins Almdorf mit Gastronomie und Hofladen. Vielleicht haben Sie sich schon Gedanken über eine Wanderung gemacht und sich zuvor Material im Naturparkhaus organisiert? Ansonsten empfiehlt sich eine Runde entlang des Panoramaweges, der nicht allzu weit aber doch mit

Bei Vorderriß, unten Stellplatz 127

einem fordernden Anstieg im Dorf linker Hand abzweigt und sich dann weiter entlang des Berghanges zurück zum Parkplatz schwingt. Die Mühe lohnt sich unbedingt, denn die Panoramaaussicht ist atemberaubend.

Naturparkhaus Karwendel: *Hinteriß 4, Mai – Okt 9.00 – 17.00 Uhr, Museumsteil €, mehr unter www.karwendel.org*

Sylvensteinspeicher

Nachts müssen Sie das Tal wieder verlassen, denn wie in ganz Tirol besteht auch in der Eng ein Nachtparkverbot für Womos. Sie finden aber am Zuweg auf bayerischer Seite eine kleine Parkbucht am Flussbett für ein bis zwei Fahrzeuge nahe Vorderriß bei [**127:** N 47°32'29" E 11°26'22"]. Besser und vor allem ganz offiziell stehen Sie ein Stück weiter im Örtchen **Fall**.

(128) Offizieller WOMO-Stellplatz: Fall (Stellplatz am Sylvensteinspeicher)

GPS: N 47°34'14" E 11°32'02", Dürrachstraße.
Max. WOMOs: 20+.
Öffnungszeiten: Offiziell nur April bis November, sonst ohne Einrichtungen, nach Witterung.
Ausstattung: Ver-/ Entsorgung (gegen Gebühr), Toiletten.
Beschreibung: Großer schat-

tiger und verwinkelter Waldstellplatz für Wohnmobile mit vielen kleinen Parkbuchten. Ruhig, teils uneben, fast direkt am See, Gasthof benachbart.
Preis: €.
Zufahrt: Von Vorderriß kommend kurz vor der Sylvenstein-Brücke rechts am kleinen Ort Fall, beschildert.

Hinter Fall überwindet die Bundesstraße den fjordartigen **Sylvenstein Speichersee**. Der in den 1950er Jahren künstlich angestaute See am Oberlauf der Isar dient, gemeinsam mit Walchen- und Kochelsee, zur Stromgewinnung und als Hochwasserschutz für das Isartal und die Gemeinden rund um Bad Tölz. Unterhalb der Brücke finden sich sogar Badestellen.

Kreuth

Bei der nächsten Gelegenheit halten Sie sich rechts über die 44 Meter hohe Staumauer hinweg in Richtung Kreuth. Eine ganze Reihe Schlafplätze für die Nacht folgen dort. Zunächst einige Wanderparkplätze kurz nach dem See, die allerdings recht nah an der Fahrbahn liegen, zum Beispiel bei [**129a:** N 47°34'54" E 11°35'16"] und [**129b:** N 47°34'59" E 11°35'49"]. Nachdem Sie an der nächsten Gabelung weiterfahren folgen bis zur Gemeinde Kreuth mehrere deutlicher von der Fahrbahn getrennte Wanderparkplätze, die alle offiziell zur Übernachtung freigegeben sind:

130a: [N 47°36'57" E 11°40'36", Bayerwald], €,
130b: [N 47°37'21" E 11°42'48", Königsalm], €, mit Toiletten,
130c: [N 47°37'21" E 11°44'05", Siebenhütten], €,
130d: [N 47°37'34" E 11°44'47", Wildbad Kreuth], €, mit Toiletten,
130e: [N 47°37'37" E 11°45'10", Raineralmweg], €.

Die letzten beiden der genannten Plätze befinden sich am Ortsteil Wildbad. Benannt ist er nach dem stattlichen Kurbad, das sich nur wenige hundert Meter entfernt auf einer großen Freifläche ausbreitet. Es wurde nach 1818 vom damaligen bayerischen König Maximilian I. Joseph erbaut. Bekanntheit erlangte es durch die langjährige Nutzung der Hanns Seidl-Stiftung und die darin jährlich abgehaltenen Klausurtagungen der bayerischen CDU-Schwesterpartei CSU. 2016 liefen die Pachtverträge aus, die

Sylvensteinspeicher, oben rechts Stellplätze 130

weitere Nutzung, vermutlich als Luxus-Wellnesshotel, ist noch nicht sicher. Das viel kleinere Alte Bad von 1511 mit angebauter Kapelle gleich gegenüber hat seine Bestimmung längst gefunden, es ist heute ein Gasthof, zuletzt allerdings ohne Pächter. Die meisten Besucher machen Halt, um zu einer der zahlreichen Wandertouren ringsum durch die „Blauen Berge“ aufzubrechen.

Rundwanderung durch die Wolfsschlucht zum Schildenstein (ca. 12 km, 5 Stunden, 850 Hm)

Achtung: Die Tour war zuletzt wegen Steinschlag und Absturzgefahr gesperrt, soll aber 2020 wieder eröffnet werden. Im Zweifelsfall wählen Sie bitte eine andere der vor Ort beschilderten Wanderungen.
Zunächst verläuft Ihr Wanderweg ganz eben von den benannten Parkplätzen auf das Kurbad zu und an der Abzweigung links in Richtung **Altes Bad**. Auch dort gäbe es noch einen Parkplatz, der aber Gästen der Wirtschaft vorbehalten ist. Nach den Gebäuden schlängelt sich der gute Weg nun, leicht ansteigend und in einigem Abstand zum Hofbauernweißbach, hinauf bis zur beliebten **Almwirtschaft Siebenhütten** *(nur Mai – Oktober)*. Wer nicht weiter möchte, findet auch hier schon ein lohnendes Ziel.
Hinter der Brücke folgen Sie nun dem Fahrweg weiter geradeaus und halten sich an die gelben Schilder auf die „Wolfsschlucht“ zu. Sie kommen an der unbewirtschafteten Weißachalm vorbei, kurz danach geht die Straße in einen Pfad über, immer entlang des Felsweißach-Bachbetts. An einer Talverzweigung wenden Sie sich rechts ab und wandern nun in die **Große Wolfsschlucht** hinein. Der beeindruckende Talschluss ist

bei einem kleinen Wasserfall erreicht. Nun gehen Sie rechts durch steilen Buchenwald auf einem Steig weiter, der erstmals drahtseilgesichert ist. Ab jetzt ist Trittsicherheit und Schwindelfreiheit gefragt. Nach einer Flachstelle klettern Sie auf teils erodiertem Steig erneut bergan, immer mit erleichternder Sicherung an den Schlüsselstellen. Nach etwa zwei Stunden erreichen Sie so einen licht bewaldeten Bergsattel mit einer Wegkreuzung. In Richtung **Schildenstein** wandern Sie rechts in hügeligem Gelände zu einer Almwiese mit schöner Aussicht und arbeiten sich bis zum Schildenstein-Anstieg vor, der bei einer Gabelung nach Norden abzweigt und, nach leichter Kraxelei, zum 1613 Meter hoch gelegenen Gipfelkreuz führt.
Für den Abstieg folgen Sie zunächst dem Aufstiegsweg bis zu der letzten Gabelung. Dort halten Sie sich rechts und wandern zum Schanzl-Bergrücken. Nun immer dem licht bewaldeten Pfad nach Norden folgend, gelangen Sie zum **Graseck**, einer großen Wiesenfläche. Entlang des Waldrandes senkt sich der Weg in nordöstliche Richtung. Bleiben Sie in Folge geradeaus, statt links zur Königsalm, gelangen Sie direkt zur **Geißalm**. Weiter am Waldrand entlang, dann durch ein kurzes Waldstück, stoßen Sie auf die Wiesen rund um die unbewirtete Almhütte. Dahinter wendet sich der Weg nach Norden, taucht erneut in den Wald ein und führt schlussendlich zu einem Fahrweg hinab auf dem Sie erst rechts und dann gleich wieder links ab, zurück zum Kurbad kommen.

Bevor Sie den Tegernsee erreichen, durchfahren Sie zunächst noch den Hauptort **Kreuth**. Dort gibt es zwei weitere offiziell freigegebene Stellplätze für die Nacht.

(131) WOMO-Wanderparkplatz: Kreuth

GPS: N 47°38'39" E 11°44'51", Mühlauerweg.

Max. WOMOs: 5-6.
Ausstattung: Keine Einrichtungen.
Beschreibung: Teils schattiger Parkplatz neben dem Kurpark auf Schotter. Ebener Untergrund, Mehrere Gasthäuser in direkter Umgebung.
Preis: € (Automat).
Zufahrt: Direkt in Kreuth gegenüber des Warmfreibades rechts abbiegen und am Gasthof Batznhäusl vorbei, dann rechter Hand.
Hinweis: Ein weiterer Wanderparkplatz samt Toilette folgt rund 1,5 km nach Kreuth rechter Hand. Er liegt aber nicht so schön, da sich der Wertstoffhof direkt benachbart befindet, mehr ein Notplatz, falls der andere gesperrt oder belegt sein sollte, [N 47°39'19" E 11°45'07", Im Steinbruch 4].

Zwei interessante Abfahrten bieten sich kurz nach Kreuth im Ortsteil Enterbach an. Zunächst linksseitig die **Naturkäserei Tegernseer Land**. Ausschließlich Heumilch wird zur Herstellung der leckeren Molkereispezialitäten verwendet. Sie können bei der Produktion während einer Führung zusehen.

Direkt gegenüber zweigt ein Sträßchen zur **Wallbergbahn** ab. Der 1722 Meter hohe Wallberg ist sommers wie winters der beliebteste „Balkon“ am Tegernsee und bietet Ihnen einen tollen Blick auf Tal und Wasser. Nach oben geht es entweder über eine steile aber noch machbare Mautstraße, dann allerdings nur bis zur bewirtschafteten Wallberg-Mooshütte mit schönem Blick unterhalb des Parkplatzes. Von dort können Sie ganz nach oben wandern. Oder Sie nehmen die **Bergbahn** Natürlich können Sie auch gänzlich auf Schusters Rappen setzen. Oben gibt es diverse (Weiter-)wanderangebote.

Käserei: *[N 47°40'30" E 11°45'40", Reißenbichlweg 1], Führungen Mo / Sa 14.00 Uhr, Do / Fr 10.00 Uhr während des Betriebs, €€, Laden und Gaststube 9.00 – 18.00 Uhr, www.naturkaeserei.de |* ***Wallbergbahn:*** *[N 47°40'31" E 11°46'34", Wallbergstr. 26], Auf- und Abfahrt €€€€, mehr unter www.wallbergbahn.de*

Gastrotipps Wildbad Kreuth: Glashütte**, Glashütte 28**, Herzögliche Fischzucht****, Wildbad 1 | **Kreuth**: **Haus Göttfried****, Südliche Hauptstr. 2, **Gasthaus Hirschberg****, Nördliche Hauptstr. 89, **Almgasthaus Aibl****, Berghaus 49, **Zum Hagn****, Tegernseer Str. 30

Tegernsee

Von **Rottach Egern** aus können Sie am Ortsende rechts zur **Sutten-Bergbahn** bei **[132:** N 47°39'24" E 11°49'55"] abzweigen, die Sie über die mautpflichtige Valepper Straße erreichen (€). Die Fahrt in das ruhige Seitental macht vor allem dann Sinn, wenn Sie wandern möchten. Zahlreiche Gelegenheiten bieten sich an, zum Beispiel ab dem letzten Parkplatz am abgelegenen **Forsthaus Valepp**.

Tegernseeblick vom Wallberg

Rundwanderung zur Erzherzog Johann Klause
(ca. 14 km, 4,5 Stunden, 650 Hm)
Parken Sie am Forsthaus oder ein kurzes Stück zuvor am Wanderparkplatz **Brennerklamm** bei [N 47°37'12" E 11°53'28"]. Von dort führt, nur wenige Meter zurück, ein Forstweg über eine kleine Brücke ab. In der ersten Kurve verlässt bereits ein Pfad den Fahrweg nach links in Richtung „Schinder". Der gut sichtbare und markierte Weg führt, nie zu steil ansteigend, bis zur urigen **Trausnitzalm**, benannt nach dem Schindergipfel dahinter – Trausnitz ist der österreichische Name des genau auf der Grenze liegenden Gipfels. Die Sennerinnen bieten während der Almsaison Getränke und meist kleine Brotzeiten an, bevor Sie weiterwandern. Queren Sie hinüber zu einem Sattel, wo sich neben einem Marterl (Heiligenstock) die Wege trennen. Ambitionierte nehmen noch den **Schindergipfel** nach rechts mit, ansonsten wandern Sie links ab zur **Erzherzog-Johann-Klause** weiter. Ein wenig Obacht muss man geben, da der Weg nicht immer ganz eindeutig erkennbar ist. Etwa eine Stunde müssen Sie bis zur Klause samt Kleintiergehegen rechnen. Leider war sie zuletzt nicht durchgehend bewirtschaftet, informieren Sie sich gegebenenfalls vorab. Nach erneuter Einkehr begeben Sie sich zum oberhalb der Gebäude verlaufenden Weg, der abwärts zum Bett der **Brandenburger Ache** verläuft und diese schließlich quert. Nun wird die Wanderung am abenteuerlichsten, müssen doch einige schmale Stege und drahtseilgesicherte Stellen überwunden werden. Auch eine kleine, feinkieselige Bucht für eine weitere Pause kommt in Sicht, zum Baden ist das Wasser jedoch zu kalt. Ab hier steigt der Weg etwa 150 Höhenmeter steil aufwärts an. Er mündet in eine Forststraße, der Sie weiterfolgen und dabei die Grenze zu Deutschland überschreiten – zwischendurch hatten Sie Österreich ein Stippvisite abgestattet. Vorbei an der **Ochsenalm** erreichen Sie nach 30-45 Minuten erneut das Forsthaus Valepp bzw. Ihren Parkplatz.

Überhaupt müssen Sie sich in **Rottach Egern** entscheiden. Zunächst ob Sie Halt machen, um ein wenig am Seeufer zu promenieren, das neu renovierte **Kutschenmuseum** zu besuchen oder in einem der vielen guten Restaurants einzukehren. Und gleich danach, ob Sie den Tegernsee rechts- oder linksseitig umfahren wollen. In beiden Fällen brauchen Sie vor allem an Wochenendtagen etwas Geduld, wenn sich Tagesausflügler vor allem morgens und spätnachmittags Richtung Autobahn die Seestraßen entlangquälen.

Tegernsee, rechts Kloster und Stellplatz 133

Kutschenmuseum: *Feldstr. 16, Di – So 19.00 –17.00 Uhr, €*

Gastrotipps Rottach Egern: Tegernsser Kaffeerösterei (Café), Tegernseer Str. 104, **Zum Zotzn****, Feldstr. 9, **Leo`s Esszimmer****, Leo Slezak Str. 1, **Restaurant Weber`s****, Seestr. 4a, **Andrebar****, Seestr. 43, **Egern 51****, Seestr. 51, **Überfahrt*****, Überfahrtstr. 10

Die kürzere Variante führt Sie über den Ort **Tegernsee** mit mindestens ebenso schöner Promenade, Bootsanleger und geschäftiger Betriebsamkeit in den kleinen Läden und Gaststätten, dank der fast ganzjährig zahlreich verkehrenden Touristen. Parkplätze finden Sie direkt an der Seestraße in einer Linkskurve bei [N 47°42'31" E 11°45'17"] oder später, nahe dem beliebten Badepark **Monte e Mare** Wellness-Strandbad mit Seesauna, kurz vor dem Ortsausgang bei [N 47°42'52" E 11°45'12"].

Sogar übernachtungsgeeignet ist der etwas zurückgesetzte Parkplatz hinter dem Edeka Supermarkt, [**133**: N 47°42'36" E 11°45'21", Am Sommerkeller], kostenpflichtig sind natürlich alle drei. Schön ist eine Schifffahrt auf dem See, die Sie allerdings auch schon von Rottach-Egern oder der anderen Seeseite ab Bad Wiessee und Gmund aus antreten können. Kulturell Interessierte möchten dagegen vielleicht das **Olaf Gulbransson Museum** besuchen, das sich dem

Bräustüberl Tegernsee

Leben und Werk des norwegischen Malers und Karikaturisten widmet. Sie finden es gleich zwischen den erst- und letztgenannten Parkplätzen am Kurpark.
Auch das **Museum Tegernseer Tal** liegt nur wenige Meter entfernt. Es informiert über Kultur und Geschichte dieser traditionsreichen, altbayerischen Region – immerhin in ganzen 17 Räumen und mit 850 Ausstellungsstücken aus den letzten 700 Jahren.
Die örtliche Touristeninformation finden Sie in der Hauptstraße 2, zwischen Kurpark und Bad.

Mare e Monte Seesauna*: Hauptstr. 63, Mo – Do 10.00 – 23.00 Uhr, Fr / Sa bis 24.00 Uhr, So nur bis 21.00 Uhr, www.monte-mare.de |* ***Tegernsee Schifffahrt****: Schloßpromenade, große Rundfahrt €€€, Betriebszeiten und mehr auf www.seenschifffahrt.de |* ***Gulbransson Museum****: Im Kurpark 5, Di – So 10.00 – 17.00 Uhr, €, www.olaf-gulbransson-museum.de |* ***Museum Tegernseer Tal:*** *Seestr. 17, Mitte Mai – Anfang Okt, Di – So 14.00 – 17.00 Uhr, Mi ab 11.00 Uhr, €, www.museumtegernseertal.de*

Gastrotipps Tegernsee: Westerhof Café (Café), Seestr. 74, **Bräustüberl****, Schlossplatz 1, **Eis Café Allegria** (Café), Seestr. 20c, **Restaurant Schießstätte****, Schützenstr. 4

Sofern Sie sich für die westliche Seeseite entschieden haben, kommen Sie zunächst in **Weissach** am **Campingplatz Wallberg** vorbei, *([**134:** N 47°41'18" E 11°44'58", Rainerweg 10], €€€-€€€€, www.campingplatz-wallberg.de).*
Bad Wiessee ist ein altehrwürdiger Kurort. Auch wenn in den letzten Jahren eine deutliche Verjüngungskur vollzogen wurde, kann man das teils noch spüren, wenn man die lange Promenade entlang spaziert oder sich in einem Gasthaus niederlässt.

Promenade Bad Wiessee

Auch von hier aus können Sie eine Schifffahrt in Angriff nehmen oder in südlicher Richtung, fast immer direkt am See entlang, bis zum **Aquadome** spazieren. In dem Holzbungalow befindet sich ein 60.000 Liter fassendes Aquarium, das die hiesige Fischwelt zeigt – immerhin 20 heimische Arten bevölkern den See. Am nördlichsten Ende des Ortes, schon etwas außerhalb gelegen, kommen Glücksritter auf ihre Kosten. Die **Spielbank Bad Wiessee** gehört zu den ganz wenigen Casinos im Freistaat. Linker Hand der Straße ist sie kaum zu übersehen und rückwärtig von einem Golfplatz eingerahmt.
Direkt an der Durchgangsstraße in zentraler Lage rechts befindet sich die **Touristeninformationsstelle** am Lindenplatz 6. Gar nicht so leicht ist es allerdings im beliebten Urlaubsort einen Parkplatz zu finden. Womo-Verbotsschilder gibt es vielerorts, vergessen wurden bisher anscheinend die beiden kleineren Parkplätze am **Überfahrtweg**, [N 47°42'19" E 11°44'21"], und am Seefreibad des **Sonnenfeldweges**, [N 47°42'22" E 11°44'10"]. Wegen Anwohnerbeschwerden wurde der einstige offizielle Stellplatz am Freibad zurückgebaut. Nur auf Einzelanfrage und nach Erlaubnis durch das Tourismusbüro durften wenige Womos dort zuletzt jedoch wieder stehen.

Aquadome*: Seepromenade, 10.00 – 19.00 Uhr, Eintritt frei*

(135) WOMO-Stellplatz: Bad Wiessee

GPS: N 47°43'15" E 11°43'32", Am Strandbad. **Max. WOMOs:** 2-3.

Ausstattung: Keine Einrichtungen.
Beschreibung: Teil eines Parkplatzes am örtlichen Freibad, nördlich des Zentrums, schattig, eben, ruhig, maximal 12 Stunden Standdauer sind gestattet.
Preis: €.
Zufahrt: Gegen Ortsende von Bad Wiessee rechts in die Anton-von-Rieppel-Straße einbiegen. Am Ende links zum Strandbad fahren
Hinweis: Nur nach eingeholter Erlaubnis durch das Tourismusbüro.

Letzte Station am See ist **Gmund**, das allerdings einigen Abstand zum Ufer hält. Erst wenn Sie rechts abbiegen und über die Mangfall-Brücke fahren, können Sie ein zweites Mal nach rechts durch die **Max-Obermayer-Straße** zu einem seenahen Parkplatz lenken. Zumindest tagsüber können Sie dort parken, [N 47°44'53" E 11°44'16", Fischerweg]. Allgemein geht es etwas beschaulicher an der Tegernsee-Nordspitze zu. Weniger Touristen, weniger Betrieb, dafür aber auch weniger malerisch. Entlang der Seepromenade könnten Sie bis nach Tegernsee wandern oder radeln. Unterwegs erwartet Sie das **Strandbad Seeglas**

mit Gaststätte und großem Parkplatz direkt davor. Nordwestlich, schon kurz vor Gmund, liegt das **Seebad Kaltenbrunn**.

Ein paar hundert Meter südlich von Gmund treffen dann die beiden See-Umrundungsvarianten aufeinander, um in Höhe des vorgenannten Strandbads Seeglas westlich zur B307 abzuzweigen. Unterwegs können Sie noch einen Halt an der **Sommerrodelbahn Oedberg** machen. Dort wurde ein Stellplatz angelegt.

(136) Offizieller WOMO-Wanderstellplatz: Oedberg bei Gmund (Oedbergalm)

GPS: N 47°44'39" E 11°46'19", Angerlweber. **Max. WOMOs:** 12-14.
Ausstattung: Ver- / Entsorgung, Strom, Toiletten, Mülltonnen.
Beschreibung: Angelegter, teils schattiger Schotterparkplatz auf einem Privatgelände. Recht eben, nachts ruhig. Rund 3 km bis Gmund.
Preis: €€€.
Zufahrt: Von der B307 rechts beschildert zur Sommerrodelbahn abfahren. Dort markiert.

Schliersee
In **Hausham** steht schon die nächste Entscheidung an – entweder für einen Zwischenstopp im etwas größeren Miesbach oder für die direkte Weiterfahrt zum Schliersee. Zuvor können Sie auch gleich in Hausham einen Stopp einlegen.

(137) WOMO-Stellplatz: Hausham
GPS: N 47°44'42" E 11°50'08", Sportplatz 1. **Max. WOMOs:** 3-4.
Ausstattung: Toiletten, sonst keine Einrichtungen.
Beschreibung: Etwas nüchterne Parkflächen am Volksfestplatz,an einem Eck etwas Schatten, einigermaßen ruhig, fast eben, auf Schotter und Asphalt. Während Stadtfesten nicht nutzbar.
Zufahrt: Am Ende der Zufahrtsstraße nach Hausham rechts halten, dann unmittelbar vor dem Bahnübergang rechts abbiegen und bis zum Platz auf der linken Seite fahren.

Sofern Sie **Miesbach** mitnehmen, parken Sie am besten am Großparkplatz an der **Schlierseer Straße**, [**138**: N 47°47'10" E 11°50'02"], oder ein Stück unterhalb. Herz der sympathischen 11.000 Einwohner zäh-

Stellplatz 138

Schliersee

lenden Kleinstadt ist der hübsche, von Gasthäusern und Cafés gerahmte **Marktplatz** in nordwestlicher Richtung. Weitere Gastronomie und einige kleine Läden finden Sie in den umliegenden Gassen. Ansonsten ist der Ausflug vor allem für die interessant, die zum Vorräte aufstocken nach Einkaufsmöglichkeiten suchen. Größere Supermärkte gibt es zum Beispiel im nördlichen Industriegebiet um die Straße Am Windfeld.

Gastrotipps Miesbach: Osteria Himmisepp**, Marktwinkl 10, **Bräuwirt****, Marktplatz 3, **Manuelis****, Kolpingstr. 2

Der einzige größere Ort am **Schliersee** heißt genauso – Schliersee eben. Es geht eine Spur gediegener als am größeren Nachbar Tegernsee zu, im Sommer ist man aber trotzdem kaum wo alleine. Gleich mehrere Übernachtungsmöglichkeiten bieten sich an.

(139) WOMO-Campingplatz: Schliersee (Camping Lido)

GPS: N 47°43'41" E 11°51'03", Westerbergstr. 27.
Internet: www.camping-lido-schliersee.de, 08026 66 24.
Öffnungszeiten: April bis September.
Ausstattung: Eigener Badeplatz, Gaststätte, Spielplatz.
Beschreibung: Plätze meist auf Rasen, einige schattig, ruhige Lage am Westufer gegenüber des Ortes, rund 1,8 km vom Zentrum entfernt im Ortsteil Breitenbach.
Preis: €€€€-€€€€€.
Zufahrt: Am Ortsbeginn von Schliersee geht es rechts ab durch die Breitenbachstraße und Westerbergstraße beschildert zum Platz.

Blick auf den Schliersee

(140) Offizieller WOMO-Stellplatz: Schliersee 1

GPS: N 47°44'13" E 11°51'45", Schönauer Str. 7. **Max. WOMOs:** 6.
Ausstattung: Keine Einrichtungen.

Beschreibung: Stellplätze auf einem Privatgelände, teils werden dort Arbeitsgeräte/ -maschinen gelagert. Etwas Schatten, eben, nicht sehr anheimelnd, dafür zentrumsnah nur 300 m vom Ortskern entfernt.
Zufahrt: Im Ort nach der Intersportfiliale links in die Leitnerstraße einfahren. Die nächste links ist dann die Schönauerstraße. Plätze sind markiert.

(141) Offizieller WOMO-Stellplatz: Schliersee 2

GPS: N 47°43'36" E 11°52'13", Seestraße 41.**Max. WOMOs:** 5-6.
Ausstattung: Spielplatz, Mülleimer, sonst keine Einrichtungen.
Beschreibung: Öffentlicher Parkplatz auf Schotter, eben, schattig unter Bäumen in einem parkähnlichen Gelände, nahe der Hauptstraße. Maximal 24 Stunden. Gästeinformation schräg gegenüber, rund 1000 m ins Zentrum.
Preis: €.

Zufahrt: Entlang der Seestraße am Ortsende von Schliersee linker Hand.
Hinweis: Offizielles Erlaubnisschild zur Übernachtung nur für Womos bis 2,8 t! Fahrzeuge bis 3,5 t nutzen den Platz allerdings auch und wurden bislang ohne Probleme geduldet.

Fast schon obligatorisch ist die Möglichkeit für Schiffsrundfahrten auf dem See. Der Anleger streckt sich gleich neben dem schlichten aber gemütlichen Café-Kiosk Milchhäusl mit eigenem Bootsverleih in den See. Auf einer Rundfahrt besteht die Möglichkeit, den Trip für einen Besuch der kleinen **Insel Wörth** zu unterbrechen. Dort gibt es ein Gasthaus und eine ruhige Badewiese. Die anderen Haltepunkte sind eher weniger interessant. Hinter dem Café hat das **Monte e Mare** Wellness- und Saunabad eine weitere Depandance. Neben dem See sind natürlich auch in Schliersee die Berge einer der Hauptgründe für einen längeren Besuch. Eine Wandertour beginnt nahe des Nordwestufers, ein Stück hinter dem Campingplatz. Dort wäre auch eine abgelegenere Übernachtung möglich, [**142**: N 47°43'22" E 11°49'43"].

***Schliersee Schifffahrt**: Perfallstr. 4b, Mai – Sep bei gutem Wetter stündlich zwischen 11.00 und 17.00 Uhr ab 10 Personen, €€, www.schlierseeschifffahrt.de | **Monte Mare Vitalwelt**: Perfallstr. 4, 10.00 – 20.00 Uhr, Sauna teils bis 24.00 Uhr, ab €€, www.monte-mare.de*

Gastrotipps Schliersee: Ratsch`n Biergarten**, Kalkgraben 1, **Glück-Seelig****, Bahnhofstr. 2, **Augustiner Ratskeller****, Rathausstr. 1a, **Café Mesner** (Café), Lautererstr. 2, **Hofhaus am See****, Mesnergasse 2, **Terofal****, Xaver-Terofal-Platz 2

Rundwanderung zwischen Baumgartenschneid und Gindelalm (11 km, 5 Stunden, 840 Hm)

Fahren Sie am Beginn von Schliersee rechts zum Ortsteil **Breitenbach** und weiter durch den Weiler **Au** und die **Hennererstraße** bis zum zuvor angegebenen Wanderparkplatz. Die bisherige Richtung beibehaltend startet die Wanderung über den Prinzenweg, markiert zur Kreuzbergalm und zum Tegernsee. Der Forstweg teilt sich, Sie bleiben rechts, und laufen etwas später dann links über die Brücke, weiter Richtung Kreuzbergalm. Dem Bachlauf folgend geht es ins **Stadeltal** hinein wo Sie sich am nächsten Abzweig weiter geradeaus halten. Dann stehen Sie an einem Wendehammer.

Wenn Sie den Gipfel des **Baumgartenschneids** mitnehmen möchten, geht es nun links vorne über den Steig Richtung Tegernsee weiter. Es folgt ein schattiger Anstieg nach rechts bis zu einer Hütte mit Bank daneben. Dort folgen Sie der Wegmarkierung links über Serpentinen dem Gipfel zu. Kein Wunder, dass dieser Berg so beliebt ist, Sie blicken auf Tegern- und Schliersee hinab, alle umliegenden Berggipfel befinden sich ebenso in Ihrem Sichtfeld. Für die weitere Tour steigen Sie zur bekannten Hütte ab und dort links, immer auf- und abwärts der **Kreuzbergalm** zu.

Wenn Sie den Gipfel auslassen, nehmen Sie am Wendeplatz den Weg rechts, direkt weiter Richtung Kreuzbergalm. Nach einer steinigen, schmaleren Passage treffen Sie auf den Almzufahrtsweg und gelangen zur gemütlichen Almhütte. Nur ein paar Getränke, Speck, Käse und Kuchen stehen bereit. Eine Jause eben, wer mehr Hunger hat geht direkt dahinter weiter über eine sumpfige Senke in Richtung Gindelalm. Ein Hanganstieg und ein Weiderücken müssen noch überwunden werden, schon sind Sie an den nächsten Hütten. Zur **Gindelalm** gehören nämlich gleich drei voneinander unabhängige Wirtschaften mit unterschiedlich breiter Angebotspalette. Entscheiden Sie selbst, wo Sie sich am wohlsten fühlen. Der Rückweg erfolgt hinter der zweiten Hütte, mit „Hennerer“ und „Breitenbach“ markiert, rechts ab. Zunächst steil und dann langsam immer flacher spazieren Sie am Ende fast schon gemütlich zurück zum Ausgangspunkt.

Gleich am Ende des Schliersees kündigt ein Schild das **Markus Wasmeier Bauern- und Wintersportmuseum** an. Der einst so erfolgreiche Skifahrer hat sich nach seiner Karriere, die ihm zum Beispiel zwei olympische Goldmedaillen bescherte, seiner Heimat angenommen und eine neue Leidenschaft gefunden. Gemeinsam mit seinem Vater hat er federführend mehrere bis zu 500 Jahre alte Bauernhäuser renovieren und auf das 60.000 Quadratmeter große Grundstück hier am Ende des Sees translozieren lassen. So wird Geschichte erlebbar gemacht und das Landleben von einst präsentiert. Auch ein altbayerisches Wirtshaus darf nicht fehlen. Regelmäßig finden verschiedene Aktionen und auch Führungen statt, ein ausreichend großer Parkplatz ist vorhanden.

***Wasmeier Museum**: [N 47°42'23" E 11°52'33", Brunnbichl 5], Mai – Anfang Nov Di – So 10.00 – 17.00 Uhr, €€, Audioguides verfügbar, Führungen Mi / Fr / Sa 14.30 Uhr gegen Aufpreis, www.wasmeier.de*

Spitzingsee

Hinter **Neuhaus** steigt rechts die St2077 zum **Spitzingsee** an. Die meisten Besucher kommen zum beliebtesten Münchner „Hausskigebiet“ im Winter, doch auch im Sommer hat es seinen Reiz. Almhütten, Wanderwege, Gasthöfe und ein Stellplatz in bester Lage, direkt am Seeufer.

Schliersee, oben im Markus Wasmeier Museum

Hochtal an der Albert-Link-Hütte

(143) Offizieller WOMO-Wanderstellplatz: Spitzingsee

GPS: N 47°39'57" E 11°53'19", Spitzingstraße. **Max. WOMOs:** 30+.

Ausstattung: Ver-/ Entsorgung, wenige Stromanschlüsse, tagsüber Toiletten.

Beschreibung: Schotterparkplatz im unteren Teil eines Wanderparkplatzes, tolle Lage direkt am Wasser, kein Schatten, am Wochenende manchmal lauter durch Bar / Discothek auf der anderen Straßenseite, fast eben. Gastronomie rund 400 m entfernt.

Preis: €€.

Zufahrt: Kurz nach Beginn des Sees zum großen Parkplatz rechts unten am Wasser abfahren.

Ein eher kurzer Ausflug zu Fuß führt am südlichen See-Ende über die **Valepperstraße** zur wunderschön gelegenen **Albert-Link-Hütte**. Dem Weg weiter folgend und dann rechts herum wird er sogar zu einer Rundtour. Eine weitere, einfache Wanderung führt zu den Firstalmen.

Rundwanderung zu den Firstalmen

(8,5 km, 3 Stunden, 380 Hm)

Diese eher gemütliche Rundtour startet direkt am Wohnmobilstellplatz. Gehen Sie am Uferweg neben der Fahrstraße die Sie zum See gebracht hat zunächst Richtung **Spitzingsattel** bis zum Nordende und halten sich dort, weiter der Wasserlinie folgend, links herum. An der nächsten Verzweigung wandern Sie geradeaus und treffen so auf eine Zufahrtsstraße und einen Parkplatz. Am hinteren Ende nehmen Sie den Kratzerweg, einen asphaltierten Fahrweg, in westlicher Richtung bergauf zur **Unteren Firstalm**. Dabei wandern Sie zuerst auf einem Asphaltweg zu einigen Hütten. Hinter den Hütten zieht sich der Weg im Wald stetig bergauf. Zuletzt geht es über Almwiesen zur bewirt-

schafteten Unteren Firstalm auf 1318 Metern Höhe mit schöner Sonnenterrasse. Südlich davon bringt Sie ein kleiner, markierter Weg auf den Gipfel des **Suttensteins**. Vom Gipfelchen haben Sie einen schönen Rundblick, zum Beispiel auf Wallberg und Risserkogel.
Als Alternative können Sie nun auch noch am Kamm entlang zum 1506 Meter hohen **Stümpfling** weiter wandern und dann die Sesselbahn abwärts zum See nehmen. Rechts (kürzer) oder links (ruhiger und noch etwas schöner) geht es dann zurück zum Ausgangspunkt.
Ansonsten gehen Sie zurück zur Unteren Firstalm und biegen dahinter links ab. Gerade mal 50 Höhenmeter müssen Sie zur **Oberen Firstalm** meistern. Der Berggasthof zählt zu den bekanntesten und meist besuchten im Spitzingseegebiet. Entlang des Südhangs der Brecherspitze arbeiten Sie sich nun den Trautweinweg entlang und erreichen durch den Wald den **Spitzingsattel**. Dort gleich rechts ab führt Sie der Fußweg neben der Straße zurück zum Uferweg und Ihrem Stellplatz.

Bayrischzell

Am Weg in den nächsten bekannten Ski- und Wanderort **Bayrischzell** können Sie in Richtung **Fischbachau** abzweigen. Dort gibt es gleich mehrere Stellplatzmöglichkeiten. Einmal klein und ganz abseits zwischen den Feldern, einmal an einer Wallfahrtskirche und einmal an einem Ferienbauernhof.

(144) WOMO-Bauernhof-Stellplatz: Fischbachau 1 (Leitzachtaler Ziegenhof)

GPS: N 47°42'58" E 11°56'41", Sandbichl 4. **Max. WOMOs:** 4-6.
Ausstattung: Ver-/ Entsorgung, Hofladen, Milchautomat.
Beschreibung: Kleiner Schotterstellplatz neben einem Bauernhof. Ländliche Lage, recht ruhig, eben, kein Schatten, rund 450 m in den Ort.
Zufahrt: An der Hauptstraße nach Fischbachau direkt linker Hand beschildert.

(145) WOMO-Stellplatz: Fischbachau 2 (Kalvarienberg Birkenstein)

GPS: N 47°42'44" E11°57'51", Birkensteinstraße.
Max. WOMOs: 4-5.
Ausstattung: Toiletten, sonst keine Einrichtungen.
Beschreibung: Großer Schotterparkplatz am Kalvarienberg nach der Wallfahrtskapelle. Fast eben, teils etwas Schat-

Panorama bei Fischbachau

ten, ruhig, Gastronomie ganz in der Nähe.
Preis: €.
Zufahrt: Direkt in Fischbachau rechts zum Kalvarienberg auffahren. Dann nach rund 1,2 km rechter Hand.

(146) WOMO-Wanderparkplatz: Fischbachau 3

GPS: N 47°43'47" E 11°56'15", Forststraße. **Max. WOMOs:** 1-2.
Ausstattung: Toiletten, sonst keine Einrichtungen.
Beschreibung: Kleiner Parkplatz mitten im Nichts zwischen den Feldern, Sehr ruhig, eben, kein Schatten. Rund 2,5 km außerhalb von Fischbachau.
Zufahrt: Nach Fischbachau links in den Weiler Ried abzweigen. Am Ende links halten und der schmalen Straße bis zum Stellplatz folgen.

Entlang der Hauptroute macht die **Wendelstein-Seilbahn** dann vielleicht Lust hochalpine Gefilde ganz bequem zu entdecken. Der große Parkplatz befindet sich direkt an der B307 links von Ihnen bei [N 47°41'16" E 11°58'48"]. Der 1838 Meter-Berg ist die höchste Erhebung des Wendelsteinmassivs und bietet daher eine besonders gute Aussicht ins Voralpenland. Mehr dazu erfahren Sie etwas weiter hinten auf dieser Tour, denn von Brannenburg im Inntal aus fahren Sie alternativ mit der gemütlichen Zahnradbahn nach oben, die allerdings etwas langsamer und teurer ist. Bei Bayrischzell gibt es einen offiziellen Stellplatz.

***Wendelsteinseilbahn**: Bayrischzell: Osterhofen 90, Berg /Talfahrt Erw. €€€€, Betriebszeiten und mehr unter www.wendelsteinbahn.de*

Gastrotipps Fischbachau: Klosterstüberl**, Kirchplatz 9, **Winklstüberl** (Café), Leitzachtalstr. 68 | **Bayrischzell**: **Kaminstubn****, Alpenstr. 44, **Café Huber** (Café), Krapfen 2, **Alpenwirt****, Ursprungstr. 1

(147) Offizieller WOMO-Stellplatz: Bayrischzell

GPS: N 47°40'19" E 12°00'36", Seebergstraße. **Max. WOMOs:** 10-12.
Ausstattung: Ver-/ Entsorgung und Strom (gegen Gebühr).
Beschreibung: Schotterparkplatz am Ortsrand neben der Tennisanlage, kaum Schatten, relativ eben, recht nah an der Hauptstraße aber dennoch ganz schöne Lage im Grünen, rund 300 m in die Ortsmitte.
Preis: €€.
Zufahrt: Am Beginn von Bayrischzell direkt nach einer kleinen Brücke rechts von der Hauptstraße beschildert abfahren.

Für den Fortgang Ihrer Rundfahrt stehen nun erneut zwei Alternativen zur Auswahl. Die kürzere Route verläuft über die Sudelfeld-Bergstraße, die längere, zuerst beschriebene Variante über den Ursprungpass und bezieht dabei einige Kilometer auf österreichischer Seite mit ein.

Variante 1: Über den Ursprungpass

Südlich von Bayrischzell zweigt rechts die St2075 über den Ursprungpass zum Thiersee im benachbarten Tirol ab. Still geht es dort zu. Große Waldgebiete erstrecken sich beidseitig der Straße und nur wenige Häuser stehen noch im schmalen Talgrund. Dafür gibt es einige straßennahe Wanderparkplätze, zum Beispiel bei [**148:** N 47°38'40" E 12°00'32"].

Maximal 13% Gefälle sind zu überwinden, kein Problem auf dem guten Teerband. Der Pass direkt an der Grenze liegt auf 836 Metern Seehöhe. Kurvenreich schlängelt sich die L37 durch einige kleine Dörfer bis zum **Thiersee** mit dem gleichnamigen Ort am Nordufer. Der schöne Badesee bietet wenig Parkraum, am ehesten noch im Ort selbst mit einigen Metern Fußweg zum Wasser. Oder sie quartieren sich gleich am **Camping Hiasenhof** ein, dann ist es nur mehr ein Katzensprung zum Seebad *([**149:** N 47°35'20" E 12°07'01", Seebauern 2], €€€, www.hiasenhof-thiersee.at)*.

Kufstein

Schließlich stoßen Sie in **Kufstein** auf die B171 und gelangen rechts ab über den Kreisverkehr nach wenigen hundert Metern an die Grenze bei Kiefersfelden. Davor ist die österreichische Stadt am Inn einen Besuch wert. Parken und sogar übernachten, eine echte Seltenheit in Tirol, dürfen Sie ganz offiziell am Parkplatz Fischergries.

(150) Offizieller WOMO-Stellplatz: Kufstein

GPS: N 47°35'14" E 12°10'05", Fischergries 22. **Max. WOMOs:** 6.
Ausstattung: Ver-/ Entsorgung und Strom (gegen Gebühr), Toiletten, etwas schwaches, öffentliches WLAN.

Beschreibung: Markierter Teil eines Parkplatzes am Sportpark, relativ zentrumsnah, kein Schatten, eben, eher unruhig, nicht der schönste Platz aber zweckmäßig, etwas 600 m von der Altstadt entfernt. Maximal 24 Stunden Aufenthalt.
Preis: €-€€.
Zufahrt: Vom Thiersee kommend nach der Autobahnunterführung links fahren, von Kiefersfelden kommend im 1. Kreisverkehr in Kufstein die 3. Ausfahrt nehmen. In beiden Fällen nach der Innbrücke bei erster Gelegenheit rechts halten und dann am Kreisverkehr weiter geradeaus. Nach dem Sportplatz rechts in die Untere Feldgasse abzweigen, dann rechts in die Straße Fischergries.

Festung Kufstein

Unterwegs in Kufstein

„Kennst Du die Perle, die Perle Tirols..." so beginnt das bekannte und schon endlose Male interpretierte Kufsteinlied, ursprünglich vom Tiroler Karl Ganzer 1947 geschrieben. Nun, ganz so perlenhaft ist die Stadt heute nicht mehr. Aus der strategisch günstigen Lage an einer Engstelle des Inntals, die schon seit über 30.000 Jahren besiedelt ist und lange einen Zankapfel zwischen Bayern und Tirol darstellte, ist heute ein wichtiger Verkehrsknotenpunkt geworden. Durch Bundesstraßen, Autobahn, Schienenverkehr und so manche Bausünde ist einiges an Charme verloren gegangen. Nichtsdestotrotz lohnt ein Besuch. Vom Parkplatz gehen Sie am Inn in südlicher Richtung entlang des neu gestalteten Uferbereichs bis zur **Marktgasse** und dort sofort wieder rechts in die Fußgängerzone am **Unteren Stadtplatz**. Erkunden Sie die umliegenden Geschäfte und Restaurants oder informieren Sie sich im **Tourismusamt**. Nicht versäumen sollten Sie, rechts ab, die schmale **Römerhofgasse** mit zahlreichen altehrwürdigen und bekannten Gasthöfen, zum Beispiel dem sehr speziellen **Batznhäusl** und dem **Auracher Löchl**, wo einst das Kufsteinlied entstand. Am Ostende des Stadtplatzes steigen Sie rechts auf zur mächtigen **Festung Kufstein**, die schon von Weitem zu sehen ist. Erstmals im 13. Jahrhundert erwähnt, stellt der ab 1518 errichtete, repräsentative Kaiserturm ihr Zentrum dar. Ab dem 18. Jahrhundert diente die Burg in erster Linie als Gefängnis. Heute ist im Inneren ein interessantes **Heimatmuseum** *(mit Gefängnis- und Kaiserjägermuseum)* eingerichtet. Davor steht die weithin hörbare **Heldenorgel**, die größte Freiluftorgel der Welt. Im hinteren Bereich der Anlage wird schon seit vielen Jahren das Freiluftareal Josefsburg mit 5000 Plätzen für klassische Konzerte und Aufführungen, neuerdings auch als Eventfläche für Popkonzerte genutzt *(Festung 2, 9.00 – 18.00 Uhr, Nov bis Mitte Mär 10.00 – 17.00 Uhr, Eintritt für das gesamte Gelände inkl. gläsernem Aufzug €€, www.festung.kufstein.at)*.

Gastrotipps Kufstein: Purlepaus**, Unterer Stadtplatz 18, **Auracher Löchl****, Römerhofgasse 4, **Bräustüberl****, Oberer Stadtplatz 5a

Kiefersfelden

Zurück auf bayerischem Boden ist **Kiefersfelden** die erste Gemeinde, direkt nach dem Grenzschild. Wenn auch der Ort

Gießenbachklamm

selbst nicht übermäßig schön ist, gibt es doch eine ganze Reihe interessanter Freizeitbeschäftigungen, denen Sie nachgehen können. Wie wäre es zum Beispiel mit einer Radtour entlang des Inns oder einem Museumsbesuch? Zweigen Sie dafür nach dem Pennymarkt rechts in die **Innstraße** ab und folgen Sie dieser um ein paar Ecken und Kehren. Zunächst erreichen Sie das **Museum im Blaahaus**. Während im Schaugarten neben den typischen Bauerngartenblumen auch Nutzpflanzen, Küchen-, Heil- und Wildkräuter aus der Umgebung wachsen, bietet das Innere eine Reise in die Vergangenheit Kiefersfeldens und seiner Umgebung. Erbaut wurde es 1696 als Arbeiterwohnhaus für Mitarbeiter des Baaofens, der einstigen Schmelzhütte. Noch ein paar Meter weiter, nach der Autobahnunterführung, gelangen Sie an den Fluss und die hier startende **Innfähre**. Setzen Sie mit dem kleinen Kabelboot doch über auf österreichische Seite und radeln Sie nördlich Richtung **Ebbs** und dann immer am Ufer entlang bis **Zollhaus**, wo Sie eine Holzbrücke zurück auf deutsche Seite und dann entlang des Flussweges zurück zum Ausgangspunkt bringt. Ein Stück weiter im Ort befindet sich hinter dem **Innsola Hallenbad** und der Gemeindeverwaltung rechts am Ende des **Rathausplatzes** ein offizieller Womo-Stellplatz. Einen weiteren Parkplatz finden Sie in der **Thierseestraße** westlich des Ortes bei **[151:** N 47°36'53" E 12°09'53"]. Nur ein paar Stufen und Steige sind es vom Parkplatz nach oben zum **Hechtsee**. Einem im hinteren Bereich meist stillen Badesee, den Sie in wenigen Minuten erreichen. Ein paar hundert Meter weiter entlang der Straße können Sie rechts ab eine einfache Wanderung durch die **Gießenbachklamm** unternehmen.

(152) Offizieller WOMO-Stellplatz: Kiefersfelden

GPS: N 47°36'40" E 12°11'30", Rathausplatz. **Max. WOMOs:** 10-12.
Ausstattung: Ver-/ Entsorgung und Strom.

Beschreibung: Zentraler Stellplatz auf Schotter hinter dem Rathaus und Schwimmbad, kein Schatten, nicht ganz leise durch die nahen Gleise, dafür eben und zentral, nur rund 150 m in die Ortsmitte.
Preis: €.
Zufahrt: In Kiefersfelden unmittelbar nach dem Schwimmbad rechts abzweigen zum Platz am Ende der Straße.

***Blaaofen**: Innstraße 52, Mai – Okt, 1. und 3. So im Monat 14.00 – 17.00 Uhr, sonst nur 3. So, € | **Innfähre**: Innstr. 65, Mai – Mitte Okt 10.00 – 17.00 Uhr, € | **Innsola Bad**: Rathausplatz 5, meist 11.00 – 22.00 Uhr, Sa / So 10.00 – 21.00 Uhr, €€, www.innsola.de*

Gastrotipps Kiefersfelden: Purlepaus**, Unterer Stadtplatz 18, **Auracher Löchl****, Römerhofgasse 4, **Bräustüberl****, Oberer Stadtplatz 5a

Rundwanderung Gießenbachklamm

(4,4 km, 2 Stunden, 240 Hm)
Starten Sie am großen Wasserrad in der Thierseestraße, einige hundert Meter nach dem vorgenannten Parkplatz. Eine Schotterstraße folgt dem Bach bis zum Elektrizitätswerk. Danach folgen rund 150 Stufen. Haben Sie diese erklommen, führt ein in den Fels geschlagener Weg durch die Klamm bis zur Staumauer hinauf. Nach einer Brücke können Sie links am Bachbett die Füße abkühlen und Pause machen. Oder Sie gehen gleich weiter zur schönen Schopperalm mit Essen, Tiergehegen und Bobbycar-Rennstrecke. Ein Stück müssen Sie nun auf dem Fahrweg zurück, um rechts über eine große Holzbrücke den Fluss zu queren. Orientieren Sie sich weiter an der Beschilderung Richtung Troyerhof. Es ist der älteste Bergbauernhof ganz Bayerns, schon die Kelten siedelten an dieser Stelle um 500 v. Chr. Vom Hochplateau genießt man einen schönen Rundum-Blick, bevor Sie der Teerstraße steil bergab folgen und dann links herum den Ausgangspunkt am Wasserrad erreichen.

***ACHTUNG:** für die Weiterfahrt nach Oberaudorf müssen Sie beachten, dass dort ein nur 3,10 Meter hoher Torbogen wartet. Bis zum Luegsteinsee kommen Sie noch. Falls Sie diese Hürde reißen, besser in Kiefersfelden auf die Autobahn wechseln und erst eine Ausfahrt weiter wieder abfahren.*

Nördlich von Kiefersfelden können Sie dann noch rechts zum **Hödenauer See** abbiegen. Allerdings nur, wenn Sie einen Schlafplatz suchen oder eine Runde Wasserski fahren wollen. Eine entsprechende Anlage wird den ganzen Sommer über betrieben. Equipment kann ausgeliehen werden.

(153) Offizieller WOMO-Badeplatz: Kiefersfelden 2 (Hödenauer See)

GPS: N 47°37'43" E 12°11'22", Guggenauerweg 1. **Max. WOMOs:** 10.
Ausstattung: Duschen / Toiletten (tagsüber gegen Gebühr).

Beschreibung: Parkplatz an der Wakeboard- und Wasserskianlage des Sees, zu der der Stellplatz gehört, ganz schön im Grünen gelegen. Gastronomie am Platz, nahe Bahnlinie, nachts teils auch Autobahn zu hören, kein Schatten, rund 2,5 km in den Ort.
Preis: €€.
Zufahrt: Zwischen Kiefersfelden und Oberaudorf den Wegweisern zum Hödenauer See folgen, am Ende des Parkplatzes links.

Oberaudorf

Auch **Oberaudorf** sollten Sie nicht auslassen. Zunächst können Sie linker Hand zum **Luegsteinsee** fahren. Er ist nicht nur ein im Sommer beliebtes Badegewässer mit eigenem Seebad, sondern bietet am Parkplatz auch eine Übernachtungsgelegenheit, *[154: N 47°38'33" E 12°10'19" Seestraße]*. Direkt daneben steigt die Treppe zum **Weber an der Wand** den Hang hinauf. Das Lokal ist an spektakulärer Stelle halb in die Felswand eingebaut. Auch die Überreste einer echten Höhlenburg können Sie vom See aus besichtigen. Nehmen Sie am autofreien Nordufer einfach den Weg durch den Wald hinauf zum **Grafenloch**, einer Anlage, die im 10. bis 13. Jahrhundert in schwindelerregender Steillage errichtet wurde. Das letzte Stück zum Höhleneingang in alpinem Gebiet ist mit Drahtseil und Leiter erschlossen.

Engstelle Museumstor in Oberaudorf

Am besten zu Fuß gehen Sie dann entlang der Hauptstraße zum 3,10 Meter hohen Burgtor mit dem **Audorfer Museum** darin. Die Ausstellung

Stellplatz 154

handelt von Geologie, der Besiedelung des Inntales, der Innschifffahrt, den Gebirgsschützen und dem Tourismus in Oberaudorf. Besonders Kinder kommen auf Ihre Kosten, wenn Sie die Sesselbahn zum **Hocheck** hinauf nehmen. Von der Berg- bis zur Mittelstation wurde ein **Märchen- und Sagenweg** aufgebaut, bis ins Tal hinunter führt dann eine Sommerrodelbahn. Selbstverständlich sind aber auch andere Wanderwege markiert. Unten vor dem **Gasthaus Ochsenwirt** sind vier Plätze für Womos reserviert. Am Wochenende kann es aber ganz schön eng zugehen *([**155:** N 47°38'51" E 12°10'09", Carl-Hagen-Str. 14], €€, bei Verzehr kostenlos)*. Ab Oberaudorf vereinen sich beide Wegvarianten wieder.

Stellplatz 166

***Audorfer Museum**: Am Burgtor 2, Mai – Okt Di / So 14.00 – 18.00 Uhr | **Hocheckbahn**: Carl-Hagen-Str. 7, Bergfahrt und Sommerrodelbahn €€, Betriebszeiten und mehr unter www.hocheck.com*

Gastrotipps Oberaudorf: Bernhard`s**, Marienplatz 2, **Café Luckner** (Café) Florianistr. 1, **Alpenrose****, Rosenheimer Str. 3

Variante 2: Über den Tatzelwurm

Bleiben Sie in Bayerischzell einfach auf der B307 hinauf zum 1123 Meter hohen Sudelfeld-Pass. Schon nach kurzer Zeit können Sie rechts ab ins Skigebiet **Sudelfeld** abfahren. Der große Hauptparkplatz gleich zu Beginn ist im Sommer gesperrt. Danach bietet aber der Parkplatz am Waldkopflift Stellplatzpotential, [**156:** N 47°40'55" E 12°02'41"]. Wer sich die enge Bergstraße weiter nach oben traut, wird nicht nur mit herrlichen Blicken über die Wander- und Wintersportregion belohnt, sondern gelangt, wenn man sich unterwegs rechts hält, am obersten Parkplatz und Ende der Strecke zu zwei schönen Gasthöfen, darunter die zugleich zünftige wie moderne **Speckalm**.

Ein Stück weiter entlang der B307 können Sie rechts zum Waldparkplatz am Sudelfeld bei [**157:** N 47°40'14" E 12°04'50", Sudelfeldpass] abfahren. Dort ist es nachts geradezu einsam. Tags ist es der ideale Ausgangspunkt für einen kurzen Spaziergang zu den **Tatzelwurm-Wasserfällen**, die je nach Regenlage der letzten Tage und Jahreszeit mal stürmisch fauchend, mal leicht plätschernd in mehreren Kaskaden abwärts stürzen. Gleich danach zweigen Sie rechts über die Tatzelwurmstraße Richtung Oberaudorf ab. Am **Gasthof Feuriger Tatzelwurm** dürfen Restaurantgäste die Nacht am unteren Parkplatz verbringen, [**158:** N 47°40'21" E 12°05'06"].

Einen weiteren Schlafplatz für bis zu fünf Fahrzeuge bietet der **Pechlerhof** an, *([**159:** N 47°39'41" E 12°10'08", Tatzelwurmstr. 7], €€, inklusive Strom und Wasser, www.urlaub-bauernhof-oberaudorf.de),* direkt am Ortseingang von Niederaudorf. Danach vereinen sich beide Varianten wieder.

Brannenburg

Bei **Flintsbach** finden Sie einen sympathischen kleinen Campingplatz mit Badesee, den **Inntal Camping**, leider recht nah an der Autobahn *([**160:** N 47°41'57" E 12°09'31", Kranzhornweg 40], Apr – Okt, €€€, www.inntal-camping.de)*. Dann sind Sie auch schon in **Brannenburg** angekommen. Einen Stopp machen all jene, die mit der bereits erwähnten **Zahnradbahn** hinauf zum **Wendelstein** wollen. Erbaut wurde sie 1910 bis 1912, damals ein technisches Meisterwerk. 1991 wurde sie modernisiert, wodurch sich die Fahrtdauer von 55 Minuten deutlich auf nur mehr knapp 30 Minuten für die einfache Strecke verkürzte. Vorbei an saftig blühenden Almwiesen, durch schattigen Wald und über schroffe Felsen tuckern Sie hinauf zur Bergstation. Oben warten noch eine Reihe anderer Attraktionen. So zum Beispiel die Aussichtskanzel **Gacher Blick** am Ende der großen Restaurantterrasse des Wendelstein-Hauses. Eine Panoramatafel gibt Aufschluss über die 200 umliegenden Gipfel. Wahrzeichen ist aber das Wendelsteinkirchlein. 1890 wurde diese höchstgelegene Kirche Deutschlands geweiht. Der Grund für ihre Erbauung war übrigens die damalige Bergwirtin Rosa Krimbacher und deren Klage „Dass ma halt da herob'n des ganze Jahr in koa Kirchn ned kimmt". Wenn Sie noch ein wenig selbst laufen wollen, nehmen Sie den Weg zum Gipfel in Angriff. Unterwegs können Sie der **Wendelsteinhöhle** einen Besuch abstatten. Ohne Führung geht es über 82 Stufen hinab. Vier interaktive Stationen begleiten Sie durch das mit LED-Beleuchtung inszenierte Berginnere. Ganz oben wurde eine wissenschaftliche Sternwarte erbaut, die allerdings nur für Gruppen und nach Voranmeldung zu besichtigen ist. Der rot-wei-

Am Wendelsteinhaus, rechts oben Stellplatz 161

ße Mast daneben fungiert als Sender des Bayerischen Rundfunks. Noch erwähnt werden muss außerdem, dass am Parkplatz der Wendelsteinbahn das einmalige Übernachten geduldet wird, [**161:** N 47°43'29" E 12°05'32", Sudelfeldstraße].

***Wendelsteinbahn**: Sudelfeldstraße, Berg-/ Talfahrt €€€€, Betreiebszeiten und mehr unter www.wendelsteinbahn.de | **Wendelsteinhöhle**: Mai – Nov, €*

Nussdorf und Neubeuern

Das urbayerische **Nussdorf am Inn** bietet keine großen Attraktionen. Dafür aber einen schönen Ausflugsgasthof mit Biergarten, den **Schneiderwirt**. Etwas Besonderes hat man sich mit dem **Nussdorfer Mühlenweg** einfallen lassen. Per Handy-App werden Sie interaktiv entlang der Stationen geführt. So manche Überraschung wartet unterwegs *(mehr unter www. nussdorf.de, dort unter „Tourismus und Freizeit", ganz unten: „Der Mühlenweg als Erlebnisweg mit Let`s Go")*. In nördlicher Richtung passieren Sie dann den **Neubeurer Badesee** mit Liegewiesen und Parkplatz bei [N 47°45'37" E 12°08'11"], kurz bevor Sie den Ort **Neubeuern** erreichen. Oberhalb der Häuser thront das **Schloss Neubeuern**, heute ein Internat. Es kann nicht besichtigt werden. Links vom Burgberg befindet sich der historische **Marktplatz** hinter einem schmalen Zugangstor. Mit dem Wohnmobil umfahren Sie ihn daher besser, rechts entlang, dort gibt es auch einen Stellplatz. Am Platz reihen sich mit Lüftlmalerei verzierte Häuser um den Floriansbrunnen, dahinter lugt die Maria Empfängnis Kirche hervor. Das schöne Flair kommt besonders gut in den Abendstunden zur Geltung, wenn an sonnigen Tagen die Dämmerung langsam einsetzt und den Ortsmittelpunkt in goldenes Licht taucht.

(162) Offizieller WOMO-Stellplatz: Neubeuern

GPS: N 47°46'32" E 12°08'35", Am Sportplatz. **Max. WOMOs:** 3-4.

Ausstattung: Mülleimer, sonst keine Einrichtungen.

Beschreibung: Markierte Plätze am hinteren Ende eines Parkplatzes auf Kies. Kaum Schatten, recht eben, nachts beleuchtet. 450 m in die Ortsmitte.

Zufahrt: An der Gabelung in Neubeuern rechts halten, dann die dritte Straße links zum Parkplatz am Sportplatz nehmen.

Abendstimmung in Neubeuern, rechts Stellplatz 163

Durch die **Auerstraße** steuern Sie links herum dann wieder die Hauptroute jenseits des Platzes an und setzen die Fahrt westseitig des Inns Richtung Bad Feilnbach fort. Eine Unterbrechung können Sie noch in **Kleinholzhausen** machen. Das **Urzeitmuseum Niederhell** zeigt dort Dinosaurier, Fossilien und Erdgeschichte, die auf rund 400 Quadratmetern präsentiert werden. Praktischerweise können Sie nebenan auch gleich im zugehörigen Landgasthof einkehren.

***Urzeitmuseum**: Steinbrucker Str. 4, Mo / Di / Do / Fr 10.00 – 14.00 Uhr, Sa / So 11.00 – 16.00 Uhr, €€, www.urweltmuseum.com*

Gastrotipps Neubeuern: Gasthaus Haschl**, Marienplatz 21, **Glaserwirt****, Marktplatz 30a, **Auers Schlosswirtschaft*****, Rosenheimerstr. 8

Bad Feilnbach

Bad Feilnbach ist ein Kur- und Moorheilbad, das mehr auf stationäre Kurgäste eingerichtet ist. Eine schöne Wanderung südlich davon gibt es am Farrenpoint. Wenn Sie im Ort einkaufen oder einkehren wollen, nehmen Sie die Stellfläche in der **Kufsteiner Straße** bei [**163:** N 47°46'24" E 12°00'40"], die ansonsten nur als Notnachtplatz in Frage kommt.

Rundwanderung zwischen Mitterberg und Farrenpoint

(4 Stunden, 700 Hm)

Fahren Sie in Bad Feilnach zunächst an der Bachbrücke links in die **Welndelsteinstraße** ein. An einem Mauthäuschen müssen Sie in der Hauptsaison 3 € bezahlen, bevor Sie ins **Jenbachtal** einfahren dürfen. Am Parkplatz ganz hinten lassen Sie ihr Fahrzeug zurück und folgen dem linken Weg Richtung Farrenpoint und Schuhbräualm. Nach der Bachquerung wählen Sie den linken Weg, zunächst durch Waldgelände, später entlang eines freien Südhangs. Dann geht es schon auf die **Walchalm** zu bei der, nach links, ein schöner Panoramaweg beginnt. Gemächlich bergan wandern Sie durch das aussichtsreiche Hochtal, bevor Sie an einem Weidezaun spitz nach rechts abknicken müssen.

Nun wird es steiler, dafür erwartet Sie auf der **Huberalm** von Juni bis September eine Jause. Links der Hütte können Sie vorher noch in 10 bis 15 Minuten zum **Farrenpoint**-Gipfel auf 1273 Metern aufsteigen.
Nach der Rast gehen Sie zurück zu den Wandermarkierungen und folgen dem Weg weiter in Richtung „Rampoldplatte". Rechts ab über einen Steig durch etwas steileren Nadelwald senkt sich der Weg zu einer Feuchtstelle und hält dann direkt auf den Wendelstein zu. Sie laufen immer geradeaus weiter zur **Andretteralm**.
Beim Wegweiser zur Schuhbräualm können Trainierte noch einen Abstecher anhängen – links über den Pfad zum Mitterberg, auf gleichem Weg geht es dann hierher zurück.
An der Alm gibt es einfache Brotzeit und frische Milch, davor nach rechts führt ein Steig Richtung Jenbachtal zurück. Abwärts treffen Sie auf den **Nigglsteig** und folgen diesem abwärts, zunächst in Serpentinen, dann gerade bis zu einem Fahrweg. Links geht es zur **Geschwendtneralm**, ab dort auf schwach erkennbarem Weg links der Tannenhecke weiter bis zur Bachschlucht. Dort treffen Sie auf einen Pfad, der moderat durch den Wald bis zu einem Wendeplatz am Ende einer Forststraße ansteigt. Abwärts folgen Sie dieser, bis Sie den Jenbach queren und links ab in eine asphaltierte Straße treffen. Sogleich können Sie diese an der Markierung „Weg zu Wirtsalm" aber wieder verlassen und dort in einer richtigen Gaststube einkehren.
Nun gehen Sie das kleine Stück zurück zur Straße und folgen ihr nach links durch den Wald und am Bach entlang. Sie treffen noch auf einen Picknickplatz, bevor Sie alsbald am Ausgangspunkt zurück sind.

Zum Ende der Tour sechs folgen Sie dem Autobahnzubringer zur A8, die Sie Richtung München nehmen. Allerdings nur eine Ausfahrt weit bis zum Irschenberg wo Tour sieben beginnt. Am Weg dorthin können Sie noch einen Halt an einem Campingplatz einplanen.

(164) WOMO-Campingplatz: Bad Feilnbach (Kaiser Camping)

GPS: N 47°47'23" E 12°00'21", Reithof 2.
Internet / Tel.: www.kaiser-camping.com, 08066 88 44 00.
Öffnungszeiten: Dezember bis Oktober.
Ausstattung: WLAN, Freibad, Spielplatz, Gastronomie.
Beschreibung: Weit verstreute Plätze auf Rasen, teils unter Bäumen, gepflegt, eben, recht ruhig, rund 2,5 km in den Ort.
Richtpreis: €€€-€€€€.
Zufahrt: Von Bad Feilnbach aus am Weg zur Autobahnauffahrt linker Hand.

Eine letzte ziemlich kleine Parkgelegenheit finden Spaziergänger gleich danach am Naturschutzgebiet **Auer Weitmoos** bei [**165:** N 47°48'41" E 12°01'00"]. Die schmale Einfahrt zum Schotterplatz neben der Straße ist leicht zu übersehen. Spazierwege durchziehen die stille Landschaft.

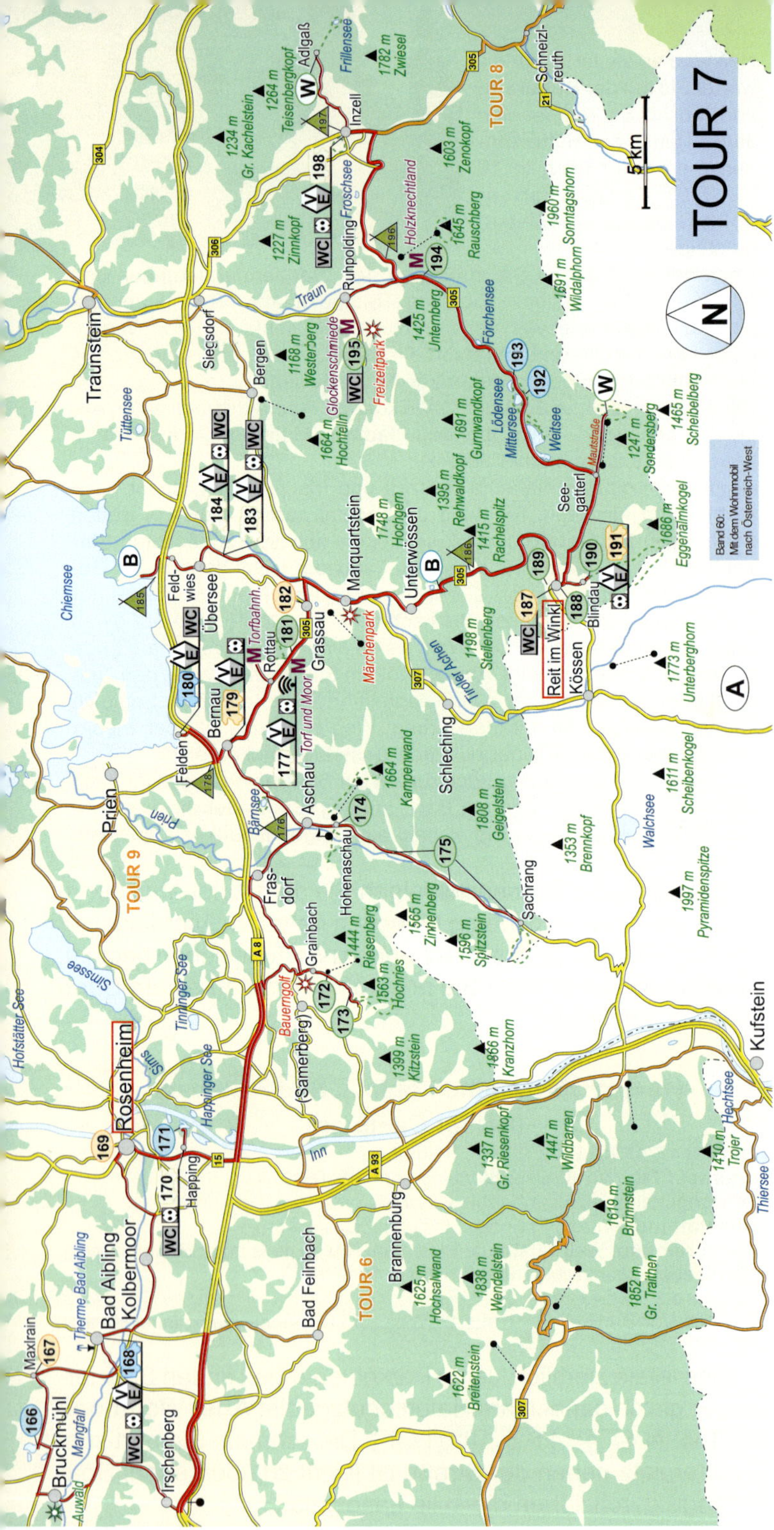

TOUR 7
5 km
N
Band 60: Mit dem Wohnmobil nach Österreich-West
TOUR 8
TOUR 9
TOUR 6
Traunstein
Tüttensee
Chiemsee
Siegsdorf
Bergen
Ruhpolding
Inzell
Adlgaß
Frillensee
Froschsee
Traun
Schneizlreuth
1782 m Zwiesel
1264 m Teisenbergkopf
1234 m Gr. Kachelstein
1227 m Zinnkopf
1603 m Zenokopf
1645 m Rauschberg
Holzknechtland
1960 m Sonntagshorn
1691 m Wildalphorn
1425 m Unternberg
Förchensee
Lödensee
Mittersee
Weitsee
Mautstraße
Seegatterl
1465 m Scheibelberg
1247 m Sondersberg
1686 m Eggenalmkogel
1168 m Westerberg
Glockenschmiede
Freizeitpark
1664 m Hochfelln
1691 m Gurnwandkopf
1395 m Rehwaldkopf
1415 m Rachelspitz
1748 m Hochgern
Marquartstein
Unterwössen
Feldwies
Übersee
Torfbahnh.
Rottau
Grassau
Märchenpark
Torf und Moor
Bernau
Felden
Prien
Aschau
Bärnsee
Frasdorf
Hohenaschau
1664 m Kampenwand
Schleching
1198 m Stellenberg
Tiroler Achen
Reit im Winkl
Blindau
Kössen
1773 m Unterberghorn
1808 m Geigelstein
Sachrang
1353 m Brennkopf
Walchsee
1611 m Scheibenkogel
1997 m Pyramidenspitze
Grainbach
Bauerngolf
(Samerberg)
1444 m Riesenberg
1565 m Zinnenberg
1596 m Spitzstein
1563 m Hochries
1399 m Kitzstein
1866 m Kranzhorn
Kufstein
Hechtsee
Thiersee
1410 m Trojer
Simssee
Hofstätter See
Tinninger See
Happinger See
Sims
Rosenheim
Happing
Inn
1337 m Gr. Riesenkopf
1447 m Wildbarren
1619 m Brünnstein
1852 m Gr. Traithen
Brannenburg
Bad Feilnbach
1625 m Hochsalwand
1838 m Wendelstein
1622 m Breitenstein
Bad Aibling
Kolbermoor
Therme Bad Aibling
Maxlrain
Bruckmühl
Mangfall
Auwald
Irschenberg
A 8
A 93
15
304
305
306
307
21
166 167 168 169 170 171 172 173 174 175 176 177 178 179 180 181 182 183 184 185 186 187 188 189 190 191 192 193 194 195 196 197 198
WC
B
A
W
M

Tour 7: Der südliche Chiemgau – 210 km

Bruckmühl – Bad Aibling – Rosenheim
Samerberg – Aschau und Hohenaschau – Bernau
Grassau – Übersee – Unter- und Oberwössen
Übersee – Reit im Winkl – Seefeld und Seegatterl
Ruhpolding – Inzell

Stellplätze:	Höglinger Weiher, Maxlrain, Bad Aibling, Rosenheim, Happing, Happinger Ausee, Hochries, Spatenau, Sachrang (3x), Bernau (2x), Felden, Grassau (2x), Übersee (2x), Reit im Winkl (6x), Mittersee, Lödensee, Inzell
Campingplätze:	Aschau, Übersee, Unterwössen, Ruhpolding, Inzell
Besichtigen:	Wallfahrtskirche Wilparting, Rosenheim, Bauerngolf Samerberg, Burg Hohenaschau, Torfbahnhof Rottau, Museum Salz und Moor Grassau, Märchenpark Marquartstein, Holzknechtmuseum Ruhpolding, Museum Glockenschmiede und Freizeitpark Ruhpolding
Wandern:	Salus-Auwald, Hochries, Daffnerwaldalmen und Heuberg, Frasdorfer Hütte, Kampenwand, Spitzstein, Bärnsee, Moorerlebnispfad Grassau, Bergerlebnisweg Staffen, Hindenburghütte, Seegatterl, Rauschberg, Moorerlebnis- und Bergwalderlebnispfad Ruhpolding
Baden:	Höglinger Weiher, Therme Bad Aibling, Happinger Ausee, Moorfreibad Aschau, Chiemsee, Wössener See, Mittersee, Lödensee, Vita Alpina Bad Ruhpolding, Badepark Inzell

Der Chiemgau gehört zu den beliebtesten Urlaubs- und Ausflugsregionen Deutschlands. Diese Tour führt sie hauptsächlich durch die südlich des Chiemsees gelegenen Alpen. Zweimal gibt es aber Stippvisiten mit Badegelegenheiten, direkt zu diesem größten See Oberbayerns, bevor dieser auf Tour neun im Ganzen und auf seiner Nordseite behandelt wird.

Wallfahrtskirche Wilparting

Bruckmühl

Die Chiemgaurunde startet an der **Autobahnausfahrt Irschenberg**. Statt direkt nördlich auf Bruckmühl und Bad Aibling zuzufahren, können Sie bei Interesse zuvor der **Wallfahrtskirche Wilparting** einen Besuch abstatten. Alle, die über die A8 in Richtung Süden fahren haben sie schon einmal von der Autobahn aus erblickt.

Wallfahrtskirche: *[N 47°49'21" E 11°55'09", Wilparting 1, www.erzbistum-muenchen.de*

Weiter westlich folgt **Bruckmühl**. Dort können Sie am **Salus Auwald-Biotop** Halt machen. Das Gelände ist rund 800 Meter lang und verläuft direkt neben der Mangfall. Es ist einer der letzten natürlichen Auwälder in der Umgebung und ein Paradies für heimische Vögel. Auch fast alle in Bayern vorkommenden Sträucher und Bäume sind vertreten. Dazu kommt ein Kräutergarten, ein angelegtes Hochmoor, ein Alpinum und seit 2009 ein Farnwald. Gleich am Beginn gibt es außerdem ein **Tierkundemuseum** in einem runden Holzstelzenbau, das über die Fauna informiert. Die ausgestellten Präparate sind übrigens fast ausschließlich durch Unfälle zu Tode gekommen und nicht extra geschossen worden.

Tierkundemuseum: *Bahnhofstr. 30, parken bei [N 47°52'53" E 11°54'48"], Mi / Sa / So 14.00 – 16.00 Uhr, Auwald kostenlos, Museum €, www.naturerlebnis-bruckmuehl.de*

Kurz nach dem Ort können Sie links beim Dorf Högling zum **Höglinger Weiher** abzweigen. Noch immer wird ringsum Kies abgebaut, der nordöstliche Baggersee ist aber zum Baden frei gegeben. Auch über Nacht steht man recht ruhig. Suchen Sie sich Ihr Lieblingsplätzchen aus, links oder rechts der genannten Koordinaten, [**166:** N 47°53'23" E 11°56'37", Zur Kieslände].

Biergarten Maxlrain

Entweder über die St2078 und dann links ab, oder kürzer, über die hinter Högling ostwärts führende Weihenlindener Straße, erreichen Sie **Maxlrain**. Schon um 804 wurde an dieser Stelle ein erstes Schloss erbaut, wahrscheinlich vom frühen Ritter Podalunc. Später fiel der Besitz ans namensgebende Geschlecht der Maxlrainer, das bereits 1734 erlosch. Heutiger Besitzer des Anwesens sind die von Lobkowiczes. Was sich seit bald 400 Jahren erhalten hat, ist die Brautradition, der wahlweise im beliebten Bräustüberl mit Biergarten oder der etwas gediegeneren Schlosswirtschaft gehuldigt wird. Zwischen 12 und 15 verschiedene Biersorten werden ständig gebraut, verkauft und natürlich auch ausgeschenkt. Am großen Parkplatz können Sie nach ein paar Halben oder Maß problemlos über Nacht parken **[167:** N 47°53'51" E 11°59'16", Aiblinger Str. 1].

Bad Aibling

Gastrotipps Irschenberg: **Dinzler Kaffeerösterei** (Café), Wendling 15, **Kramerwirt****, Wendelsteinstr. 1 | **Bruckmühl**: **Zum Schaukelpferd****, Ginsham 38, **Gasthaus Bartl****, Dorfstr. 29

Bad Aibling

Nach einem Gelage benötigt man bekanntlich ein wenig Erholung, da kommt die Stadt **Bad Aibling** gerade recht. In der großen Therme lässt es sich wunderbar relaxen. Auf über 10.000 Quadratmetern Wasser- und Saunafläche wird in den Kuppelbauten viel Wert auf ein ansprechendes, rund fließendes Ambiente gelegt. Ein ganzer Tag lässt sich dort mühelos verbringen. Praktisch, dass direkt neben der Therme ein schöner Wohnmobilstellplatz eingerichtet wurde.

***Therme Bad Aibling**: Lindenstr. 32, 10.00– 22.00 Uhr, Fr / Sa bis 23.00 Uhr, ab €€, www.therme-bad-aibling.de*

(168) Offizieller WOMO-Badeplatz: Bad Aibling (Thermenstellplatz)

GPS: N 47°51'23" E 12°00'21", Heubergstr. 1. **Max. WOMOs:** 30.
Ausstattung: Ver-/ Entsorgung, Strom, Toiletten tagsüber an der Therme.
Beschreibung: Recht schön angelegter begrünter, teils schattiger Parkplatz nur für Wohnmobile gleich neben der Therme, eben und für die Lage relativ ruhig, etwa 1,1 km in die Ortsmitte.
Preis: €€.
Zufahrt: Auf der St2078 die Mangfall überqueren, danach links in die Altwasserstraße einbiegen und erneut den Fluss passieren. Danach die zweite größere Straße rechts nehmen (Wendelsteinstraße) und nach rund 250 m links in die Heubergstraße abbiegen. Der Stellplatz kommt nach rund 500 m auf der rechten Seite

Auch dem Ort selbst könnten Sie einen Besuch abstatten wenn Sie schon da sind. Rund um den **Marienplatz** und am Flüsschen Glonn gibt es so manche lauschige Ecke zu entdecken. Bei der Weiterfahrt über **Kolbermoor** passieren Sie eine V/E-Anlage an einem Wohnmobilhändler, [N 47°50'43" E 12°03'48", Dr.-Max-Hofmann-Str. 1].

Gastrotipps Bad Aibling: **Café Rott** (Café), Münchner Str. 3a, **Cafelotte** (Café), Kirchzeile 2a, **Genussart****, Kirchzeile 12, **Hofer Stubn****, Am Graben 3

Rosenheim

Deutlich städtischer geht es in **Rosenheim** zu. Mit über 60.000 Einwohnern ist es die Metropole im Chiemgau, auch zu sehen gibt es Einiges. Doch zuerst brauchen Sie einen ordentlichen, zentrumsnahen Parkplatz. Ideal ist die **Loretowiese**, die auch zum Übernachten genutzt werden kann. Nur während des Herbstfestes müssen Sie ausweichen, dann wären die Parkplätze P8 am Kino [N 47°51'04" E 12°07'35", Kufsteiner Straße], P14 am Bahnhof, [N 47°51'06" E 12°07'04", Luitpoldstraße] oder P21 am Sportpark [N 47°51'28" E 12°07'11", Stemplingerstraße] einen Versuch wert. Einen weiteren, offiziellen Nächtigungsplatz finden Sie etwas außerhalb, in südlicher Richtung im Vorort **Happing** am Happinger Hof.

(169) WOMO-Stellplatz: Rosenheim

GPS: N 47°51'36" E 12°07'30", Kapuzinerweg 1 / Loretowiese.
Max. WOMOs: 10+.
Ausstattung: Keine Einrichtungen.

Beschreibung: Nüchterner Großparkplatz am Rosenheimer Festplatz. Nachts relativ belebt, am Rand bei den Bäumen schattig, relativ eben, die Koordinaten beziehen sich auf den Rand des Geländes. Möglichst so stellen, dass man nicht eingeparkt werden kann. Etwa 500 m in die Altstadt.
Zufahrt: Zu Beginn von Rosenheim nach der Eisenbahnbrücke links in die Hubertusstraße abbiegen. Dann die dritte rechts (Küpferlingstraße) und immer geradeaus, später durch die Herbststraße bis zur Festwiese.
Hinweis: Mitte August bis Ende September ist der Platz wegen des Rosenheimer Herbstfests immer gesperrt.

(170) Offizieller WOMO-Gastro-Stellplatz: Happing (Happinger Hof)

GPS: N 47°49'47" E 12°07'36", Happinger Str. 23-25. **Max. WOMOs:** 3.
Internet / Tel.: www.happingerhof.de, 08031 61 69 70.
Öffnungszeiten: April – Oktober.
Ausstattung: Strom, Toiletten / Dusche, Waschmaschine/ Trockner. Früh-

stück möglich.
Beschreibung: Gekennzeichneter, ebener Teil des Parkplatzes hinter dem Gasthof, Plätze auf Schotter, kein Schatten, recht ruhig, rund 1,7 km bis Rosenheim.
Preis: €€ inkl. Verzehrgutschein.
Zufahrt: Von Rosenheim in südlicher Richtung zur A8 fahren. Auf halbem Weg links nach Happing abbiegen. Im Dorf erneut links zum Happinger Hof fahren.

Unterwegs in Rosenheim

Erste Erwähnungen einer Befestigung an der heutigen Stelle Rosenheims gehen bereits auf das Jahr 15 n. Chr. zurück – Pons Aeni nannten die Römer die Anlage rund um eine Brücke am Inn. Doch erst 1234 taucht das Schloss Rosenheim erstmals in den Annalen auf. Die Herkunft der Bezeichnung konnte bis heute nicht zweifelsfrei geklärt werden. Eine Theorie bezieht ihn auf das Rosenwappen des Wasserburger Hallgrafen, eine andere auf die Rösser (also einst Rossenheim), die Schiffe den Inn hinaufzogen. Auch ein Bezug zu einem Personennamen oder einer alten Bezeichnung für Moorlandschaft stehen im Raum. Die schönste Idee ist jedoch, dass als Rosen die besonders schönen jungen Frauen der Stadt bezeichnet wurden und so den Namen spendeten.
Die verkehrsgünstige Lage am Fluss machte den Ort bald zu einem wichtigen Umschlagplatz für Waren aller Art und so erlangte man schon 1328 das Marktrecht. Eine Saline entstand, die Bedeutung als Handelsort stieg, Stadtrechte vergab aber erst Ludwig II. 1864.
Wenn Sie an der **Loretowiese** geparkt haben und in südwestliche Richtung gehen, stoßen Sie auf die Kaiserstraße die Sie südwärts zum Beginn einer Altstadtrunde bringt. Sie starten am **Mittertor** rechts von Ihnen. Es ist das einzig erhaltene Markttor der Stadt und gleichzeitig in seiner Substanz das älteste Gebäude – es geht auf das 14. Jahrhundert zurück. Im Inneren befindet sich das **Städtische Museum** mit einer interessanten Sammlung zur Stadtgeschichte, von der Frühzeit über die Römer bis zur Moderne. Es existiert an diesem Ort schon seit 1895 *(Ludwigspatz 26, Di – Sa 10.00 – 17.00 Uhr und 1. / 3. / 5. So von 13.00 – 17.00 Uhr, €, www.museum.rosenheim.de)*.
Gleich hinter dem Tor beginnt die Fußgängerzone. Gehen Sie zunächst nach

Mittertor

Ludwigsplatz

links, erreichen Sie den **Ludwigsplatz**, der seit Rosenheims Erweiterung um einen neuen Markt im 15. Jahrhundert Teil der Innenstadt ist. Auffällig ist der Fischbrunnen, der an die Zeiten eines einstigen Fischmarktes an dieser Stelle erinnert sowie der jüngst wieder freigelegte Stadtbach. Größtes Bauwerk am Platz ist die Pfarrkirche **St. Nikolaus**, die zwischen den Häuserfassaden links und rechts etwas eingezwängt wirkt.

Rechts von der Kirche gelangen Sie an einem Durchgang zum langgestreckten **Max-Josefs-Platz**, dem Herz Rosenheims. Die Häuser ringsum wurden im typischen Inn-Salzach-Stil mit Gewölben und aufragenden Vorschussfassaden erbaut, die die dahinterliegenden Dächer verbergen. Eine ganze Reihe interessanter Gebäude lassen sich finden, so das ehemalige Rathaus in Nummer 22, das Bergmeisterhaus mit Rokoko-Eingang an der Ecke zur Heilig-Geist-Straße, oder das Ellmaier-Haus mit einer „Himmelsleiter“, welches ein **Holztechnisches Museum** beherbergt. Es stellt die lange traditionsreiche Geschichte der Holzbearbeitung Rosenheims dar *(Max Josefs Platz 4, Di – Sa 10.00 – 17.00 Uhr, 2. und 4. So im Monat 13.00 – 17.00 Uhr, €)*.

Nachdem Sie sich ausgiebig umgesehen und vielleicht auch die ein oder andere Seitengasse inspiziert haben, überqueren Sie am südwestlichen Ende die Rathausstraße und stehen nun am **Gilitzerblock** rechts von Ihnen. Nach seinem Erbauer benannt, umfasste er nach der Fertigstellung 1897 15 Häuser, die das Stadtbild in diesem Bereich

Max-Josephs-Platz

prägten. Nur noch ein kleiner Teil ist erhalten geblieben, ringsum wurden die alten Fassaden durch Neubebauung ersetzt. An der nächsten Straßenecke links zur Kufsteiner Straße betreten Sie den **Salinengarten**. Einst schlug dort das „salzige Herz“ als bedeutender Wirtschaftsfaktor für die Gemeinde. Heute ist an Stelle des 1967 abgerissenen Werksgebäudes ein Kongresszentrum entstanden. Im Garten ringsum wurde eine ansehnliche Zahl von Skulpturen und Großplastiken, meist lokaler Künstler, installiert. Nur am südwestlichen Ende des Geländes, heute durch Neubauten und durch die Kufsteiner Straße zugänglich, ist mit dem **Solepumpenhaus** ein letztes Überbleibsel der „Salzzeit“ erhalten geblieben. Von der Kufsteiner Straße gehen Sie nun an der Ecke beim Kaffeehaus durch die Brixstraße zur Rathausstraße, wo Sie alsbald rechts vor dem großen **Lokschuppen** stehen. Diese Ausstellungshalle besitzt internationales Renommee und zeigt zweimal jährlich wechselnde Schauen zu den unterschiedlichsten Themen. Fast immer sind sie aufwändig gemacht und opulent gestaltet. Wenn das aktuelle Thema für Sie irgendwie interessant erscheint, lohnt ein Besuch auf jeden Fall *(Rathausstr. 24, Mo – Fr 9.00 – 18.00 Uhr, Sa / So ab 10.00 Uhr, Eintritt je nach Ausstellung ca. €€€, www.lokschuppen.de)*. Gegenüber steht das heutige Rathaus, einst der Bahnhof Rosenheims. Auch eifrigen TV-Zuschauern mag das Gebäude bekannt vorkommen. In der ZDF-Serie „Die Rosenheim-Cops“ diente es als Polizeirevier.
An der Ecke zur Königinstraße biegen Sie links ab oder machen noch einen Schlenker geradeaus. Dann kommen Sie rechts erst an die **Städtische Galerie** mit wechselnden Ausstellungen *(Max-Bram-Platz 2, Di – Fr 10 – 17.00 Uhr, Sa / So ab 13.00 Uhr, www.galerie.rosenheim.de)* und kurz danach links zum Eingang des **Mangfallparks**. Dort fand 2010 die Landesgartenschau statt, heute ist er die größte, grüne Erholungsfläche Rosenheims.
Entlang der Hauptroute kommen Sie als nächstes an der **Erlöserkir-**

che rechts von Ihnen vorbei. Letzte Station ist dann linksseitig der **Riedergarten**. Der einst private Heil- und Kräutergarten ist längst der Öffentlichkeit zugänglich gemacht worden und als ebensolcher auch heute wieder in Betrieb.
Nur noch wenige Meter sind es zurück an den Ludwigsplatz, von dem aus Sie nach links Ihren Parkplatz erreichen. In den kleinen, verkehrsberuhigten Sträßchen rechts von Ihnen können Sie bei Bedarf noch eine Runde drehen. Dort versteckt sich so manche schöne Ecke oder Lokalität für einen Einkehrschwung.

Wenn das Wetter mitspielt, möchten Sie vielleicht noch einen Badestopp einlegen. Mit dem **Happinger Ausee** und dem **Florianisee** stehen dafür gleich zwei Alternativen direkt nebeneinander zur Auswahl. Sie erreichen beide, wenn Sie den Vorort **Happing** *(siehe Stellplatz Happinger Hof weiter vorne)* einfach geradeaus durchfahren. Am See links ab in der **Happinger-Au-Straße** finden Sie sogar wohnmobiltaugliche Parkbuchten, die nachts sehr ruhig liegen, [**171:** N 47°49'57" E 12°08'16"].

Stellplatz 171, unten Happinger Ausee

Nun machen Sie ein wenig Boden gut. Das geht am schnellsten über die A8, die Sie zwei Ausfahrten später bei **Achenmühle** wieder verlassen – zumindest wenn Sie ein wenig die Natur zwischen Samerberg und der Spatenau erkunden wollen. Anderenfalls könnten Sie auch gleich bis zur Ausfahrt Frasdorf weiterfahren.

Gastrotipps Rosenheim: **Glückspilz****, Färberstr. 6, **Gasthaus zum Stockhammer****, Max-Josefs-Platz 13, **Flötzinger Bräu****, Samerstr. 17

Samerberg

Samerberg liegt weit verstreut östlich den Inntals auf einem Hochrücken, der dieses Gebiet mit dem südlichen Chiemgau verbindet. Ganze 78 Ortsteile zählt die Gemeinde, einen Hauptort gleichen Namens suchen Sie dagegen vergeblich. Halten Sie sich somit am Besten über die RO9 und RO21 nach **Grainbach**, das den größten Ortsteil darstellt. Gleich am Rand können Sie einer skurrilen Sportart nachgehen, wenn es Sie denn packt: dem **Bauerngolf**. Dabei bestehen die Schläger aus Besenstielen, an denen Holzschuhe befestigt wurden und die Golfbälle sind handballgroß. Auch vom Putten und Schlagen übers englische Green kann keine Rede sein. Ein eher rustikaler Acker mit Hindernissen dient als Parcour der bewältigt werden will. Wenn Sie in Stimmung sind – ein lustiger Zeitvertreib vor schöner Kulisse.

***Bauerngolf**: [N 47°46'35" E 12°14'04", Kirchplatz 5], Zufahrt im Ort ausgeschildert, meist Apr – Okt, Mi – Mo 11.00 – 20.00 Uhr, €, www.bauerngolf-samerberg.de.*

Für eine Wanderung durchfahren Sie Grainbach mindestens bis zum **Hochries-Sesselift**, der nach einer kurzen, etwas steileren Anfahrt links der Straße abfährt. Vor allem Mountainbiker lieben diese Gegend. Oben am Lift gibt es Parkflächen, wenn Sie etwas länger stehen wollen, nehmen Sie stattdessen den gebührenpflichtigen Wanderparkplatz gleich unten an der **Heubergstraße**, **[172:** N 47°46'13" E 12°13'59"]. Noch ein Stück weiter gelangen Sie zum **Waldparkplatz Spatenau**. Die großen, schattigen Schotterflächen eignen sich ebenfalls gut für eine Nacht,

Stellplatz 172

[**173:** N 47°45'00" E 12°13'03"]. Von dort geht es zu Fuß in rund 45 Minuten hinauf zur beliebten **Doaglalm** auf dem Hochplateau. Mit verschiedenen Varianten lässt sich die Tour auch noch weiter ausbauen. Ein dritter Ausgangspunkt für Wandertouren ist der **Gasthof Duftbräu** *(Duft 1, kostenpflichtige Parkplätze vorhanden)*. Eine eher kurze Runde durch den Bergwald können Sie am 45 Minuten langen Bierlehrpfad drehen. Eine längere, landschaftlich schönere Tour führt beispielsweise bis zum Heuberggipfel hinauf.

Rundwanderung zu den Daffnerwaldalmen und zum Heuberg (7,5 km, 3 Stunden, 610 Hm)

Vom Parkplatz beim Duftbräu aus gehen Sie zunächst auf der Straße ein paar Meter zurück bis zur Brücke. Davor führt ein Weg rechts hinauf, vorbei an schönen Wasserfällen. Nun folgen Sie immer dem Fluderbach, stets geradeaus. Andere Abzweigungen bleiben unberücksichtigt. Nach rund 15 Minuten erreichen Sie eine große Wiese und von dort geht es auf einem Fahrweg weiter durch den Wald bis zu einer Lichtung. An dieser Stelle queren Sie eine Forststraße und wandern ein paar Meter abwärts, vorbei an einer Futterstation für Wild. Der teils steinige Pfad windet sich nun in stetem auf und ab über einige Lichtungen und Waldstücke bis hin zu einer Weggabelung. Rechts gehen Sie weiter zu einer Almwiese und

Unterwegs zum Heuberg, Mitte Duftbräu rechts oben Daffnerwaldalm

über diese zu den bewirtschafteten **Daffnerwald-Almen**. Wer noch „Schmalz“ hat und sich für einen weiteren Aufstieg gerüstet fühlt, geht nicht gleich rechts zur Wirtschaft hinüber sondern quert die Straße, um dann links hinauf den markierten Weg zum Gipfel des Heubergs in Angriff zu nehmen. Knapp 300 Höhenmeter sind das noch, oben wird man von einer tollen Aussicht zu allen Seiten und bis zurück ins Inntal belohnt. Der Abstieg erfolgt nun zunächst auf gleichem Weg bis zur Einkehr an den Almen. Ab dort nehmen Sie die betonierte Fahrstraße abwärts Richtung Norden. Nach einer Weile können Sie diese aber auf einer unbefestigten Forststraße rechts ab verlassen. In vielen Kurven windet sich diese durch den Wald zurück zur Straße an der Sie, rechts herum, Ihren Ausgangspunkt erneut erreichen.

Gastrotipps Samerberg: **Zur Post****, Dorfplatz 1, **Entenweit****, Samerstr. 5, **Alpenrose****, Kirchplatz 2

Aschau und Hohenaschau

Sie fahren nun zurück über Grainbach und folgen den Schildern Richtung **Frasdorf** und weiter in den Luftkurort **Aschau**. Auch dort empfiehlt sich ein Abstecher nach Süden. Zunächst erreichen Sie das direkt angrenzende **Hohenaschau**. Es wird vom mächtigen **Schloss Hohenaschau** geprägt, das rechts des Dorfes auf einem Felssporn sitzt. Natürlich können Sie es besichtigen, wenn auch nicht ganz so umfänglich wie andere Schlösser Bayerns. Grund ist in erster Linie, dass ein beträchtlicher Teil als Freizeit- und Erholungsheim der Bundesfinanzverwaltung dient. Ein Besuch lohnt dennoch, denn man erlebt einmal eine bayerische Burg abseits vom ludwig`schen Prunk des ausgehenden 19. Jahrhunderts. Parken können Sie direkt unterhalb in der **Schloßbergstraße** vor der Festhalle bei [N 47°46'00" E 12°19'21"].

Gartensaal, Schloss Hohenaschau

Schloss Hohenaschau

Schon um 1165 entstand eine erste Festung an dieser Stelle, die später durch die Adelshäuser der Freyberger und Preysinger massiv ausgebaut wurde. Letzter privater Besitzer war die Familie Cramer-Klett. Industriell statt adelig wollte man sich sich mit diesem Sommersitz ein wenig aufwerten. Mehr zu den Besitzern und der Burg erfahren Sie auch im kleinen **Priental-Museum** im Vorbau der Anlage, Kombitickets gelten für beide Teile. Vor, nach oder statt einer Burgbesichtigung erleben Sie am Schlossberg auf halber Höhe in der dortigen **Falknerei** eine gut gemachte Flugvorführung.

***Burg Hohenaschau**: Aschau 1, Mai – Okt nur mit Führung, Di / Do / So 13.30 / 15.00 Uhr, Mi / Fr 10.00 / 11.30 Uhr, € | **Falknerei**: Schloßbergstraße, Apr – Mitte Jul und Mitte Sep – Okt Mi / So 15.00 Uhr, Mitte Jul bis Mitte Sep Di / Do 11.00 und 15.00 Uhr, €€, www.falknerei-burghohenaschau.de*

Wanderung zur Frasdorfer Hütte

(8,5 km, 3 Stunden, 360 Hm)

Eine andere Aktivität die am Parkplatz beim Schloss beginnt, ist eine Wanderung zur beliebten **Frasdorfer Hütte**. Dazu wandern Sie am Schlossberg vorbei und halten sich danach links über den Ortsteil Hammersbach den Berg hinauf. Erst steiler, später fast eben dem Hangverlauf folgend, erreichen Sie die einfache kleine Hofalm. Links führt der Weg markiert noch die rund 850 Meter weiter zur „Frasi“. Rückzu gehen Sie erst wieder bis zur Hofalm und dort links über den Forstweg, erst am Waldrand entlang und dann in vielen steilen Kehren abwärts. Im Tal nehmen Sie schließlich die Straße nach rechts und bald darauf links über die Prienbrücke zurück zum Ausgangspunkt.

Nur einen Katzensprung weiter links der Durchgangsstraße befindet sich in Hohenaschau der Parkplatz an der **Kampenwandbahn**. Er weist kein Nachtparkverbot aus und ist der beste Halt, um die alpine Bergwelt ringsum zu erkunden, *[**174:** N 47°45’53” E 12°19’29”, An der Bergbahn 4]*.

Kampenwandbahn: An der Bergbahn, Mai – Nov, 9.00 – 17.00 / 18.00 Uhr, €€€, mehr unter www.kampenwand.de

Kampenwand-Wanderung (1250 Hm, 4,5 Stunden)
Fortgeschrittene können es auf gut markierten Wegen auch mit den 1250 Höhenmetern des Berges, zumindest in die ein- oder andere Richtung, per pedes aufnehmen und den Fußweg wählen, der gleich neben dem Seilbahngebäude beginnt. Tolle Aussichten, blumenübersäte Almwiesen und zuletzt die **Steinlingsalm**, schon fast ganz oben, sind die Belohnung für die Mühen. Von dort nimmt man das letzte Stück hinauf zum Gipfel in Angriff. Dafür ist Schwindelfreiheit ratsam. Das Kreuz am Scheitelpunkt ist übrigens aus Panzerschott und Gasflaschenzusammengeschweißt worden, Überbleibsel des Zweiten Weltkriegs. Es ist das Größte in den bayerischen Alpen. Zurück an der Alm führt dann der schöne, moderate **Panoramaweg** zum Bergbahngebäude mit **Sonnenalm** zurück, von wo die Abfahrt startet.

Noch ein Stück weiter in Richtung **Sachrang** und österreichische Grenze finden Sie drei Wanderparkplätze in verschiedenen Größen und Entfernungen zur Hauptstraße. Sie sind jeweils gebührenpflichtig, zahlbar am Automaten. Eine dritte schöne Wanderung startet am letztgenannten.

*[**175a:**N47°42'37"E12°17'01", Kohlstätter Bach], €*
*[**175b:**N47°42'27"E12°16'59", Geigelstein], €,*
*[**175c:**N47°41'35"E12°16'05", Sachrang], €.*

Stellplätze 175

Rundwanderung zum Spitzstein (4,5 Stunden, 860 Hm)

Zunächst queren Sie die St2093 und nehmen am Ort, immer nach rechts, erst die **Dorfstraße**, dann sofort die **Bergstraße** und nicht viel später rechts die **Bergfeldstraße** hinauf. Nach einer langen Linkskurve zweigt rechts bei einem Bodenrost der Wanderweg ab. Zunächst noch licht, steigen Sie bald in waldreichem Gebiet aufwärts. Nur rund um die private **Mesneralm** erstreckt sich eine kleine Lichtung. Der Weg bekommt nun einen deutlichen Linksdrall und erreicht schließlich offene Weideflächen. Direkt hinter der Landesgrenze ragen schon **Spitzsteinhaus** und **Altkaser Alm** herüber. Der letzte 300 Meter-Anstieg beginnt rechts direkt davor. Geben Sie Obacht, rund um den Gipfel findet man, neben anderen Bergblumen auch immer wieder mal Edelweiß. Die streng geschützte Pflanze und Sinnbild der Alpen ist in den letzten Jahrzehnten immer seltener geworden – in freier Wildbahn eine botanische Rarität!

Am Abstieg können Sie wählen, welche der beiden genannten Hütten Ihnen mehr für eine Einkehr zusagt, bevor Sie den nahe dem Spitzsteinhaus abfallenden Almweg einschlagen. Den Wegweisern nach **Mitterleiten** folgend, bleiben Sie zunächst am Waldrand auf gutem Weg, bevor es links auf kleinerem Pfad etwas sumpfig zwischen den Bäumen hindurch geht. Hier ist das Quellgebiet der Prien, die schließlich nördlich des gleichnamigen Ortes, in den Chiemsee einfließt. Nachdem Sie die Bauernhöfe Mitterleitens erreicht haben, kürzen Sie direkt danach rechts abwärts in den Hauptort Sachrang ab, wo Sie sich vor der Rückkehr zum Wohnmobil noch im „bayerischen Italiener" Zur Post stärken können.

Am Rückweg fahren Sie nun erneut durch **Aschau** hindurch, vielleicht eine Gelegenheit Halt zu machen und sich ein wenig umzusehen. Auch wenn mit Bergen, Schloss und Falknerei große Sehenswürdigkeiten etwas weiter südlich lagen, punktet der Ort mit umfangreichen kulinarischen Angeboten vor schöner Kulisse. Eine beliebte Ausflugsadresse ist das **Café Pauli** am Höhenberg, das Sie am Ortsausgang Richtung Bernau links ab beschildert finden. An der Zufahrt muss eine Engstelle bei zwei Bäumen gemeistert werden, danach genießen Sie eine besonders schöne Aussicht. Unterhalb lässt sich im einfachen aber charmanten, kleinen **Moorfreibad** relaxen. Daneben lockt ein Spazierweg zur Umrundung des **Bärnsees**.

Für einen längeren Aufenthalt bietet sich der Campingplatz an der Hauptstraße an. Über einen Waldweg haben Sie auch von dort Anschluss an den Bärnseeweg. Gut markiert und mit beinahe konkurrenzlos tollem Chiemseeblick vom Stell- und Parkplatz aus wartet etwas weiter südlich die **Seiseralm** auf.

***Moorfreibad**: Höhenbergstr. 1, Mitte Mai– Mitte Sep 10.00 – 19.00 Uhr, €*

Gastrotipps Aschau: **Residenz Winkler*****, Kirchplatz 1, **Speis und Seele*****, Schulstr. 9, **Zum Wildschütz***, Kampenwandstr. 26, **Ratskeller***, Kampenwandstr. 31

(176) WOMO-Campingplatz: Aschau (Camping am Moor)

GPS: N 47°47’11” E 12°20’05”, Innerkoy 1.
Internet / Tel.: www.camping-am-moor.de, 08052 45 13.
Ausstattung: Waschmaschine / Trockner.
Beschreibung: Ganz netter kleiner Platz mit großen, alten Bäumen und vielen Pflanzen, schattig, Rasenuntergrund, etwas uneben, durch die nahe Bundesstraße nicht ganz ruhig, rund 1,5 km ins Zentrum.
Preis: €€€.
Zufahrt: An der Straße von Aschau nach Bernau linker Hand kurz nach Ortsende.

(177) Offizieller WOMO-Gastro-Stellplatz: Bernau (Seiseralm)

GPS: N 47°47’50” E 12°21’35”, Reit 5. **Max. WOMOs:** 5-6.
Internet / Tel.: www.seiserhof.de, 08051 98 90.
Ausstattung: Ver-/ Entsorgung (nicht frei zugänglich), Strom (gegen Gebühr), Dusche, WLAN, Saunanutzung und Brötchenservice / Frühstück möglich (gegen Gebühr).

Beschreibung: Plätze am hinteren Teil des Gasthof-Parkplatzes auf Asphalt, teils schattig, schöne Aussicht auf den Chiemsee, nachts recht ruhig, leicht schräg, etwa 3,9 km in den Ort.
Preis: €€.
Zufahrt: An der Straße von Aschau nach Bernau geht rechts beschildert eine steilere Straße durch den Wald hinauf zur Seiseralm.

Bernau

Der Name **Bernau am Chiemsee** ist an sich etwas missverständlich. Der eigentliche Ort befindet sich ein ganzes Stück südlich des Seeufers. Interessanter Haltepunkt für Womo-Fahrer ist sicher der beliebte Stellplatz am Tennispark. Nicht vergessen sollte man dabei den etwas isoliert aber tatsächlich direkt am Wasser gelegenen Ortsteil **Felden**. Der dortige Chiemseepark besticht mit großem Strandbad, kostenfreien Liegewiesen, Bootsverleih, einem Vogelbeobachtungsturm und Biergarten am See. Neuerdings wurde auch dort ein Stellplatz eingerichtet. Welcher Ihnen eher zusagt, ist Geschmackssache. Nur der Vollständigkeit halber sei auch der direkt an der Autobahn bei Bernau beheimatete **Transit-Campingplatz Mariengrund** erwähnt. Er bietet Festpreise und campingübliche Ausstattung *([**178:** N 47°49’01” E 12°21’46”, Priener Str. 42], Mai – Sep, €€€, bei Onlinereservierung auf www.campingplatz-mariengrund.de günstigere Preise).*

Gastrotipps Felden: **Fischerei Minholz****, Birkenallee 48, **Sallers Badehaus****, Rasthausstr. 11

(179) Offizieller WOMO-Stellplatz: Bernau (Stellplatz am Tennispark)

GPS: N 47°48'33" E 12°22'56", Buchenstr. 17. **Max. WOMOs:** 20.

Ausstattung: Ver-/ Entsorgung (nicht frei zugänglich), Strom (gegen Gebühr), Duschen.
Beschreibung: Sauber angelegter Platz am Tenniscenter in Randlage. Geschotterter Untergrund, kaum Schatten, eben, nachts recht ruhig. Etwa 700 m in den Ort.
Preis: €€.
Zufahrt: Kurz vor dem Bernauer Ortsausgang Richtung Graussau rechts in die Buchenstraße zum Tenniscenter abfahren. Nach der Halle links.

(180) WOMO-Badeplatz: Felden

GPS: N 47°49'49" E 12°23'08" (Parkplatzzufahrt), Rasthausstr. 11.
Max. WOMOs: 15-20.
Ausstattung: Ver-/ Entsorgung, Dusche / Toilette (jeweils gegen Gebühr).
Beschreibung: Abgesperrter Bereich am hinteren Ende eines Parkplatzes auf Schotter, sehr schön direkt am Chiemsee gelegen, nachts nicht ganz leise, da die nahe Autobahn zu hören ist, auf Schotter, eher schattig. Rund 2,4 km in den Ort, Gastronomie schon nach ein paar hundert Metern. Badeplatz in der Nähe.

Preis: €.
Zufahrt: Am schnellsten in Bernau auf die Autobahn Richtung Salzburg fahren und an der nächsten Ausfahrt Felden im Kreisverkehr rechts ab nach Felden steuern. Dort immer geradeaus bis zum Parkplatz links.

Grassau

Die B305 setzt Tour sieben schließlich Richtung Grassau fort. Zunächst durchfahren Sie noch **Rottau**, ein Dorf mit einigen der typisch alpenländisch gezierten Bauernhäusern. Wie vielerorts hängen die Geranien fast schon verschwenderisch weit ausladend und mit überbordenden Blüten üppigst geschmückt in den Blumenkästen der Häuserfenster. Links ab zeigen Wegweiser zum **Museum Torfbahnhof**, das knapp drei Kilometer entfernt mitten im Kendlmühlfilzengebiet liegt. Es ist im ehemaligen Bahnhofsgebäude untergebracht, einem Industriedenkmal der 1920er Jahre. Neben vielen Exponaten zur harten Arbeit und dem Wirken der Torfstecher, kann man auch eine alte Feldbahn unter die Lupe nehmen. Sie dreht mit Besuchern sogar eine Runde über die alten Gleise. Mit dem **Museum Salz und Moor** wird die Thematik nur einige hundert Meter nach Rottau erneut aufgegriffen. Es befindet sich

Stellplätze 181 und182

im Klaushäusl, einer ehemaligen Solepumpstation zwischen Bad Reichenhall und Rosenheim. Gegenüber des Museums können Alt und Jung am **Moorerlebnispfad** selbst hautnah das Filzgebiet erkunden und an verschiedenen Stationen Zusatzinformationen einholen. Am Museum gibt es außerdem Parkplätze und ein kleines Café.
Wenn Sie die Gegend lieber auf eigene Faust und ohne Lehrpfad erkunden möchten, geht das auch. Entweder vom nächsten Ort **Grassau** aus, wo Sie Parkplätze ohne Nachtparkverbot hinter dem Gasthof zur Post finden, [**181:** N 47°46'48" E 12°26'59", T.-von-Hötzendorf-Straße], oder schon vorher, kurz nach dem Museum links ab, durch den **Steinbrückweg** bis zu einem Wanderparkplatz am Waldrand, [**182:** N 47°47'12" E 12°26'24", Steinbrückweg].

***Moor- und Torfmuseum**: [N 47°48'48" E 12°25'0", Hackenstraße], meist Mai – Anfang Nov, nur Sa / So, Bahn um 11.00 und 14.00 Uhr, Jul – Sep auch Mi, €, www.museum-torfbahnhof.de | **Museum Salz und Moor**: [N 47°47'06" E 12°25'37", Klaushäusl 1], Mi –Okt, Di – So 11.00 – 17.00 Uhr, €*

Gastrotipps Felden: **Fischerei Minholz****, Birkenallee 48, **Sallers Badehaus****, Rasthausstr. 11

Übersee

Hinter Grassau steuern Sie über die Hauptstraße direkt auf einen Kreisverkehr zu. Ein weiteres Mal haben Sie dort die Qual der Wahl – gleich die Tour Richtung Marquartstein fortsetzen oder einen Badeabstecher zum Chiemsee einplanen.

Wenn Sie sich für den Badeausflug entscheiden, fahren Sie in nördlicher Richtung weiter. Zunächst auf der St2096 Richtung **Übersee** mit zwei guten Stellplätzen. Dann an der Nettofiliale links durch die Bahnhofsstraße ins Ortsinnere und schließlich rechts ab Richtung **Feldwies**. Nach der Autobahnüberführung kommen Sie zum Bootshafen. Davor warten rechts am Ende der ausgebauten Straße die Parkplätze des **Strandbades Übersee**. Nach links rollen Sie ins Campingplatzgelände hinein oder links daran vorbei zum Parkplatz des FKK-Geländes am See. Sicher nicht jedermanns Sache, aber für Ungezwungene eine der schönsten Chiemsee-Badestellen.

(183) Offizieller WOMO-Bauernhofstellplatz: Übersee 1 (Bauernhof Steiner)

GPS: N 47°48'35" E 12°29'33", Almfischer 11. **Max. WOMOs:** 20.
Internet / Tel.: www.chiemsee-wohnmobile-steiner.de, 08642 13 83.

Ausstattung: Ver-/ Entsorgung (nicht frei zugänglich), Strom und Toilette / Dusche (gegen Gebühr).
Beschreibung: Schotterparkplätze neben dem Bauernhof an einer Wiese, eben, ruhig, kein Schatten, ländliche Lage, etwa 2,2 km in den Ort.
Preis: €€.
Zufahrt: Nach Graussau über die St2096 nördlich Richtung Grabenstätt fahren. Nach rund 4 km rechts ab zum Bauernhof.
Hinweis: Letzte Woche im August wegen eines Musikfestivals geschlossen.

(184) Offizieller WOMO-Bauernhofstellplatz: Übersee 2 (Bauernhof Schmid)

GPS: N 47°48'44" E 12°29'19", Stegen 4. **Max. WOMOs:** 26.
Ausstattung: Ver-/ Entsorgung (nicht frei zugänglich), Strom und Toilette / Dusche (gegen Gebühr).

Beschreibung: Parzellierte Schotterplätze neben dem Bauernhof in schöner Lage, kein Schatten, relativ eben, ruhige, ländliche Lage. Etwa 2,2 km in den Ort.
Preis: €€.
Zufahrt: Nach Graussau über die St2096 nördlich Richtung Grabenstätt fahren. Nach rund 4 km links ab zum Bauernhof.
Hinweis: Letzte Woche im August wegen eines Musikfestivals geschlossen.

(185) WOMO-Campingplatz: Übersee (Chiemsee Camping Rödlgries)

GPS: N 47°50'28" E 12°28'17", Rödlgries 1.
Internet/Tel.: www.chiemsee-camping.de, 08642 470.
Öffnungszeiten: April bis Oktober.
Ausstattung: WLAN, Waschmaschine / Trockner, Minimarkt, Gaststätte, Spielplatz, eigener Badebereich.
Beschreibung: Sehr großer, grüner Platz mit Stellflächen auf Rasen, kaum Schatten, recht eben, Bootsableger und Gastronomie in der Nähe. Etwa 2,7 km bis Feldwies.
Preis: €€€€-€€€€€.
Zufahrt: Von Übersee nach Feldwies und weiter unter der Autobahn hindurch auf den beschilderten Campingplatz nach links fahren.

Unter- und Oberwössen

Im Kreisverkehr hinter Grassau Richtung Süden steht als nächstes **Marquartstein** auf Ihrer Reisekarte. Vor allem junge Mitfahrer im Reisemobil kommen dort voll auf Ihre Kosten. Im westlichen Ortsteil Niedernfels gibt es einerseits einen großen **Märchen-Erlebnispark**. Mindestens drei Stunden müs-

Unterwössen

sen Sie für einen Besuch einkalkulieren. Der Rundgang bietet allerlei Sagen-, Spiel-, Tier- und Actionstationen sowie eine Sommerrodelbahn, ideal für Jüngere bis etwa 12 Jahre. Andererseits können Sie mit der **Hochplattenbahn** komfortabel den Berg erklimmen. Oben wurde der **Bergwalderlebnisweg Staffen** angelegt, ein schöner 4,3 Kilometer langer Rundgang mit Aussichtsplätzen für die Großen und Info-/ Spielstationen für die Kleineren.

***Märchenpark**: Jägerweg 14, Parkplatz bei [N 47°45'55" E 12°26'27"], April – Anfang November 9.00 – 18.00 Uhr, €€, www.maerchenpark.de | **Hochplattenbahn**: [N 47°45'41" E 12°26'09", Schloßstr. 46], Mai – Anfang Nov 9.00 – 16.00 Uhr, €€, www.hochplattenbahn.de*

Bei **Unterwössen** verlassen Sie den Lauf der Tiroler Achen, der Sie auf den letzten Kilometern gefolgt sind. Ein Sprung in den kleinen **Wössener See** am Ende der Ortschaft versüßt so manch heißen Sommertag *(Abfahrt Seestraße, linksseitig)*. Nur wenige hundert Meter weiter bietet ein Campingplatz neben seinem üblichen Angebot auch vergünstigte Plätze für Kurzzeitaufenthalte im Womohafen. Wanderwege beginnen direkt am Platz oder gleich danach links im Ortsteil **Brem** mit Parkgelegenheiten, zum Beispiel markiert zur Feldlahn- und Rechenbergalm.

Gastrotipps Marquartstein: **Café Marquart** (Café), Staudacherstr. 8, **Hofwirth zur Post***, Alte Dorfstr. 5

(186) WOMO-Campingplatz: Unterwössen (Campingplatz Litzelau)

GPS: N 47°43'05" E 12°28'45", Litzelau 4.
Internet / Tel.: www.camping-litzelau.de, 08640 87 04.
Öffnungszeiten: Ganzjährig.
Ausstattung: WLAN, Waschmaschine / Trockner, Gaststätte, Spielplatz, Sauna, Grillhütte, Streichelzoo.
Beschreibung: Großer recht grüner Platz, meist sonnig, recht eben und

ruhig am Waldrand gelegen. Wohnmobilhafen inkl. Strom, Wasser und Sanitäranlagennutzung. Etwa 1,7 km ins Ortszentrum.
Preis: €€€-€€€€, Wohnmobilhafen €€.
Zufahrt: Zwischen Unter- und Oberwössen links der Hauptstraße

Reit im Winkl

Reit im Winkl

Im südlichsten Eck des Chiemgaus versteckt sich einer der bekanntesten Wintersportorte Deutschlands. Bis heute gilt er als relativ schneesicher. Doch auch im Sommer ist in **Reit im Winkl** einiges geboten. Ganze fünf Museen besitzt das 3500 Einwohner Dorf. Dazu rund 55 gastronomische Betriebe und mehr als 5000 Gästebetten. Natürlich gibt es auch unzählige Wandermöglichkeiten – und Stellplatzgelegenheiten für Wohnmobile. Die Gemeinde hat vor einiger Zeit alle Ortsparkplätze zum einmaligen (!) Übernachten frei gegeben. Bedingung ist allerdings, dass Sie sich im Tourismusbüro anmelden und dort eine kostenpflichtige Kurabgaben-Parkkarte (€) erstehen, die Sie dann hinter die Windschutzscheibe legen müssen.

***Tourismusbüro:** [N 47°40'32" E 12°28'31", Dorfstr. 38], 8.30 – 18 .00 Uhr*

[**187a:** N 47°40'31" E 12°28'30", Frühlingstraße], mit Toilette,
[**187b:** N 47°40'40" E 12°28'32", Schwimmbadstraße],
[**187c:** N 47°40'41" E 12°28'22", Schwimmbadstraße],

Auch zwei außerhalb des Ortes gelegene Parkplätze fallen unter diese Regelung. Einer befindet sich im Ortsteil Birnbach be, [**188:** N 47°40'49" E 12°26'51", Birnbacherstraße], der andere am Benzeck bei [**189:** N 47°39'58" E 12°28'03", Mühlenweg].

Wenn es außer einem Ortsbummel auch ein Museum sein darf, können Sie eine der größten europäischen Wintersportsammlungen im **Skimuseum** besuchen. Je nach Interessenlage kommen sonst auch noch das **Schnapsmuseum Penninger,** das **Heimatmuseum**, das **Mineralienmuseum** oder das **Sakrale Museum** in der Kirche St. Pankratius in Frage. Was es jeweils zu sehen gibt, dürfte den Bezeichnungen nach selbsterklärend sein.

Skimuseum: *Schulweg 1, Jun – Mitte Okt Di – Do 15.00 – 18.00 Uhr, sonst Di / Mi / Fr 14.00 – 17.00 Uhr |* ***Schnapsmuseum***: *Dorfstr. 10, Mo – Fr 10.00 - 18.00 Uhr, Sa bis 13.00 Uhr |* ***Heimatmuseum***: *Weitseestr. 11, Fr 14.00 – 16.00 Uhr |* ***Mineralienmuseum***: *Schwimmbadstr. 15, Sommer So – Fr 10.00 – 18.00 Uhr |* ***Sakrales Museum***: *, nur mit Führung, Mi 10.00 – 11.00 Uhr*

Gastrotipps Reit im Winkl: **Dorfstadl****, Rathausplatz 4, **Alte Schmiede****, Hausbergstr. 3, **Reit im Winkler Stuben****, Tiroler Str. 37

Nach dem Ortsende in Richtung Ruhpolding geht dann rechts die Blindauer Straße in den gleichnamigen Ortsteil ab. Nach der Einmündung rechts finden Sie die Zufahrt zur beliebten **Forellenstube** und sehen schon die Hindenburghütte beschildert. Am Ende der Zufahrt gelangen Sie zu einem Wanderparkplatz bei [**190**: N 47°39'40" E 12°28'45"].

Wandern an der Hindenburghütte

Gleich zweimal hat das deutsche Wanderinstitut für Wege rund um die Hindenburghütte das Qualitätssiegel „Premiumwanderweg" vergeben. Wenn Sie also in den Genuss einer dieser Routen kommen wollen, müssen Sie zunächst zur Hindenburghütte hinauf kommen. Das geht ab dem Wanderparkplatz in Blindau zu Fuß (ca. 2,7 km) oder mit den schon ab Reit im Winkel regelmäßig verkehrenden Allrad-Zubringerbussen der Hütte (Infos am Wanderparkplatz). Danach wählen Sie zwischen der Tour „Gletscherblick" oder „Almgenuss".

Gletscherblick 12,7 km, 5 Stunden, 520 Hm

Oberhalb der Hindenburg-Hütte wandern Sie zunächst an der Anna-Kapelle vorbei zur **Oberen Hemmersuppenalm**. Von dort, links halten, über einen Steig zur 3 km entfernten **Pflegereck Forsthütte**. Das Waldgebiet lichtet sich langsam und Sie folgen in südlicher Richtung dem Pfad nach Österreich zur **Durchkaseralm**. Der Steig verläuft nun in stetigem Auf und Ab und mit herrlichen Aussichten bis zum Chiemsee, Steinernem Meer und Großglockner. Neben Ihnen befinden sich die drei Gipfel von **Markkogel**, **Lahnerkogel** und **Eggenalmkogel**. An der **Straubinger Hütte** erhalten Sie tolle Blicke aufs Kaisergebirge. Durch das Rührhübeltal gehen Sie im Anschluss zur Hemmersuppenalm und Hindenburg-Hütte zurück.

Almgenuss 7,1 km, 3,5 Stunden, 480 Hm

Auch für diese Wanderung gehen Sie zunächst hinauf zur **Hemmersuppenalm**, dort aber direkt in Richtung **Straubinger Haus**. Links ab führt der Wanderweg dann an einer Quelle zum Schuhmacherkreuz hinüber. Auch da bieten sich wunderbare Blicke vom Chiemgau bis zum Kaisergebirge. Nun steigen Sie westwärts zum Straubinger Haus ab und folgen von dort dem Wanderweg zum Ausgangspunkt zurück.

Seefeld und Seegatterl

Wieder an der B305 angekommen folgt rechtsseitig der offizielle Wohnmobilstellplatz von Reit im Winkl, etwas außerhalb im Ortsteil **Groissenbach**.

(191) Offizieller WOMO-Stellplatz: Reit im Winkel

GPS: N 47°40'15" E 12°29'02", Am Waldbahnhof 7, OT Groissenbach.
Max. WOMOs: 100+.
Internet: www.wohnmobilpark-reitimwinkl.com.

Öffnungszeiten: Mitte Dezember bis März und Mitte Mai bis Oktober.
Ausstattung: Ver-/ Entsorgung (nicht frei zugänglich), Strom.
Beschreibung: Stellflächen auf einem ehemaligen Campingplatz, er wirkt zeitweise etwas verwaist,die Lage am Bachlauf ist aber ganz schön. Auf Rasen und Schotter, kaum Schatten, nicht überall ganz eben, ruhig, Gaststätte in der Nähe, Supermarkt gegenüber. Etwa 1,6 km bis nach Reit im Winkl.
Preis: €€.
Zufahrt: An der B305 Richtung Ruhpolding im Ortsteil Groißenbach rechts ab beschildert.

Stellplatz am Lödensee

Der Stellplatz am Wintersportzentrum **Seegatterl** wurde inzwischen aufgelöst und auch am großen Parkplatz der Winkelmoos-Gondelbahn darf man nicht mehr über Nacht parken. Wenn Sie die schmale Mautstraße ins Wandergebiet hinauf fahren, stehen Ihnen viele markierte Strecken angeschrieben zur Verfügung, teils auch speziell zum Mountainbiken oder für Nordic Walking. Einen großen Parkplatz gibt es bei bei [N 47°39'28" E 12°34'45", Dürrnbachhornweg].

Weiter in Richtung Ruhpolding fahren Sie an drei stillen Bergseen vorbei. Zunächst dem an einigen Stellen verlandeten, schilfbewachsenen **Weitsee**, dann folgen die miteinander

Seegatterl, oben rechts Weitsee

verbundenen **Mitter-** und **Lödensee**. An diesen gibt es zwei Parkplätze die unterhalb der Straße im Wald liegen. Der erste ist per Unterführung mit dem **Mittersee** verbunden, **[192:** N 47°41'15" E 12°35'09"], der zweite mit dem **Lödensee**, **[193:** N 47°41'37" E 12°36'09"]. Ein Stopp in „Klein-Kanada", wie die Gegend auch genannt wird, empfiehlt sich sowohl zum Baden, Picknicken oder für eine Wanderung. Dazu gehen Sie östlich des Lödensees ans Nordufer und folgen dem Weg nach links. Beim Weitsee queren Sie die Bundesstraße und folgen ihm vorbei an der Seefischerkaser-Diensthütte. Rechts herum können Sie noch ein Stück weiter zum Weitseeblick-Panoramapunkt spazieren. Links ab führt ein Forstweg zurück zum ersten Parkplatz und von dort am Seeufer entlang zu Parkplatz zwei.

Ruhpolding

Bald darauf fallen Ihnen sicher die großen Stellflächen beidseitig neben der Straße auf. Sie gehören zur **Chiemgau-Arena**. Und die ist wiederum das bayerische Mekka des Biathlonsports. Auch Nordische Kombinierer, Langläufer und Skispringer trainieren dort. In den Sommermonaten dagegen können Sie getrost daran vorbeifahren. Vielleicht bis zum **Holzknechtmuseum**, rund 1,4 Kilometer weiter. Teils überdacht, teils im Freigelände können Sie sich kurzweilig über das Leben und die gefährliche Arbeit der Chiemgauer Holzarbeiter, vor allem in früheren Zeiten, informieren. Wie sie lebten, arbeiteten, welchen Schwierigkeiten der Holzabbau im bergigen Gelände ausgesetzt war und einiges mehr. Auch für Kinder gibt es ein eigenes, museumspädagogisches Kon-

Stellplatz 194

zept und viele Sonderveranstaltungen. Der hintere Parkplatz am Museum könnte auch über Nacht genutzt werden **[194:** N 47°43'29" E 12°39'31", Laubau].

***Holzknechtmuseum**: Laubau, Mai – Okt, Di – So 10.00 – 17.00 Uhr, Mitte Jul – Aug auch Mo, Oster- und Weihnachtsferien 13.00 – 17.00 Uhr, €, www.holzknechtmuseum.com*

Die B305 knickt bald darauf rechts Richtung Inzell ab. Das Zentrum **Ruhpoldings** liegt dagegen einige hundert Meter weiter geradeaus über die **Seehauser Straße**. Parken können Sie zum Beispiel am Kreisverkehr geradeaus vor dem Bahnhof. Die **Touristeninformation** finden Sie westlich davon in der **Hauptstraße**, dahinter Kurgarten und Kurhaus.

Interessanter als das Zentrum selbst ist aber ein paar Meter früher die Abfahrt links auf der **Brander Straße** Richtung Ortsteil **Brand**. Zunächst steuern Sie linksseitig auf das große **Vita Alpina Bad** mit Freibereich, Sauna und Therme. Parkplätze gibt es direkt neben dem Gebäude.

Danach folgt links das Café Restaurant **Windbeutelgräfin**, eine echte Ruhpoldinger Institution. Bekannt ist es natürlich vor allem für das namensgebende Brandteiggebäck. Es wird mit allerlei Füllungen kindskopfgroß serviert wird. Ein paar Kilometer durch waldreiches Gelände sind es dann noch bis nach Brand. Rechts können Sie zu einem Wanderparkplatz abzweigen der mit Toiletten ausgestattet ist, und auch die richtige Wahl, falls Sie den kurzen Weg zum **Museum Glockenschmiede** nehmen

Rauschberg, oben Stellplatz 195, rechts oben Stellplatz 196

möchten, [**195:** N 47°44'33" E 12°36'49"]. Im renovierten Gebäude können Sie eine Dauerausstellung zur Geschichte und Technik der Schmiede erleben, die alte Schleiferei besichtigen und einen Originalfilm von 1955 über den letzten Kuhglockenauftrag der Schmiede sehen. Letzte Station in Brand ist dann noch der große **Freizeitpark Ruhpolding** mit einer ganzen Reihe an Attraktionen und Erlebniswelten, vornehmlich für junge Gäste.

***Vita Alpina Bad**: [N 47°45'29" E 12°38'57", Brander Str. 1], 9.00 – 21.00 / 22.00 Uhr, ab €€, www.vita-alpina.de | **Museum Glockenschmiede**: Haßlberg 6, Mitte Mai – Okt, Di – Fr 10.00 – 12.00 und 14.00 – 16.00 Uhr, Jun / Jul / Sep ganztags, €, www.museum-glockenschmiede.de | **Freizeitpark**: [N 47°44'26" E 12°36'44", Vorderbrand 7], Apr – Anfang Okt, 9.00 – 18.00 Uhr, €€, www.freizeitpark.by*

Gastrotipps Ruhpolding: **Häusler***, Zell 37, **Die Welle****, Brander Str. 1, **Bäcker Schuhbeck** (Café), Hauptstr. 65, **Zur Post****, Hauptstr. 35, **Bellevue****, Von-Hertling-Str. 1a, **Windbeutelgräfin** (Café), Brander Str. 23

In Richtung Inzell passieren Sie links den **Campingplatz Ortnerhof** mit gutem Blick auf den Rauschberg. Er bietet außerhalb des eigentlichen Platzes einen einfachen Stellplatzbereich, *([**196:** N 47°44'34" E 12°39'47", Ort 5], €€€€, Stellplatz €, www.camping-ruhpolding.de)*. Die Zufahrt zur **Rauschbergbahn** befindet sich schräg gegenüber. Drei Parkplätze nehmen Fahrzeuge auf, mit der Gondel schweben Sie dann nach oben.

***Rauschbergbahn:** [N 47°44'19" E 12°39'45", Knogl 12], €€€€, Betriebszeiten und mehr unter www.rauschbergbahn.com*

Rauschbergrunde

(3 km, 1,5 Stunden, 135 Hm)

Die Wege am Gipfel sind allesamt eher einfach und nicht zu steil, das Richtige für Wandereinsteiger – der Blick ist dennoch fantastisch. Gehen Sie zuerst zum Gipfelkreuz des vorderen Rauschbergs, gleich oberhalb der Seilbahn-Bergstation. Ab da wandern Sie markiert zum hinteren Rauschberg. Nur das letzte Stück ist etwas ausgesetzt, aber nicht wirklich schwierig. Knapp 400 Meter zurück führt dann ein Pfad nach links durch den Wald recht steil hinab und mündet in eine Forststaße

nahe der Rauschbergalm. Dieser folgen Sie rechts zurück zum bewirtschafteten **Rauschberghaus** und der Gondelstation. Ambitioniertere können stattdessen auch an der Alm vorbei Richtung Kienbergsattel gehen und dort links haltend langsam absteigen. Nun einfach immer den Wegweisern zur Rauschbergbahn folgen, zurück bis zum Parkplatz.

Inzell

Letzte Station im Chiemgau ist die Gemeinde **Inzell**. Ähnlich wie bei Ruhpolding können Sie gleich rechts auf der B306 Richtung Berchtesgadener Land zu Tour acht starten oder noch einen Schlenker in den Ort machen, der ein paar hundert Meter weiter nördlich liegt. Auch sonst haben die beiden Nachbargemeinden einiges gemeinsam. War es bei Ruhpolding das Biathlonzentrum, finden Sie hier gleich nach dem **Zellsee** die **Arena Inzell**. Im Winter finden dort regelmäßig öffentliche Wettbewerbe und Trainings im Eisschnelllauf statt. Auch Eishockey und Eiskunstlauf sind Themen. Im Sommer ist seltener etwas los. Inzells Badeparadies nennt sich schlicht **Badepark** und bietet mit großem Naturbadesee, Sauna und Hallenbad ein ähnliches Angebot wie zuvor das Vita Alpina, nur vielleicht etwas bodenständiger.

Zwei schöne Erlebniswege rings um den Ort finden Sie einmal nördlich beim Gasthof Schwarzberg mit dem gekennzeichneten **Moorerlebnisweg** sowie östlich bei der Gaststätte Forsthaus Adlgaß mit dem **Bergwalderlebnispfad** zum einsamen **Frillensee**. Den dortigen Wanderparkplatz finden Sie bei [N 47°46'28" E 12°47'50"]. Zur Übernachtung können Sie zwischen einem Campingplatz samt Wohnmobilhafen und Bauernhof-Stellpläzen wählen..

***Badepark Inzell**: [N 47°45'58" E 12°45'04", Schwimmbadstr. 12], Mo – Fr 13.00 – 21.00 Uhr, Sa / So 10.00 – 20.00 Uhr, €, www.badepark-inzell.de*

Gastrotipps Inzell: **Zeitlos****, Sulzbacher Str. 41, **Kamin Beisl****, Schmelzer Str. 10a, **Glusthaferl****, Adlgaßer Str. 16, **Binderhäusl****, Bichlstr. 43, **Forsthaus Adlgaß****, Adlgaß 1

(197) WOMO-Campingplatz: Inzell (Camping Lindlbauer)

GPS: N 47°46'01" E 12°45'13", Kreuzfeldstr. 44.
Internet / Tel.: www.camping-inzell.de, 08665 928 99 88.
Ausstattung: WLAN, Kaffee- und Brötchenservice, Biergarten.
Beschreibung: Terrassierte Plätze mit schöner Sicht am Ortsrand, kein Schatten, recht eben, ruhig, etwa 700 m in den Ort.
Preis: €€€-€€€€, Womohafen ab 17.00 Uhr €.
Zufahrt: Kurz vor dem Ende von Inzell rechts abbiegen und dann links in die Schwimmbadstraße einfahren. Am Ende links durch die Kreuzfeldstraße zum Campingplatz

(198) WOMO-Bauernhof-Stellplatz: Inzell (Hausernhof)

GPS: N 47°45'34" E 12°45'09", Bichlstr. 24. **Max. WOMOs:** 4.
Internet: www.hausernhof.de, 08665 547.

Ausstattung: Ver-/Entsorgung (nicht frei zugänglich, kein Grauwasser), Strom, Toilette / Dusche (gegen Gebühr), Grillplatz.
Beschreibung: Sehr schöner, unverbauter Blick in die umliegenden Berge, Stellflächen auf einem gartenähnlichen Grundstück auf Rasen neben dem Bauernhof, ländlich, ruhig, fast eben, etwa 550 m in den Ortskern.
Preis: €€.
Zufahrt: Nach Ortseinfahrt rechts in die Fritz-Gastager-Straße einfahren, dann gleich wieder rechts in die Bichlstraße. Nach gut 250 m rechts.

Sonnenaufgang bei Inzell, links Frillensee

TOUR 9
Salzach
Saaldorf-Surheim
Teisendorf
Neukirchen
304
Freilassing
220
A 8
1234 m
Gr. Kachelstein
Höglwörther See
Höglwörth
Anger
M Traumwerk
219
Ainring
1264 m
Teisenbergkopf
306
TOUR 8
Adlgaß
20
S
Salzburg
Inzell
Frillensee
199
305
Gletschergarten
1771 m
Hochstaufen
1782 m
Zwiesel
Piding
217
218
Weißbachfälle
Saalach
WC
216
W
Weißbach
Bad Reichenhall
Band 60:
Mit dem Wohnmobil
nach Österreich-West
200
Thumsee
Saalachsee
Bayerisch-Gmain
1569 m
Ristfeuchthorn
1371 m
Rabensteinhorn
Schneizlreuth
21
1613 m
Predigtstuhl
1768 m
Hirschangerkopf
Eishöhle
213
Marktschellenberg
1738 m
Karkopf
1973 m
B. Hochthron
Almbachklamm
1758 m
Wartsteinkopf
1703 m
Thörlkopf
215
1189 m
Kneifelspitze
212
Bischofswiesen
Enzianbr.
Oberau
211
1640 m
Karspitz
214
Maria Gern
2045 m
Schottmalhorn
201
202
Berchtesgaden
207
1391 m
Toter Mann
M Ob.s.b.
319
999
Hintersee
206
210
Eck
Ramsau
Mautstraße
2286 m
Stadelhorn
Wimbachklamm
203
Schönau
204
1834 m
Kehlstein
1604 m
Ahornbüchsenkopf
205
208
209
2607 m
Hochkalter
2307 m
Kl. Watzmann
2522 m
Hoher Göll
Nationalpark Berchtesgaden
1874 m
Jenner
2523 m
Hocheisspitze
2713 m
Watzmann
Königssee
2276 m
Schneibstein
St. Bartholomä
2211 m
Windschartenkopf
2066 m
Hachelköpfe
Salet
2350 m
Kahlersberg
Obersee
2330 m
Schneiber
Grünsee
2268 m
Wildalmriedl
Funtensee
A
2231 m
Rotwandl
2578 m
Funtenseetauern
2361 m
Gr. Teufelshorn
N
2543 m
Grießkogel
2351 m
Alpriedlhorn
5 km
Saalfelden a. St. Meer
TOUR 8

Tour 8: Das Berchtesgadener Land – 180 km

Weißbach und Schneizlreuth – Ramsau – Königssee
Berchtesgaden – Kehlstein und Roßfeld
Marktschellenberg – Bad Reichenhall
Höglwörther See und Freilassing

Stellplätze:	Weißbach, Thumsee, Schwarzeck, Königssee, Berchtesgaden, Scharitzkehlstraße und Obersalzberg (3x), Oberau, Marktschellenberg, Bischofswiesen, Bad Reichenhall (2x), Piding, Ainring, Freilassing
Campingplätze:	Hintersee, Ramsau, Königssee (2x), Berchtesgaden, Bad Reichenhall, Staufeneck
Besichtigen:	Berchtesgaden, Rundfahrt am Königssee, Berchtesgaden mit Schloss, Bergwerk und Naturparkhaus, Obersalzberg und Kehlsteinhaus, Roßfeld Panoramastraße, Enzianbrennerei Grassl, Kapelle Maria Gern, Bad Reichenhall, Anger mit Traumwerkmuseum, Höglwörther See mit Kloster, Lokwelt Freilassing, Salzberg
Wandern:	Weißbachfälle, Hintersee und Zauberwald, Hinterbichl- und Klausbachtal, Hochschwarzeck, Wimbachtal, Königssee, Jenner, Scharitzkehlalm, Almbachklamm mit Kugelmühle, Schellenberger Eishöhle
Baden:	Thumsee, Obersee, Watzmanntherme Berchtesgaden, Aschauer Weiher, Rupertustherme Bad Reichenhall, Freibad Ainring

Das Berchtesgadener Land zählt sicher zu den großartigsten Bergregionen der bayerischen Alpen. Rund um den Watzmann gibt es beeindruckende Naturschönheiten zu sehen, die sich vor allem bei Wanderungen in der Natur erschließen. Doch auch mit dem Wohnmobil lassen sich schon so manche schöne Plätze anfahren.

Weißbach und Schneizlreuth

Kurz nach Inzell können Sie am **Aktivhotel Schmelz** unkompliziert die Nacht verbringen, bei Einkehr stehen Sie kostenlos am Parkplatz des Gastbetriebs, [**199:** N 47°44'53" E 12°43'45", Schmelzer Str. 135]. Bald darauf werden Sie durch ein Schild auf den **Gletschergarten** aufmerksam gemacht. Direkt neben der Straße kann man am rohen Fels gut sehen, mit welcher Kraft der eiszeitliche Saalachgletscher durch seine Schnee- und Eismassen verschiedene Schliffe, Riesentöpfe und Findlinge formte. Unterhalb der Straße befinden sich gegenüber die **Weißbachfälle**. Ein Parkplatz ist auch vorhanden, [N 47°44'10" E 12°45'22"]. Eine richtige Wanderung wird daraus, wenn Sie

Herbststimmung, unten Weißbach und Aschauer Klamm

noch bis zum **Gasthof-Hotel Mauthäusl** hinter **Weißbach** weiterfahren und dort parken. Unterhalb verlaufen Wege und Stege durch die Schlucht. Rechts führt ein längerer Fußweg bis zu den genannten Wasserfällen zurück. Links kommen Sie zu einigen Gumpen, die im Sommer auch als Badeerfrischung dienen können. Ein kurzer aber steiler Anstieg bringt Sie ab da direkt zurück zum Gasthof mit schöner Caféterrasse.

Bald erreichen Sie eine Straßengabelung. Links könnten Sie über die St2101 direkt nach Bad Reichenhall weiterfahren. Nur zwei Kilometer entlang dieser Straße sind es bis zum beliebten **Thumsee** mit Badeplatz. Ein Parkplatz neben dem See kann zur Übernachtung genutzt werden. Allerdings herrscht in

der Hauptsaison und an Wochenenden reger Badebetrieb und Verkehr, so dass der Platz oft schon morgens komplett mit PKWs belegt ist und auch die Gefahr besteht eingeparkt zu werden, [**200**: N 47°43'00" E 12°49'07", Thumsee1].

Geradeaus führt die Straße weiter Richtung Berchtesgaden, zunächst aber bis in die Gemeinde **Schneizlreuth**. Dem Dorf wurde einst ein Denkmal mit dem 50er Jahre-Volksmusikschlager „Die Schönheitskönigin von Schneizlreuth" durch die Münchner Sängerin Bally Prell gesetzt. Südlich des Ortes befindet sich die schöne **Aschauer Klamm**, die Wanderung ist ausgeschildert.

Ramsau

Erst weiter in Richtung Berchtesgaden, dann wechseln Sie nach gut acht Kilometern rechts ab nach Ramsau und zum **Hintersee**. Die Straße wird nun ziemlich schmal, doch der Wald hört bald auf und so haben Sie freie Sicht auf die nächsten Kurven und den entgegenkommenden Verkehr. Links liegt der ruhige **Campingplatz Simonhof**, *([**201:** N 47°37'36" E 12°52'09", Alte Reichenhaller Str. 110], Apr – Okt und Dez – Feb, €€€€, www.camping-simonhof.de)*. Über die Triebenbachstraße biegen Sie dann rechts zum See ab. Weit weniger bekannt als der nahe Königssee, kann es der kleine Hintersee an Schönheit und Kulisse fast mit dem großen Nachbarn aufnehmen. Entweder steuern Sie den Parkplatz am Seeende bei [N 47°36'15" E 12°50'59", Am See] an oder fahren noch ein paar hundert Meter weiter zum Wanderparkplatz an der Nationalpark-Infostelle

Thumsee, oben Stellplatz 200

bei [N 47°35'56" E 12°50'36", Hirschbichlstraße]. Eine dritte Gelegenheit zum Stoppen gibt es auf der gegenüberliegenden Seeseite bei [N 47°36'16" E 12°51'31", Hinterseer Straße].

Spaziergang Hintersee und Zauberwald (3 – 10 km)

Die Parkplätze am See sind bestens für eine gemütliche Runde ringsum geeignet. Der Weg führt im hinteren Bereich durch einen Teil des **Zauberwaldes**. Er verdankt seinen Namen den vielen besonders knochigen Bäumen, der üppigen Vegetation und den zahlreichen kleinen Wasserläufen. Der ganze Zauberwaldweg führt übrigens weiter bis ins Dorf Ramsau, von wo Sie ebenfalls an einem Wanderparkplatz bis zum Hintersee gehen können. Je nach Ausdehnung und Wegverlauf lässt sich die Tour so auf bis zu zehn Kilometer erweitern. Sie bleibt dabei stets auf recht breiten, einfachen Wanderwegen ohne große Steilpassagen. Die Runde um den See allein ist aber schon nach knapp drei Kilometern geschafft. Unterwegs können Sie auch Ruderboote mieten, um sich die Kulisse von der Seemitte her anzusehen. Und die ist traumhaft schön.

Wanderung durchs Hinterbichl- und Klausbachtal (14 km, 4 Stunden, 700 Hm)

Diese tolle Wanderung lässt sich am besten unter Zuhilfenahme des Almerlebnisbusses meistern *(fährt ca. Anfang Juni bis Anfang Oktober während die Almen bewirtschaftet sind)*. So müssen Sie die Wegstrecke nur einmal gehen und können sich dann bequem zum Ausgangspunkt **Hirschbichl** am Nationalparkhaus zurückbringen lassen. Unterwegs erwarten Sie gleich vier Almen und Berggasthöfe zu einer Pause. Zunächst können Sie sich in den Infozentren über den Nationalpark Berchtesgadener Land informieren. Auch ein Video mit Live-Bildern aus einem Adlerhorst wird gezeigt. Das **Klausbachtal** ist eines der letzten Reviere der großen Raubvögel in Deutschland und mit etwas Glück sehen Sie auch welche weit oben über Ihnen kreisen, während Sie unterwegs sind.

Sie gehen erst ein kurzes Stück an der Straße entlang und folgen dann dem Wanderweg zur Bindalm links ab. Dabei folgen Sie immer dem Bachlauf mit schönen Blicken ringsum. An der Haltestelle bei der **Engerthütte** stoßen Sie kurz auf die Bus-Trasse, die für den Individualverkehr gesperrt ist, um dann links über die Brücke durch den mit Fels-

Unten und oben Hintersee

brocken durchsetzten Wald weiter zu wandern. Nach guten 2 Kilometern wird Ihr Weg steiler und lässt den Bach unter sich. Er steigt nun zur **Bindalm** an. Im **Kressenkaser** werden Sie mit Brotzeit versorgt. Weiter geht es in Richtung Hirschbichl. Nach einer Weile erreichen Sie die Straße, die Sie bis zum Gasthaus leitet. Ein kurzes Stück später können Sie rechts erneut auf einen Fußweg zur **Litzlalm** wechseln, die den Endpunkt der Wanderung bildet und ähnlich schön wie die Bindalm zwischen den Hochgebirgsgipfeln auf einem Weideboden sitzt. Natürlich erhalten Sie auch dort eine Jause. Das Stück Weg zurück bis zum Gasthaus Hirschbichl müssen Sie noch zu Fuß schaffen, ab dort verkehrt der Bus im Stundentakt, meist zwischen 8.30 und 18.00 Uhr *(€)*.

Kurz vor **Ramsau** passieren Sie rechter Hand einen Wanderparkplatz, der den schon beschriebenen Alternativbeginn für eine Tour durch den Zauberwald und zum Hintersee darstellt, [N 47°36'26" E 12°53'15", Im Tal]. Das Bilderbuchdorf selbst gilt als wahre Postkartenidylle. Der Blick zurück mit Pfarrkirche und Bergmassiv im Hintergrund ist sicher eines der meist fotografierten Motive rund um Berchtesgaden. Gleich am Ende verläuft die B305. Entweder folgen Sie ihr nach rechts, weiter in Richtung Berchtesgaden und Königssee oder fahren noch ein Stück nach links, um dort über die Schwarzecker Straße eine Fahrt mit der kleinen **Hochschwarzeck-Bergbahn** zu machen. Das Bergerlebnis lässt sich auch gut mit einer Einweg-Wanderung kombinieren, oben gibt es einen Alpengasthof und einen Wahnsinnsblick auf die gesamte Bergkette rund um den Watzmann. Am Wanderparkplatz unterhalb des **Wirtshauses Schwarzeck** stehen Womo-Gäste kurz zuvor manchmal über Nacht, [**202**: N 47°37'18" E 12°54'11", Schwarzecker Straße 56].

Stellplatz 202

Kirche von Ramsau

Hochschwarzeckbahn: *[N 47°37'35" E 12°54'18", Schwarzecker Straße], Mai – Okt bei guter Witterung, 9.30 – 16.00 Uhr, €€, mehr unter www.hochschwarzeck.info*

Gastrotipps Ramsau: **Wirtshaus Wachterl****, Alpenstr. 159, **Waldquelle****, Riesenbichl 25, **Lichtmannegger`s****, Holzengasse 16, **Berggasthof Zipfhäusl***, Schwarzecker Weg 8, **Niedermayer** (Café), Im Tal 1

Ein weiteres Mal lohnt eine Fahrtunterbrechung rechts an der **Wimbachklamm**. Von den großen Parkplätzen aus ist es nicht weit bis zum tosenden Wasserschauspiel. Es lässt sich aber auch eine schöne Tagestour daraus machen

Wimbachklamm: *[N 47°36'09" E 12°55'29", Wimbacklamm 2], ca. Mai – Okt, €, mehr unter www.wimbachklamm.business.site*

Wanderung durchs Wimbachtal

(17 km, 5,5 Stunden, 750 Hm)

Die Wanderung hinauf zur Wimbachgrieshütte wurde vor einiger Zeit von Hörern des Bayerischen Rundfunks zur schönsten Wanderung Bayerns gewählt, ist also sicher die Mühen des Aufstiegs wert. Nachteil ist allerdings, dass man den gleichen Weg hinunter nehmen muss, den man zuerst hinauf kam, eine Rundwanderung wird leider nicht daraus.

Sie gehen zunächst auf dem zu Beginn noch asphaltierten Sträßlein hinauf zum Eingang der **Wimbachklamm**. Vorher wird rechts an einem Bauernhofladen noch allerlei aus Eigen- und

Umlandproduktion verkauft. Darunter auch echte Besonderheiten, oder haben Sie schon mal Ziegenschokolade gekostet?
Nachdem Sie den kleinen Eintrittspreis zur Klamm am Automaten entrichtet haben, können Sie die tosende, wild sprudelnde Felsenge über gut gesicherte Stege auf sich wirken lassen. Schon 1847 wurde sie für Besucher geöffnet. Nach starken Regenfällen ist dieses Erlebnis besonders reizvoll.
Am Ende der Klamm betreten Sie dann schon bald das wilde **Wimbachtal**. Der moderat ansteigende, breite Wanderweg führt Sie in rund 90 Minuten zum **Wimbachschloss**. 1784 erbaut wurde es sowohl von König Max II. als auch dem Prinzregent Luitpold als Jagdschloss genutzt. Heute ist es eine Gaststätte. Die Kulisse entlang des weiteren Weges wird nun immer dramatischer. Kleine und große Felsbrocken und -trümmer türmen sich zu einem breiten Steinschutt-Strom auf, der zuletzt im Jahr 1959 durch einen gewaltigen Bergsturz gespeist wurde. Die **Wimbachgrieshütte** liegt etwas seitlich dazu versetzt im Grünen unterhalb des Watzmanngipfels, der von hier zum Greifen nahe scheint. Nach einer ordentlichen Stärkung steht der Rückweg an, die gebührenpflichtige Klamm können Sie diesmal unter Nutzung des Fahrweges auslassen.

Königssee

Ohne weitere Unterbrechung fahren Sie nun bis Berchtesgaden und dort am großen Kreisverkehr rechts ab zum **Königssee**. Die Stadt können Sie sich für den Rückweg aufheben. Gleich zwei Campingplätze liegen an der Zufahrtsstraße zum See. Zuerst kommt der **Campingplatz Mühlleiten**, *([**203:** N 47°35'59" E 12°59'22", Königsseer Str. 70], €€€€-€€€€€, www.camping-muehlleiten.de)*, gleich danach der **Campingplatz Grafenlehen**, *([**204:** N 47°35'41" E 12°59'10", Königsseer Fußweg. 71], €€€€-€€€€€, www.camping-grafenlehen.de)*, beide bieten ein quasi identisches Angebot. Wenn Sie nur eine Nacht bleiben wollen und keinen Service benötigen, bietet sich alternativ eine Übernachtung am vordersten Teil des See-Großparkplatzes an.

(205) Offizieller WOMO-Wanderparkplatz: Königssee

GPS: N 47°35'35" E 12°59'18", Seestraße. **Max. WOMOs:** 25-30.
Ausstattung: Tags Toiletten am Parkplatz, sonst keine Einrichtungen.
Beschreibung: Parken am linken Eck des Großparkplatzes auf Asphalt, kein Schatten, teils leicht schräg, nicht ganz ruhig, zweckmäßig. Tagsüber Toiletten am Platz, in Laufweite Gastronomie am See, direkt daneben Tankstelle und McDonalds, rund 350 m zur Seepromenade.

Preis: €.
Zufahrt: Der Beschilderung bis zum Parkplatz am Königssee folgen, dort nach links orientieren und bis zum Ende durchfahren.

Eine Bootsfahrt über den von steilen Felswänden eingekesselten, bis zu 190 Meter tiefen See ist quasi Pflicht wenn Sie schon einmal hier sind. Idealerweise verbinden Sie die Tour mit einer Wanderung. Im Hochsommer ist auch ein erfrischendes Bad ganz am hinteren Ende im Obersee möglich. Ein Fußweg führt zunächst vorbei an zahlreichen Souvenirständen, Geschäften und Lokalen bis zum Ufer. Tickets für die Ausflugsboote werden direkt neben den Abfahrtsstegen verkauft.

Links herum können Sie noch einen Spaziergang zum Malerwinkel unternehmen. Von dort hat man einen Blick über fast den gesamten See, bis zur Wallfahrtskirche St. Bartholomä. Nach rechts gelangen Sie über eine Fußgängerbrücke zur beliebten Ausflugsgaststätte Echostüberl und zu dem dahinter erbauten **Bob- und Rodel-Eiskanal**. Wagemutige können dort sogar selbst einmal im Bob mit 130 Sachen und sechsfacher Erdbeschleunigung zu Tal rauschen, im Sommer werden die Kufen einfach durch Räder getauscht.

***Königsseeschiffahrt**: Seestr. 33, ab €€€, Betriebszeiten und mehr unter www.seenschifffahrt.de | **Bobkana**l: An der Seeklause 45, €€€€€, mehr unter www.rennbob-taxi.de*

Am Königssee (links und rechts)

Bei einer Seerundfahrt wird Ihnen am Hinweg das berühmte Königssee-Echo vorgeführt, dann hält das Boot an der **Wallfahrtskapelle St. Bartholomä** direkt unterhalb des Watzmann-Massivs. Dort können Sie in den Gaststätten und im Biergarten einkehren oder zu einer Wanderung aufbrechen. Ein Weg führt beispielsweise mehr oder minder immer am See entlang bis zur letzten Haltestelle ganz am Ende, dem **Salet**. Ein kurzer Weg von rund 20 Minuten führt Sie dann zum versteckten **Obersee**, der einst durch einen Felssturz vom Königssee abgetrennt wurde. Hier ist Baden möglich, wenn das Wasser nicht noch zu kalt ist. Im Hintergrund sehen Sie die einsame, bewirtschaftete **Fischunkenalm**, zu der ebenfalls ein sehr schöner Weg führt, der auch bis zu den höchsten Wasserfällen des Landes, den **Röthbachfällen**, ausgedehnt werden kann.

Gastrotipps Schönau: **Gasthof Bodner****, Oberschönauerstr. 10, **Haus Brunneck****, Weiherermoos 1, **Jennerkaser****, Jennerbahnstr. 14

Wanderung von St. Bartholomä zum Funtensee

(10 km, 6 Stunden, 1400 Hm)

Eine wirklich großartige, allerdings mit 1400 zu absolvierenden Höhenmetern auch ziemlich anstrengende Wandertour beginnt nach einer Bootsfahrt an der Wallfahrtskirche St. Bartholomä und führt Sie durch die wilde Landschaft des Steinernen Meeres zum absoluten Kältepol Deutschlands, dem **Funtensee**. 2001 wurden an diesem Ort Rekordtemperaturen von -41,9 Grad gemessen!

Zunächst nehmen Sie den Uferweg, der auch bis zur Saletalm führen würde in südliche Richtung. Doch auch der Funtensee ist nun schon markiert und so halten Sie sich im nahenden Waldstück rechts ab in Serpentinen neben dem Schrainbach bergauf. Sie erreichen die **Schrainbachalm** und gehen an der nächsten Gabelung links. Zunächst etwas weniger steil, dann aber wieder mit zunehmender Steigung lassen Sie

Am Jenner (links und rechts)

die beiden verfallenen Unterlahn- und Oberlahnalmen hinter sich. Wild und zerklüftet arbeiten Sie sich zwischen den neben Ihnen liegenden Gipfeln hinauf Richtung Funtensee. Zum **Kärlingerhaus** folgen Sie schließlich dem Wegverlauf nach rechts. Dort können Sie einkehren und auch übernachten, falls Sie den Rückweg erst am nächsten Tag antreten wollen *(in dem Fall Reservierung nicht vergessen!)*.

Tipp: Wenn Sie schon über einige Bergerfahrung verfügen, können Sie auch eine Rundtour aus der Funtenseewanderung machen. Fahren Sie mit dem Schiff bis zur Endhaltestelle **Salet** und gehen Sie zunächst, rechts ab, zur **Saletalm**. Dahinter führt der Weg über den **Sagerecksteig** erst in den Wald und danach über steile und sehr felsige, teils drahtgesicherte Serpentinenpassagen immer höher. Wenn Sie eine Hochebene erreichen, sind Sie bald an einem Abzweig zur Wasseralm. Sie halten sich rechts und gehen durch einsame, großartige Natur auf den **Grünsee** zu. Der Funtensee ist ja längst angeschrieben und so fällt die recht fordernde, letzte Etappe nicht schwer, zumindest was die Orientierung angeht. Nach der steilen Himmelsleiter-Passage treffen Sie auf den Anstiegsweg von St. Bartholomä und gehen links die letzten paar hundert Meter zum Ziel. Der Abstieg erfolgt dann über den zuerst beschrieben Weg nach St. Bartholomä. Anders herum ist die Tour nicht zu empfehlen, da der steile Abstieg nach Salet recht unangenehm werden kann *(bei dieser Variante ca. 7,3 km und 1500 Hm für den Aufstieg rechnen, Abstieg siehe Tourbeginn)*.

Mit der **Jenner-Bergbahn** befindet sich noch eine zweite Attraktion gleich neben dem Königssee-Parkplatz. In neuen Gondeln schaukeln Sie in die Bergwelt des Nationalparks hinauf. Oben erwartet Besucher ein schöner Berggasthof in aussichtsreicher Lage, ein toller Blick auf den Königssee mit Watzmann vom in nur 15 Minuten erreichbaren Jenner-Aussichtsbalkon und natürlich zahlreiche Wandermöglichkeiten

***Jennerbahn**: Jennerbahnstraße, 9.00– 16.30 Uhr, €€€, www.jennerbahn.de*

Rundtour mit Bergbahn und Schiff: Vom Jenner über den Feuerpalfen nach Kessel

(17 km, 5 Stunden, 980 Hm)

Auch wenn Sie für diese Tour einige Kilometer zurücklegen müssen: es lohnt sich auch hier! Viel schöner, aussichts- und abwechslungsreicher kann eine Bergwanderung kaum sein!

Zunächst fahren Sie mit der Jennerbergbahn bis zur Mittelstation und folgen von dort aus den Wegweisern zur **Königsbachalm** *(auch ab der Bergstation wäre die Wanderung möglich, dann steigen Sie über die Königsbergalm zur Königsbachalm ab, wo Sie auf den Hauptweg treffen)*. Unterwegs haben Sie vom guten Panoramaweg aus großartige Sicht auf Berchtesgaden im Rücken und das Watzmannmassiv, sowie die restlichen Königsseer Berge. Ohne größere Steigungen, am Ende sogar abfallend, gelangen Sie zur während der Almsaison bewirtschafteten Hütte.

Über ein kurzes Steilstück verläuft der weitere Weg nun der Markierung „Gotzenalm über Priesberg" folgend. So kommen Sie schon recht bald zur **Enzianbrennerei** am Priesberg. Fast jedes Jahr sperrt der Zoll Ende Juli die Hütte auf und die Brenner suchen und destillieren die Wurzeln des gelben Enzians. Bis September dauert die Saison nur, nicht mehr als 300 Liter Reinalkohol dürfen in dieser Zeit gebrannt werden.

Die eigentlichen **Priesbergalmen** folgen nach leichtem Anstieg durch lichten Mischwald. Gleich der erste Kaser ist im Sommer bewirtschaftet. Ab hier verläuft Ihr Weg, der zwischen den Almgebäuden nun Richtung „Gotzenalm über unteren Hirschlauf" bezeichnet ist, steiler und herausfordernder. Teils seilgesichert aber nie wirklich schwierig geht es erst am Hang und später am Bachlauf und durch Felsen voran.

Die **Gotzenalm** ist die größte und wohl auch eine der ältesten in der Region. Nutzen Sie die Gelegenheit zur Rast, je nach Wunsch im Gasthof oder auf einer einfachen Alm, bevor Sie sich auf dem letzten steilen Anstieg zum **Feuerpalfen** aufmachen. Der unscheinbare Gipfel belohnt mit dem wohl besten Blick auf See und Tal. Der Aussichtspunkt befindet sich etwas nach unten versetzt. Kaum ein Winkel des atemberaubenden Bergtheaters ringsum bleibt Ihnen von dieser Stelle aus verborgen.

Zurück geht es nun wieder bis zur Gotzenalm und weiter Richtung Hirschlauf. Ab dort auf dem breiteren Weg bleibend in Richtung Gotzentalalm. Der Abstieg braucht sicher noch mal zwei Stunden, über 1000 Höhenmeter sind abwärts zu bewältigen. Falls Sie nicht noch auf der **Gotzentalalm** eingekehren möchten, nehmen Sie schon kurz zuvor

den Steig links ab zur Boots-Bedarfshaltestelle **Kessel**. Über viele kleine, große, steile und flache Serpentinen und Windungen stoßen Sie auf den See. Achten Sie auf die Informationen am Bootssteg. Da die Haltestelle nur angefahren wird, wenn auch jemand von dort aus zurück mitgenommen werden möchte, müssen Sie die Signaltafel für die Bootsführer entsprechend umklappen. Unbedingt vorher die aktuellen Fahrtzeiten beachten, damit Sie am Ende nicht zu spät kommen!

Berchtesgaden

Nun ist es aber an der Zeit nach **Berchtesgaden** zurück zu fahren, um sich den bekannten Alpenort ein wenig genauer anzusehen. Mehrere Parkplätze am Ende und unterhalb der Altstadt sind auch für Womos zugänglich, zum Beispiel in der **Von-Hindenburg-Allee**, [N 47°37'42" E 12°59'56"], der **Ludwig-Ganghofer-Straße** [N 47°37'45" E 12°59'54"] oder neben der **Bergwerkstraße** bei [N 47°37'42" E 13°00'08"]. Am weitesten müssen Sie von der großen Conti-Parkfläche gegenüber des Salzbergwerks gehen, mit dem Bus ist sie aber gut angeschlossen und bietet für Wohnmobile auch Übernachtungsplätze.
Wenn Ihnen mehr nach Baden ist, finden Sie an der **Watzmann-Therme** Tagesparkplätze. Mehrere Saunen, Erlebnis- und Erholungsbecken, aber auch Rutschen und Plantschbecken sorgen für kurzweilige Stunden.
Ein besser ausgestatteter, offizieller Womo-Stellplatz folgt ein Stück weiter außerhalb vor dem Campingplatz Allweglehen.

***Watzmann-Therme**: [N 47°38'06" E 13°00'35", Bergwerkstr. 35], 10.00 – 22.00 Uhr, Fr / Sa bis 23.00 Uhr, ab €€, www.watzmann-therme.de*

(206) WOMO-Stellplatz: Berchtesgaden

GPS: N 47°38'22" E 13°00'56", Salzburger Str. 24. **Max. WOMOs:** 6-8.
Ausstattung: Keine Einrichtungen.
Beschreibung: Eingezeichnete Womo-Buchten auf dem asphaltierten Großparkplatz, die auch über Nacht genutzt werden können, kein Schatten, eben, belebt, Busverbindung ins rund 1,3 km entfernte Zentrum.
Preis: €€.
Zufahrt: Der Hauptstraße B305 durch den Ort folgen, dann gegenüber des Salzbergwerks links zur EInfahrt des Parkplatzes linker Hand abbiegen.

Berchtesgaden (links und rechts)

(207) Offizieller WOMO-Stellplatz: Berchtesgaden (Stellplatz Alpengenuss am Camping Allweglehen)

GPS: N 47°38'51" E 13°02'25", Allweggasse 4. **Max. WOMOs:** 14.

Internet: www.allweglehen.de

Ausstattung: Ver- / Entsorgung (nicht frei zugänglich), Strom, Toilette / Dusche und Waschmaschine / Trockner sowie beheizter Swimmingpool, und Restaurant am Campingplatz dahinter nutzbar.

Beschreibung: Mit Schanke gesicherter Schotterplatz außerhalb des Campingareals am Waldrand, recht ruhig, kaum Schatten, fast eben. Rund 3,6 km in den Ort (Busverbindung in der Nähe).

Preis: €€-€€€.

Zufahrt: Der B305 aus dem Ort hinaus folgen, dann nach rund 2 km rechter Hand beschildert zum Campingplatz Allweglehen abfahren. Der Platz kommt dann vorher rechtsseitig.

Hinweis: Der recht schöne, direkt anschließende Campingplatz bietet noch mehr Komfort, natürlich zu entsprechend höheren Preisen.

Bei einem Rundgang durch den Ort können Sie an den stattlichen Häusern, Kloster- und Schlossbauten die Bedeutung des Marktes schon zu früherer Zeit erkennen. Vor mehr als 900 Jahren, ursprünglich als Klosterstift gegründet, erlangte er schon bald durch den Abbau und Handel mit Salz und Metall einen Namen. Bemerkenswert ist ein Kapitel der Ortsgeschichte aus dem frühen 19. Jahrhundert: da wechselte man nach der Säkularisation gleich viermal die Landeszugehörigkeit – in nur sieben Jahren: Vom Kurfürstentum Salzburg zur Republik Österreich und von Frankreich (!) zum Königreich Bayern, wo man bis heute als südöstlichster Wurmfortsatz verblieb – wenn auch das einstige Königreich „nur mehr ein deutscher Freistaat ist". In den Folgejahren begann der Tourismus eine immer wichtigere Rolle zu spielen. Die Schönheit und Abgeschiedenheit fiel später allerdings auch den Nazis

Spiegelsee im Salzbergwerk Berchtesgaden

auf, ein Teil der Geschichte, den Sie ein wenig später noch genauer dokumentiert erleben können. Heute befindet sich im Ort der Hauptsitz des **Nationalparks und Biosphärenreservats Berchtesgaden**.

Bei einem Bummel stoßen Sie sicher auf das **Königliche Schloss** der Wittelsbacher, einst der Chorherrenstift der Gemeinde. 30 von insgesamt 214 Räumen sind auf einer Führung zu sehen. Teils reichhaltig geschmückte Säle, Suiten und Waffenkammern zählen dazu. Neben dem Schloss ist in den ehemaligen Stallungen auch ein **Rehmuseum** mit der Sammlung Herzog Albrechts von Bayern zu sehen. Über 5000 Geweihe werden ausgestellt. Etwas außerhalb liegt in nördlicher Richtung das **Renaissanceschlößchen Adelsheim** in dem ein bemerkenswertes volkskundliches Museum seinen Sitz hat. Schwerpunkt ist das regionale Leben und Schnitzkunst

Noch eine Sehenswürdigkeiten befindet sich direkt in Berchtesgaden. Etwas westlich vom Ortszentrum wurde erst 2013 ein ganz neues Nationalparkzentrum eröffnet. Der moderne, von hölzernen Kuben geprägte Bau nennt sich **Haus der Berge** und präsentiert auf modernste Weise die interaktive Ausstellung „Vertikale Wildnis“. Sie beantwortet Fragen rund um die nahe Bergwelt und erklärt die außergewöhnlichen Anpassungsstrategien von Flora und Fauna an das Leben im Hochgebirge. Vor allem für Kinder sind die Audioguideführungen mit Schmuggler-Tour und Steinbock-Krimi ein Highlight. Außen sind ein Panoramaweg und ein Naturerlebnisgelände angeschlossen.

Schloss: *Schlossplatz 2, Mitte Mai – Mitte Okt, So –Fr 10.00 – 13.00 Uhr und 14.00 –17.00 Uhr, sonst Mo – Fr 11.00 und 14.00 Uhr, €€, www.schloss-berchtesgaden.de |* ***Museum Adelsheim:*** *Schroffenbergallee 6, Apr – Okt und Dez – Anfang Jan, €, www.museum-schloss-adelsheim.de |* ***Haus der Berge:*** *Hanielstr. 7, 9.00 – 17.00 Uhr, €, www.haus-der-berge.bayern.de*

Gastrotipps Berchtesgaden: **Bräustüberl****, Brauhausstr. 13, **Esszimmer****, Nonntal 7, **Gasthof Neuhaus****, Am Marktplatz 1, **Bier Adam****, Marktplatz 22, **Panoramarestaurant*****, Maximilianstr. 2, **Sophie`s** (Café), Maximilianstr. 9, **Bauchgfui***, Maximilianstr. 11

Gleich gegenüber des genannten Conti-Großparkplatzes finden Sie das **Salzbergwerk Berchtesgaden**. Es ist wahrscheinlich die bekannteste Attraktion ringsum und wartet mit 40 Meter langer Grubenrutsche, einer Salzkathedrale und dem einmaligen, unterirdischen Spiegelsee auf. Dazu wird Ihnen viel von der Arbeit der Bergleute, dem Salzabbau und der dafür nötigen Technik erklärt, ein wirklich kurzweiliger Spaß. Auch ein gesonderter Salzheilstollen wird am Gelände betrieben.

***Salzbergwerk**: Bergwerkstr. 83, Mai – Okt 9.00 – 17.00 Uhr, sonst 11.00 – 15.00 Uhr, €€€, www.salzbergwerk.de und www.salzheilstollen.com*

Kehlstein und Roßfeld

Kurz vor der Therme führt die Salzbergstraße hinauf zum **Dokumenationszentrum Obersalzberg**. Es bietet an einem historischen Ort, der in den 1930er und 40er Jahren durch die NSDAP zum Sperrgebiet erklärt wurde, die Möglichkeit sich mit dem Nationalsozialismus auseinander zu setzen. Rund um das einstige Zentrum des Gebiets, den Hitler-Landsitz Berghof, der längst gesprengt wurde, hat man ein neues Gebäude errichtet, dass viele geschichtliche Dokumente im Erdgeschoss öffentlich macht. Unterirdisch können die alten Nazibunker samt Führergemach teils noch recht unversehrt in Augenschein genommen werden. Hinter dem Zentrum fahren **Busse zum Kehlsteinhaus** ab. Das im amerikanischen Jar-

Kehlsteinhaus, oben Bunkeranlage im Dokuzentrum Obersalzberg

Talschluss nahe der Scharitzkehralm

gon als „Eagles Nest" bekannt gewordene Gebäude an der Spitze des Obersalzbergs war ein Geschenk seiner Partei an Hitler. Er selbst verbrachte aber nur wenige Kurzaufenthalte dort – aus Höhenangst und wegen Bedenken vor Anschlägen in dieser exponierten Lage. Heute ist neben einem kleinen Museum ein Restaurant in Betrieb. Die nur für Spezialbusse zugelassene Straße führt in einer einzigen Kehre mit zweimaliger Bergdurchfahrt wie eine Spirale hinauf. Die letzten 160 Höhenmeter werden mit einem Aufzug durch den Berg zurückgelegt. Statt mit dem Bus anzureisen, können Sie alternativ auch einen Panoramaweg nutzen

***Dokumentation Obersalzberg**: Salzbergstr. 41, parken bei [N 47°37'51" E 13°02'33"], Di – So, 10.00 – 15.00 Uhr, Eintritt frei, www.obersalzberg.de | **Kehlsteinhaus**: Mai – Oktober, €€€, www.kehlsteinhaus.de*

In gleicher Höhe wie diese beiden Touristenmagneten verlässt die **Scharitzkehlstraße** rechter Hand die Hauptroute. Gleich zwei Parkgelegenheiten für Wanderausflüge oder auch für eine Nacht liegen dort. Der erste befindet sich nach einem guten Stück Weg links ab in der kleinen Straße zur **Scharitzkehlalm** bei [**208:** N 47°36'15" E 13°01'50"]. Der zweite, größere ist ein kostenpflichtiger Parkplatz beidseitig der Straße in **Hinterbrand**. Dieser ist aber nur für kleinere Wohnmobile geeignet, da es sich um Schrägparker handelt die für Fahrzeuge über sechs Meter keinen Raum lassen, [**209**: N 47°35'44" E 13°01'24"]. Ein beliebtes Ausflugslokal liegt nur wenige Meter entfernt unterhalb.

Zurück an der Hauptstraße haben Sie für die Weiterreise nun die Möglichkeit, auf der B319 etwas abzukürzen oder, rechts ab, auf der B999, der **Roßfeld-Panoramastraße**, das

Wandern mal ihrem Womo zu überlassen. Direkt an der Gabelung befindet sich ein weiterer, großer Parkplatz ohne Einschränkungen, [**210**: N 47°37'51" E 13°03'15"].

Sofern Sie sich für die gut ausgebaute, ganzjährig befahrbare Mautstraße entscheiden, führt Sie diese ein weiteres Mal durch die hochalpine Bergwelt um Berchtesgaden *(Womo mit Fahrer €, weitere Personen extra)*. Auf der Scheitelstrecke sind ausreichend Parkplätze vorhanden, ein herrlicher Rundblick über das gewaltige Bergmassiv mit Hohem Göll, Kehlstein, dem Tennen- und Dachsteingebirge, dem Untersberg sowie über das Berchtesgadener und Salzburger Land sind Ihnen gewiss. Auch kleine und größere Wanderungen sind machbar. Einzig über Nacht parken ist auf der ganzen Strecke verboten. Denkbar wäre dies erst wieder nach dem Mauthäuschen am Ende bei [**211**: N 47°38'28" E 13°05'28"]. Oder Sie steuern besser gleich den offiziellen Wohnmobilstellplatz in **Oberau** an.

Stellplätze 208, 209 und 210

Blick von der Roßfeld Panoramastraße nach Österreich

(212) Offizieller WOMO-Stellplatz: Oberau

GPS: N 47°39'01" E 13°04'14", Remothenweg 15. **Max. WOMOs:** 25+.
Internet: www.reisemobilstellplaetze-berchtesgaden.de
Öffnungszeiten: Ostern bis Oktober.
Ausstattung: Ver-/ Entsorgung und Strom (gegen Gebühr), Toilette, Mülltonnen, Infostelle.

Beschreibung: Ruhig und etwas erhöht gelegener, größerer Platz auf einer Lichtung, direkt im kleinen Ort, durch Bäume ringsum gut abgeschirmt, kaum Schatten, fast eben, etwas schmale und steile Anfahrt, aber auch mit größeren Womos gut machbar. Etwa 6,5 km bis Berchtesgaden.
Preis: €€.

Zufahrt: In Oberau biegen Sie bei der zweiten Gelegenheit links in den Weißensteiner Weg ein. Dort ist dann die Zufahrt über den Remothenweg beschildert.

Marktschellenberg

Für die Weiterfahrt halten Sie sich schließlich an der B305 zunächst links und passieren dabei nochmals den Berchtesgadener Stell- und Campingplatz Allweglehen. Nach rechts führt alternativ ein Abstecher zu den Naturschönheiten rund um Marktschellenberg. Zunächst passieren Sie unterwegs aber die **Enzianbrennerei Grassl**, die älteste ihrer Art in Deutschland. Schon seit Anfang des 17. Jahrhunderts besitzt sie das alleinige Recht, nach den geschützten Enzianwurzeln zu graben. Sie können an einer kostenfreien Besichtigung teilnehmen oder die vielfältigen Produkte im Laden erstehen.

***Enzianbrennerei**: Salzburger Str. 105, Mai – Okt, Mo – Fr 9.00 – 18.00 Uhr, Sa bis 16.00 Uhr, Nov – Apr Mo – Fr bis 17.00 Uhr, Sa bis 12.00 Uhr, www.grassl.com*

Noch vor dem Ort ist nach links mit der schönen **Almbachklamm** ein weiteres Wanderjuwel angeschrieben. Erste Station des Erlebnisweges ist die **Kugelmühle** in der Marmorsteine aus der Klamm durch die Wasserkraft zu perfekten runden Steinbällen geschliffen werden. Poliert sind sie echte Hingucker. Nach sieben weiteren Stationen, Tunneln, Stegen und Wasserfällen erreichen Sie ganz am Ende die Theresienklause. Dort müssen Sie entscheiden, ob Sie am selben Weg zurück gehen oder zum Beispiel über den Holzweg einen Rundgang aus der Tour machen. Die zweite unbedingt zu erwähnende Wanderung führt zur **Schellenberger Eishöhle**. Von Markt Schellenberg aus erreichen Sie auch einen abgelegenen Wanderparkplatz an dem Sie übernachten könnten. Die schmale, etwas weiter Anfahrt lohnt aber nur, wenn Sie auch wandern möchten und ist eher etwas mit kleineren Wohnmobilen, [**213**: N 47°40'58" E 13°00'51", Ettenberger Straße].

Stellplatz 213

***Almbachklamm**: [N 47°40'13" E 13°01'53", Kugelmühlweg] Mai – Okt, €, einfach etwa 3 km, 220 Hm, mehr Infos zu den Wegen vor Ort und unter www.almbachklamm.de*

Wanderung zur Schellenberger Eishöhle

Variante 1: Sie beginnt knapp 2 Kilometer hinter dem Ort am Wanderparkplatz rechts der Straße, nur rund 500 Meter vor der Landesgrenze bei [N 47°42'19" E 13°02'20"]. Der Weg führt von der gegenüberliegenden Straßenseite aus in rund 3,5 Stunden hinauf. Der anspruchsvolle Aufstieg gelingt auf einem gut ausgebauten, markierten Weg. Sie wandern durch schattigen Hochwald, bis Sie nach etwa zwei Stunden die Baumgrenze erreichen. Dort haben Sie einen guten Ausblick auf den **Untersberg** und die bewirtschafte **Toni-Lenz-Hütte**. An dieser kommen Sie nach einer weiteren guten Stunde an, weitere 20 Minuten entfernt befindet sich der Eingang zur Eishöhle.

Variante 2: Diese startet vom österreichischen **Gartenau** gleich hinter der Grenze und bedient sich beim Aufstieg der Untersbergbahn *(Dr. Ödlweg 2, Ende Apr – Anfang Nov, 8.30 Uhr – 17.00 / 17.30 Uhr, einfache Fahrt €€, www.untersbergbahn.at)*. Oben angelangt führt der Weg in rund eindreiviertel Stunden über das hochalpine Karstplateau und den einzigartigen **Thomas-Eder-Steig** beschildert zur rund 200 m tiefer liegenden Eishöhle.

Variante 3: Denkbar ist auch ein Rundweg / eine Kombination aus beiden Varianten, dann müssen am Ende vom Parkplatz zur Bergbahn oder anders herum rund 2 Kilometer an der Bundesstraße zurückgelegt werden.

Der Gang durch die mit einer 30 Meter dicken Eisschicht belegten Schellenberger Höhle leitet Sie zu Hallen, Sälen und vielfältigen Formationen. Er dauert etwa 45 Minuten und ist nur mit einer Führung machbar *(je nach Witterung meist Juni – Oktober, 10.00 – 16.00 Uhr, €€, warme Kleidung erforderlich, ca. 0 Grad in der Höhle, www.eishoehöe.net)*.

Bischofswiesen

Der Weiterweg Richtung Bischofswiesen verläuft dann über die Locksteinstraße ab Berchtesgaden. Rechts können Sie noch zur **Wallfahrtskapelle Maria Gern** abzweigen. Ein Stück entfernt liegt rechts von Ihnen das beliebte **Naturbad Aschauer Weiher**. Im Ort geht es links ab zu einem Stellplatz.

(214) Offizieller WOMO-Wanderparkplatz: Bischofswiesen (Götschenalm)

GPS: N 47°38'54" E 12°56'13", Kollertradte 17. **Max. WOMOs:** 12-15.

Ausstattung: Toiletten, sonst keine Einrichtungen.
Beschreibung: Liftparkplatz neben der Gotschenalm auf dem das Parken über Nacht offiziell gestattet wird. Eine Einkehr in der Alm wird empfohlen, da die Parkgebühr voll als Verzehrgutschein angerechnet wird. Schotteruntergrund, kein Schatten, nicht ganz eben, ruhig, schöne Umgebung, rund 2,4 km außerhalb.
Preis: € (als Verzehrgutschein voll anrechenbar).
Zufahrt: In Bischofswiesen links in die Loipler Straße Richtung Gotschenlift abbiegen, dann nach rund 2,3 km links.

Bad Reichenhall
Über **Winkl** mit dem **Campingplatz Winkl-Landthal** *([**215:** N 47°40'36" E 12°56'09", Klaushäuslweg 7], Dez – Okt, €€€€, www.camping-winkl.de)* wartet dann schon mit **Bad Reichenhall** die größte Stadt der Gegend auf Sie. Auch dort hat man an Wohnmobilfahrer gedacht und einen Stellplatz eingerichtet, gleich neben der **Rupertus-Therme**. Es gibt eine Saunalandschaft und ein Familienbad.

***Rupertus Therme**: Friedrich-Ebert-Allee 21, 9.00 – 22.00 Uhr, ab €€€, www.rupertustherme.de*

(216) Offizieller WOMO-Badeplatz: Bad Reichenhall (Rupertus-Therme)

GPS: N 47°44'03" E 12°52'33", Hammerschmiedweg. **Max. WOMOs:** 25.

Ausstattung: Ver-/Entsorgung (gegen Gebühr), Strom (Schlüssel kann gegen Kaution an der Tankstelle am Beginn der Zufahrt abgeholt werden), Toilette, Mülltonnen.
Beschreibung: Recht schön angelegter Platz direkt an den Grünflächen zur Saalach, Spielplatz in der Nähe, eben, kein Schatten, teils aber laut wegen der nahen Bundesstraße und dem benachbarten Bauhof. Etwa 2,2

km ins Ortszentrum.
Preis: €€.
Zufahrt: Direkt links an der Hauptstraße nach Ortseinfahrt Bad Reichenhall.
Info: Wenn der Platz belegt ist oder Sie auch ohne Serviceeinrichtungen glücklich sind, können Sie am Parkplatz an der Ecke Loferer Straße / Kurfürstenstraße ganz in der Nähe übernachten. Es sind mehrere Stellflächen für Womos markiert, [N 47°43'51" E 12°52'22"], €.

Unterwegs in Bad Reichenhall

In dem Kurbad mit seinen rund 18.000 Einwohnern dreht sich bis heute viel um Salz. Solequellen, Solebäder, Salzabbau... all dies ist noch immer hochaktuell – und hat Tradition. Nachweislich wird schon seit über 2000 Jahren Salz abgebaut, bereits die Römer nannten die Siedlung „ad salinas". Über lange Zeit teilten sich der Erzbischof von Salzburg, das Kloster Sankt Zeno und Bürger des Ortes, der damals noch Hall hieß, die Schürfrechte. Regelmäßige Streitereien über diese Rechte, Abgaben und erlaubte Mengen führten schließlich 1196 zur völligen Zerstörung und einem kleineren, besser befestigten Neuaufbau. Ab 1323 ist der Name Reichenhall verbrieft. Da mit Salz immer noch viel Geld zu verdienen war, sicherte sich der bayerische Staat den Großteil des Salzes, indem er ein Monopol beanspruchte. Eine Soleleitung bis Traunstein und später bis Rosenheim vereinfachte den Transport des „weißen Goldes" erheblich. Mitte des 19. Jahrhunderts erhielt die Stadt den Titel als Kur- und Badeort.

Die Innenstadt bietet gleich mehrere Sehenswürdigkeiten und lässt sich am besten zu Fuß auf einem Rundgang erkunden. Gleich neben der **Rupertus-Therme** führt Sie die Traunfeld- und später die Frühlingstraße bis direkt an den Kurgarten heran. Der **Kurpark** wurde 1868 vom Gartenarchitekten Carl Effner angelegt. Neben dem neobarocken **Kurhaus** ist das 1910 erbaute, 160 m lange und mit 100.000 Schwarzdornbündeln bestückte **Gradierhaus** Herz der Anlagen. Das herablaufende Wasser wird so natürlich versprüht und vernebelt, der Bau wird zu einem Freiluftinhalatorium. Direkt südlich grenzt die Fußgängerzone entlang der Salzburger- und Ludwigstraße an. Sie stehen zunächst vor dem altehrwürdigen Grandhotel Axelmannstein. Nach

Gradierhaus

Alte Saline, unten Rathausplatz

links könnten Sie noch einen Umweg bis an die alte **Stiftskirche St. Zeno** machen. Das ehemalige Augustiner-Chorherrenstift wurde 1136 gegründet, die Basilika in 100-jähriger Bauzeit errichtet. Im romanischen Kreuzgang sehen Sie das bekannte Barbarossa-Relief.

Nach rechts geht es zur Einkaufsmeile mit vielen Cafés, zum Beispiel der Reichenhaller Institution schlechthin, dem **Café Reber**, Ursprung der bekannten Pralinenspezialitäten *(Tipp: Falls Sie Pralinen kaufen möchten, machen Sie das besser später im Reber Fabrikverkauf am Ortsausgang, dort sparen Sie teils bis zu 50%, [N 47°46'02" E 12°55'573", Reichenhaller Str. 111])*.

In Höhe des **Ägidiplatzes** halten Sie sich schließlich links hinauf zur **Burg Gruttenstein**. Das aus dem frühen 13. Jahrhundert stammende Bauwerk war Verwaltungssitz des Ortspflegers. Südlich erhebt sich im Verlauf der historischen Stadtmauer der **Pulverturm**. Weiter nach rechts und etwas tiefer liegt die Obere Stadt. Sie zeigt noch alte Straßenfassaden und mittelalterliche Wehrmauern. Über die Gruttensteingasse kommen Sie zum **Florianiplatz** im typisch alpenländischen Stil. Er bildet den zentralen Punkt des Viertels. Der **Peter- und Paulturm** ist einer von ehemals 14 Wehrtürmen. Links hinab spazieren Sie in Höhe der Pfarrkiche **St Nikolaus** zur Salinenstraße.

Falls Ihnen jetzt nach einem Naturerlebnis ist, können Sie links über die Saalachbrücke gehen und danach gleich links bis zum Südtiroler Platz mit der **Predigtstuhlbahn**. Die 1928 fertig gestellte Seilschwebebahn gilt als älteste im original erhaltene Großkabinenseilbahn der Welt. In rund acht Minuten schweben Sie zum Gipfel des 1614 Me-

Brunnen im Kurpark

ter hohen Hausbergs *(Südtiroler Platz 1, Mär – Okt 9.00 – 17.00 Uhr, sonst bis 16.00 Uhr, Berg-/ Talfahrt €€€,, www.predigtstuhlbahn.de)*. Oben können Sie wandern, zum Beispiel zur Almhütte Schlegelmulde. Von St. Nikolaus stattdessen ein Stück weiter nach rechts sehen Sie neben sich dann schon den schönen Bau der **Alten Saline** mit dem **Salzmuseum** darin. Nach einem großen Stadtbrand 1834, erbaute der Architekt Johann Daniel Ohlmüller im Auftrag von Ludwig I. dieses Gebäude. Den Mittelpunkt bildet das Hauptbrunnhaus mit der Brunnhauskapelle im neoromanischen Stil. In einer Tiefe von 14 Meter befinden sich die Solequellen, außerdem ein Wirrwarr von Gängen und Stollen. Die Sole wird bis heute mit einer Pumpanlage aus dem 19. Jahrhundert zu Tage gefördert. Ansonsten können Sie alles über das hiesige Salz erfahren – Geschichte, Bedeutung, Abbautechnik und eine Führung zum riesigen unterirdischen Förderrad sind inklusive *(Alte Saline 9, Mai – Okt 10.00 – 16.00 Uhr, sonst Di – Sa und 1. So im Monat 11.00 – 15-00 Uhr, €€, www.alte-saline.de)*. Weiter gehen Sie über den Rathausplatz. Das Alte Rathaus wurde 1924 mit Fresken Karls den Großen, St. Rupertus, Friedrich Barbarossas und Ludwigs I. von Bayern bemalt. Schräg gegenüber steht das **Neue Rathaus**. In der Platzmitte befindet sich der Wittelsbacherbrunnen, der die bayerischen Landesteile darstellt. Rechts gehen Sie durch die **Poststraße** und stoßen so erneut auf die Ägidikirche am Ägidiplatz, Links steht das **Salzmaierhaus** aus dem 15. Jahrhundert. Ein Stück weiter können Sie links einen Abstecher zum **Stadtmuseum** machen *(Getreidegasse 4, Fr –So 10.30 – 16.00 Uhr, €)*. Dann gelangen Sie noch zur ältesten Kirche, der **St. Johannes Spitalkirche**, die schon 790 erwähnt wurde. Geradeaus traben Sie zurück bis zum Kurpark, von wo aus Sie auf bekanntem Weg den Ausgangspunkt nahe der Therme erreichen.

Gastrotipps Bad Reichenhall: **Gasthaus Gruttenstein***, Gruttensteingasse 9, **Bürgerbräu****, Waaggasse 1, **Hünn`s****, Rathausplatz 4, **Tucha Bar****, Ludwigstr. 1, **Café Reber** (Café), Ludwigstr. 10, **Klosterklause****, Poststr. 52

Höglwörther See und Freilassing

Nach Bad Reichenhall halten Sie sich über die B20 in Richtung Freilassing und können direkt hinter der Saalachbrücke links noch den **Campingplatz Staufeneck,** anfahren, *([217: N*

Kloster Höglwörth

47°44'44" E 12°53'44", Strailachweg 1], Apr – Okt, €€€€, www.camping-staufeneck.de). Auch das Wirtshaus Staufeneck bietet Gästen einen unkomplizierten Nachtparkplatz bei **Piding** an. Durch die Nähe zur Hauptstraße ist es aber nicht ganz leise, [**218**: N 47°45'35" E 12°53'55", Schloßweg 4].

Am Abzweig zur St2103 lässt sich eine Extra-Tour einschieben. Sie führt über das als eines der schönsten bayerischen Dörfer prämierte **Anger** zum idyllischen **Höglwörther See** mit dem Kloster im Hintergrund. Machen Sie zum Beispiel einen Spaziergang entlang des Uferweges und kehren Sie im Klosterwirt mit echtem Biergarten ein. In Anger lädt das **Hans-Peter Porsche Traumwerk** zu einer ansprechend in Szene gesetzten Ausstellung alten Blechspielzeugs und von Modellbahnwelten ein. Eine besondere Genießertour abseits der üblichen Pfade. Der Rückweg geht über die A8 am schnellsten. Ihre Tour setzen Sie dann über **Ainring** fort. Badegäste des **Freibades** dürfen dort meist die Nacht verbringen, sollten vorher jedoch anfragen, [**219**: N 47°49'14" E 12°57'00", Schwimmbadstraße].

Der nächste Platz in **Freilassing** liegt in „Radlentfernung" zur großen österreichischen Nachbarstadt **Salzburg**. Vor Ort können Sie ansonsten ´die recht bekannte **Lokwelt** besuchen. Kern der Anlage ist ein Rundlokschuppen. Etwa 25 Großexponate, von der Schnellzuglok bis zum Stellwerk können in Augenschein genommen werden. Von März bis Oktober fährt jeden ersten und dritten Sonntag auch die Parkeisenbahn durch das Gelände. Ein Muss für Eisenbahnfans und alle die es werden wollen.

***Porsche Traumwerk**: [N 47°47'28" E 12°52'10", Zum Traumwerk 1], Di – So 9.00 – 17.30 Uhr, €, www.traumwerk.de | **Lokwelt**: [N 47°50'20" E 12°58'02", Westendstr. 5], Fr – So 10.00 – 17.00 Uhr, €, www.lokwelt.freilassing.de*

(220) Offizieller WOMO-Stellplatz: Freilassing

GPS: N 47°50'28" E 12°59'04", Aumühlweg 3. **Max. WOMOs:** 6-8.
Ausstattung: Keine Einrichtungen direkt am Platz.
Beschreibung: Schattige Parkfläche auf Asphalt, direkt neben der Zubringerstraße zur Grenze Richtung Salzburg. Eben, nicht ganz ruhig durch nahe Hauptstraßen, Ver- / Entsorgung ist offiziell an der nahen Kläranlage 300 m weiter möglich (Mo – Do 7.00 – 16.00 Uhr, Fr bis 12.00 Uhr), 300 m bis Freilassing bzw. 6,5 km bis Salzburg.
Zufahrt: Von der B 20 in Freilassing rechts über die Schleife Richtung Zentrum abfahren. Dann nach 300 m rechts.
Hinweis: Wegen Bauarbeiten ist dieser Platz die letzten drei Jahre kaum nutzbar gewesen. Ab 2020 sollen diese beendet sein...

Stippvisite in Salzburg

Natürlich liegt es nahe, eine Wohnmobiltour durch das Berchtesgadener Land mit einer Stippvisiten in Salzburg zu verbinden. Die besten Zufahrts- bzw. Zugangsmöglichkeiten haben Sie von Marktschellenberg (mit dem Fahrzeug), von Bad Reichenhall *(mit dem Bus 180, zum Beispiel ab dem Kurgastzentrum bis Mirabellplatz oder mit der S-Bahnlinie 3 ab dem Bahnhof)* und nun auch von Freilassing *(mit dem Fahrrad, dem Fahrzeug oder der S-Bahnlinie 3 ab dem Bahnhof)*. In Salzburg ist Parkraum knapp und mit dem Wohnmobil kann die Suche schnell stressig werden. Grundsätzlich dürfen Sie tags aber in allen blau markierten Buchten stehen. Ein stadtnaher, kostenpflichtiger Parkplatz, auch für Womos zugelassen, befindet sich am **Schloss Mirabell**, [N 47°48'21" E 13°02'36", Mirabellplatz], er ist aber ziemlich teuer.
Neben dem bekannten Schloss gehen Sie von dort in südlicher Richtung, vorbei am **Mozart-Wohnhaus** und über die Salzachbrücke in die Altstadt. Dort finden Sie rund um die berühmte **Getreidegasse** unter anderem das **Festspielhaus**, den **Dom**, das **Mozart-Geburtshaus** und das **Haus der Natur**. Direkt dahinter grenzt die **Festung Hohensalzburg** an.
Wenn Sie sich nach der Brücke zunächst links halten bis zum **Mozartplatz**, finden Sie dort die **Touristeninformation**, die Sie mit Plänen und weiterführendem Material ausstattet *(Haus Nr. 5)* sowie das **Salzburg-Museum**. S-Bahnfahrer werden am Platz vor dem Hauptbahnhof *(Südtiroler Platz 1)* ebenfalls durch eine Touristeninformationsstelle versorgt. Wenn Sie allerdings schon vorher in „Mülln-Altstadt" aussteigen, sind es entlang der **Kaipromenade** am Flussufer auch nur rund 600 Meter in südlicher Richtung bis ins Zentrum – die wohl einfachere Alternative.

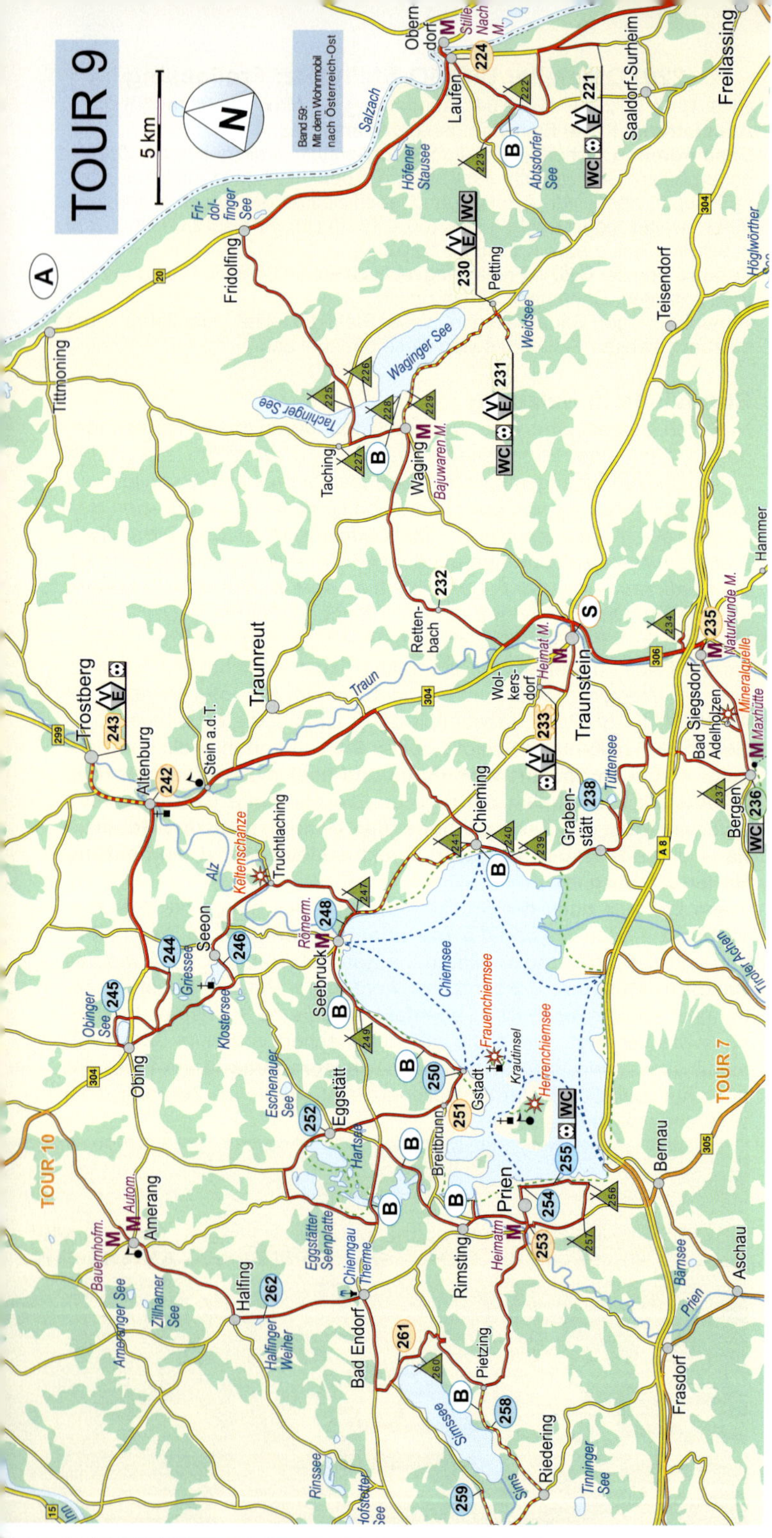
TOUR 9
5 km
N
Band 59: Mit dem Wohnmobil nach Österreich-Ost
A
Tittmoning
Fridolfing
Fri-dol-finger See
Salzach
Oberndorf
Stille Nach M.
Laufen
224
222
223
Abtsdorfer See
221
Saaldorf-Surheim
Freilassing
Höfener Stausee
230
Petting
Waginger See
Tachinger See
Taching
225
226
227
228
229
Waging
Bajuwaren M.
231
Weidsee
Teisendorf
Höglwörther See
304
20
Trostberg
243
299
Altenburg
242
Stein a.d.T.
Traunreut
Traun
Retten-bach
232
Wolkersdorf
Heimat M.
Traunstein
233
S
234
306
235
Naturkunde M.
Mineralquelle
Hammer
Bad Siegsdorf
Adelholzen
Maxhütte
Chieming
240
241
239
Graben-stätt
238
Tüttensee
Bergen
236
237
A 8
Truchtlaching
Keltenschanze
Alz
Seeon
244
246
Griessee
Klostersee
Seebruck
Römerm.
248
247
Obinger See
245
Obing
Chiemsee
249
Frauenchiemsee
Krautinsel
Herrenchiemsee
Gstadt
250
251
Breitbrunn
Eschenauer See
Eggstätt
252
Hartsee
Eggstätter Seenplatte
255
254
256
257
253
Prien
Heimatm.
Bernau
305
TOUR 7
Tiroler Achen
Rimsting
Chiemgau Therme
Bad Endorf
Halfing
262
Halfinger Weiher
Amerang
Autom.
Bauernhofm.
Ameranger See
Zillhamer See
TOUR 10
261
260
Pietzing
Simssee
258
Riedering
Sims
Rinssee
Hofstätter See
259
Tinninger See
Prien
Bärnsee
Aschau
Frasdorf
15
Inn

Tour 9: Chiemsee und der nördliche Chiemgau – 280 km

Laufen – Tachinger- und Waginger See
Traunstein – Siegsdorf – Bergen
Grabenstätt und Chieming – Altenburg
Seeon – Seebruck – Gstadt – Eggstätter Seenplatte
Prien – Simssee – Bad Endorf und Amerang

Stellplätze:	Saaldorf-Surheim, Laufen, Petting, Ebing, Aich, Traunstein (2x), Siegsdorf, Bergen, Tüttensee, Altenmarkt, Trostberg, Obing (2x), Seeon, Seebruck, Gstadt (2x), Eggstätt, Prien (2x), Simssee, Halfing
Campingplätze:	Abtsdorfer See (2x), Waginger See (5x), Siegsdorf, Bergen, Grabenstätt (2x), Chieming, Seebruck, Esbaum, Prien (2x), Simssee
Besichtigen:	Stille Nacht Museum Oberndorf, Museen und Käserei Waging, Traunstein, Siegsdorfer Naturkundemuseum, Heilwasserquelle Bad Adelholzen, Steiner Felsenburg, Kloster Baumburg, Keltenschanze Truchtlaching, Römermuseum Seebruck, Prien, Schloss Herrenchiemsee, Fraueninsel, Nostalgiebahn Bad Endorf, Schloss, Automuseum und Freilichtmuseum Amerang
Wandern:	Hochfellnbahn, Chiemseerunde (Rad), Eggstätter Seenplatte (Rad)
Baden:	Abtsdorfer See, Tachinger- und Waginger See, Tüttensee, Chiemsee, Griessee, Obinger See, Seeoner See, Hartsee, Langbürgener See, Prienavera Bad, Simssee, Chiemgautherme Bad Endorf, Badesee Halfing

„Das bayerische Meer“ wird der Chiemsee auch genannt. Sowohl rund herum als auch mittendrin gibt es viel zu entdecken – Badestellen, Museen, Schlösser und typisch bayerische Ortschaften von ganz still bis sehr belebt.

Laufen

Nach all der Gebirgspracht auf Tour acht fällt die Landschaft zunächst buchstäblich etwas ab. Gleich zu Beginn finden sich einige Stellplätze in der Nähe und auch direkt am **Abtsdorfer See** mit Badegelegenheit.

(221) WOMO-Bauernhof-Stellplatz: Saaldorf-Surheim (Paulbauernhof)

GPS: N 47°53'35" E 12°56'39", Gausburg 47. **Max. WOMOs:** 10.
Ausstattung: Ver-/ Entsorgung (nicht frei zugänglich), Strom und Toiletten / Dusche (gegen Gebühr).
Beschreibung: Einfache, Stellplätze auf Schotterboden hinter einem Bau-

ernhof in ländlicher Lage, Bahngleise benachbart aber nachts meist ruhig. Rund 2,5 km zum See.
Preis: €.
Zufahrt: Von der B20 am einfachsten direkt nach Triebenbach (rechts) links und gleich wieder links auf die Nebenstraße BGL2 abbiegen. Dort ist dann nach rechts die Zufahrt zum Platz mit einem Wohnmobilschild markiert.

Das Strandbad selbst betreibt den kleinen **Campingplatz am Abtsee**, *([**222:** N 47°54'59" E 12°54'14", Abtsee 15], Apr–Okt, €€-€€€)*. Nur wenige hundert Meter weiter gibt es alternativ einen weiteren, winzigen **Bauernhof-Campingplatz** am **Frechenhof** mit nur drei Plätzen, *([**223:** N 47°55'20" E 12°54'45", Moosham 44], €€€, www.ferienhof-schauer.de)*.

Die Grenzstadt **Laufen** wartet dann mit einer historischen Altstadt auf einer Halbinsel in der Salzachschleife auf Sie. Zwischen dem **Salzburger Tor**, dem zentralen **Marienplatz** und der weithin sichtbaren Stiftskirche sind die meisten Gebäude im typischen Inn-Salzach-Stil erbaut. Als Sehenswürdigkeiten gelten das **Alte Rathaus** mit schöner Barockfassade sowie **Mariä Himmelfahrt**, die älteste gotische Hallenkirche Süddeutschlands. Einen offiziellen und kostenfreien Wohnmobilparkplatz finden Sie schon am Anfang des Ortes.

Gastrotipps Laufen: **Kapuzinerhof****, Schlossplatz 4, **Eis Center** (Eis), Marienplatz 4

(224) Offizieller WOMO-Stellplatz: Laufen

GPS: N 47°56'00" E 12°56'16", Freilassinger Str. 71. **Max. WOMOs:** 10.

Ausstattung: Keine Einrichtungen
Beschreibung: Etwas nüchterner, einfacher Parkplatz mit Womo-Schild unterhalb der Hauptstraße. Teils schattig, eben, nicht ganz leise. Etwa 400 m in die Ortsmitte.
Zufahrt: Direkt an der B20 nach Ortseinfahrt, kurz nach den Tankstellen rechts.

Von Laufen aus können Sie einen Ausflug auf österreichische Seite unternehmen: Fahren Sie dazu über die schöne Brücke hinüber ins benachbarte **Oberndorf**. Dort finden Sie in der Alten Landstraße die **Stille Nacht Kapelle mit Museum**. Hier wird der Entstehung des berühmtesten Weihnachtsliedes der Welt gedacht. 1818 vom Hofpriester Mohr gemeinsam mit dem Schullehrer und Organisten Franz Gruber, zwei musikalischen Laien, komponiert und im gleichen Jahr uraufgeführt, ist es heute kaum mehr aus der Weihnachtszeit wegzudenken.

***Stille Nacht Museum**: [N 47°56'45" E 12°56'08", Stille Nacht Platz], Dez – Okt, 9.00 – 16.00 Uhr, €, www.stillenacht-kapelle.at*

Tachinger und Waginger See

Ein Stück weiter östlich breiten sich die miteinander verbundenen **Tachinger** und **Waginger Seen** aus. Sie werden als Perle des Ruperti-Winkels vermarktet. Ein großer Pluspunkt ist ihre Temperatur. Während anderswo noch vorsichtig mit dem großen Zeh vorgefühlt wird und man sich entschließt, noch ein paar Tage zu warten, bis ein badetaugliches Klima erreicht ist, hat die Saison hier schon begonnen. Zusammen mit dem kleinen Abtsdorfer See zuvor wird in der Regel kein anderes nennenswertes Badegewässer im Voralpenland schneller warm als diese drei. Bis zu 28 Grad beträgt die Wassertemperatur im Hochsommer. Zweifellos ist das auch der wichtigste Grund zu verweilen und ein paar Tage am Ufer zu verbringen, denn landschaftlich und kulturell hat Bayern sicher noch spannendere Gegenden zu bieten. Erwähnenswert sind aber die guten Radelmöglichkeiten, begünstigt durch die recht flache Landschaft ringsum. Wenn Sie Zweirad und Wasser also locken, stehen eine ganze Reihe von Camping- und Stellplätzen zur Auswahl, die sich mal näher, mal weiter entfernt von der Wasserlinie aufreihen. Direkt an den Ufern treffen Sie östlich auf den **Campingplatz und Strandbad Tettenhausen**, *([**225:** N 47°57'13" E 12°45'04", Hauptstr. 2], €€€-€€€€, www.strandbad-tettenhausen.de)* und den gleich südlich daneben gelegenen **Campingplatz Gut Horn**, *([**226:** N 47°56'49" E 12°45'20", Gut Horn 4], Mär – Nov, €€€-€€€€, www.gut-horn.de)*.

Nach der Brücke und Einschnürung, die beide Seen miteinander verbindet, können Sie rechts nach **Taching** zum etwas kleineren, nördlichen See fahren und dort das Strandbad **Taching am See** samt **Campingplatz** austesten, *([**227:** N*

Waginger See

Waginger See

47°57'42" E 12°43'56", Am Strandbad 1], Apr – Mitte Okt, €€ – €€€, www.seecamping-taching.de). Links ab bleiben Sie dagegen am Waginger See. Zwei weitere Plätze befinden sich dort, der erste bietet auch einen Wohnmobilhafen für Kurzzeitaufenthalte, hat allerdings ein allgemein etwas höheres Preisniveau.

(228) WOMO-Campingplatz: Waging am See (Strandcamping Waging am See)

GPS: N 47°56'35" E 12°44'49", Strandbadallee.
Internet: www.strandcamp.de
Ausstattung: WLAN, Restaurant, Minimarkt, Spielplatz, eigener Seezugang mit Badestrand.
Beschreibung: Sehr großer,teils parzellierter Platz mit Flächen von 80 bis200 qm. Schattig, eben, recht ruhig. Die Einrichtungen können auch vom Wohnmobilhafen aus genutzt werden, etwa 1,2 km in den Ort.
Preis: €€€€-€€€€€, Womohafen €€€.
Zufahrt: Am Ortsbeginn von Waging linker Hand zum See hin angeschrieben.

Der **Camping Schwanenplatz**, *([**229:** N 47°56'12" E 12°45'39", Am Schwanenplatz 1], Ende Apr– Anfang Okt, €€€-€€€€, www.schwanenplatz.de),* erwartet wenige hundert Meter südlich davon seine Gäste.

Wenn Sie auch damit leben können nicht ganz nah am Wasser zu stehen und stattdessen kleinere Plätze bevorzugen, kommen mehrere Stellgelegenheiten auf Bauernhöfen der Umgebung in Frage.

(230) WOMO-Bauernhof-Stellplatz: Petting (Schneiderhof)

GPS: N 47°54'50" E 12°48'40", Seestr. 11a. **Max. WOMOs**: 4-5.
Internet / Tel.: www.stellplatz-schneiderhof.de, 08686 98 46 98.
Öffnungszeiten: Mai bis Oktober.
Ausstattung: Ver- /Entsorgung (nicht frei zugänglich), Toilette / Dusche, Grillstelle, Mülltonnen.
Beschreibung: Hübscher Platz im Garten eines Bauernhauses. Familiäre, ländliche Lage auf Rasen, ruhig, etwas Schatten, eben, Einkaufsmöglichkeiten in 300 m, Seen etwa 1,2 km entfernt.
Preis: €€.

Zufahrt: Entlang der St2104 westlich des Waginger Sees bis zum Ende fahren, dann links nach Petting abbiegen. Dort links ab nach 350 m klein beschildert.

(231) WOMO-Bauernhof-Stellplatz: Ebing (Bauernhof Kaindl)

GPS: N 47°54'28" E 12°47'08", Ebing 2. **Max. WOMOs**: 3.

Tel.: 08686 81 03.
Öffnungszeiten: Mai bis Oktober.
Ausstattung: Wasser, Strom, Toilette / Dusche, Spielplatz.
Beschreibung: Sehr ruhig gelegener Platz auf einer ebenen Wiese hinter einem Bauernhof. Kein Schatten, eben, ländliche Lage, rund 2 km bis an den See.
Preis: €€.
Zufahrt: Entlang der St2104 westlich des Waginger Sees bis zum Ende fahren, dann bei der Abfahrt nach Petting rechts abbiegen. Bei zweiter Gelegenheit rechts zum Bauernhof auf der rechten Seite nach gut 600 m abfahren.
Hinweis: Eine dritte Bauernhof-Stellplatz-Möglichkeit bietet der Peterbauerhof noch ein Stück weiter südwestlich bei [N 47°53'30" E 12°46'28", Aich 5] an.

Der Ort **Waging** selbst liegt ein Stück zurückversetzt vom See und verfügt neben den besten Einkaufsmöglichkeiten im nahen Umkreis über eine **Touristeninformationsstelle** in der Salzburger Str. 32. Dort wurden von der Gemeinde auch zwei Museen eingerichtet. Um Besuchern die Natur näher zu bringen wurde zum einen die recht interessante **Vogelausstellung** initiiert, bestehend aus rund 300 Exponaten die in 50 Jahren zusammengetragen wurden. Vom riesigen Geier bis zum kleinen Singvogel liegt der Schwerpunkt auf europäischen Arten, auch einige Säugetiere sind zu sehen.

Die andere Abteilung präsentiert als **Bajuwarenmuseum** vor allem archäologische Funde dieser bayerischen Vorfahren, die im 6. und 7. Jahrhundert in der Region lebten. Daneben werden Fundstücke der Langobarden und Römer gezeigt. Im nahen Nachbau eines Bajuwarenhauses können Sie Geschichte dann auch noch plastisch umgesetzt und hautnah erleben.

Wenn Sie Käse mögen hat Waging noch etwas für Sie zu bieten: Die ansässige **Käserei Bergader** bietet wochentags regelmäßig Führungen durch den Betrieb mit anschließender Schmankerlstunde, bei Interesse ist eine Vorab-Anmeldung unbedingt erforderlich.

***Bajuwarenmuseum und Vogelausstellung**: [N 47°56'02" E 12°44'14", Salzburger Str. 32], Jun –Sep Mo – Fr 8.00 – 17.00 Uhr, Sa 9.00 – 13.00 Uhr, sonst nur Mo – Fr 8.00 – 16.00 Uhr | **Bergader Käserei**: [N 47°56'00" E 12°44'01", Marktplatz 10], Reservierung unter Tel. 08681-4040, nur Mo – Fr, €€, www.bergader.de*

Gastrotipps Waging: **Seestüberl****, Am See 9, **Landhaus Tanner*****, Aglassing 1, **Eiscafé Dolomiti** (Eis), Salzburger Str. 21

Traunstein

Wenn es Sie dann weiterzieht, finden Sie nahe Traunstein zwei Nachtplätze, die nicht allzu weit von ihrer Route entfernt liegen. Das **Gasthaus Jobst** befindet sich an der Durchgangsstraße in **Rettenbach**, dort stehen Sie bei Einkehr kostenfrei, [**232:** N 47°54'46" E 12°39'00", Balthasar-Permoser-Str. 66]. Der extra angelegte Stellplatz neben einem Wohnmobilhändler ist ein Stück weiter westlich gelegen.

(233) WOMO-Stellplatz: Traunstein (Reisemobilcenter Wolkersdorf)

GPS: N 47°52'57" E 12°35'58", Schmidhamer Straße 33. **Max. WOMOs:** 8.
Ausstattung: Ver-/ Entsorgung und Strom (gegen Gebühr).

Zeiten: April bis Oktober.
Beschreibung: Geschotterter Wohnmobilstellplatz neben einer Wohnmobil-Werkstatt. Plätze auf Schotterboden, kein Schatten, eben, etwas nüchtern. Rund 5 km außerhalb Traunsteins.
Preis: €.
Zufahrt: Traunstein zunächst Richtung Siegsdorf / A8 verlassen und dann rechts über die St2095 Richtung Chiemsee / Chieming halten. Nach rund 4 km rechts ab nach Wolkersdorf, dort rechter Hand hinter den Gewerbebauten.

Die Kreisstadt **Traunstein** ist einen Zwischenstopp wert. Das Ortsbild wird, vor allem rings um den fast 900 Jahre alten **Stadtplatz** mit der Stadtpfarre **St. Oswald** und entlang der Schaumburger Straße, von altehrwürdigen Bürgerhäusern geprägt. Sie künden noch heute von Traunsteins Vergangenheit als mittelalterliche Stadt des Salzhandels. Der nächste Parkplatz befindet sich am **Karl-Theodor-Platz** bei [N 47°52'03" E 12°38'49"]. Er ist wochentags gebührenpflichtig und durch eine Treppe mit der Altstadt verbunden. Direkt am oberen Ende kommen Sie zur **Touristeninformationsstelle**, wo Sie Informationen und Faltpläne für Stadtrundgänge auf eigene Faust erhalten. Interessant ist ansonsten das **Heimat- und Spielzeugmuseum** hinter der Kirche. Es erzählt die Entstehungs- und Entwicklungsgeschichte Traunsteins, im anderen Bereich gibt es von der Puppenstube bis zur Eisenbahn Spielwaren zu sehen. die Kinderherzen vergangener Zeiten höher schlagen ließen. Falls Sie am erstgenannten Parkplatz einmal nicht fündig werden, kann der nur wenige hundert Meter entfernt gelegene an der **Siegsdorfer Straße** Abhilfe schaffen, [N 47°51'48" E 12°38'49"].

Hauptplatz in Traunstein

***Heimatmuseum**: Stadtplatz 3, Mo – Sa 10.00 – 15.00 Uhr, So 10.00 –16.00 Uhr, €, www.spielzeugmuseum-traunstein.de*

Gastrotipps Traunstein: **Park Café****, Gap Str. 2, **1888 Restaurant****, Bahnhofstr. 11, **Leonrod****, St.-Oswald-Str. 4

Siegsdorf

Nächste Station Ihrer Reise ist **Siegsdorf**, dessen nördliche Gemeindeteile von der Autobahn abgeschnitten wurden. So auch der Ortsteil **Hochberg**, wo Sie das recht günstige, kleine **Alpenferiencamp** finden, *([**234:** N 47°49'59" E 12°39'21", Aigen 4], €€€, www.alpencamp-siegsdorf.de)*. Im Hauptort kommen dann Hobbyarchäologen und Mammutjäger auf ihre Kosten. Seit im Jahr 1975 der Siegsdorfer Teenager Bernhard von Bredow in einem nahen Bachlauf ein Mammutskelett fand,

Naturkundemuseum Siegsdorf

sind die steinzeitlichen Elefantenahnen ein großes Thema. Unglücklicherweise konnten sich Entdecker und Gemeinde nach jahrelangem Hin und Her nicht auf eine gemeinsame, thematisch passende Plattform einigen. Das hatte zur Folge, dass es gleich zwei Museen gab. Mitten im Ort, direkt neben der Brücke über die Weiße Traun, betreibt die Gemeinde das **Siegsdorfer Naturkundemuseum** mit dem kleinen Steinzeit-Themenpark im angrenzenden Freigelände. Neben dem an einer Wand aufgehängten Originalskelett werden diverse andere Exponate, Präparate und Informationen auf moderne, museal aufbereitete Art gezeigt. Parken und notfalls auch einmal übernachten lässt sich in der **Bahnhofstraße** bei [**235:** N 47°49'18" E 12°38'45"]. Keine zwei Kilometer entfernt betrieb von Bredow selbst im Ortsteil Scharam das Mammutheum. Zuletzt war es geschlossen, ob und wann es wiedereröffnet, können Sie über die Website erfahren, www.mammutheum.de.

***Naturkundemuseum**: Auenstr. 2, Ende Mär – Mitte November 10.00 – 18.00 Uhr, sonst So und in den Schulferien 10.00 – 17.00 Uhr, €€, www.museum-siegsdorf.de*

Bei der Weiterfahrt fällt Ihnen vielleicht der Wegweiser nach rechts auf. Er zeigt Richtung **Bad Adelholzen**. In dem Weiler, der fast nur aus einem Schwesternheim und den Betrieben der Adelholzener Alpenquellen besteht, wird das bekannte Mineralwasser und was sonst alles zur Produktfamilie gehört gefördert und abgefüllt. Interessierte können fast täglich im Besucherzentrum die Abfüllung und Arbeit beobachten. Ein Stück oberhalb der Werksgebäude ist die **St. Primus Heilwasserquelle** gefasst, mit der alles anfing. Sie können sich dort stets selbst bedienen, Flaschen und Behälter müssen Sie aber mitbringen.

***Adelholzener**: St. Primus Str. 1, Mo – Do 8.00 – 16.00 Uhr, Fr 8.00 – 12.00 Uhr, mehr unter www.adelholzener.de*

Bergen

Bergen ist Ihr letzter Stopp südlich der A8, dann kommen Sie dem Chiemsee immer näher. An der **Hochfelln-Bergbahn** wurde der Besucherparkplatz offiziell auch zum Übernachten frei gegeben. Nur rund 150 Meter weiter liegt das **Museum Maxhütte**. Im alten, 1562 gegründeten Eisenhüttenwerk ist ein Museum entstanden, das den Mittelpunkt der Chiemgauer Industriegeschichte auf rund 750 Quadratmetern in den Original-Produktionsstätten abbildet.

***Museum Maxhütte**: Maxhüttenstr. 10, Mai – Sep Di – So 10.00 – 16.00 Uhr, € | **Hochfellnbahn**: Maria-Eck-Straße, €€€, Betriebszeiten und mehr unter www.hochfellnseilbahn.de*

(236) Offizieller WOMO-Stellplatz: Bergen (Hochfelln Seilbahn)

GPS: N 47°47'52" E 12°35'25", Maria-Eck-Str. 8. **Max. WOMOs:** 6-8.

Ausstattung: Keine Einrichtungen.

Beschreibung: Parkplatz neben der Bergbahn, dort tagsüber mit Toiletten, Schotteruntergrund, etwas Schatten durch ein paar Bäume zwischen den hinteren Parkreihen, etwas schräg, ruhig. Ortsmitte etwa 1 km entfernt.

Preis: € per Parkautomat, bei Aufforderung wird zusätzlich Kurtaxe fällig.

Zufahrt: Von Siegsdorf kommend in Richtung Bergen fahren. Dort dann links beschildert zur Bergbahn abbiegen.

Wanderung am Hochfelln (15 km, 5 Stunden, 700 Hm)

Der Hochfelln ist einer der beliebtesten Ausflugsberge in den Chiemgauer Alpen. Eine gute Gelegenheit für eine weitere Wanderung. Sie ist nicht sonderlich schwierig aber doch recht lang. Zunächst fahren Sie mit der Bergbahn bis zur Mittelstation hinauf (auch eine Fahrt bis ganz nach oben ist natürlich denkbar, das spart Zeit, Kraft und Höhenmeter). Von dort führt Weg Nr. 8 auf den **Hochfelln**. Nach ein paar Stufen folgt ein breiter Forstweg. Mit dem **Bachschmid-Kaser**, dem **Berggasthaus Öder-Kaser** und der **Bründling-Alm** passieren Sie unterwegs gleich drei Almen. Danach öffnet sich der Blick bis hinab zum Chiemsee. Sie wandern, nochmals über einige Stufen und dann einem Pfad bis unter die Seilbahn folgend, auf die Bergstation zu. Noch ein wenig mehr Anstrengung ist von Nöten, um das **Hochfellnhaus** und vor allem das Gipfelkreuz zu erreichen. Sie erleben ein 360°-Panorama. Das sieben Meter hohe, gusseiserne Gipfelkreuz stammt aus der

Maxhütte gleich hinter der Liftanlage und wurde 1886 zum Gedenken an König Ludwig I. von Bayern errichtet.
Nach ausgiebiger Rast und Sichtgenuss steigen Sie auf gleichem Weg wieder in Richtung Hochfellnhaus ab und halten sich in Richtung der kleinen **Tabor Kapelle**. Dort zweigt der Weg Richtung „Thorau Alm“ und “Eschelmoos“ ab. Sie folgen nun weiter diesen Wegmarken, am nächsten Abzweig geht es auf Bergen zu. Der nun folgende steile Abstieg über Stufen und Steine fordert etwas Trittsicherheit und Konzentration. Immer an der Hangkante entlang, blicken Sie hinab auf die Thorau Almen. Abermals gelangen Sie an eine Gabelung. Wieder nehmen Sie den rechten Weg auf „Bergen-Ort“ und „Weißgraben“ zu. Nun folgt eine zweite, ziemlich steile Passage hinab in den Weißgraben und dann, kurz bergauf, weiter bis zu einem breiten Forstweg. Schlagen Sie diesen nach rechts ein, dann aber nicht geradeaus nach Ruhpolding sondern erneut rechts Richtung Bergen orientieren. Ab jetzt müssen Sie nur noch der Weißen Achen folgen, die neben Ihnen munter bis Bergen dahin plätschert. Unterwegs passieren Sie noch einen Wanderparkplatz, einen Picknickplatz und nach einer Brücke einen Wasserfall. Am **Museum Maxhütte** haben Sie es dann fast geschafft, nur mehr wenige Meter sind es bis zur Talstation der Seilbahn.

Am Ortsende von Bergen befindet sich dann noch der **Campingplatz Wagnerhof**, *([**237:** N 47°48’39” E 12°35’24”, Campingstr. 11], €€€-€€€€, www.camping-bergen.de)*, vielleicht eine Alternative zum einfachen Parkplatz für Sie.

Auch wenn er im Vergleich zum Chiemsee nur eine Pfütze ist, mag der kleine **Tüttensee** unterwegs für Sie noch interessant sein. Er bietet ein meist eher stilles Strandbad und mehrere Informationstafeln zur Geologie. Denn man geht davon aus, dass er die tiefste Kraterstelle eines riesigen Meteoriten ist, der die ganze Gegend einst verwüstete. Im Fall des Falles spricht wohl auch kaum etwas gegen eine Zwischenübernachtung am kleinen Waldparkplatz oberhalb bei [**238**: N 47°50’44” E 12°33’52”, Tüttenseealm1].

Tüttensee

Grabenstätt und Chieming

Grabenstätt breitet sich bereits bis hinüber ans Chiemsee-Ufer aus. Von dort aus hält die St2096 aufs Ufer zu. Begrüßt werden Sie direkt mit zwei Campingplätzen, von denen es am See eine ganze Reihe gibt. Näher am Wasser als hier können Sie aber nicht stehen. Zunächst der Platz **Sport-Ecke**, *([**239:** N 47°52'35" E 12°31'44", Am Chiemsee 1], Apr – Sep, €€€€, keine Hunde erlaubt, www.sport-ecke.de)* und, zum Verwechseln ähnlich, direkt danach der **Campingplatz Möwenplatz**, *([**240:** N 47°52'50" E 12°31'59", Grabenstätter Str. 18], Apr – Sep, €€€, keine Hunde erlaubt, www.moewenplatz.de)*.

Felsenburg Stein

Chieming ist die erste echte Seegemeinde. Der schöne Ort mit vielen üppig geschmückten Häusern und ziergeschnitzten Holzbalkonen bietet nicht die großen Sensationen, lohnt aber dennoch einen genaueren Blick in den einen oder anderen hübschen Winkel. Die örtliche Badestelle mit großem Parkplatz liegt etwas außerhalb am **Chiemseering** bei [N 47°53'47" E 12°31'41"], der sehr nette **Campingplatz Seehäusl** ist nur 800 Meter Luftlinie davon entfernt, *([**241:** N 47°54'07" E 12°31'15", Beim Seehäusl 1], €€€-€€€€, www.camping-seehaeusl.de)*.

Ab Chieming können Sie abkürzen und dem Seeufer folgend gleich nach Seebruck gelangen. Wenn Sie es aber nicht so eilig haben, nehmen Sie sich noch die Zeit für einen Schlenker ins Hinterland, zuerst ins kleine **Stein**. Ihr Fahrzeug können Sie gegenüber des Gasthofs Martini in der Hauptstr. 5 parken. Denn oberhalb der Häuser verbirgt sich in der Felswand eine echte Attraktion. Es ist die **Steiner Felsenburg** und das dazugehörige Schlossareal darunter. Um die in den 500 Meter langen und über 50 Meter hohen Fels der Nagelfluhwand gehauene Hochburg ranken sich diverse Sagen und Mythen. Allen voran die des schrecklichen Raubritters Heinz von Stein der einst sein Unwesen von diesem Ort aus getrieben haben soll. Sie können im Sommer täglich zwischen zwei Tourenvarianten wählen. Entweder lassen Sie sich nur die wilde Felsenburg zeigen oder verknüpfen dies mit einer Führung durch die Brauerei Stein samt Verkostung gleich nebenan. Falsch machen können Sie dabei sicher nichts. Alle Führungen beginnen am Schlosstor unterhalb, Taschenlampen müssen Sieselbst mitbringen.

***Steiner Burg**: Schloßhof 1, Ende Mär – Mitte Okt, Di – So 14.00 Uhr, Mitte Jul – Mitte Sep Di / So auch 16.00 Uhr, €, inklusive Brauerei: Mai – Mitte Okt Di – So 13.00 Uhr und 15.00 Uhr ab 5 Personen, €€, www.steiner-burg.de*

Kloster Baumburg und Stellplatz 242

Gastrotipps Traunstein: **Park Café****, Gap Str. 2, **1888 Restaurant****, Bahnhofstr. 11, **Leonrod****, St.-Oswald-Str. 4

Altenmarkt

Sie fahren nun in Altenmarkt ein. Linker Jand thront oben auf einem Hügel das ehemalige **Augustinerkloster Baumburg**. Es wurde 1803 aufgelöst, zu sehen ist aber bis heute die beeindruckende Rokokokirche **St. Margareta.** Im Klosterhof wird darauf hingewiesen, dass der 48. Breitengrad genau quer durch das Areal verläuft. Ansonsten kann man im Klostergasthof recht gut essen und am Parkplatz unterhalb problemlos eine Nacht verbringen, [**242:** N 47°59'59" E 12°31'55", Baumburger Str. 7]. Wenn Sie lieber auf einem offiziellen Platz stehen, können Sie noch ein paar Kilometer weiter bis in die Gemeinde **Trostberg** fahren.

(243) Offizieller WOMO-Stellplatz: Trostberg

GPS: N 48°01'22" E 12°32'47", Jahnstraße.
Max. WOMOs: 8.
Ausstattung: Ver-/ Entsorgung und Strom (gegen Gebühr).
Beschreibung: Großer Schotterparkplatz in Ortsrandlage, recht ruhig,

kaum Schatten, eben.
Zufahrt: Von Altenmarkt kommend entlang der Hauptstraße in den Ort einfahren, dann die zweite Straße nach dem Gewerbepark rechts abbiegen und dann links über die kleine Flussbrücke zum Platz steuern.
Hinweis: Rund um das Volksfest, etwa von Mitte August bis Mitte September, nicht nutzbar.

Nun zweigen Sie westlich zu drei kleinen Seen ab. Der stillste und schönste, zumindest zum Baden, ist sicher der **Griessee**. Er ist recht versteckt im Wald gelegen. Nur an wirklich sehr heißen Wochenendtagen wird es hier so richtig voll. Am vorderen Parkplatz ist das Nächtigen freigegeben.

(244) Offizieller WOMO-Badeplatz: Obing (Griessee)

GPS: N 47°59'26" E 12°26'28", Griessee.
Max. WOMOs: 6-7.
Ausstattung: Keine Einrichtungen.
Beschreibung: Schotterparkplatz ca. 250 m vor dem See, rechtsseitig der Zufahrt. Kein Schatten, nachts ruhig, nicht ganz eben, etsa 2,5 km außerorts.
Preis: €€.
Zufahrt: An der B304 zwischen Altenburg und Wasserburg nach Rabenden links ab beschildert.

Kurz darauf folgt der **Obinger See**. Auch er besitzt ein Strandbad am nordöstlichen Eck etwas außerhalb des Ortes. Auch dort kann man als Badegast eine Nacht über stehen, doch kann er optisch nicht ganz mithalten.

(245) WOMO-Badeplatz: Obing 2 (Strandbad Obing)

GPS: N 48°00'22" E 12°25'06", Seestr. 40. **Max. WOMOs:** 1-2.
Ausstattung: Keine Einrichtungen.
Beschreibung: Schattiger Schotterparkplatz vor dem Strandbad in Obing,

Griessee

meist ruhig, das Parken über Nacht wird bei Badegästen bzw. außerhalb der Saison geduldet. Etwa 1,4 km ins Zentrum.
Zufahrt: Von Altenburg aus Richtung Wasserburg fahren, dann rechts, kurz vor Obing, beschildert zum See abbiegen.

Seeon

Wieder ein wenig anders verhält es sich in **Seeon** mit dem gleichnamigen **Seeoner See** samt ehemaligem Kloster. Es gibt auch hier ein **Strandbad** mit Parkplatz dahinter, doch besticht dieser See mehr durch die Bilderbuchkulisse mit dem auf einer Landzunge in den See geschobenen Kloster, dem schönen, verschlafenen kleinen Ort und einigen erwähnenswerten Gastronomiebetrieben, [**246**: N 47°58'21" E 12°27'29", Seestraße]. Parken Sie am besten beim Strandbad und gehen Sie die Runde zu Fuß. Schön sitzen Sie beispielsweise auf der Terrasse des **Café Waltenbergstüberl** (und gehen danach über die Brücke zur Klostergaststätte mit toller Freischankfläche am See. Westlich von **Truchtlaching** können Sie sich dann noch in einer Schleife des Flusses Alz auf geschichtliche Spurensuche begeben. Die Kelten haben in dieser Ecke ihre Spuren hinterlassen. Sowohl eine Trutzburg als auch eine **Keltenschanze** konnten in ihrer ursprünglichen Form rekonstruiert werden. Der Rundgang folgt der Westenstraße bis zum Ende und führt dann etwas zurück. Dort über den Waldweg rechts führt der Weg weiter in den Weiler **Stöffling** mit einem **keltischen Gehöft** im Nachbau.

***Keltenhof**: [N 47°56'37" E 12°29'36", Stöffling 5], frei zugänglich*

Kloster Seeon , oben Stellplatz 246

Keltengehöft Stöffling, unten Stellplatz 248

Seebruck

Über die **Trostberger Straße** stoßen Sie beim **Campingplatz Kupferschmiede** schließlich wieder auf den Chiemsee bei **Seebruck,** *([**247:** N 47°55'49" E 12°29'34", Trostberger Str. 4], Apr – Sep, €€€-€€€€, www.camping-kupferschmiede.de).* Nur rund 500 Meter entfernt bietet sich der **Parkplatz** hinter dem Bootsanleger perfekt für Seeexkursionen oder Radeltouren in der Umgebung an, dort kann ebenfalls übernachtet werden, [**248:** N 47°55'59" E 12°29'07", Traunsteiner Str. 10].

Radtour um den Chiemsee **(53 km, 5 Stunden, 200 Hm)**

Eine Radtour um den Chiemsee ist ein echtes Erlebnis. Sie kommen dabei an rund zwei Dutzend schöner Badebuchten vorbei, gerade auch solchen, die mit dem Fahrzeug nicht gut erreichbar sind. Es gibt einige tolle Gasthöfe und Cafés, drei Vogelbeobachtungstürme und viele landschaftlich schöne Abschnitte mit Blick auf die See-Inseln und die Chiemgauer Alpen im Hintergrund. Fast durchgehend führt der Weg eben am Ufer entlang, ist also nicht allzu herausfordernd. Größter Wermutstropfen ist ein längeres Stück im Süden, dass nahe an der Autobahn verläuft. Dafür ist es schnurgerade und recht schnell geschafft. In welche Richtung Sie Ihre Tour antreten wollen, bleibt dabei Ihnen überlassen. Ein weiterer Pluspunkt ist, dass Sie, falls es Ihnen unterwegs zu viel wird, nicht bis ganz zum Ende zurück strampeln müssen. Die Chiemseeschiffe nehmen Sie auf fast allen Booten samt Rad von Chieming, Übersee, Felden, Prien und Gstadt wieder mit zurück nach Seebruck, beachten Sie nur unbedingt vorher den Fahrplan *(liegt am Anlegesteg aus)*. Oder Sie nehmen den im Sommer verkehrenden Chiemseebus der, samt Fahrradanhänger, auch müde Biker wieder sicher ans Ziel bringt *(Fahrplan an der Haltestelle vor dem Parkplatz Seebruck beachten)*. Der Wegverlauf ist ansonsten selbsterklärend

– Immer dem Ufer folgen. Lediglich zwischen Chieming und Übersee im Südosten muss man etwas aufpassen, doch selbst dort finden sich ausreichend gelbe Radfahrer-Schilder die Ihnen den Weg zurück zum Ufer weisen, nachdem Sie es für ein paar Kilometer verlassen hatten. Besonders wichtig ist auf dieser Tour, dass Sie Ihre Badesachen nicht vergessen! Ein anderer guter Startpunkt ist übrigens Prien, dort gibt es auf den großen Parkplätzen der Seenschifffahrt extra Parkplätze für Wohnmobile (nur tagsüber).

Anziehungspunkte direkt in Seebruck sind sicher das schöne, etwas versteckt gelegene **Strandbad** auf einer kleinen Landzunge hinter dem Yachthafen und das nur 200 Meter entfernte **Römermuseum Bedaium** in der **Römerstraße**. Als einer der besterforschtesten Römerorte Bayerns hat man darin Platz für über 500 Exponate gefunden. Ein römischer Ziergarten wurde benachbart angelegt.

***Strandbad**: [N 47°55'56" E 12°28'44", Am Chiemseepark 9] im Sommer tagsüber, € | **Römermuseum**: Römerstr. 3, Mär – Mitte Nov, Di – Sa 10.00 – 12.00 Uhr und 14.00 – 16.00 Uhr, So nur nachmittags, €, www.roemermuseum-bedaium.de*

Wenn Sie die Römerstraße noch ein Stück weiter hinab gehen, kommen Sie an der **Touristeninformation** vorbei und zu einer frei gelegten und mit einem Überbau geschützten römischen Fischerhütte, die Sie ebenfalls besichtigen können, die Öffnungszeiten orientieren sich an denen des Museums, der Besuch ist kostenfrei.

Gleich nach Ortsende befindet sich dann links der **Badeplatz Esbaum** mit eigenem Parkplatz bei [N 47°56'02" E 12°27'44"] und ein Stück weiter der **Campingplatz Lambach**, *([**249:** N 47°55'42" E 12°27'03", Lambach 3], Apr – Sep, €€€-€€€€, www.camping-am-chiemsee.de).*

Chiemsee, oben links Badeplatz Schalchen

Gstadt

Der nächste schöne **Badeplatz Schalchen** liegt bei einem Landgasthof hinter **Gollenhausen**. Leider stehen nur wenige Parkplätze auf dem kleinen, nach links beschilderten Tagesparkplatz zur Verfügung, [N 47°53'41" E 12°25'31"]. Bedeutend mehr Rummel ist im Urlaubsörtchen **Gstadt**. Da von nirgends sonst die Schiffspassage zur Fraueninsel hinüber kürzer ist, setzen sehr viele Tagesausflügler von hier aus über. Gastronomie, Pensionen, Strandbad, es gibt an sich fast alles, doch nur wenig Platz für Wohnmobile. Zwei der drei Großparkplätze sind für Sie von vorne herein gesperrt, nur in der **Reiterstraße** bei **[250:** N 47°52'59" E 12°24'59"] können Sie, natürlich kostenpflichtig, unterkommen. Oberhalb, nur wenige Meter hinter dem Ortsende, stehen nachts manchmal vereinzelt Womos bei **[251:** N 47°53'09" E 12°24'44"] auf der Anhöhe.

Erneut dürfen Sie jetzt entscheiden – wenn es Sie nach Prien und zu den Chiemseeinseln zieht, fahren Sie direkt weiter. Oder Sie drehen vorher eine kleine Runde um die landschaftlich schöne Eggstätter Seenplatte, die sich nördlich in eine Senke duckt.

Gastrotipps Gstadt: **Hofcafé Utz***, Lienzing 8, **Inselblick****, Seeplatz 9

Eggstätter Seenplatte

Ungefähr zwei Dutzend kleinere und größere Seen und Tümpel liegen nahe Eggstätt locker verstreut, aber doch eng nebeneinander. Viele davon sind nur zu Fuß oder mit dem Fahrrad erreichbar. Mit dem Womo können Sie am besten den **Hart-**

Eggstätter Seen und Stellplatz 252

see bei **Eggstätt** anfahren. Der Stellplatz am **Strandbad**, [**252:** N 47°55'47" E 12°22'29", Lehrer-Hager-Str. 4], weist kein ausdrückliches Nachtparkverbot aus.

Am **Langbürgener See** finden Sie einen weiteren kleinen Badeplatz mit Parkstelle gegenüber, [N 47°54'39" E 12°20'56"]. Der dritte Parkplatz, ebenfalls in Ufernähe des Langbürgener Sees, versteckt sich schließlich am östlichen Ende, etwas unterhalb der Straße mit schmaler holpriger Zufahrt bei [N 47°53'45" E 12°21'46"].

Kleine Radtour um die Eggstätter Seenplatte

(15 km, 1.5 Stunden, 80 Hm)

Die Seenplatte entstand während der letzten Eiszeit vor ca. 10.000 Jahren. Beim Abschmelzen der Gletscher bildeten sich Senken, die sich mit Grundwasser füllten. Übrig geblieben ist eine einzigartige Eiszerfallslandschaft mit vielen Seen und Mooren. Sie zählt zu den absolut schützenswerten Naturlandschaften in Südbayern. Gleich sieben Seen streifen Sie auf dieser Radtour. Das Baden ist allerdings nur am Langbürgener See, am Hartsee und am Pelhamer See erlaubt. Immer wieder mal finden sich dort meist stille, kleine Badezustiege. Zum Start wählen Sie den großen Parkplatz in **Eggstätt** beim **Hartsee-Strandbad** und folgen von dort aus dem Uferverlauf nach Norden. Am Nordende des Sees treffen Sie auf eine Straße, der Sie kurz links Richtung **Unter- und Oberulsham** folgen, bevor Sie auf den Hartseerundweg abbiegen können. Nun radeln Sie zwischen dem **Pelhamer See** und Hartsee in südliche Richtung auf den **Kautsee** zu. An der nächsten Weggabelung zwischen **Kaut-, Hart-** und **Einbessee** folgen Sie dann aber nicht weiter dem Hartseerundweg, sondern biegen scharf nach rechts ein. Am Südende des Kautsees halten Sie sich dann erneut rechts und nehmen den Weg in Richtung **Gaben**. Diesen verlassen Sie am Nordende des **Schlosssees** wieder und halten auf **Stephanskirchen** zu. Am nächsten Abzweig dann drehen Sie rechts ab und folgen dem Weg geradeaus bis kurz vor Stephanskirchen, wo Sie erneut links abbiegen. Ein kurzes Stück müssen Sie nun der Landstraße bis **Hemhof** folgen, überqueren dort die St2095 und treten bis Schafwaschen nochmals ordentlich in die Pedale. Dort wechseln Sie auf den markierten „Grenzenlos Erlebniswanderweg" Richtung **Hemhof**, biegen dann aber nach dem **Thaler See** links ab, zurück zum Langbürgener See. Nachdem Sie das Seeufer erneut erreicht haben, geht es auf dem schmalen Uferweg weiter. Kurz vor dem **Schloss Hartmannsberg** mündet der Weg ein weiteres Mal in die Staatsstraße ein. Nach einem kurzen

Stück auf Asphalt können Sie am kleinen Parkplatz linker Hand auf den Weg zum **Kesselsee** abzweigen. Am Ende des Sees halten Sie sich rechts und folgen nun erneut der ausgeschilderten Hartseerunde, vorbei am **Einbessee** bis zu Ihrem Ausgangspunkt am Seebad Eggstätt.

Prien

Bei **Rimsting** finden Sie erneut eine schöne Chiemsee-Badestelle, diesmal mit großem Parkplatz hinter den Tennisplätzen, der allerdings nur tagsüber genutzt werden darf, [N 47°52'30" E 12°21'08", Westernach]. Dann erreichen Sie **Prien**, den größten Ort am See mit den meisten Möglichkeiten. Es gibt eine recht schöne Innenstadt, eine Seepromenade, ein kombiniertes Hallen-/ Freibad und natürlich den Hauptableger der Chiemseeschifffahrt zur Frauen- und Herreninsel, die Sie beide nicht verpassen sollten. Zunächst benötigen Sie einen Platz für Ihr Womo. Wenn Sie sich vorerst dem Priener Zentrum widmen wollen, böte sich der große Parkplatz in der **Beilhackstraße** bei **[253:** N 47°51'14" E 12°20'29"] an. Der Marktplatz, um den sich der Großteil des Lebens abspielt, ist nach nur 300 Metern erreicht, wenn Sie ein Stück zurück gehen und dann links durch die Alte Rathausstraße. Das **Heimatmuseum** ist in der Fußgängerzone im alten Handwerkerhaus aus dem 14. Jahrhundert zu Hause.

***Heimatmuseum**: Valdagno Platz 2, Apr – Okt Di – So 14.00 – 17.00 Uhr, €*

Wenn Sie dagegen Lust auf Baden im **Erlebnisbad Prienavera** haben, nehmen Sie den Parkplatz an der **Seestraße** bei **[254:** N 47°51'48" E 12°21'59"] gleich gegenüber. Dort war das über Nacht parken zuletzt wieder möglich *(kostenpflichtig, siehe Parkautomaten)*. Gäste dürfen, trotz etwaiger anderslautender Beschilderung, auch tagsüber hier stehen. Da Strandbad, Erlebnis(hallen)bad und Saunabereich kombiniert wurden, ist das ganze Jahr über Betrieb. Die Seepromenade zieht sich um das Bad herum und weiter nach Norden, bis zur beliebten, nur am Wochenende geöffneten kleinen **Winklfischerhütte** mit Biergarten und Lokal, Forellenweg 28.

***Prienavera Bad**: Seestr. 120, Mo – Fr 10.00 – 22.00 Uhr, Sa / So 9.00 – 22.00 Uhr, ab €€, mehr unter www.prienavera.de*

Gastrotipps Prien: **Wieninger Bräu****, Bernauer Str. 13b, **Neuer am See****, Seestr. 104

Der dritte und größte Parkplatz direkt neben den Bootsablegern weist im hinteren Bereich sogar extra Tagesparkplätze für Wohnmobile aus und befindet sich in der Harrasser Str. 6, [N 47°51'37" E 12°21'51"].

Ausflug zur Herren- und Fraueninsel

Am Bootsanleger können Sie Karten für eine Chiemseerundfahrt kaufen *(ca. 8.00 – 18.30 Uhr, Takt je nach Saison, Inseln mit Gstadt, Hin und Zurück €€, mehr unter www.chiemsee-schifffahrt.de)*. Sie darf jederzeit an einem Hafen oder einem der beiden Insel-Stopps unterbrochen werden. Empfehlenswert ist ein Halt auf beiden Inseln, **Herrenchiemsee** mit dem Schloss am besten gleich möglichst früh oder eher spät, denn mitten am Tag kann sich die Wartezeit für den Einlass schon einmal hinziehen. Sofern Sie einigermaßen früh aufgestanden und morgens auf der **Herreninsel** anlanden, müssen Sie zunächst gleich am Ende des Bootssteges ein Ticket erstehen, wo anders ist das später nicht mehr möglich *(Inselticket inkl. Schlossführung, König-Ludwig II Museum im Nebentrakt und der Galerie im Augustiner-Chorherrenstift €€,*

Oben und unten Herreninsel mit Schloss Herrenchiemsee

Oben und unten Fraueninsel, mit Glockenturm

www.herren-chiemsee.de). Ihre Führungszeit ist am Ticket vermerkt, wahlweise zu Fuß in rund 20 Minuten oder per Pferdewagen folgen Sie dann dem Hauptweg zum Schloss. Wenn Sie sich mehr Zeit nehmen wollen, können Sie natürlich auch noch den großen Park auf der Insel durchstreifen. Ludwigs letztes Schloss wurde niemals fertig. Bis heute kann man innen zum Beispiel in den Treppenhäusern den Unterschied zwischen dem Rohbau auf der einen und dem prunkvoll ausgestatten Endergebnis auf der anderen Seite eindrucksvoll nachvollziehen. Auch die geplanten Flügel beidseitig des Mittelbaus sollten niemals entstehen. Der König verbrachte auch keine Zeit mehr in Herrenchiemsee, dafür viele Besucher, die Ludwigs Vision nun nacherleben möchten. Im Erdgeschoss rechts ist ein **König-Ludwig II.-Museum** entstanden, mit vielen Informationen zu seinem Leben, Devotionalien und Schaustücken zum Leben des Märchenkönigs. Am Rückweg können Sie dann noch das **Chorherrenstift** mitnehmen. Dort gibt es einige Privatgemächer Ludwigs, die er nutzte, während er die Bauarbeiten überwachte und eine **Gemäldegalerie** von am Chiemsee tätigen Malern wie August Exter. Um die Zeit bis zum nächsten Boot zu überbrücken bietet sich eine Pause auf der Terrasse der Schlosswirtschaft Herrenchiemsee an.

Die viel kleinere **Fraueninsel** ist bis heute ganzjährig bewohnt. Größtes Gebäude ist die ebenfalls noch voll funktionierende **Benediktinerinnen-Abtei** Frauenchiemsee. Auf einem Inselrundgang haben Sie die Wahl zwischen gleich sechs gastronomischen Betrieben, entscheiden Sie

Torhalle

selbst, wo Sie sich am wohlsten fühlen. Starten Sie am Anleger nach links zur Inselsüdseite, befindet sich ein Badeplatz unterhalb des Klosters, westlich ist das winzige Inselchen Schalch ein beliebtes Fotomotiv. In der Inselmitte verdient noch die riesige Baumgruppe um die alte **Tassilolinde** mit **Gnadenkapelle** Aufmerksamkeit und natürlich die **Torhalle** Richtung Kloster. Sie ist eines der ältesten Gebäude in ganz Bayern und datiert auf das Jahr 782 zurück. Nachdem die Bemalung aus karolingischer Zeit wieder freigelegt wurde, ist heute im Inneren ein kleines Museum untergebracht. Neben der Klosterkirche befindet sich der Klosterladen, in dem unter anderem von den Ordensschwestern selbst hergestelltes Marzipan, eine Spezialität der Insel, verkauft wird. Das Kloster selbst ist nicht zugänglich. Vorbei am üppigen Blumengarten erreichen Sie dann wieder den Bootsanleger.

Ein Stück südlich von Prien befinden sich ein privater, zum Übernachten frei gegebener Platz am **Strandbad Schraml** sowie zwei Campingplätze.

(255) WOMO-Badeplatz: Prien (Strandbad Schraml)

GPS: N 47°51'14" E 12°22'01", Harrasser Str. 39. **Max. WOMOs:** 10-12.
Ausstattung: Strom (2-3x gegen Gebühr),Toiletten, Kiosk.

Öffnungszeiten: April bis Oktober.
Beschreibung: Schattiger Schotterparkplatz vor dem Strandbad mit Bootsverleih und Gastronomie, schöne Lage, etwa 2,5 km außerhalb.
Preis: €€.
Zufahrt: Entlang der Priener Uferstraße Richtung Süden, gegenüber vom Kletterpark, linker Hand.
Hinweis: Der Platz ist in der Hauptsaison nur nachts (ca. 18.00 – 10.00 Uhr) für Wohnmobile frei gegeben, danach wird er geräumt, da dann die Badegäste den Platz benötigen.

Der **Campingplatz Harras**, *(**[256:** N 47°50'27" E 12°22'18", Harrasser Str. 135], €€€-€€€€€, www.camping-harras.de)*, liegt sehr schön auf einem in den See ragenden Landsporn. Der **Campingplatz Hofbauer** befindet sich dagegen etwas zurückversetzt ohne direkten Seezugang, *(**[257:** N 47°50'19" E 12°21'04", Bernauer Str. 110], Apr – Okt, €€€, www.camping-prien-chiemsee.de)*.

Simssee

Sie verlassen nun den Chiemsee und wenden sich der letzten Badestation auf Tour neun, dem deutlich ruhigeren **Simssee** zu. Landschaftlich schön gelegen ist er die richtige Wahl, wenn Sie einfach nur ein wenig ausspannen und die Seele im oder am Wasser baumeln lassen möchten. Gleich bei **Pietzing** wo Sie ihn erreichen gibt es ein schönes **Strandbad** bei [N 47°51'49" E 12°14'23", Fellbachstr. 13]. Eine ganze Seeumrundung ist mit größeren Fahrzeugen nicht ideal, da die westliche Uferstraße extrem schmal ist. Dennoch finden sich weiter südlich noch zwei gute Nachtplätze, einmal bei **Riedering** am **Strandbad Ecking**, **[258:** N 47°51'19" E 12°13'46", Am See 19] und nahe **Stephanskirchen** bei **[259:** N 47°51'39" E 12°12'23"] im **Graf-Dohna-Weg**. Der **Gocklwirt** in der Weinbergstr. 9 gleich um die Ecke ist mit seiner Ausstattung halb Museum, halb Gaststätte und somit ein wirklich besonderes Erlebnis.

Von Pietzing aus nach Norden kommen Sie zum Abzweig Richtung Campingplatz, der auch einen Wohnmobilhafen vor dem Gelände unterhält. Nur einige hundert Meter weiter gäbe es den freien Stellplatz Söchtenau, **[261:** N 47°53'32" E 12°16'00", Eichen 1].

Abends am Simssee

(260) WOMO-Campingplatz: Bad Endorf (Camping Stein am See)

GPS: N 47°53'04" E 12°16'12", See 10.
Internet / Tel.: www.camping-stein.de, 08053 93 49.
Öffnungszeiten: Ende März bis Mitte Oktober.
Ausstattung: WLAN, Waschmaschine / Trockner, Spielplatz, Café, eigener Badeplatz.
Beschreibung: Naturnahe Stellplätze auf Rasen, ruhig im grünen gelegen, kaum Schatten, recht eben. Etwa 5 km in den Ort. Die Einrichtungen sind auch am Womo-Hafen nutzbar.
Preis: €€€-€€€€, Wohnmobilhafen €€.
Zufahrt: Von der Straße am Simssee hinter Hirnsberg links ab angeschrieben.

Gastrotipps Prien: **Wieninger Bräu****, Bernauer Str. 13b, **Neuer am See****, Seestr. 104

Bad Endorf und Amerang

Bad Endorf hat sich, wie der Name schon vermuten lässt, dem Kurtourismus verschrieben und auch für Sie ist der interessanteste Aspekt eines Aufenthaltes sicher die **Chiemgau-Therme.** Rund 1800 Quadratmeter Wasserfläche verteilen sich auf mehrere Innen- und Außenbecken. Auch ein Gradierwerk zur Inhalation von feinem Soledampf ist vorhanden. Mehrere Saunen und Ruheräume runden das ansprechende Angebot ab. Außerdem startet von Bad Endorf an Wochenenden die LEO, eine Nostalgiebahn, die Sie einmal hinüber nach Obing und wieder zurück befördert. Ein nettes Erlebnis für alle Zugnostalgiker.

Therme Bad Endorf, rechts EFA Museum

***Chiemgau Therme**: [N 47°54'04" E 12°18'01", Ströbinger Str.18], 9.00 – 22.00 Uhr, €€€, www.chiemgau-thermen.de | **LEO**: [N 47°54'18" E 12°18'08", Bahnhofsplatz], Mai – Okt, So Hin- und Rückfahrt €€, www.leo-online.org*

In Halfing passieren Sie dann einen weiteren Badesee, mehr ein Tümpel im Vergleich zu den viel größeren Nachbarn zuvor. Am Parkplatz wird Badegästen bislang das über Nacht parken gestattet, **[262:** N 47°56'41" E 12°16'43", St2092].

Das kleine **Amerang** bietet zum Abschluss drei letzte Highlights. Da wäre einmal das schon kurz vor dem Ort gelegene und über 700 Jahre alte **Schloss Amerang**. Der Name geht auf eine alte Weizenart zurück, die hier einst angebaut wurde. Es ist bis heute in Privatbesitz, das **Schlossmuseum** gibt aber Einblick in die Adelsgemächer im Barock und Rokokostil, den Hof, die Kapelle, das Verlies bis hin zu neueren Räumen, wie dem komplett ausgestatteten Arbeitszimmer des Schlossherrn aus den 50er Jahren.

Ein Stück weiter erfreuen sich Fans fahrbarer Karossen am **EFA-Automobilmuseum**. Mit mehr als 220 Fahrzeugen ist es eines der größten in Deutschland. Fahrzeuge aus allen Jahrzehnten des 20. Jahrhunderts können bewundert werden, vom Kleinwagen bis zur Luxuslimousine, auch eine einzigartige Spur II Modelleisenbahn ist Teil des Angebots.

Die dritte und letzte Attraktion befindet sich ein paar hundert Meter nördlich des Dorfkerns. Das **Bauernhaus-Freilichtmuseum** umfasst mehr als 15 Bauernhäuser und Landbauten aller Art, die Sie, auf eigene Faust und auf Wunsch mit Audioguides ausgestattet, erkunden können. Vor allem an Wochenenden ist meist zusätzliches Programm geboten. Vom traditionellen Backen über Handwerksdemonstrationen bis zum Apfelfest, wird Besuchern das Landleben von einst und heute nahe gebracht.

***Schloss Amerang**: [N 47°58'56" E 12°18'31", Schloßplatz 1], Ostern – Mitte Okt, Fr – So Führungen um 11.00 / 12.00 / 14.00 / 15.00 / 16.00 Uhr, €€, www.schlossamerang.de | **Automuseum**: [N 47°59'48" E 12°18'23", Wasserburger Str. 38], Mitte Mär – Anfang Nov 10.00 – 18.00 Uhr, sonst nur So. 10.00 – 16.00 Uhr, €€, www.efa-mobile-zeiten.de | **Bauernhofmuseum**: Hopfgarten 2, Parkplatz bei [N 48°00'08" E 12°18'22"], Ende Mär – Anfang Nov Di – So 9.00 – 18.00 Uhr, €, www.bhm-amerang.de*

Gastrotipps Bad Endorf: B306**, Kurstr. 2, **Höslwang: D`Speiskammer****, Sonnenring 3 | **Amerang: Wirth von Amerang****, Postweg 4

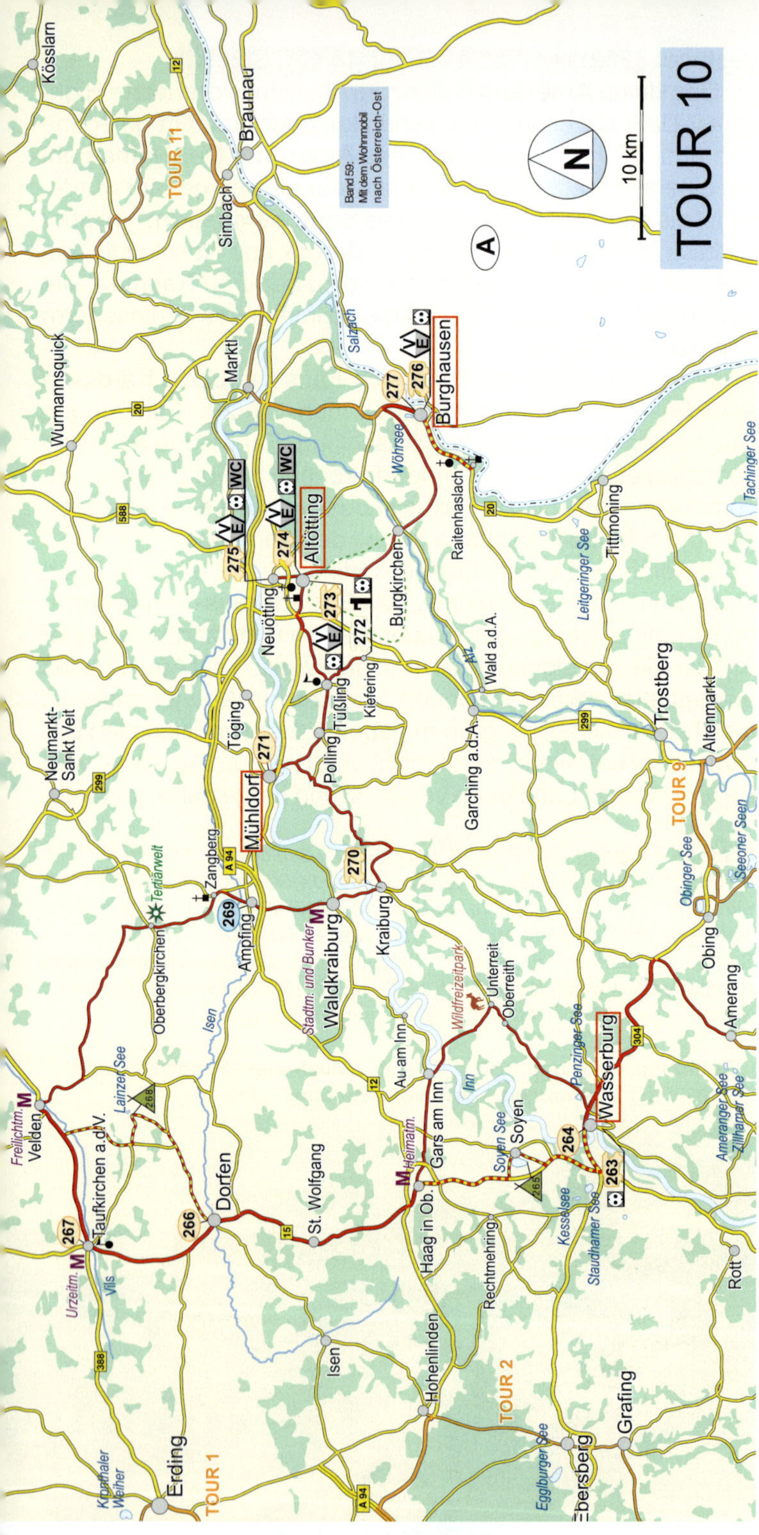

TOUR 10
10 km
N
A
Band 59: Mit dem Wohnmobil nach Österreich-Ost
Kösslarn
Braunau
Simbach
TOUR 11
Wurmannsquick
Marktl
Salzach
Burghausen
276
277
Wöhrsee
Raitenhaslach
Tittmoning
Tachinger See
Leitgeringer See
Altötting
274
275
WC
Neuötting
273
272
Burgkirchen
Alz
Wald a.d.A.
Garching a.d.A.
Trostberg
Altenmarkt
TOUR 9
Seeoner Seen
Obinger See
Obing
Amerang
Neumarkt-Sankt Veit
Töging
271
Mühldorf
Polling
Tüßling
Kiefering
270
Kraiburg
Waldkraiburg
Stadtm. und Bunker
Zangberg
Tertiärwelt
269
Ampfing
Oberbergkirchen
Isen
Unterreit
Oberreith
Wildfreizeitpark
Penzinger See
Wasserburg
263
264
Au am Inn
Inn
Gars am Inn
Soyen
Soyen See
265
Haag in Ob.
Heimatm.
Kesselsee
Staudhamer See
Amerang See
Zillhamer See
Rott
Velden
Freilichtm.
Lainzer See
268
Taufkirchen a.d.V.
267
Urzeitm.
Vils
266
Dorfen
St. Wolfgang
Rechtmehring
Isen
Hohenlinden
TOUR 2
Ebersberg
Egglburger See
Grafing
Erding
Kronthaler Weiher
TOUR 1
A 94
12
20
588
299
15
388
304

Tour 10: Die Inn-Salzach-Region – 160 km

Wasserburg – Haag und Dorfen
Taufkirchen an der Vils und Velden
Ampfing und Waldkraiburg – Mühldorf am Inn
Altötting – Burghausen

Stellplätze:	Wasserburg (3x), Dorfen, Taufkirchen, Ampfing, Kraiburg, Mühldorf am Inn, Kiefering, Altötting (2x), Neuötting, Burghausen (2x)
Campingplätze:	Soyensee, Erlensee
Besichtigen:	Wasserburg, Wildfreizeitpark Oberreith, Haager Heimatmuseum, Urzeitmuseum Taufkirchen, Freilichtmuseum Velden, Museen Waldkraiburg, Mühldorf am Inn, Altötting, Burghausen, Wallfahrtskirche Marienberg
Wandern:	Tertiärwelt Aubenham, Öttinger Land (Rad)
Baden:	Badria Wasserburg, Soyensee, Erlensee, Grüne Lagune Ampfing

Die nach den großen, sie durchfließenden Flüssen benannte Inn-Salzach Region punktet zu einem großen Teil durch ihre Städte. Wasserburg, Altötting und Burghausen sind Orte mit Geschichte, die auch mit ihren schönen Stadtbildern zu gefallen wissen. Kultur und Natur funktionieren ausgewogen miteinander. Überzeugen Sie sich selbst bei Ihrer Fahrt in den äußersten nordöstlichen Winkel Oberbayerns.

Wasserburg

Ihre erste Station ist das schöne Wasserburg. Die Altstadt drängt sich auf einer von drei Seiten durch den Inn begrenzten Flussschleife. Da bleibt wenig Raum für Parkplätze und Wohnmobile. Entweder Sie nutzen daher den Übernachtungsplatz nahe dem **Badria-Badepark** im Süden der Stadt oder versuchen Ihr Glück zentrumsnäher.

(263) Offizieller WOMO-Badeplatz: Wasserburg (Badria)

GPS: N 48°03'04" E 12°13'38", Alkorstr. 14. **Max. WOMOs:** 3-4.
Ausstattung: Strom (gegen Gebühr).
Beschreibung: Markierte Plätze auf Asphalt am Rand des Badeparkplatzes, kein Schatten, Einkaufsmöglichkeiten, Schnellrestaurant und Schwimmbad gleich benachbart, etwa. 1,3 km in die Ortsmitte.
Zufahrt: Von Amerang kommend immer geradeaus bis Sie auf die St2092 stoßen, dann rechts Richtung Wasserburg. Am ersten Kreisverkehr rechts mit „Badria" beschildert in die Alkorstraße einbiegen.

Wasserburg, unten Marienplatz und Brucktor

Noch zwei weitere Parkplätze sind für Wohnmobile, auch zur Übernachtung, zugelassen. Leider sind beide oft mit PKWs zugestellt und daher zwischen den früheren Morgenstunden und dem Abend kaum mehr nutzbar. Einer befindet sich mitten in der Altstadt, [**264a:** N 48°03'42" E 12°14'09", Am Gries]. Dort sind zwei Plätze markiert, tagsüber gibt es eine kostenpflichtige Maximalparkdauer von drei Stunden, der Platz ist für große Womos ungeeignet. Der andere weist keine extra Wohnmobilschilder aus und liegt etwas weiter westlich, aber immer noch recht zentral am **Schopperstattweg** bei [**264b:** N 48°03'43" E 12°13'33"] und ist damit in den meisten Fällen wohl die bessere Wahl für eine schnelle Stadtbesichtigung.

Unterwegs in Wasserburg

Seit wann genau die Stadt oder zumindest eine erste Siedlung an ihrer Stelle existiert, liegt im Dunklen. Nach einem großen Brand, bei dem auch alle Archive schon im 14. Jahrhundert dem Feuer zum Opfer fielen, waren sämtliche Unterlagen vernichtet. Zumindest weiß man, dass die Stadt und der Name mindestens schon um das Jahr 1085 existierten. Innschifffahrt und Salzhandel brachten Wohlstand und so erlangte man 1245 erst Burgrecht, später das Stadtrecht und eine eigene Gerichtsbarkeit. 1247 belagerte Ludwig der Strenge Wasserburg ganze 17 Wochen, bis er es unter Wittelsbacher Besitz bringen konnte und es somit Aufnahme in die bayerische Landtafel fand. Und zu Bayern gehört es bis heute.

Die fast vollständig erhaltene mittelalterliche Altstadt ist schon in ihrer Gesamtheit eine Sehenswürdigkeit. Auf einem kleinen Rundgang erfahren Sie mehr zu einigen interessanten Bauwerken.
Sofern Sie am Parkplatz beim Schopperstattweg starten, gehen Sie zunächst am großen Kreisverkehr südöstlich von Ihnen geradeaus auf den Bahnhofsplatz und dann links in die Straße An der Stadtmauer. Wie der Name schon vermuten lässt, sind hier die letzten Reste der alten Stadtbegrenzung erhalten, unterbrochen vom Friedhofsportal. Am Ende schließt sich der **Rote Turm** an, letzter Torturm vergangener Zeiten. Rechts verläuft die breite Ledererzeile als weitester Altstadtboulevard hinab bis zur engen Berggasse, links mit kleiner Stiege am Ende. Diese endet direkt an der **Alten Burg**. Herzig Wilhelm IV baute sie im 16. Jahrhundert zum heutigen herzoglichen Schloss um. Im Inneren sind Behörden und ein Altersheim untergebracht, somit ist keine Besichtigung möglich. Nach links kommen Sie als nächstes zur Doppelstockkirche **St. Michael**. Einst Wahrzeichen Wasserburgs, ist sie heute, fast turmlos und etwas trist, mehr Erinnerung an die Vergangenheit als beeindruckendes Bauwerk. **St. Jakob** gleich dahinter überstrahlt sie bei Weitem. Ab 1410 wurde die heute das Stadtbild beherrschende Pfarrkirche errichtet. In der Kirche und an den Außenwänden findet man zahlreiche Grabsteine bedeutender Bürger und kurfürstlicher Beamter. An der Choraußenseite sehen Sie eine Darstellung des Lebensbaums. Vor Ihnen in der Schustergasse schwenken Sie rechts ein zur Schmidzeile und befinden sich an

Frauenkirche

einem der neuralgischsten Punkte, gleich hinter der **Roten Brücke**. Rechts sehen Sie das passend am Stadtzugang platzierte **Mauthaus** sowie dahinter das schön bemalte **Ganserhaus** mit einer Galerie darin. Gleich vor der Brücke drückt sich das **Heiliggeist-Spital** in die Baufront. Die im Gebäudekomplex eingefügte Kirche birgt eines der wertvollsten Kunstwerke der Stadt – das holzgeschnitzte Altarbild mit der Darstellung des Pfingstwunders. Es wurde um 1500 durch einen unbekannten Meister geschaffen. Eine Sammlung mit vielen Objekten zum Thema Wasserburg ist zeitweise öffentlich zugänglich. Nach dem 1338 erstmals nachgewiesenen **Brucktor** können Sie die Brücke einmal überqueren, um vom anderen Ufer die klassische Stadtansicht zu genießen. Das Holzbauwerk wurde seit seiner Entstehung im 14. Jahrhundert immer wieder Opfer von Eisstößen, zuletzt erst 1929. Auf der anderen Seite befindet sich auch die Ablegestation der Ausflugsschiffe für eine Innfahrt *(Kellerstr. 2 und 6, Apr – Okt, tel. Anmeldung unter 08071 - 4793, €€€, www.heldwasserburg.de)*. Neben dem Parkhaus liegen die **Bierkatakomben**, deren Funktion sich durch den Namen erklärt. Sie können ab und zu auf Führungen besichtigt werden *(mehr dazu in der Touristeninfo im Rathaus)*. Gehen Sie nun zurück bis zum **Marienplatz**. Zu dem Ensemble zählt auch das **Kernhaus** mit der schönsten Rokokofassade in der Stadt. Die äußerst wohlhabende Patrizierfamilie Kern gab 1738 den Auftrag für den Umbau der Vorbebauung. Gegenüber, im 1459 fertig gestellten **Rathaus** hilft Ihnen die schon genannte **Touristeninformationsstelle** weiter, wenn Sie sich zum Beispiel genauer mit der Geschichte der Stadt und des Landkreises befassen möchten. Das Café Schranne im Erdgeschoss war bis in die 1970er Jahre ein Brothaus – alle ansässigen Bäcker boten dort ihre Waren feil. In der Infostelle können Sie sich über Führungen durch das Gebäude oder gleich die ganze Stadt informieren. Links daneben steht mit der **Frauenkirche** der älteste noch erhaltene Kirchenbau Wasserburgs. Sie galt früher einmal als berühmte Wallfahrtskirche. Bedeutend ist das um 1420 entstandene gotische Gnadenbild der Madonna. Sie thront im Hochaltar vor einer barocken Darstellung der Stadtansicht. Der angebaute, 65 Meter hohe Turm daneben, ist ein ehemaliger-Wachtturm. ImObergeschoss wohnte der städtische Türmer, das Erdgeschoss diente als Wachlokal, von dem aus nachts die Zeit ausgerufen wurde. Am Durchgang neben dem Turm können Sie noch einen Abstecher zur Herrengasse machen. Dort wurde das **Stadtmuseum** eingerichtet. Auf vier Etagen stellt es zahlreiche Themenbereiche der

Stadtgeschichte dar. Wechselnde Ausstellungen zu meist historischen Themen runden das Programm ab *(Herrengasse 15, Mai – Sep. Di – So 13.00 – 17.00 Uhr, Okt – Anfang Jan und Feb – Apr bis 16.00 Uhr, €, www.museum.wasserburg.de)*. Nun können Sie entweder von der Herrengasse links durch die Salzsenderzeile zurück zum Roten Turm und Ihrem Fahrzeug spazieren oder vom Marienplatz noch ein Stück weiter geradeaus zur **Max-Emanuel-Kapelle** am gleichnamigen Platz schlendern. Dahinter befindet sich der zweite genannte Innenstadtparkplatz **Am Gries** sowie, rechts hinunter zum Flussufer, der **Wasserburger Skulpturenweg**. Künstler des ansässigen «Arbeitskreis 68» stellen dort über 30 ihrer Werke aus. Links herum folgen Sie ihm, an sonnigen Tagen besonders schön, bis zum Ende, wo Sie, erneut nach links, zu Ihrem Fahrzeug zurück gelangen.

Gastrotipps Wasserburg: Herrenhaus*,** Herrengasse 17, **Weißes Rössl**,** Herrengasse 1, **Die Schranne** (Café), Marienplatz 2

Falls Sie jetzt ein wenig Erholung suchen, können Sie diese am nahen **Soyensee** finden und dort am kleinen **Campingplatz** einchecken, *([**265:** N 48°06'20" E 12°12'26", Seestr. 28], Apr – Okt, €€€, www.soyensee.de)*. Die Alternative wäre östlich des Inns zu bleiben und nach einem Bad im **Penzinger See** *(Seestr. 4, Babensham)* über die St2092 bis zum **Wildfreizeitpark Oberreith** zu fahren. Mit vielen einheimischen Tieren, zahlreichen Spielmöglichkeiten, einem großen Aussichtsturm samt Flying Fox und Waldseilgarten ist er ein beliebter Platz zum Entdecken, Spielen und Erleben, vor allem für Familien. Parkplätze stehen davor zur Verfügung.

***Wildfreizeitpark**: [N 48°06'52" E 12°19'11", Oberreith 6], Mitte Mär – Anfang Nov, 9.00 – 18.00 Uhr, sonst nur Sa / So 10.00 – 17.00 Uhr, €, Flying Fox und Waldseilgarten extra, Hunde nicht erlaubt*

Haag und Dorfen

Bei **Haag in Oberbayern** treffen dann beide Wege zusammen. Neben dem Löwenbrunnen können Sie links hinauf zur Burg fahren. Das Haager Museum zeigt dort in alten Gemäuern und auf sieben Stockwerken eine wirklich umfangreiche Geschichtssammlung – von der Jungsteinzeit im alten Burgverlies bis zum Spätmittelalter. Quer durch Küche, Rittersaal und Dachstuhl gibt es viel zu entdecken.

Haag in Oberbayern

Dorfen

***Haager Heimatmuseum**: Maria-Ward-Str. 8, parken bei [N 48°09'33" E 12°10'52"], zuletzt vorübergehend geschlossen, sonst ca. Mitte Mai bis Anfang Oktober Sa 13.00 – 17.00 Uhr, Aug auch So, www.museum-haag.de*

Auch **Dorfen** ist einen Halt wert. Entweder um die Nacht am Stellplatz zu verbringen oder sich den gemütlichen, mittelalterlichen Stadtkern ein wenig näher anzusehen. Immer Freitags findet dort ein Wochenmarkt statt. Achten Sie nur auf die Höhenbeschränkungen, von zwei Seiten sind die Tordurchfahrten für große Fahrzeuge nicht geeignet. Von der B15 auf die **Haager Straße** und dann rechts ab ist es aber kein Problem. Dort gibt es auch einen Parkplatz bei [N 48°16'20" E 12°09'10"].

(266) Offizieller WOMO-Stellplatz: Dorfen

GPS: N 48°16'35" E 12°09'17", Buchbacher Str. 7. **Max. WOMOs:** 6-8.
Ausstattung: Keine Einrichtungen.
Beschreibung: Markierte Plätze im hinteren Bereich des einfachen Parkplatzes an der Festwiese auf Schotter, keine Einrichtungen, rund 500 m in den Ortskern.
Zufahrt: In Dorfen rechts Richtung Buchbach/Velden abbiegen, dann nächste rechts zur Festwiese nehmen.

Gastrotipps Haag in Oberbayern: Unertl Bräustüberl,** Lerchenberger Str. 2 | **Kirchdorf**: **Christians Restaurant**,** Dorfstr. 1 | **St. Wolfgang**: **Gasthaus zum Schex****, Hofmarkstr. 1 | **Dorfen**: **Landhaus Hinterberg****, Hinterberg 1, **Wailtl Bräu****, Marienplatz 2

Taufkirchen an der Vils und Velden

Taufkirchen an der Vils besticht nicht unbedingt durch ein außergewöhnlich schönes Ortsbild. Es gibt zwar ein beeindruckendes **Wasserschloss**, allerdings ist es nur von außen zu sehen. Am Wochenende interessiert Sie vielleicht das gut gemachte **Urzeitmuseum Sammlung Kapustin**, das auf recht kleiner Fläche sehr anschaulich und umfangreich über die vor Millionen von Jahren auf der Erde lebenden Riesenechsen und frühen Säugetiere informiert.

Urzeitmuseum Kapustin

***Urzeitmuseum Kapustin**: Attinger Weg 9, parken bei [N 48°20'42" E 12°07'44"],Sa 11.00 – 17.00 Uhr, So ab 10.00 Uhr, €, www.urzeitmuseum.de*

Eine Zwischenübernachtung wäre am Parkplatz in Ortsrandlage an der **Veldener Straße** bei **[267:** N 48°20'48" E 12°08'01"] möglich. Statt über Taufkirchen können Sie auch den Weg über den schönen, versteckt gelegenen **Campingplatz Lain** am **Erlensee** wählen, *([**268:** N 48°19'20" E 12°14'26", Lain 1], €€€, www.loanerland.de)*. „Fernab von allem" ist er ganz gut für Ruhesuchende geeignet.

Wenn Sie sich für bildende Kunst erwärmen können, wäre nun ein Stopp in **Velden** angesagt. Der Bildhauer Georg Brenninger, dessen Skulpturen in der ganzen Welt auf öffentlichen Plätzen der großen Städte vertreten sind, hat seinem Heimatort gleich 25 seiner Werke hinterlassen die nun, thematisch als **Freilichtmuseum** inszeniert, im Ortsgebiet verteilt sind. Die meisten stehen entlang des Marktplatzes, der Hauptstraße, der G.-Brenninger-Straße und am örtlichen Friedhof. Eine genaue Weg- und Werksbeschreibung zum Download finden Sie unter www.markt-velden.de/georg-brenninger-freilichtmuseum.html.

In Richtung Natur führt ein schneller Halt im **Oberbergkirchen**. An Stelle einer alten Lehmgrube, in der in den 1970er Jahren über

Stellplatz 267

Grüne Lagune Ampfing

neun Millionen Jahre alte fossile Pflanzenteile entdeckt wurden, steht heute die **Tertiärwelt Aubenham**. Die Ausstellung zeigt eine recht große Zahl von Fossilien. Auf Tafeln finden sich umfassende Informationen zu den Funden, zum damaligen Klima und zur Landschaft aus dieser Zeit. Gegenüber startet ein Spaziergang durch die als Tertiärwald deklarierte Grünzone am Ortsrand.

***Tertiärwelt**: [N 48°18'21" E 12°22'55",Ziegelberg 4], Ausstellung im Sommer täglich frei zugänglich, www.tertiaerwelt.de*

Ampfing und Waldkraiburg

Bei **Ampfing** kreuzen Sie die A94, können aber bei gutem Wetter, am Ortsanfang rechts ab, vorher noch einen Badeaufenthalt an der **Grünen Lagune**, Bayerns größter Outdoor Bade- und Erlebnislandschaft, ergänzen. Es handelt sich um eine Kombination aus Schwimmbad und natürlichem Teich, dessen Selbstreinigungskräfte Chemie überflüssig machen. Kiosk, Sport-, Spiel und Liegeflächen sind ebenso Teil des 40.000qm Geländes. Über Nacht stehen ab und an Wohnmobile auf den Parkflächen, *[**269:** N 48°15'46" E 12°24'54", Hinmühler Weg 27].*

Stellplatz 269

***Grüne Lagune**: Hinmühler Weg 33, Mai – Sep, 6.30– 20.00 Uhr, Jul / Aug bis 21.00 Uhr, €*

Bei **Waldkraiburg** stoßen Sie wieder auf den Inn. Die mit rund 23.000 Einwohnern größte Stadt im Landkreis ist städtebildlich eher uninteressant. Sie entstand erst nach dem zweiten Weltkrieg an Stelle einer Pulverfabrik mit Industriesiedlung, wuchs aber immens schnell. Ein Halt lohnt möglicherweise dann, wenn Sie das **Industriemuseum Bunker 29** in einem im

Original erhaltenen Gebäude der alten Fabrik besuchen wollen – Sehen, Hören und Riechen sind die ungewöhnlichen Wege der Informations-Vermittlung. In sechs Räumen wird die junge Geschichte der Stadt und ihrer Industrie erzählt. Genauso ungewöhnlich sind allerdings die Öffnungszeiten.

Immerhin, im „normalen" **Stadtmuseum** und dem **Glasmuseum** gleich daneben haben Sie bessere Chancen auf einen Besuch. Für den nächsten Übernachtungsplatz wechseln Sie die Uferseite ins deutlich ältere und kleinere **Kraiburg**.

***Bunker 29**: [N 48°12'23" E 12°23'48",Schweidnitzer Weg 6], Mitte April – Okt, 2. und 3. So im Monat, 13.00 – 16.00 Uhr, www.museum-waldkraiburg.de | **Stadtmuseum**: [N 48°12'29" E 12°24'21", Braunauer Str. 10], Di – Fr 12.00 – 18.00 Uhr, Sa / So 14.00 – 17.00 Uhr*

Gastrotipps Ampfing: Fohlenhof,** Zangberger Str. 23 | **Waldkraiburg**: **Mefisto**,** Goetheplatz 2, **Hubertusstuben**,** Graslitzer Str. 4 | | **Kraiburg**: **Hardthaus*****, Marktplatz 31

(270) Offizieller WOMO-Stellplatz: Kraiburg

GPS: N 48°11'05" E 12°25'47", Jahnstraße. **Max. WOMOs:** 3-4.
Ausstattung: Keine Einrichtungen.
Beschreibung: Gepflasterte Parkflächen mitten im Ort, teils schattig, ruhig, Freibad ums Eck, 300 m ins Zentrum.
Zufahrt: Nach der Innbrücke links ab in die Max-Schwaiger-Straße. Sie fahren so direkt auf den Parkplatz zu.

Mühldorf am Inn

Ein wenig mehr Zeit dürfen Sie in **Mühldorf am Inn** einplanen. Die Stadt blickt auf eine 1000-jährige Geschichte zurück und gruppiert sich um einen sehr schönen, großen Hauptplatz. Nahegelegene Parkplätze gibt es Am Stadtwall bei [N 48°14'29" E 12°31'42"] oder am Inn-Stadt-Park bei [N 48°14'31" E 12°31'17"]. Falls eine Zwischenübernachtung nötig werden sollte, eignet sich noch am besten der Parkplatz gegenüber von Klinik und Friedhof in der Ahamer Straße bei **[271:** N 48°14'34" E 12°31'57"].

Unterwegs in Mühldorf am Inn
Schon 1190 mit einer Salzniederlage ausgestattet, also dem Recht Salz zu stapeln und zu handeln, blieb Mühldorf Jahrhunderte lang unter Salzburger Oberhoheit. Erst 1802 kam es, im Ausgleich für verlorene linksrheinische Gebiete, zu Bayern.

Trachtenfest in Mühldorf, unten St. Nikolaus

Der Inn als Handelsweg begründete auch in Mühldorf den frühen Wohlstand. Man erkennt ihn noch heute an den prächtigen Altstadthäusern. Vom Inn-Stadt-Park-Stellplatz ausgehend startet ein Rundgang durch das historische Zentrum schräg nördlich davon am **Katharinenplatz** mit der um 1300 entstandenen **Katharinenkirche**. Der heutige Bau stammt jedoch erst aus der zweiten Hälfte des 15. Jahrhunderts und wurde später barockisiert. Ein Stück weiter links erkennen Sie das ehemalige **Pflegschloß**. Es erinnert an die Zeit als Mühldorf noch salzburgerisch war. Heute geht es um den schnöden Mammon – es beheimatet das Finanzamt.

An der Kirche vorbei und dann rechts herum führt Ihr Weg zum **Münchner Tor**, dem ältesten Bauwerk der Stadt. Davor öffnet sich der langgestreckte Stadtplatz. Er verläuft in einem leichten Bogen und dehnt sich zur Mitte hin aus. Seine Häuser wurden in der regionstypischen Innstadt-Bauweise errichtet. Die Nord-Ostseite hat seit dem 19. Jahrhundert einen durchgehenden Laubengang. Dort gelangen Sie bis zum **Rathaus**, dessen Fassade das achtschaufelige, namensgebende Mühlrad zeigt.

Im unteren Geschoss öffnet sich der Bau zum Stadtplatz. Das sogenannte Hexenkammerl, ein Relikt aus dem 18. Jahrhundert, blieb seit dem letzten Mühldorfer Hexenprozess 1750 unverändert. Samt dem Sitzungssaal im Obergeschoss kann es auf Anfrage besichtigt werden. Ein Stück weiter befindet sich die **Frauenkirche**. Kurios: Die Innenausstattung wurde einfach aus mehreren Kirchen zusammengekauft.

Das Ende des Stadtplatzes mar-

kiert das **Altöttinger Tor**. Einst 20 Meter hoch ist es durch regelmäßige Umbauten inzwischen deutlich kleiner geworden.
Nach dem Tor zweimal nach links spazieren Sie zur **Stadtpfarrkirche St.Nikolaus**. Sie vereinigt die vier Stile Romanik, Gotik, Barock und Rokoko in einem Bau. Dahinter führt Sie die **Fragnergasse** zu den Zehent- und Vorratskästen aus dem 15. Jahrhundert *(an dieser Stelle betreten Sie die Innenstadt, wenn Sie am Stadtwall geparkt hatten)*. Die Salzburger Bischöfe lagerten einst in diesen Traidtkästen die Abgaben ihrer Untertanen. Der rechtsseitige **Kornkasten** dient heute als Stadtbücherei. Der **Haberkasten** vis-a-vis wird als Veranstaltungszentrum genutzt. Der dritte Vorratskasten diente lange Zeit als Gefängnis und beherbergt heute, etwas zurückversetzt in der **Tuchmacherstraße 7** als **Lodronhaus**, das **Heimatmuseum** *(Di – Do / So 14.00 – 17.00 Uhr, €, www.mhl-museum.de)*. Weiter geradeaus gelangen Sie wieder zum Stadtplatz, wo Sie vielleicht noch eine Pause machen möchten, der weitere Rückweg fällt sicher nicht mehr schwer.

Gastrotipps Mühlhausen: Lodronhaus*, Tuchmacherstr. 7, **Zum alten Wasserschlössl***,** Am Stadtwall 15

Wenn Sie für die Weiterfahrt nach Altötting von der St2550 Richtung Süden abweichen, können Sie bei **Tüssling** einen ruhigen Stellplatz neben dem Landgasthof Aichers anfahren.

(272) WOMO-Gastro-Stellplatz: Kiefering

GPS: N 48°11'41" E 12°37'42", Kiefering 40. **Max. WOMOs:** 8.
Internet: www.gasthaus-kiefering.de.
Ausstattung: Wasser, Strom (gegen Gebühr).
Beschreibung: Extra für Wohnmobile angelegter Platz auf Schotterrasen gegenüber eines Gasthauses mit schöner Lage im Grünen, nicht ganz eben, ruhig, kein Schatten.
Preis: €€.
Zufahrt: Von Tüßling in südliche Richtung auf Garching zufahren. Dann links beschildert nach Kiefering zum Gasthaus abbiegen.

Interessantestes Gebäude in Tüßling selbst ist sicher das schöne und sehr gut erhaltene **Barockschloss**. Da es als Veranstaltungsort dient und teils noch bewohnt wird, ist es normalerweise nicht zu besichtigen. Eine Ausnahme bilden Events, wie Konzerte und die Gartentage Anfang Juli sowie der Weihnachtsmarkt im Dezember. Genaue Termine erfahren Sie unter www.schloss-tuessling.de.

Altötting

Als nächstes erwartet Sie die international bekannte Pilger- und Wallfahrtsstadt **Altötting**. Zunächst können Sie zwischen gleich zwei gut ausgestatteten, gemeindeeigenen Stellplätzen auswählen. Ein dritter befindet sich in der nahen Nachbargemeinde **Neuötting**. In den Ortskern machen Sie sich von dort aus zu Fuß auf. Auch als Ausgangspunkt für eine schöne Fahrradtour eignet sich die Stadt.

(273) Offizieller WOMO-Stellplatz: Altöttig1 (Parkplatz Dultplatz)

GPS: N 48°13'22" E 12°40'50", Traunsteiner Straße. **Max. WOMOs:** 8.
Ausstattung: Ver-/ Entsorgung und Strom (gegen Gebühr).
Beschreibung: Großer Schotterparkplatz ohne Schatten, der auch viel von Bussen genutzt wird. Markierte Stellplätze im hinteren Bereich. Nicht ganz leise und nicht ganz eben, 400 m in den Ort.

Zufahrt: Bei McDonalds am Ortsbeginn rechts von der St250 abbiegen und dann im Kreisverkehr links über die Mühldorfer Straße. Sie werden dann rechts ab über die Marienstraße weitergeleitet. An einer großen Kreuzung halten Sie sich rechts in die Traunsteiner Straße, die Parkplatzeinfahrt folgt gleich links.

(274) Offizieller WOMO-Stellplatz: Altötting 2 (Parkplatz Griesstraße)

GPS: N 48°13'46" E 12°40'30", Grießstraße. **Max. WOMOs:** 8.
Ausstattung: Ver-/ Entsorgung und Strom (gegen Gebühr), Toiletten.
Beschreibung: Markierte Plätze auf einem sonst vor allem von Bussen genutzten Parkplatz auf Asphalt und Pflaster, teils schattig, eben, eher belebt, etwa 350 m in die Ortsmitte.

Zufahrt: Wie zum Stellplatz zuvor, doch dann an der Kreuzung links in die Traunsteiner Straße einfahren. Im Anschluss die dritte Straße links (Singhamer Straße) nehmen und bis zum Parkplatz linker Hand fahren.

(275) Offizieller WOMO-Stellplatz: Neuötting

GPS: N 48°14'25" E 12°40'32", Landshuter Straße. **Max. WOMOs:** 4-6.
Ausstattung: Ver-/ Entsorgung und Strom (gegen Gebühr), Toiletten, Mülleimer.
Beschreibung: Schotterparkfläche neben der Hauptstraße, eben, kaum Schatten, etwas laut, schräg gegenüber Spermarkt, etwa 450 m ins Zentrum bzw. rund 2,5 km in die Ortsmitte von Altötting..
Zufahrt: Nördlich von Altötting über die Bahnhofstraße nach Neuötting einfahren, dort nach dem Kieswerk links halten und zum Platz nach rund 300 m links fahren.

Unterwegs in Altötting

Es scheint fast, als hätte dieser Ort schon immer mystisch-kultische Bedeutung: Aufgrund von Grabfunden und Geländeformationen im heutigen Ortsgebiet geht man davon aus, dass schon lange vor einer festen Siedlung eine Keltenschanze oder ein Dingplatz als Kultort existierte. Öttings erste Kirche mit christlichem Ursprung geht wohl auf das 8 Jahrhundert zurück. Die Bedeutung als Pilgerstätte fußt auf Heilungswundern aus dem 15. Jahrhundert und ist bis heute ungebrochen. Das „Herz Bayerns“, wie es Papst Benedikt XVI. nannte, ist auch Zentrum des Netzwerks Jakobsweg Böhmen-Bayern-Tirol.

St Anna, unten Votivtafeln der Gnadenkapelle

Alle Wege führen Sie im Zentrum zum zentralen Kapellplatz. Er ist kein Stadtplatz im üblichen Sinne sondern sakrale Bühne des geistlichen Schauspiels der Wallfahrt. Kirchenbauten sowie verschiedene Repräsentationsgebäude ringsum prägen das Bild. Wichtigstes, wenn auch kleinstes Bauwerk ist die **Gnadenkapelle** in der Mitte. Ihr achteckiger Turm, der um das Jahr 700 entstand, ist vermutlich der älteste Zentralbau Deutschlands. Erst rund 650 Jahre später kam das im Rheingebiet entstandene, etwa 70 Zentimeter hohe Bildnis einer stehenden schwarzen Madonna mit Kind in die Kirche. Weitere 150 Jahre später, im Jahre 1489, wurde es durch zwei Heilungswunder zum Wallfahrtsziel. Eines besagt, dass ein scheinbar ertrunkener Junge von der Mutter zum Altar gebracht wurde und dort das Leben in den Körper zurückkehrte. Die Madonna ist bis heute zentrales Allerheiligstes im reich geschmückten Altarraum. Der Wandelgang rund um die Kapelle ist über und über mit rund 2.000 Votivtafeln aus mehreren Jahrhunderten ausgekleidet. Fast allesamt Dankesgaben für Wunder, die, den Gläubigen nach, von

dem Marienbildnis in der Kapelle ausgehen.
Südlich der Gnadenkapelle steht die zweitürmige gotische **Stiftspfarrkirche St. Phillipp und Jakob**, die zwischen 1499 und 1511 als letzte gotische Hallenkirche Süddeutschlands entstanden ist. Der Bau war schon zehn Jahre nach dem Beginn der Wallfahrt wegen des großen Pilgerstroms notwendig geworden. An der Nordseite wurde die **Anbetungskapelle** erst in diesem Jahrhundert durch Benedikt den XVI. eröffnet.
Wenn Sie sich weiter nach rechts drehen, erblicken Sie das **Altöttinger Marienwerk**. Gezeigt werden 22 dreidimensionale Großbilder mit über 5000 Einzelfiguren, die **Altöttinger Dioramenschau**. Sie erzählt plastisch die Geschichte des Wallfahrtsortes. Unterstützt wird sie durch den Marienfilm „Unsere liebe Frau", der das gleiche Thema aufgreift. *(Kapellplatz 18, Mo – Do 8.00 – 12.00 und 13.00 – 17.00 Uhr, Fr nur vormittags, Ostern – Allerheiligen auch Sa / So 10.00 – 15.00 Uhr, Filmvorführungen zu den Öffnungszeiten um 11.00 und 14.00 Uhr, Sa / So 11.00 und 13.30 Uhr, Eintritt frei, www.altoettinger-marienwerk.de).*
Der zweite große Kirchenbau wurde nach erneutem Pilgerzuwachs Anfang des 20. Jahrhunderts gebraucht und etwas vom Platz zurückversetzt im Nordwesten hinter dem Marienwerk mit der **Basilika St. Anna** 1912 errichtet. Sie besitzt ganze zwölf Seitenaltäre und fasst bis zu 8000 Menschen. Sowohl innen wie außen sind die beeindruckenden Maße deutlich wahrnehmbar.
Zu den herausragenden Sehenswürdigkeiten zählt sicher auch die **Schatzkammer mit Wallfahrtsmuseum** im Haus Papst Benedikt XVI. im Norden des Platzes. Es werden grundlegende Informationen zum Thema Wallfahrt vermittelt und Kunstgegenstände sowie Pretiosen präsentiert, zum Beispiel das weltbekannte Goldene Rössl oder der Brautkranz von Kaiserin Sissi. Auch liturgische Gewänder, rund 2.000 Rosenkränze und fast 3000 Schmuckstücke, Münzen und Wallfahrtsabzeichen gehören zum Bestand *(Kapellplatz 4, Feb / Mär Mo – Sa 9.00 – 15.00 Uhr, Apr – Okt, Mo – Do / Sa 9.00 – 12.00 Uhr und*

13.00 – 17.00 Uhr, Fr / So 9.00 – 15.00 Uhr, Eintritt frei, www.neue-schatzkammer.de).
Der nächste Bau im Rund des Platzes beherbergt die **Stadtgalerie**. Es werden jährlich mehrmals wechselnde Ausstellungen gezeigt, nicht nur zu christlichen Themen *(Kapellplatz 2a, meist Di / Mi / Fr 14.00 – 16.00 Uhr, Do 14.00 – 18.00 Uhr, Sa / So 10.30 – 12.30 Uhr und 14.00 – 16.00 Uhr, Eintritt je nach Ausstellung)*. Im Gebäude befindet sich auch die **Touristeninformationsstelle**.
Weiter nach rechts, am Durchgang zur **Neuöttinger Straße**, sehen Sie das **Rathaus** und das Hotel Zur Post. Der letzte Kirchenbau an der Ostseite des Platzes ist **St. Magdalena** mit dem daneben gelegenen **Saal der Marianischen Männerkongregation**. Er gilt als schönster Barocksaal der Stadt. An seiner Fassade erinnert eine lebensgroße Bronzestatue Papst Johannes Pauls II. an dessen Besuch im November 1980.
Wenn Sie nun rechts in den Tillyplatz gehen und dann zweimal links durch die **Kreszentiaheimstraße** und den G.-Fugel-Weg, erreichen Sie noch das **Jerusalem-Panorama**. Das riesige, historische Rundbildgemälde gehört zu den letzten seiner Art in Europa und ist das einzige in Deutschland. Thema ist die Kreuzigung Christi. Sein Schöpfer Prof. Gebhard Fugel schuf es 1903 auf einer Leinwandfläche von rund 1200 Quadratmetern. Es wird durch Lichteffekte, Bühnenelemente und Vertonung untermalt *(Gebhard-Fugel-Weg 10, Mär – Okt 10.00 – 17.00 Uhr, sonst Sa / So und Weihnachtsferien 11.00 – 15.00 Uhr, €, www.panorama-altoetting.de)*.

Gastrotipps Altötting: Restaurant Plankl,** Schlotthamer Str. 3, **Wirtshaus Barbarossa**,** Marienstr. 9

Kapellplatz von Altötting

Radltour durch das Öttinger Bauernland

(69 km, ca. 6 Stunden)

Die Rundfahrt führt Sie entlang des Öttinger Forstes zunächst nach **Kastl** ins Alztal und von dort bis nach Burgkirchen. Hier halten Sie sich westlich bis in den Gemeindeteil **Hirten** und dort südlich über **Halsbach** bis nach **Kirchweil**. Nun haben Sie den am weitesten entfernten Punkt erreicht und starten Ihren Rückweg über **Garching an der Alz** und **Tüßling**, bis Sie Altötting erneut erreichen. Unterwegs gibt es schöne Aussichten, prächtig ausgestattete Kirchen, idyllische Dorfplätze und stattliche Vierkantbauernhöfe zu erleben. Die Tour ist ganz gut beschildert, sinnvoll ist aber eine Fahrradkarte die Sie in der **Touristeninformation** in Altötting erhalten können *(Kapellplatz 2a)*.

Burghausen

Auch Ihr letztes Ziel auf Tour zehn ist mit einem Wohnmobilstellplatz ausgestattet. Er liegt allerdings etwas weiter außerhalb, am Rand von Burghausen.

(276) Offizieller WOMO-Stellplatz: Burghausen

GPS: N 48°09'16" E 12°48'29", Berghamer Str.1. **Max. WOMOs:** 18.

Ausstattung: Ver-/ Entsorgung und Strom (gegen Gebühr).

Beschreibung: Meist schattenlose Plätze in ruhiger Lage am Ortsrand, gegenüber im Freizeitgelände Toilette (nur im Sommer), etwa 2,8 km in die Ortsmitte. Ruhig, eben, Gastronomie 400 m entfernt, **Preis:** €.

Zufahrt: Auf der B20 nach Burghausen einfahren. Dann aber nicht rechts in die Altstadt hinab fahren sondern auf der Bundesstraße bleiben. Links mit Womo Symbol beschildert in die Unghauser Straße einbiegen und erneut links bis zum Stellplatz fahren.

Einen innenstadtnäheren Platz, perfekt für eine Burg- und Ortsbesichtigung geeignet und ohne Nachtparkverbot, finden Sie in der Straße Am Pulverturm bei [**277:** N 48°09'17" E 12°49'28"]. Am Fahrweg hinab haben Sie links vom Parkplatz von der Bundesstraße aus einen der besten Blicke auf die Burganlage. Die Parkstreifen links taugen auch für größere Womos.

Unterwegs in Burghausen

Die Geschichte Burghausens begann schon im 7. Jahrhundert als Wasserzollstation mit Burg. Aber erst um 1230 kann von einer stadtähnlichen Siedlung unterhalb gesprochen werden. Die Blütezeit hielt bis ins 16. Jahrhundert an. Doch dann wurde der Salzhandel durch den Herzog monopolisiert und es begann eine Periode des wirtschaftlichen Niedergangs. Es folgten Opfer im Dreißigjährigen Krieg und im Erbfolgekrieg, Landverluste jenseits des Inns, die Aberkennung des Hauptstadt-Titels und die Einstellung der Flussschifffahrt. Burghausen wurde zur unbedeutenden Kleinstadt... bis in die Neuzeit. Mit der Entstehung der Wacker-Werke 1915 vor den Toren erlebte man einen wirtschaftlichen Aufschwung mit dem auch der Bau der Neustadt, ein Stück weiter westlich, einherging. Umfassende Sanierungen der Burganlage, die in ihrer Gesamtheit mit über einem Kilometer als längste der Welt gilt, und der in ihrer städtebaulichen Geschlossenheit einzigartigen Altstadt folgten.

Wenn Sie am genannten Parkplatz starten, steigen Sie zunächst schräg dahinter hinauf zum **Pulverturm**, dem etwas entfernten, siebten Verteidigungsbollwerk der weitläufigen Anlage. Er eröffnet einen guten Blick auf die das Bauwerk und den darunter gelegenen **Wöhr-**

Burganlage von Burghausen am Wöhrsee

Burg Burghausen, unten Wöhrsee

see, der einen wirklich außergewöhnlichen Badeplatz bietet. Eine kleine Stiege führt gegenüber erneut hinauf, diesmal zur Hauptburg. Zunächst müssen Sie diese umrunden, bevor Sie den Burghof betreten können. Dort befindet sich das **Besucherinformationszentrum**, die Innere Schlosskapelle sowie die **Staatliche Gemäldesammlung** mit **Burgmuseum**, für die Sie Kombitickets vor Ort erstehen können. Einen ganz besonderen Blick auf Stadt, Fluss und Burg haben Sie von der Dachplattform hoch über der Burg, die Sie über die Museen erreichen *(Burg 48, Apr – Sep 9.00 – 18.00 Uhr, Okt – Mär 10.00 – 16.00 Uhr, €, www.burg-burghausen.de)*. Das **Stadtmuseum** in der gegenüberliegenden Kemenate eröffnet nach Umbau voraussichtlich 2016 neu. Durch den Tordurchgang erreichen Sie den Burgvorhof, der einst als Waffenplatz diente. Zu sehen gibt es das wappengeschmückte **Georgstor** und den Aussichtsturm, der einen Blick auf Wöhrsee und Pulverturm erlaubt, diesmal eben von der anderen Seite aus. Noch ganze vier weitere Höfe folgen. Im dritten Hof interessieren das **Zeughaus** und der Aussichtspunkt, im Vierten der **Folterturm samt Museum** *(Burg 44, Zeiten wie Burgmuseum, €)*. Hof fünf und sechs zeigen weitere schöne, teils zugängliche Türme, zum Beispiel mit dem **Haus der Fotografie** *(Burg 1, Mitte Mär – Okt Mi – So 10.00 – 18.00 Uhr, €)*, und Panoramapunkte auf.

Der kürzeste Weg in die Altsstadt und zum zentralen Stadtplatz führt aber schon vom zweiten Hof hinab und vorbei an der **Pfarrkirche St. Jakob**. Rechts über die Flaniermeile **Grüben** mit dem „Jazzlegenden. Walk of Fame" gelangen Sie zurück in Richtung Parkplatz, doch sollten Sie sich vorher noch ein wenig umsehen.

Die **Touristeninformation** am Platz gibt Ihnen weitere interessante Hinweise mit. Eine schöne Idee ist der GPS-Rundgang „Von Schmugglern, Lausbuben und dem Fisch im Salzmantel“. Er beginnt an der Stele vor dem Rathaus. Alles was Sie brauchen ist ein Handy mit QR-Code-Scanner und schon werden Sie interaktiv zu zwölf geschichtsträchtigen Stationen geführt, die Burghausen auf die ein oder andere Weise geprägt haben. Noch ein Wort zur Neustadt: diese ist geschichtlich gesehen zwar uninteressant, bietet aber die besten Einkaufsmöglichkeiten in der Gegend, vielleicht auch nicht ganz unbedeutend für Sie.

Gastrotipps Burghausen: Fuchsstuben,** Mautnerstr. 271, **Augustiner am Stadtplatz**,** Bruckgasse 104

Bevor Sie sich auf zu Tour elf machen noch zwei Tipps: den vielleicht besten Blick auf Stadt und Burg haben Sie von der gegenüberliegenden Innseite nahe dem oberösterreichischen Ort **Duttendorf** aus. Vielleicht ein Grund einmal das Ufer zu wechseln. Ein anderer hübscher Ausflug, per Womo oder auch mit dem Fahrrad, führt ins nur wenige Kilometer südlich am Fluss gelegene **Raitenhaslach**. Am Weg dorthin können Sie zunächst noch in der **Wallfahrtskirche Marienberg** stoppen. Sie wird „Perle des Salzachtals“ genannt. Als besonders sehenswert gelten die Decken- und Kuppelbilder. Ihr eigentliches Ziel besteht nur aus ein paar wenigen Häusern und der 800 Jahre alten, ehemaligen Klosteranlage. Zuletzt wurde umfangreich saniert, zugänglich war daher nur die Kirche. Zu Führungen durch die Gesamtanlage erteilt die Touristeninfo in Burghausen Auskunft oder Sie fragen telefonisch unter 08677 88 71 41 nach.

Stadtplatz Burghausen, oben Tor zur Grüben

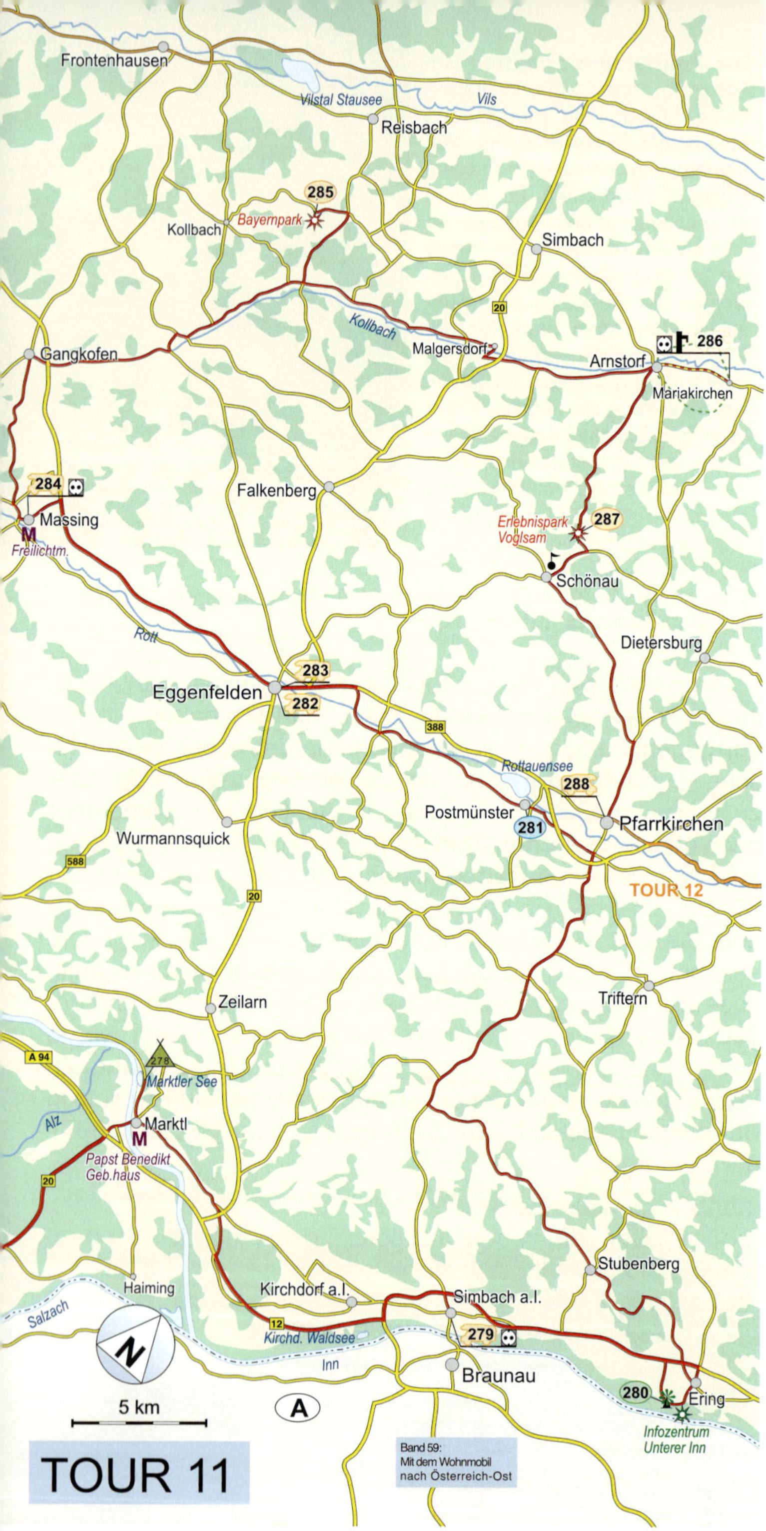

Frontenhausen
Vilstal Stausee
Vils
Reisbach
285
Bayernpark
Kollbach
Simbach
20
Kollbach
Malgersdorf
286
Arnstorf
Gangkofen
Mariakirchen
284
Massing
M
Freilichtm.
Falkenberg
Erlebnispark Voglsam
287
Schönau
Rott
Dietersburg
283
Eggenfelden
282
388
Rottauensee
288
Postmünster
281
Pfarrkirchen
Wurmannsquick
588
TOUR 12
20
Zeilarn
Triftern
A 94
276
Marktler See
Alz
Marktl
M
Papst Benedikt Geb.haus
20
Stubenberg
Haiming
Kirchdorf a.I.
Simbach a.I.
Salzach
12
Kirchd. Waldsee
279
Inn
Braunau
280
Ering
Infozentrum Unterer Inn
N
5 km
A
Band 59: Mit dem Wohnmobil nach Österreich-Ost

TOUR 11

Tour 11: Niederbayerische Landpartie – 170 km

Marktl – Simbach am Inn
Eggenfelden und Massing
Gangkofen, Raisting und Schönau – Pfarrkirchen

Stellplätze:	Simbach am Inn, Eggenfelden (2x), Massing, Mariakirchen, Schönau, Pfarrkirchen
Campingplätze:	Marktl
Besichtigen:	Papstgeburtshaus und Zangenmuseum Marktl, Vogelfreistätte Ering, Eggenfelden, Freilichtmuseum Massing, Bayernpark, Erlebniswelt Voglsam, Schlosspark Schönau, Pfarrkirchen
Wandern:	Xperbike Region (Rad), Panoramaweg Arnstorf
Baden:	Marktler Badesee, Rottauensee, Freibad Arnstorf

Zugegeben, Tour elf ist nicht nur die kürzeste sondern auch die mit den wenigsten großen Attraktionen ausgestattete Fahrt in diesem Buch. Doch genau das macht ihren Reiz aus. Sie gondeln ganz genüsslich auf ruhigen Nebenstraßen durch das südliche Niederbayern und erleben unverfälschte Ortschaften, in denen es meist noch „g`miatlich“ zugeht und auch Sie Zeit zum innehalten und entschleunigen finden können. Fall Sie aber lieber gleich weiter zu Tour zwölf wollen, fahren Sie ab Simbach nach Pfaffenhofen und steuern dann direkt auf Bad Birnbach zu.

Marktl

Touristisch noch am stärksten erschlossen ist Ihr erster möglicher Haltepunkt in **Marktl**. Die eher verschlafene kleine Inn-Gemeinde erlebte vor einigen Jahren einen regelrechten Boom, als der bekannteste Sohn des Ortes Papst im fernen Vatikanstaat wurde. Benedikt XVI., vormals als Kardinal Joseph Ratzinger bekannt, trat sein Pontifikat am 19. April 2005 an und emeritierte, was nichts anderes bedeutet, als sich altersbedingt befreien zu lassen, am 28. Februar 2013 nach knapp acht Jahren Amtszeit.

Zwar ist es seitdem wieder etwas ruhiger geworden, das **Papst-Benedikt-Geburtshaus** samt Museum zieht aber bis heute einen stetigen Strom gläubiger und neugieriger Besucher an. Falls Sie dazu gehören, finden Sie den relativ kleinen Museumsparkplatz in der Schulstraße bei [N 48°15'15" E 12°50'29"]. Das Museum liegt nur zwanzig Meter entfernt

Papst Benedikt XVI. Geburtshaus

und widmet sich der Biographie und dem Wirken des Ex-Papstes. Übrigens sind es auch nur wenige Meter die Bahnhofstraße hinauf zu einem zweiten, dem äußerst ungewöhnlichen **Hammer- und Zangen-Museum**, das sich altem Werkzeug verschrieben hat. Der leidenschaftliche Sammler Stefan Grosshardt gewährt Interessierten an Wochenenden Einblick in sein Werkzeugreich.

Am **Marktler Badesee**, ein kleines Stück außerhalb des Ortes, gibt es einen kleinen Campingplatz, den Einzigen auf Tour elf.

Papst Benedikt Geburtshaus: *Marktplatz 11, Ostern bis Okt Di – Fr 10.00 – 12.00 Uhr und 14.00 – 18.00 Uhr, Sa / So durchgehend geöffnet, €, www.papsthaus.eu* | ***Hammer- und Zangen-Museum***: *Bahnhofstr. 5, Ostern bis Oktober, Sa / So 14.00 – 18.00 Uhr*

(278) WOMO-Campingplatz: Marktl (Camping am Marktler See)

GPS: N 48°16'02" E 12°49'53", Queng 3.
Internet / Tel.: www.campingplatz-marktl.de, 08678 1786.
Öffnungszeiten: März – Oktober.
Ausstattung: Campingplatzübliche Ausstattung.
Beschreibung: Kleiner Platz im Grünen mit Stellflächen auf Rasen, teils schattig, gleich neben dem Marktler Badesee. Etwa 2,2 km in die Ortsmitte.
Preis: €€€, Kurzzeitplätze im Womohafen €€ (nicht Mitte Mai – Mitte Sep).
Zufahrt: Direkt nach der Innbrücke bei Marktl links abbiegen, dann immer geradeaus bis zum Campinplatz rechter Hand.

Rathaus von Simbach

Simbach am Inn

Simbach, am Zusammenfluss von Inn und Salzach, ist die Nachbargemeinde der größeren und bekannteren Stadt **Braunau** auf österreichischer Seite. Dort gibt es die schönere Altstadt, falls Sie einen Blick hinüber riskieren wollen. Interessant ist sonst der ordentliche Stellplatz des Ortes, nahe des Gasthauses Murauer.

(279) Offizieller WOMO-Stellplatz: Simbach am Inn

GPS: N 48°16'28" E 13°01'37", Gollinger Str. 2. **Max. WOMOs:** 6.

Ausstattung: Strom (gegen Gebühr), Mülleimer.

Beschreibung: Freibad und Restaurant gleich nebenan, Plätze neben einem Sportplatz auf Rasengittersteinen, etwas Schatten, nachts ruhig, etwa 850 m von der Ortsmitte entfernt.

Zufahrt: Bei Simbach von der B12 rechts abbiegen, dann links in die Pfarrkirchner Straße einfahren und gleich wieder links in die Linden- und dann in die Gollingerstraße. Nach der Bundesstraßenüberführung linksseitig.

Touristisch gesehen ist das nahe **Europareservat Unterer Inn** sicher das größte natürliche Gut dieser Ecke. Über 300 Vogelarten können rund um die unberührten Auwälder beobachtet werden. Auch selten gewordene Pflanzen und Tiere wie der Biber fühlen sich dort wohl. Bei **Ering** wurde ein **Infozentrum** eingerichtet, das zu den Themen Stauseeökologie und heimische Tierwelt informiert. Auch Führungen durch das Reservat werden von dort aus organisiert.

***Infozentrum Unterer Inn**: Innwerkstr. 15, Apr – Mitte Okt, Sa 10.00 – 12.00 Uhr und 14.00 – 17.00 Uhr, So 13.00 – 17.00 Uhr*

Ein **Vogelbeobachtungsturm** mit kleinem, durch Büsche von der schmalen Straße getrennten Schotterparkplatz, steht bei **[280: N 48°17'07" E 13°06'55", Ering]**, gut zwei Kilometer vom Infozentrum entfernt.

Nun müssen Sie sich für einige Kilometer auf kleinen Regionalstraßen nach Nordwesten durchschlagen. Immerhin, als „Bayerische Toskana" wird diese

Beobachtungswarte und Stellplatz 280

Eggenfelden, unten Stellplatz 283 und Rottauensee

Gegend ab und zu beworben. Ziel ist **Postmünster**. Pfaffenhofen lassen Sie vorerst noch nördlich von sich liegen und gönnen sich stattdessen vielleicht ein Bad im **Rottauensee**. Einen recht großen, schattigen Parkplatz gibt es dort in der **Beckenrandstraße** am Ortsrand bei [**281:** N 48°25'06" E 12°53'58"].

Eggenfelden und Massing

Der schnellste Weg nach **Eggenfelden** führt über die B388. Am Kreisverkehr zu Beginn können Sie entweder zu einem recht grünen Stellplatz am Ortsrand abzweigen oder erst einmal ins Zentrum rollen. Am dortigen Zentralparkplatz wurden ebenfalls zwei Buchten für Wohnmobile reserviert, [**283**: N 48°24'03" E 12°45'48", Öttinger Str. 24].

Hof im Freilichtmuseum Massing

(282) Offizieller WOMO-Stellplatz: Eggenfelden (Stellplatz Gern)

GPS: N 48°24'07" E 12°46'32", Gern 2. **Max. WOMOs:** 4-5.
Ausstattung: Keine Einrichtungen.
Beschreibung: Großer Parkplatz ohne Einrichtungen direkt an der B388, daher nicht ganz leise. Für Wohnmobile markiert. Recht weit außerhalb der Stadt, Gastronomie in der Nähe. Ortszentrum etwa 1,7 km entfernt.
Zufahrt: Am Kreisverkehr vor Eggenfelden links auf die B20 Richtung Vilsbiburg abbiegen, dann gleich die erste Straße links Richtung Schlossökonomie. Nach der Rottbrücke rechts.

Rund um den Stadtplatz zeigen sich Eggenfeldens schönste Seiten. Mit dem Grabmeiertor ist ein letzter Rest der ehemaligen Stadtmauer erhalten, mittig befindet sich der Marienbrunnen. Auch die Pfarrkirche, die den Platz nördlich begrenzt, könnte für Sie interessant sein. Sie stammt aus dem 15. Jahrhundert und zeigt innen ein ausgeprägtes Netzrippengewölbe. Dann geht es weiter nach **Massing**. Am äußersten westlichen Ortsrand freut sich das gut gemachte **Freilichtmuseum Massing** auf Ihren Besuch. Mit dem Wohnmobil darf man direkt davor am Parkplatz übernachten.

Gastrotipps Eggenfelden: Luibl,** Stadtplatz 15, **Il Gelato** (Eis), Stadtplatz 11

(284) Offizieller WOMO-Stellplatz: Massing (Freilichtmuseum Massing)

GPS: N 48°23'43" E 12°36'03", Steinbüchl 5. **Max. WOMOs**: 3-4.
Öffnungszeiten: Mitte März bis Oktober.
Ausstattung: Strom (gegen Gebühr), Mülleimer.

Beschreibung: Parkplatz des Freilichtmuseums, Stellplätze auf Schotter, wenig Schatten, ruhig, wenn Sie während der Öffnungszeiten anreisen, können Sie innerhalb eines mit Schranke gesicherten Platzteils stehen, etwa 750 m in die Ortsmitte.
Zufahrt: Von der B388 links nach Massing abfahren und der Beschilderung zum Freilichtmuseum folgen.

Thematisch haben Sie es im Museum mit alten Bauerngütern aus dem Rottal, der Hallertau und dem Isartal zu tun. Fünf verstreut stehende Höfe zeigen die bäuerliche Welt Niederbayerns samt Inventar. Sogar eine Kegelbahn und ein Waschhaus gibt es, auch einen Kramerladen, über und über voll mit Waren. Dazu alte Traktoren, Ställe, eine Seilerei und noch so einiges mehr.

***Freilichtmuseum Massing**: Steinbüchl 5, Mitte Mär– Okt 9.00 – 17.00 Uhr, Mai – Sep bis 18.00 Uhr, €, www.freilichtmuseum.de*

Gangkofen, Raisting und Schönau

Spätestens bei **Gangkofen**, das nicht sonderlich touristisch geprägt ist aber immerhin einen ganz hübschen Marktplatz zu bieten hat, halten Sie sich in nördliche Richtung. Achten Sie auf die Stadttore, je nach Fahrtrichtung können diese für höhere Womos zum Problem werden! Vielleicht wählen Sie dann weiter die Straßen über **Reichenbach** und **Raisting** um Richtung **Reisbach** zu gelangen. Der nahe **Bayern-Park** lockt junge und ältere Gäste, aus der gesamten Umgebung und aus München an. Und das zu einem verhältnismäßig fairen Preis im Vergleich zu manch anderem Freizeitpark. Rund zwei Dutzend mehr oder minder wilde Fahrgeschäfte und Publikumsattraktionen können der Reihe nach durchprobiert werden.

Bayernpark

Speziell für die Generation 60plus hat man sich Mühe gegeben, ein paar ruhigere Parkteile mit Raddampferfahrt, Parkbahn und Schlösschen zu kreieren – damit keine Langweile aufkommt, während die Enkel vielleicht noch mit Wildwasser-Tubing oder der Pferdereitbahn beschäftigt sind. Die weitläufigen Parkplätze, im hinteren Bereich befinden sich recht ruhig im Grünen und dürfen von Gästen über Nacht genutzt werden, [**285**: N 48°31'51" E 12°38'10", Fellbach].

***Bayernpark**: Fellbach 1, Mai – Anfang Okt und Osterferien 9.00 / 10.00 – 17.00 / 18.00 Uhr, Besucher ab 140 cm €€€, www.bayern-park.de*

Hauptplatz in Arnstorf

Ein kurzes Stück zurück kurven Sie links auf **Malgersdorf** zu. Das betriebsame **Arnstorf** ist schließlich ein guter Ausgangspunkt für Radtouren und so etwas wie das Zentrum der **„XperBike"Radregion** im südlichen Niederbayern. Gleich sieben ausgewählte Rundfahrten starten im Ort und können über die Website www.xperbike.de abgerufen und ausgewählt werden. Wanderer kommen auch auf ihre Kosten, zum Beispiel auf dem Panoramarundweg. Einen Ort weiter, in Mariakirchen, befindet sich ein Womo-Stellplatz.

Panoramarundweg Arnstorf **(14 km, 4 Stunden, 175 Hm)**
Der Arnstorfer Panoramarundweg besticht durch schöne Ausblicke ins niederbayerische Hügelland und über die Donauauen bis in den Bayerischen Wald hinein.
Die Wanderung startet an der Südseite des Marktplatzes. Rechter Hand befindet sich das **Obere Schloss**. Es ist in Privatbesitz, die

Oberes Schloss Arnstorf

Gärten sind jedoch zugänglich. Sie münden in **Am Steinbach**, gehen dann links in die Straße **Vorderer Berg** mit dem aus der Zeit gefallen scheinenden **Alt-Arnstorf-Haus** *(nur Mai – Okt, 1. So im Monat 10.00 – 12.00 Uhr)*. Gleich wieder rechts durch die Bergstraße und zwischenzeitlich auf einem Pfad nun immer geradeaus, bevor Sie am Ortsende links ab die Staatsstraße überqueren können. Leicht ansteigend wandern Sie erst noch auf einem Fahrweg, dann einem Feldweg und schließlich auf einem Pfad in ein Waldstück hinein und auf der anderen Seite zu einem Marterl mit gutem Blick ins **Kollbachtal**. Rechts ab, über die Gehöfte Quain und Kellerhaus verläuft der weitere Fußweg über Feld- und Waldwege, wieder ein Stück abwärts in nördliche Richtung auf **Mariakirchen** zu, nur die letzten Meter müssen Sie entlang der Hauptstraße zurücklegen. Bei einem Besuch im Biergarten des Schlossbräu Mariakirchen können Sie das selbstgebraute Dünnbier „Scheps" versuchen. Die Pfarrkirche Mariä Himmelfahrt ganz in der Nähe wird auch als Dom des Kollbachtales betitelt. Schlagen Sie nordwestlich davon die Padersberger Straße ein. Auf sich bedächtig windenden Wegen machen Sie stetig Meter gut und durchqueren Felder und Waldstücke, bis Sie das Dorf **Stockahausen** erreichen. In südliche Richtung haben Sie an einer 300-jährigen Eiche erneut einen tollen Ausblick ins Kollbachtal, diesmal in entgegen gesetzte Richtung. Anschließend können Sie auf abschüssiger Piste ihre Kraftreserven etwas schonen. Zurück im Kollbachtal knicken Sie links über eine Holzbrücke ab und schlagen dann nach dem Fußweg die Feuerhaus- und Florianistraße ein, um Ihren Ausgangspunkt erneut zu erreichen. Nur ein kleines Stück entlang der Mariakirchener Straße wäre zum Abschluss das örtliche **Freibad** nun vielleicht noch einen Abstecher wert.

(286) Offizieller WOMO-Gastro-Stellplatz: Mariakirchen (Schlossbräu Mariakirchen)

GPS: N 48°34'32" E 12°51'39", Obere Hofmark 3. **Max. WOMOs**: 3-4.
Internet / Tel.: www.schlossbraue-mariakirchen.de, 08723 97 88 99.
Ausstattung: Wasser, Strom, Duschen, Fitness- und Saunaeinrichtungen im Hotel inklusive.
Beschreibung: Schattige Parkflächen unter Eichen neben dem Gasthof mit

Biergarten, nachts ruhig, recht eben, ländliche Lage, Bäckerei benachbart.
Preis: €€€.
Zufahrt: Ab Arnstorf weiter in Richtung Mariakirchen fahren. Dort gleich links nach der Ortseinfahrt.

Für die Restroute fahren Sie vom zentralen **Oberen Markt** ein kleines Stück zurück und steuern dann links durch die **Kirchenstraße** auf den einige Kilometer entfernten **Erlebnispark Voglsam** bei **Schönau** zu. Ein Besuch der großen Spiel- und Spaßanlage hinter einem Bauernhof ist zunächst kostenfrei. Gezahlt wird dann jeweils nur, was auch wirklich genutzt wird. Vom Café aus überblicken Sie das Gelände recht gut und Kinder können sich bei den Tiergehegen, am Spielplatz oder auf der Scooterbahn austoben. Bauern-, Fußball-, und Minigolf spricht dagegen auch die Älteren an. Sogar Ballon fahren

Wasserschloss Schönau, oben Fußballgolf-Parcours Voglsam

kann man. Auf Anfrage dürfen Sie als Gast einmalig über Nacht am Parkplatz stehen bleiben ,([**287**: N 48°30'09" E 12°50'20", Vogelsam].

__Erlebnispark Voglsam__: Voglsam 1, Ende Mär– Sep 10.00 / 13.00 – 18.00 Uhr, Okt Sa / So 12.00 – 17.00 Uhr, www.erlebnispark-voglsam.de

Pfarrkirchen

In der Nähe passieren Sie das mittelalterliche **Wasserschloss Schönau**, eine weitere kleine Attraktion. Die recht beeindruckende Anlage ist vollständig bewohnt und in Privatbesitz. Der schöne Park ringsum ist dagegen frei zugänglich. Er wurde einst vom bayerischen Hofarchitekten Effner gestaltet, Vorbild war der Englische Garten in München. Eine ganze Reihe botanischer Exoten, wie Zuckerahorn und japanische Lärchen wurden gepflanzt und können auf einem Spaziergang entdeckt werden.

In **Pfarrkirchen** gibt es dann zum Abschluss der kleinen Runde noch einmal einen offiziellen Stellplatz.

__Schlosspark Schönau__: [N 48°28'57" E 12°50'28", Schloßstraße], Park frei zugänglich

(288) Offizieller WOMO-Stellplatz: Pfarrkirchen

GPS: N 48°25'46" E 12°56'03", Dr.-Bachl-Str. 5. **Max. WOMOs:** 4-6.
Ausstattung: Keine Einrichtungen.
Beschreibung: Markierte Plätze am hinteren Ende des Parkplatzes neben der Stadthalle auf Rasengitter. Recht schattig, neben dem Bahndamm aber nachts ruhig. Etwa 600 m in die Ortsmitte.

Blick auf Pfarrkirchen, rechts Rottauer Ross im Zentrum

Zufahrt: Von Schönau kommend einfach die Innenstadt geradeaus durchfahren. Danach rechts in die Ringstraße einbiegen. Diese geht schräg geradeaus in die Dr-Bachl-Straße über, wo Sie bald linksseitig die Stadthalle mit den entsprechenden Parkplätzen vorfinden.

Die 23.000 Einwohner-Stadt ist gleichzeitig die größte in der Umgebung und bietet eine adrette Optik rund um den Hauptplatz. Im Haus der Begegnung *(Nr. 47)* ist eine **Touristeninformationsstelle** eingerichtet, falls Sie mehr Infos zur Gegend wünschen. Auch von ganz alleine finden Sie mit einigem Stöbern aber sicher das Rathaus und die verschiedenen Stadtmauer-Relikte wie **Flaschl-** oder **Pfänderturm**. Die Stadtpfarrkirche **St. Johannes Baptist** ist schon durch ihre schiere Größe unübersehbar. Das lebensgroße **Rottaler Ross** erinnert seit den 60er Jahren an die Vergangenheit, als Pferdezucht noch eine große Rolle in der Region spielte. Es ist das Wahrzeichen Pfarrkirchens. Sehr interessant sind auch Führungen durch einen 1400 Quadratmeter großen **Atombunker**, der während des kalten Krieges unterhalb der Stadt und unter größter Geheimhaltung gegraben wurde.

***Atombunker**: Heimgartenweg, Termine mindestens 4x monatlich, immer Sa, €, Anmeldung und Informationen unter 08441 – 4055010 oder unter www.stadtfuehrungen-pfaffenhofen.de*

Gastrotipps Pfarrkirchen: Schachtl,** Passauer Str. 28, **Schlossberghaus Reichenberg****, Herzog-Heinrich-Str. 5

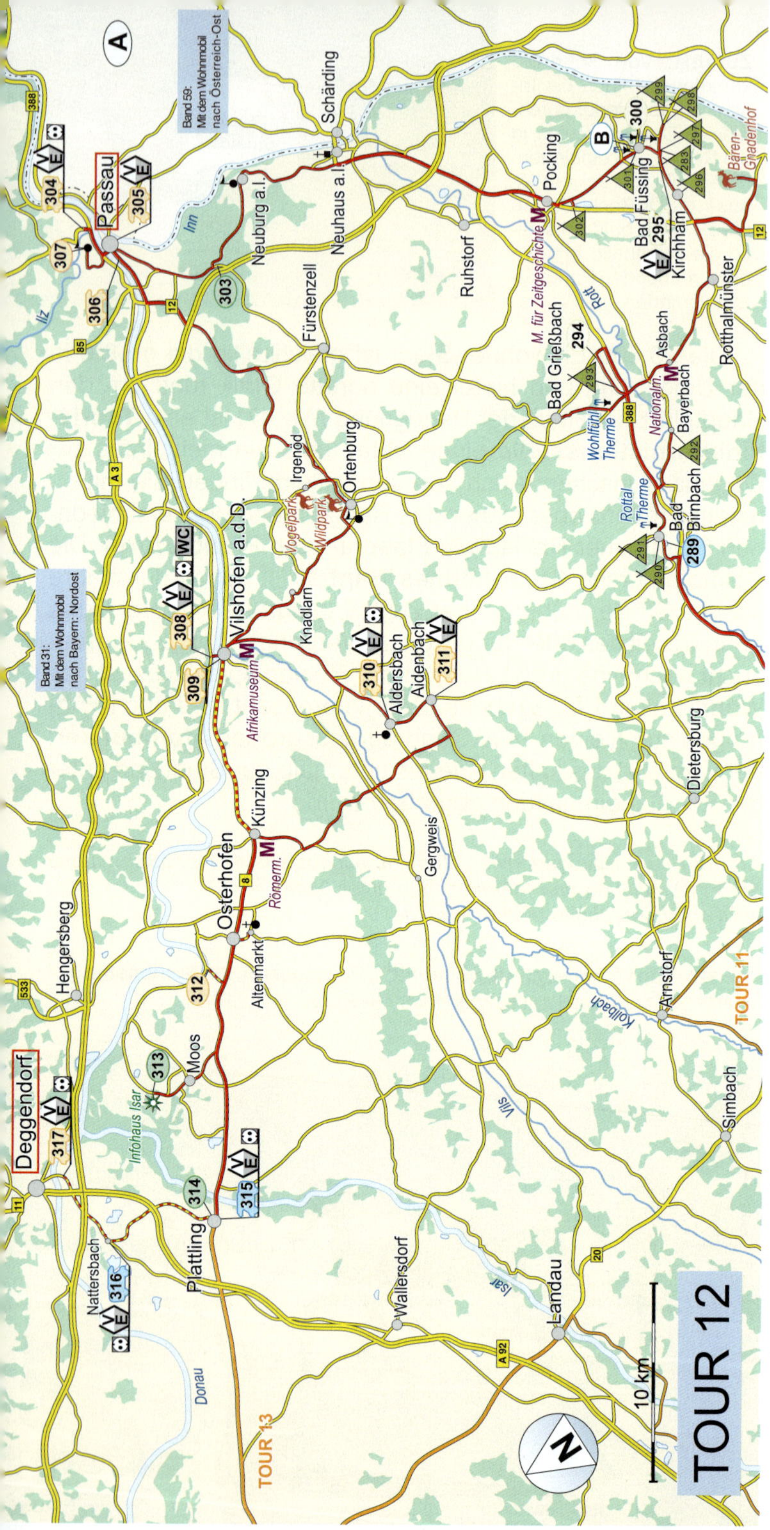
TOUR 12
10 km
Band 59: Mit dem Wohnmobil nach Österreich-Ost
Band 31: Mit dem Wohnmobil nach Bayern: Nordost
Passau
Deggendorf
Schärding
Neuburg a.I.
Neuhaus a.I.
Pocking
Bad Füssing
Kirchham
Rotthalmünster
Ruhstorf
Fürstenzell
Bad Grießbach
Asbach
Bayerbach
Bad Birnbach
Ortenburg
Irgenöd
Vogelpark
Wildpark
Vilshofen a.d.D.
Afrikamuseum
Knadlarn
Aldersbach
Aidenbach
Künzing
Römerm.
Osterhofen
Altenmarkt
Gergweis
Dietersburg
Arnstorf
Simbach
Hengersberg
Moos
Infohaus Isar
Plattling
Nattersbach
Wallersdorf
Landau
M. für Zeitgeschichte
Wohlfühl Therme
Rottal Therme
Nationalm.
Bären-Gnadenhof
Inn
Ilz
Rott
Kollbach
Vils
Isar
Donau
TOUR 11
TOUR 13
A
B
A 3
A 92
388
85
12
8
533
11
20
289
290
291
292
293
294
295
296
297
298
299
300
301
302
303
304
305
306
307
308
309
310
311
312
313
314
315
316
317
WC

Tour 12: Thermenland, Passau und Donau – 190 km

Bad Birnbach – Bad Grießbach – Bad Füssing
Pocking, Neuberg und Neuhaus am Inn – Passau
Ortenburg – Vilshofen an der Donau
Künzing, Moos und Plattling

Stellplätze:	Bad Birnbach, Bad Grießbach, Bad Füssing (2x), Neuburg am Inn, Passau (3x), Vilshofen (3x), Aidersbach, Aidenbach, Moos, Plattling (2x), Nattersbach, Deggendorf-Süd
Campingplätze:	Bad Birnbach (2x), Bayerbach, Bad Grießbach, Bad Füssing (5x), Pöcking
Besichtigen:	Museum Asbach, Bärenhof Bad Füssing, Rottauer Museum Pocking, Klosterkirche Vornbach, Passau, Vogelpark Irgenöd, Wildpark und Schloss Ortenburg, Vilshofen, Afrikamuseum Schweiklberg, Klosterkirche Aidersbach, Römermuseum Künzing, Asambasilika Altenmarkt, Isarmündungs-Infohaus Moos
Baden:	Badesee Bad Birnbach, Rottal Therme Bad Birnbach, Wohlfühl Therme Bad Grießbach, Thermen Bad Füssing (3x), Pockinger See, Freibad Plattling, Freibad Nattersbach

Der erste Teil auf folgender Route ist ganz der Erholung gewidmet. Rund ums Bäderdreieck Birnbach-Griesbach-Füssing tickt die Uhr in Thermenzeit. Wenn auch Sie ins Heilwasser eintauchen möchten, der perfekte Ort. Anderenfalls fahren Sie gleich weiter bis Passau. Erleben Sie die schöne Drei-Flüsse-Stadt und eine anschließende Niederbayern-Fahrt entlang der Donau.

Bad Birnbach

Ihre erste Station ist **Bad Birnbach**, das kleinste der drei Bäder im bayerischen Golf- und Thermenland. Der Beiname „das ländliche Bad" ist Programm, denn der getrennt neben dem Kurzentrum verlaufende Ort ist tatsächlich mehr ein großes Dorf. Dafür geht es besonders beschaulich zu, in keinem der drei Bäder sind Sie näher an der Natur. Um unterzukommen, werden Sie wohl einen Campingplatz wählen müssen. Wie überall in der Region sieht es mit geeigneten Wohnmobilplätzen eher schlecht aus. Außer es stört Sie nicht, etwas weiter außerhalb die Nacht zu verbringen. Dann können Sie den Parkplatz des Bad Birnbacher Badesees westlich der B388 ausprobieren, [**289**: N 48°26'18" E 13°04'17", Gries]. Ein Biergarten befindet sich gleich benachbart.

Was Camping angeht, bietet eine ganze Reihe der Cam-

Rottal Therme Bad Birnbach

pingplätze rund ums Bäderdreieck eine echte Besonderheit: Sie unterhalten eigene Thermalbecken, teils samt Sauna- und Wellnesslandschaft. So können Sie sich, je nachdem, welche Erwartungen Sie haben, den zusätzlichen Eintritt in öffentliche Bäder eventuell sparen, was den anfallenden Campingplatz-Preis schnell relativiert.

Etwas außerhalb im Grünen und nördlich von Birnbach befindet sich zunächst der kleine **Campingplatz Theresienhof**, *([**290:** N 48°27'00" E 13°05'40", Breindoblweg 6], €€€, www.camping-theresienhof.de)*. Der Arterhof liegt am östlichen Ortsende. Er bietet eine solche eigene Therme und vergünstigte Übernachtungsplätze vor dem Gelände.

(291) WOMO-Campingplatz: Bad Birnbach (Camping Arterhof)

GPS: N 48°26'07" E 13°06'35", Hauptstr. 3.
Internet / Tel: www.arterhof.de, 08563 961 30.
Ausstattung: WLAN, Waschmaschine / Trockner, Privatbäder in den oberen Kategorien inklusive, TV, Friseur, Spielplatz, Restaurant, eigene Therme mit Frei- und Hallenbad sowie Badesee (für Externe Eintritt €€). Sauna/Fitness gegen Gebühr.
Beschreibung: Großer Platz mit Parzellen auf Schotter, teils schattig und recht großzügig angelegt, etwa 1,9 km in die Ortsmitte, Einkaufsmöglichkeiten nach 800 m.
Preis: €€€-€€€€€, Wohnmobilhafen vor der Schranke €€.
Zufahrt: Von der Hauptstraße in Bad Birnbach auswärts bis zum Kreisverkehr am Gewerbegebiet fahren. Dort links in die Industriestraße abbiegen und dem Verlauf rechts ab weiter folgen. Nach ca. 700 m linksseitig.

In Bad Birnbach selbst ist sicher die **Rottal Therme** der wichtigste Anlaufpunkt. Sie teilt sich in drei Teile. Einmal das Therapiebad, in dem Heilung im Vordergrund steht. Unter der achteckigen Glaskuppel sowie im Außenbereich befinden sich ein ganzes Dutzend Becken mit Temperaturen von 26 bis 40 Grad Celsius sowie allerlei medizinische Anwendungsangebote. Im Vitarium geht es dagegen mehr um Wellness. Rund 16 Becken von etwa 24 bis 36 Grad und ein auf Erholung getrimmtes Ambiente laden zum Seele-baumeln-lassen ein, diverse Saunen sind außerdem angeschlossen. Geeignete, kostenpflichtige Parkplätze gibt es in der Brunnaderstraße, Höhe Hausnummer 6 bei [N 48°26'29" E 13°04'52"].

***Rottal Therme**: Prof.-Drexel-Str. 25, Therapiebad 8.00 – 18.00 Uhr, Vitarium 9.00 – 21.00 Uhr, ab €€, www.badbirnbach.de*

Mehr Infos zum Ort und den recht vielfältigen Radel- und Wanderwegen erhalten Sie in der **Touristeninformation**, Kurallee 7. Unterwegs zum nächsten Kurort touchieren Sie noch die kleine Gemeinde **Bayerbach**. Auch dort gibt es ein Campingresort samt eigenem Thermalbad und Wohnmobilhafen.

Gastrotipps Bad Birnbach: Il Gelato (Eis), Pfarrkirchner Str. 17, **Alte Post****, Hofmark 23, **Wirt am Berg****, Am Berg 2, **Alter Weißbräu****, Hofmark 9, **Konditorei Achter** (Café), Brunnaderstr. 4 1/2

(292) WOMO-Campingplatz: Bayerbach (Vital Camping Bayerbach)

GPS: N 48°24'55" E 13°07'45", Huckenham 11.
Internet / Tel.: www.vitalcamping-bayerbach.de, 08532 927 80 70.
Ausstattung: WLAN, Waschmaschine / Trockner, private Bäder (gegen Gebühr), Minimarkt, Gastronomie. Es werden außerdem eine platzeigene Indoor-Therme mit Sauna sowie drei Badeseen geboten.
Beschreibung: Großer Platz mit etwas nüchternen Reihenstellplätzen auf Schotterrasen, kein Schatten, Ortszentrum rund 1,2 km entfernt. Eben und recht ruhig.
Preis: €€€-€€€€, Wohnmobilhafen vor dem Gelände €€€, inkl. Strom.
Zufahrt: Von der B388 rechts Richtung Bayerbach abbiegen. Nach ca. 1,7 km rechts angeschrieben.

Bad Griesbach

Bald erreichen Sie links der Bundesstraße auch schon die Abfahrt nach **Bad Griesbach**. Die Trennung zwischen Kurzone und Ortsgebiet ist hier noch größer. Rund 1,5 Kilometer liegen dazwischen und auch die Beschilderung unterscheidet dementsprechend. Noch vor dem Kurbereich rechts ab können Sie am oder vor dem Griesbacher Campingplatz einchecken. Ähnlich wie zuvor werden hier eine platzeigene Therme und andere Annehmlichkeiten geboten.

(293) WOMO-Campingplatz: Bad Griesbach (Camping Dreiquellenbad)

GPS: N 48°25'13" E 13°11'31", Singham 40.
Internet / Tel.: www.camping-bad-griesbach.de, 08532 961 30.
Ausstattung: Waschmaschine / Trockner, private Bäder (gegen Gebühr), Gastronomie, Friseur und Kosmetik, Spielplatz. Es wird außerdem eine platzeigene Indoor-Therme mit Whirlpool, ein Soleaußenbecken, mehreren Saunen, einem Fitnessraum sowie ein Badesee geboten.
Beschreibung: Großer Platz mit parzellierten Stellplätzen auf Rasen, viele schattig durch schon höher gewachsene Bäume. Womo-Hafen mit Ver-/ Entsorgung und Strom (gegen Gebühr). Alle Wellnesseinrichtungen inklu-

sive., etwa 1,8 km zum Kurzentrum, 4,4 km ins Ortszentrum.
Preis: €€€€, Wohnmobilhafen €€€.
Zufahrt: Von der B388 links Richtung Bad Griesbach Thermalbad abbiegen, dann aber in Schwaim rechts ab zum Campingplatz halten.

Falls es eher ein schneller Übernachtungsstopp sein soll, kommt auch der **Gasthof zum Pfandl**, nur ein paar hundert Meter weiter in Frage. Dort dürfen Sie bei Einkehr kostenlos über Nacht stehen, [**294:** N 48°25'13" E 13°12'32", Schwaimer Str. 9].

Nun aber ins Kurzentrum. Gleich nach der Einfahrt links gibt es Parkplätze, die Sie auch mit dem Wohnmobil ansteuern können, [N 48°25'56" E 13°11'01", Kurallee 3]. Die **Wohlfühl-Therme** ist von dort aus in rund 300 Metern erreicht. Dreizehn Becken werden von gleich drei unterschiedlich heißen Thermalquellen gespeist. Thematisch wendet man sich in erster Linie an Ruhesuchende, wobei es auch viele Therapieangebote gibt. Dazu kommen ein Saunabereich,ein türkisches Hamam und eine Salzgrotte.

***Wohlfühl-Therme**: Thermalbadstr. 4, 8.00 – 22.00 Uhr, ab €€, www.wohlfuehltherme.de*

Gastrotipps Bad Griesbach: Moststüberl**, Kurallee 4, **Schmankerl Stubn****, Thermalbadstr. 26, **Jägerstüberl****, Am Steinkart 7f, **Gasthof Kotter***, Afham 5

Der abseits liegende Markt Bad Griesbach wirkt bodenständig niederbayerisch und ist weit weniger mit dem Kurbetrieb verwoben als die Nachbargemeinden. Eine **Touristeninformationsstelle** befindet sich am Stadtplatz 1.

Stadtplatz Bad Griesbach, oben Womohafen Platz 293

Wohlfühltherme Bad Griesbach

Auf der Weiterfahrt können Sie neben der Hauptstraße nach **Rotthalmünster** eventuell noch das kleine **Asbach** mitnehmen. Es hat sich um das ehemalige, 1127 geweihte Benediktinerkloster am Hügel gebildet. Neben der Klosterkirche kann in einem öffentlich zugänglichen Gebäudeteil eine Zweigstelle des **Bayerischen Nationalmuseums** erkundet werden. Sie zeigt Abgüsse berühmter Meisterwerke der Bildhauerei, Schmiedekunst, Spielzeuge und religiöse Volkskunst werden präsentiert, dazu kommen verschiedene Wechselausstellungen.

***Bayerisches Nationalmuseum im Kloster Asbach**: [N 48°23'47" E 13°10'38", Hauptstr. 54], Di – So 11.00 – 17.00 Uhr, €, www.kloster-asbach.de*

Bad Füssing

Bei **Bad Füssing** ist der Bär los. Und das, neben den erwarteten Angeboten des größten und bekanntesten Kurorts der Gegend, sogar im wörtlichen Sinn. Ein Stück südlich, erreichbar über die B12 und dann links ab nach **Hart**, versteckt sich in einem Waldgebiet ein **Gnadenhof für Bären**. Mehr als ein Dutzend der braunen Riesen sind in weitläufigen, möglichst naturnahen Gehegen untergebracht. Alle wurden aus wenig artgerechter Haltung überstellt und genießen nun ihren Lebensabend fast wie in freier Natur. Von Frühjahr bis Spätsommer finden einmal wöchentlich öffentliche Führungen statt. Doch auch außerhalb dieser Zeit kann ein Besuch lohnen. Ein Rundweg führt einmal um das Gelände,

Bären-Gnadenhof

eine Aussichtsplattform ist so rund um die Uhr frei zugänglich. Die besten Chancen auf Sichtungen haben Sie bei Beginn der Dämmerung.

***Bären Gnadenhof**: [N 48°19'26" E 13°15'26", Am Bärenpark 7], Führungen Donnerstags 15.30 Uhr, mehr Infos unter www.gewerkschaft-fuer-tiere.de*

Was Stellplätze angeht, haben Sie in und um **Bad Füssing** die Qual der Wahl. Stets kostenpflichtig hat jeder spezielle Eigenschaften, ganz nach ihren Ansprüchen. Kurz vor dem Ortsbeginn befindet sich ein großer Kreisverkehr von dem aus Sie sich zum Platz Ihrer Wahl orientieren können.

(295) Offizieller WOMO-Gastro-Stellplatz: Bad Füssing (Erlebnishof Haslinger Kirchham)

GPS: N 48°21'00" E 13°17'26", Ed 1. **Max. WOMOs:** 10-12.
Internet / Tel.: www.haslinger-hof.de, 08531 29 50.
Ausstattung: Ver-/ Entsorgung (gegen Gebühr,).
Bescheibung: Geschotterte Parkplätze mit einigen schattenspendenden Bäumen dazwischen, nach der Einfahrt zum Gelände linker Hand. Abends nicht ganz leise durch andere an- und abfahrende PKWs und Busse. Der Hof bietet gleich mehrere Gaststätten und tägliche Tanzveranstaltungen von Pop bis Volksmusik – es ist eigentlich immer etwas los. Interessant, wenn Sie etwas erleben wollen, 2,2 km in den Ort.

Preis: €€ inkl. Verzehrgutschein, tagsüber frei.
Zufahrt: Am Kreisverkehr vor Bad Füssing angeschrieben, letzte Ausfahrt.

Etwas abseits vom Geschehen liegt der **Campingplatz Preishof** mit eigenem 1000 Quadratmeter großen Sauna- und Wellnessbereich. Gut, wenn Sie am Ort Bad Füssing selbst nicht so sehr interessiert sind, sich aber erholen wollen, *(**[296:** N 48°20'19" E 13°17'01", Angerloh 1], €€-€€€€, www.preishof.de)*. Am Kreisverkehr geradeaus folgt der **Riedlhof**, *(**[297:** N 48°20'45" E 13°18'32", Bachstr. 23], €€€, www.riedlhof.de)*. Schon ein Stück weiter südlich, ein paar hundert Meter außerhalb der Ortschaft, erreichen Ruhesuchende den kleinen stillen **Campingplatz Fischer**, *(**[298:** N 48°20'12" E 13°19'19", Wies 2], Mitte Mär– Okt, €€, keine Tiere und Kinder erlaubt, www.camping-fischer.de)* und die direkt nebeneinander liegenden, zusammengehörenden Plätze **Max1** und **Fuchs-Camping**, die sich jedoch in der Ausstattung unterscheiden. Ein Kompromiss zwischen relativer Ortsnähe und Wellnessangeboten.

(299) WOMO-Campingplatz: Bad Füssing 1 (Campingplätze Fuchs und Max1)

GPS: N 48°19'57" E 13°18'52", Falkenstraße 12-14, OT Egglfing.
Internet: www.kurcamping-fuchs.de / www.campingmax.de.
Ausstattung: WLAN, Gastronomie, Spielplatz, Therapieangebote, Platz Max1 zusätzlich mit eigenem Thermalbad mit Außenbecken, Sauna und Badeteich und Minimarkt.
Beschreibung: Parzellierte Schotter-/ Rasenplätze auf einer großen Anlage. teils etwas Schatten, eben und ziemlich ruhig, rund 2,9 km in den Ort.
Preis: Camping Fuchs €€€, Camping Max1 €€€-€€€€, Wohnmobilhafen vor dem Campinggelände Fuchs €€, vor Max1 €€€, inkl. Thermalbad.
Zufahrt: Auf der Innbruckstraße nach dem Kreisverkehr immer geradeaus an Bad Füssing vorbei, dann beschildert recht ab.

Falls Sie denken das war es – nein, es gibt noch mehr! Zum Beispiel einen Zwischenübernachtungs-Stellplatz für Kurzbesuche am Erlebnis-Gastronomiebetrieb **Burgwirtschaft** im Ortsteil Riedenburg, der recht nah zu den öffentlichen Thermalbädern und dem Zentrum liegt (*[**300:** N 48°20'40" E 13°19'17", Inntalstr. 24], €€ inkl. Verzehrgutschein, www.burgwirtschaft.com)*. Den Reigen schließt im Nordwesten von Bad Füssing ein weiterer Campingplatz, nahe am Kurzentrum und den Thermen.

(301) WOMO-Campingplatz: Bad Füssing 2 (Campingplatz Holmernhof)

GPS: N 48°21'29" E 13°18'24", Am Tennsipark 10.
Internet / Tel.: www.holmernhof.de, 08531 247 40.
Ausstattung: Internet / TV, Gastronomie mit Biergarten. Freibad nebenan kostenlos, Sauna (gegen Gebühr). Womo-Hafen mit Ver-/ Entsorgung und Strom (gegen Gebühr)
Beschreibung: Schattenlose Rasenstellplätze in einer gepflegten Anlage. Eben und ruhig am Ortsrand gelegen, ins Kurzentrum etwa 900 m.
Preis: €€€-€€€€, Wohnmobilhafen auf Pflaster €€.
Zufahrt: Am Kreisverkehr vor Bad Füssing die dritte Ausfahrt nach Norden wählen. Nach dem nächsten Kreisverkehr rechts ab in „Am Tennispark".

Natürlich können Sie auch von Bad Füssing aus wandern oder radeln gehen, auch eine Spielbank ist in der Kurhausstraße ansässig. Doch die meisten Besucher werden sich in einer der drei großen Thermen aufhalten, um dort im Heilwasser zu relaxen.

Bad Füssings Thermen

Therme Eins:
Die Therme Eins ist die am längsten existierende der drei Badeanstalten im Kurort und befindet sich direkt im Zentrum. Leider gibt es in unmittelbarer Nachbarschaft keinen geeigneten Parkplatz für Wohnmobile, besser eine Parallelstraße weiter nördlich in der Waldstraße / Kurhausstraße versuchen. Das Bad ist in drei Bereiche aufgeteilt. Im Thermenhof West gibt es rund um das zentrale Außenrundbecken fünf weitere Schwimm- und Therapiebäder. Weitere sechs Relax-, Sprudel- und Liegebecken finden Sie im Thermenhof Mitte. Das Atrium wartet mit zwei Dampfbädern und einer Kneipp- / Thermalduscheinrichtung auf. Die Wassertemperaturen liegen bei 30 bis 42 Grad Celsius. Im Saunahof können Sie unabhängig vom Bad in bis zu neun Saunen entspannen, auch ein weiteres Thermalbecken gibt es dort *(Kurallee 1, Therme 7.30 – 19.00 Uhr, €€, Mi – Sa bis 21.00 Uhr, Sauna 10.00 – 22.00 Uhr, €€€, mehr unter www.therme1.de)*.

Europatherme:
Nur 500 Meter entfernt von der Therme Eins befindet sich die Europatherme. Ein Parkplatz, der auch Wohnmobile aufnehmen kann, liegt gegenüber vom Eingang in der **Kurallee**. Rund 12 Schwimm- und Erholungsbecken mit Temperaturen von 27 bis 40 Grad Celsius sorgen für das nötige Maß an thermaler Erholung. Der Großteil der Pools befindet sich dabei unter freiem Himmel. Das 1000 Quadratmeter große Saunaparadies umfasst sechs Schwitz- und Dampfräume sowie ein Rasul *(Kurallee 23, Therme 7.00 – 19.00 Uhr, Mo / Mi / Fr bis 22.00 Uhr, Sauna immer erst ab 11.00 Uhr, Therme €€, Sauna ab €€, kombiniert ab €€€, mehr unter europatherme.de)*.

Johannesbad:
Das Johannesbad liegt etwas außerhalb des Ortskerns im Osten Bad Füssings. Es bietet dafür die umfangreichsten Parkflächen, die auch Wohnmobile tagsüber anfahren können. Mit 4500 Quadratmetern Was-

serfläche gilt es als Deutschlands größte Heiltherme. Die 13 Innen- und Außenbecken mit 27 bis 40 Grad Wassertemperatur unterteilen sich in Bewegungs- und Schwefelgasbäder. Die Extra-Saunawelt heizt Gästen in fünf verschiedenen Heißluftkammern ein *(Johannesstr. 2, Therme Mo – Fr 7.30 – 21.00 Uhr, So bis 18.00 Uhr, Sauna immer erst ab 9.00 Uhr, Therme €€, Sauna €€, kombiniert ab €€€, mehr unter www.johannesbad-therme.de)*.

Gastrotipps Bad Füssing: Schloßrestaurant Fasan**, Pfarrer-Stirner-Str. 3, **Eiscafé Dolomiti** (Eis), Goethestr. 5, **Wirt z`Füssing****, Pockinger Str. 1-7, **Zur Weinpress****, Pockinger Str. 1-7, **Alte Taverne***, Unter Inntalstr. 16

Pocking, Neuhaus und Neuburg am Inn

Während Sie nun weiter innaufwärts Richtung Passau steuern, können Sie etwas an Fahrt aufnehmen, die Haltepunkte unterwegs sind eher fakultativ als zwingend. Zu diesen gehört beispielsweise **Pocking**, immerhin mit einer Übernachtungsgelegenheit, Einkaufsmöglichkeiten und einem interessanten Museum.

(302) WOMO-Campingplatz: Pocking (Seecamp Pocking)

GPS: N 48°23'02" E 13°18'11", Am Haid 3a/b.
Internet / Tel.: www.seecamp-rottal.de, 08531 90 00 90.

Ausstattung: WLAN, Waschmaschine und Trockner, Badesee gleich nebenan, Sauna, Grillplatz, TV. Womo-Hafen mit Ver-/Entsorgung, Sanitärnutzung, Strom (gegen Gebühr).
Beschreibung: Kleiner, eher nüchterne Plätze auf Schotter, etwa 2 km in die Ortsmitte, gegenüber des Badesees.
Preis: €€, Kurzzeitplätze in kleinem, abgesperrtem Gelände gegenüber des Campingplatzes €.
Zufahrt: Auf der PA58 von Bad Füssing kommend Richtung Pocking fahren. Kurz davor ist das Seecamp links ab angeschrieben.

Im **Rottauer Museum für Zeitgeschichte** wird eine große Sammlung an Ausstellungsstücken zum Thema Weltkriege, NVA und Bundeswehr gezeigt. Vom Feldpostbrief bis zu über einem Dutzend verschiedenster Gefährte gibt es auf 700 Quadratmetern einiges zu erkunden.

***Zeitgeschichtemuseum**: [N 48°25'34" E 13°20'40", Rottau 11a], Mär – Okt 13.00 – 16.00 Uhr, €, www.rottauer-museum.de*

In **Neuhaus** liegt das schöne **Kloster Neuhaus**, das Sie allerdings nur von außen ansehen können. Es wird als Realschule genutzt. Die **Klosterkirche Vornbach** ist letztes Überbleibsel eines weiteren Klosters, das 1803 während des Säkularisation aufgelöst wurde. Wer sich für Kirchenkunst interessiert, sollte ruhig einen Blick in das ab dem 12. Jahrhundert entstandene Gotteshaus werfen.

Dem Namen nach zum Verwechseln ähnlich folgt alsbald **Neuburg am Inn**. Am interessantesten ist sicher das **Schloss Neuburg** mit schönem Blick hinab auf den Inn von der vorderen Terrasse. Etwas außerhalb wäre eventuell eine Übernachtung auf einem Waldparkplatz bei [**303**: N 48°32'20" E 13°24'25", Schönauermaisstraße] denkbar.

Gastrotipps Pocking: Pockinger Hof**, Klosterstr. 13 | **Neuburg**: **Hoftaverne Neuburg*****, Am Burgberg 5

Passau

In Passau schließlich sollten Sie sich mehr Zeit für einen ausführlicheren Rundgang nehmen. Gleich drei Stellplätze für Wohnmobile gibt es. Der beste ist sicherlich der erste, sowohl was Lage, Ausstattung und Nähe zum Zentrum angeht. Von dort aus startet auch der beschriebene Stadtrundgang.

(304) Offizieller WOMO-Stellplatz: Passau 1 (Stellplatz an der Ilzbrücke)

GPS: N 48°34'42" E 13°28'26", Halser Str.2. **Max. WOMOs:** 13.
Ausstattung: Ver-/ Entsorgung, Strom, Spielplatz.

Beschreibung: Relativ ruhiger Platz neben einem Parkhaus mit Parkanlage davor, etwas Schatten, etwa 500 m in die Ortsmitte.
Preis: € (max. 24 Stunden), stundenweise möglich.
Zufahrt: Auf der St2110 immer geradeaus bis in die Passauer Innenstadt fahren und dem Straßenverlauf immer weiter folgen, erst rechts, dann später links einscheren und über die Innbrücke fahren. Danach rechts auf die B12 einbiegen. Die Ilz queren, danach links halten und sofort wieder links, erneut über die Ilz zurück. Gleich nach der Brücke befindet sich rechter Hand das Parkhaus, die Stellplätze entdecken Sie daneben.

(305) Offizieller WOMO-Stellplatz: Passau 2 (Busparkplatz Bahnhof)

GPS: N 48°34'27" E 13°26'42", Bahnhofstraße. **Max. WOMOs:** 12.
Ausstattung: Ver-/ Entsorgung.

Beschreibung: Markierte Plätze auf dem Busparkplatz am Bahnhof. Durch Schranke abgetrennt, zweckmäßige Flächen auf Asphalt, eher laut, kein Schatten, Parkautomat mittig im Parkhaus-Erdgeschoss gegenüber. Rund 800 m zum Ortszentrum.
Preis: €€ (max. 24 Stunden), stundenweise möglich.
Zufahrt: Wie Platz 290 aber vor der Innbrücke links ab auf die Obere Donaulände (B8) fahren. Nach 850 m links ab auf den Busparkplatz steuern.

(306) Offizieller WOMO-Stellplatz: Passau 3 (Winterhafen Racklau)

GPS: N 48°34'27" E 13°25'36", Racklau. **Max. WOMOs**: 40+.

Ausstattung: Mülleimer, sonst keine Einrichtungen.
Beschreibung: Schattenlose Schotterplätze mit Holzplanken unterteilt. Bushaltestelle in der Nähe an der Hauptstraße, etwa 2,5 km in die Ortsmitte. Maximal 24 Stunden Standdauer.
Zufahrt Wie Platz 290, aber vor der Innbrücke links ab auf die Obere Donaulände (B8) fahren. Bei erster Gelegenheit nach ca. 2,3 km rechts ab und sofort wieder rechts bis zum Stellplatz fahren.

Unterwegs in Passau

Als wasserreiche Dreiflüssestadt wird Passau auch als „bayerisches Venedig" bezeichnet und blickt auf eine 2000-jährige Geschichte zurück. Kelten, Römer und Bajuwaren siedelten am fruchtbaren Zusammenfluss der Ströme. 739 wurde Passau Bischofssitz und 1217 Fürstbistum. 1662 legte ein Großbrand die gesamte Innenstadt in Schutt und Asche und der südländisch anmutende, barocke Neubau durch italienische Baumeister wurde in die Wege geleitet. Erst 1803 kam das bis dahin selbstständige Fürstentum während der Säkularisation zu Bay-

Rathaus Passau

ern. Seit 1978 Jahren ist Passau eine bedeutende Universitätsstadt. Für einen Rundgang durch die Altstadt gehen Sie zunächst zum Donauufer und überqueren die **Prinzregent-Luitpold-Brücke** hinüber zum **Donaukai**, den Sie in Höhe des **Römerplatzes** erreichen. Beim Blick zurück fällt der Blick auf die oberhalb liegende **Veste Oberhaus**, die Sie sich später noch genauer ansehen können. Folgen Sie dem Kai zunächst flussaufwärts nach rechts bis zum **Rathausplatz**.
Der sich zur Donau hin öffnende Platz war einst der Fischmarkt. Der venezianisch anmutende Bau des Rathauses prägt die Szenerie. Der hoch aufragende Rathausturm stammt von 1893. Achten Sie einmal auf die angebrachten Hochwassermarken, daran kann man gut sehen, wie oft die exponierte Lage am Flussdreieck der Stadt schon zum Verhängnis wurde, wenn ihr das Wasser wieder einmal buchstäblich bis zum Hals stand. Auch einem Glockenspiel können Sie zu jeder vollen Stunde lauschen. Durch das gotische Westportal steigen Sie zu den zwei Rathaussälen, den Repräsentationsräumen der Stadt, hinauf. Der Große **Rathaussaal** dient für Empfänge und Konzerte, der Kleine Rathaussaal für Stadtratssitzungen und Hochzeiten *(Rathausplatz 2, Ende Mär – Anfang Nov und Dez – Anfang Jan 10.00 – 16.00 Uhr)*. Im Gebäude rechts befindet sich eine **Touristeninformationsstelle**, die Ihnen mehr Material zur Stadt und für einen Rundgang zur Verfügung stellt. Dazwischen, am Eck Höllgasse / Schrottgasse, befindet sich das Hotel Wilder Mann, in dem auch das **Passauer Glasmuseum** untergebracht ist. Es zeigt über 200 Jahre Glasgeschichte von 1700 bis 1940 mit über 13.000 ausgestellten Exponaten. Gegliedert nach den Produkten der bedeutenden Glashütten des Böhmerwaldes. Gläser der Stilrichtungen Barock, Empire, Biedermeier, Klassizismus, Historismus bis Jugendstil und Art Deco machen es zu einem wirklich außergewöhnlichen „Glashaus" *(Schrottgasse 2, 9.00 – 18.00 Uhr, €€, www.glasmuseum.de)*. Folgen Sie dem Ufer noch ein Stück bis zur **Unteren Donaulände**. Schon ab dem Rathausplatz ziehen sich die Bootsliegestellen der Ausflugs- und Flusskreuzfahrtboote dahin. Bei Interesse können auch Sie einchecken. Angeboten werden beispielsweise Stadtrundfahrten zu Wasser *(Untere Donaulände, März – Sep alle 30 – 60 Minuten, €€, donauschifffahrt.eu)*, Candlelight-Dinner-Cruises

Donau mit der Veste Oberhaus

oder Romantikfahrten, informieren Sie sich am besten direkt vor Ort. Über die kleine Schlosserstiege oder die Kastnergasse biegen Sie nun links in die Stadt hinauf ein und halten sich dann am Steinweg rechts auf die **St. Paulskirche** zu. Schon seit 1050 stand an gleicher Stelle eine dem Heiligen Paulus geweihte Kirche, die jetzige stammt aus den Jahren 1667 bis 1678. Der große Bau beherrscht den Neumarkt und so mancher Besucher neigte schon dazu, die Stadtpfarrkirche mit dem später folgenden Dom zu verwechseln. Der **Paulusbogen**, gleich neben der Kirche, war einst übrigens das Zugangstor zur Altstadt.

St. Paulskirche

Wenn Sie nur eine kurze Runde drehen wollen, können Sie jetzt hinter der Kirche durch die Luragogasse gleich zum Domplatz weitergehen. Ansonsten nehmen Sie nach dem Torbogen den Weg über den mit Cafés gesäumten Rindermarkt und Heuwinkel in die Ludwigstraße. Folgen Sie der Einkaufsmeile bis zum Ludwigsplatz. Ungefähr dort stoßen Sie übrigens auf die Rundtour, wenn Sie an einem der anderen beiden angegebenen Wohnmobilstellplätze gestartet sind. Entweder gehen Sie, etwas verkehrsreicher, nun links durch die Nikolastraße, oder, etwas ruhiger, schon kurz zuvor durch die Heiliggeistgasse und dann durch das Lupingäßchen beziehungsweise in zweiten Fall erst noch durch die Schießgrabengasse zum begrünten Nibelungenplatz mit dem **Klostergarten**. Der Kirchenbau links von Ihnen ist **Sankt Niko-**

Residenzplatz

la. Er wurde mit den umliegenden Trakten 1070 als Augustinerchorherren-Stift gegründet. Die Gebäude der ehemaligen Klosteranlage entstanden aber erst im 17. – 18. Jahrhundert. Später wurden sie auch als Kaserne, Flüchtlingslager und heute größtenteils zur universitären Verwendung genutzt.
Am Ende der **Augustinergasse** wechseln Sie über den schmalen **Innsteg** die Uferseite und bei erster Gelegenheit links zur späteren **Lederergasse** mit dem **Römermuseum Kastell Boiotro**. Der Inn war zu römischer Zeit Grenzfluss zwischen den Provinzen Noricum und Raetien, das ab etwa 90 n. Chr. nachgewiesene Kastell Bojodurum stammt aus dieser Zeit. Bei Erdarbeiten 1974 wurde Mauerwerk freigelegt, nun können Sie an alter Siedlungsstätte das Museum besuchen. Es zeigt Funde von der Vorgeschichte bis zur Neuzeit und vermittelt viele modern aufbereitete Hintergrundinformationen *(Lederergasse 43, Mär – Mitte Nov, Di – So 10.00 – 16.00 Uhr, €, www.museum-kastell-boiotro.business.site)*. Schlendern Sie weiter geradeaus bis zum **Kirchplatz** an der Mariahilferstraße. Links leitet Sie die Brücke zurück in die Altstadt, rechts und dann wieder links durch die Schmiedgasse können Sie vorher vom **Kapuzinerplatz** aus noch die 321 Stufen lange **Wallfahrtsstiege** hinauf zum **Paulinerkloster Mariahilf** erklimmen. Hoch über Passau erhebt sich die barocke Klosteranlage, die einst als Marienwallfahrtsort große Bedeutung hatte. Belohnt wird die Mühe mit einem der schönsten Stadtblicke. Im eher schmucklosen Innenraum wird der Blick auf das Lukas Cranach Werk Maria mit dem Jesuskind, wenn auch nur in Kopie, gelenkt. Auch die goldgeschmiedete Kaiserampel aus der Zeit Kaiser Leopold I. könnte Ihnen gefallen.
Zurück in der Altstadt werden Sie zunächst vom **Stadttheater** begrüßt. Kurz nach links und dann immer rechts haltend durch den Unteren Sand und die kleine Carlonegasse gelangen Sie zum **Domplatz**, wo sich beide Tourvarianten wieder treffen.
Eines der schönsten Gebäude am Platz ist das **Lambergpalais**, in dem 1552 der Passauer Religionsfrieden geschlossen wurde, ein erster Schritt zur freien Religionswahl. Das Denkmal in der Mitte des Platzes

St. Stephan mit Stadttheater und Diözesanmuseum im Vordergrund

zeigt den Bayernkönig Max I. Östlich steht der mächtige **Dom St. Stephan**. Das monumentale Gebäude, 1693 fertig gestellt, ist der größte Barockbau nördlich der Alpen. Den riesigen Innenraum schuf der italienische Baumeister Carlo Lurago gemeinsam mit Giovanni Battista Carlone in knapp 20-jähriger Zusammenarbeit. 1924 entstand, als Krönung der Kathedrale, die größte Domorgel der Welt mit 17.974 Pfeifen und 233 Klangregistern, auf ganze fünf Orgelwerke verteilt. Die Klangfülle und -kraft des Instruments ist wirklich außergewöhnlich. Sie erklingt bei Gottesdiensten und den mittäglichen Orgelkonzerten *(Domplatz, Mai – Okt Mo – Sa 12.00 Uhr, Tickets ab 10.00 Uhr, Dauer rund 30 Minuten, €, www.bistum-passau.de)*. Rechts an der Kirche vorbei spazieren Sie nun durch die schmale Zengergasse zum **Residenzplatz** hinüber. Die **Alte Residenz** ist heute Sitz des Landgerichts und blickt auf eine bewegte Geschichte zurück: Sie war Herzogsburg, Königspfalz sowie Grafensitz und erste Bischofsresidenz.

Veste Oberhaus

Am einladenden, italienisch anmutenden Platz angekommen, blicken Sie auf den in der Mitte sprudelnden Wittelsbacher Brunnen. Er wurde 1903 zur Erinnerung an die damals 100-jährige Passauer Zugehörigkeit zu Bayern erbaut.

Die Neue Residenz beeindruckt mit einer zartblauen Fassade und barockem Figurenschmuck. Das Rokoko-Stiegenhaus sowie das recht eindrucksvolle Deckenfresko „Götter des Olymp huldigen dem unvergänglichen Passau“ von Johann Georg Unruh gelten als echte Prunkstücke. Über die Stiege klettern Sie zum **Domschatz- und Diözesanmuseum** hinauf. Es zeigt eine Sammlung sakraler Kunstschätze des ehemaligen Fürstbistums *(Residenzplatz 8, Mai – Okt, Mo – Sa 10.00 – 16.00 Uhr, www.bistum-passau.de)*.

Entlang der Schustergasse schräg nach links vorne durch die Jesuitengasse, steht noch eine Stippvisite im **Altstadtkloster Niedernburg** an. Schon 1010 von Heinrich II. mit der Reichsunmittelbarkeit ausgestattet, blickt man auf eine lange Geschichte zurück. Das Grab der Seligen Gisela vor der Querhaus-Südwand der **Heiligkreuz-Kirche** und das 1567 aufgestellte Gnadenbild Maria Schutz sind bis heute Ziele zahlreicher Pilger.

Nur ein kurzes Stück zurück, links durch den Klosterwinkel und dann rechts hinab zum Innkai wandern Sie die letzten Meter bis zur Ortsspitze nach vorn. Jetzt können Sie das ganze Dreiflusseck Passaus überblicken. Rechts von Ihnen schiebt der Inn hinein und mischt sein grünes Wasser mit der von links kommenden, blauen Donau. Die etwas kleinere Ilz fließt, eher schwarz, oberhalb hinter der **Burganlage Niederhaus** zu. Auffallend ist, wie stark der grüne Inn die Donau beiseite zu drängen scheint. Der Grund ist die geringere Inn-Tiefe. Mit nur 1,90 Metern schiebt er sich regelrecht über die 6,80 Meter tiefe Donau. Hinter sich sehen Sie schon die Brücke zurück zum Wohnmobilstandplatz. Entweder entlang des **Donaukais** oder über die dahinter verlaufende **Bräugasse** ist er jetzt schnell erreicht. Falls Sie die Gasse gewählt haben, können Sie zu guter Letzt noch das **Museum Moderner Kunst – Wörlen** besuchen. Auf drei Etagen werden jährlich rund zehn Ausstellungen zur Kunst des 20. und 21. Jahrhunderts präsentiert *(Bräugasse 17, Di – So 10.00 – 18.00 Uhr, Nov – Mitte Jan nur 11.00 – 17.00 Uhr, €, www.mmk-passau.de)*.

Gastrotipps Passau: Altstadt Beisl**, Residenzplatz 7, **Culinarium*****, Lederer Gasse 16, **Café Stephansdom** (Café), Domplatz 2, **WeinGut*****, Theresienstr. 28, **Bouillabaisse Fischrestaurant****, Rosengasse 1, **Purogelato** (Eis), Große Klingergasse 5, **Café Simon** (Café), Rindermarkt 10, **Anton****, Lurarogasse 1, **Scharfrichterhaus****, Milchgasse 2

Bevor Sie Passau verlassen, sollten Sie noch die über der Stadt thronende **Veste Oberhaus** besuchen. Mit 65.000 Quadratmetern umbauter Fläche gehört sie zu Europas mächtigsten Burganlagen. Das geht entweder, nahe Ihres Stellplatzes, zu Fuß oder über die vom nördlichen Donauufer abzweigende Neue Rieser Straße und später den Rennweg mit dem Fahrzeug. Selbst eine Zwischenübernachtung, zumindest für kleinere Womos, wäre am recht großen Parkplatz vor der Festung denkbar, [**307:** N 48°34'46" E 13°28'08"]. Vom Aussichtsbalkon, zu Fuß rechts ab über den Oberen Längsweg zu erreichen, oder vom Festungsturm haben Sie einen tollen Blick hinab auf Passau und Umgebung. Schon 1932 übernahm die Stadt das Oberhaus und stattete es mit einem **Museum** aus. Seit 1991 werden neben diversen Dauerausstellungen zum Leben auf der Burg und zur Stadtgeschichte wechselnde Sonderausstellungen präsentiert. Auch ein Restaurant mit toller Aussicht wird geboten.

***Museum Veste Oberhaus**: Oberhaus 125, Mitte Mär – Mitte Nov, Mo – Fr 9.00 – 17.00 Uhr, Sa / So 10.00 – 18.00 Uhr, €, www.oberhausmuseum.de*

Ortenburg

Statt entlang der Donau direkt bis Vilshofen weiterzufahren, können Sie gleich nach Passau noch eine Schleife nach Süden für zwei tierische Erlebnisse einschieben. Beide liegen dicht nebeneinander bei **Ortenburg**. Zunächst erreichen Sie, beschildert ein kleines Stück nach Norden, den **Vogel- und Tierpark Irgenöd**. Mehr als 150 oft exotische Vogelarten und eine ganze Reihe an Säugetieren, vom Erdhörnchen bis zum Zebra, bevölkern das schöne Wald- und Wiesenareal einer

Vogel- und Tierpark Irgenöd

natürlich gewachsenen Landschaft. Für junge Besucher gibt es außerdem einen großen Abenteuerspielplatz und eine Streichelzone. Ein wirklich empfehlenswerter Ausflug, nicht nur mit Kindern.

Nur wenige Kilometer entfernt, direkt neben dem **Schloss Ortenburg**, befindet sich der **Wildpark Ortenburg**. Er existiert als einst französische Gartenanlage mit Wildgehegen schon seit dem 16. Jahrhundert, damals allerdings im Privatbesitz des Grafen von Ortenburg. In dem weitläufigen Gelände kommen Sie hautnah mit vielen einheimischen Tierarten in Kontakt. Vor allem wenn Sie Tierfutter bei sich haben, werden Sie von verschiedenen Vierbeinern unterwegs geradezu belagert. Es gibt aber auch genug Ruheplätze und stille Wege. Kein Muss, aber ein abwechslungsreicher Rundgang, wenn Sie in der Nähe sind.

Nebenan möchten Sie vielleicht auch noch einen Blick ins Schloss werfen – kein Problem, das **Schlossmuseum** zeigt einige der alten Räume und das dazugehörige Inventar, auch die Schlosskapelle mit einer aufwändig sanierten Holzdecke ist einen Blick wert.

***Vogelpark**: [N 48°33'49" E 13°15'05", Irgenöd 3], Parkplätze vorhanden, Mitte Mär – Okt, 9.00 – 19.00 Uhr, keine Hunde, €€, Kombiticket mit Wildpark Ortenburg erhätllich, www.vogelpark-irgeno-*

Schloss und Wildpark Ortenburg

*ed.de | **Wildpark**: [N 48°33'06" E 13°13'50", Vorderschloss 3 ½], Parkplätze entlang der Straße markiert, Mitte März – Okt 9.00 – 19.00 Uhr, sonst nur So bei gutem Wetter 11.30 – 16.00 Uhr, €, Kombitickets mit dem Vogelpark erhältlich, wildpark-ortenburg.de | **Schloss**: Apr – Okt Di – So 10.00 – 17.00 Uhr, €, www.schloss-ortenburg.de*

Gastrotipps Ortenburg: Schlosskeller**, Vorderschloss 1 | **Beutelsbach**: **Zum Straubinger Wirt****, Atzing 1

Vilshofen an der Donau

Über die Zeitlarner Straße tuckern Sie ganz gemütlich in **Vilshofen an der Donau** ein. Die Kleinstadt ist voll und ganz auf den parallel zur Donau verlaufenden Stadtplatz konzentriert. Wenn Sie sich ein wenig umsehen wollen, parken Sie am besten nach der Fahrt Richtung Zentrum und Überquerung der Vils-Brücke am Platzbeginn rechts ab an der **Unteren Donaulände**, [N 48°38'02" E 13°11'20"]. Dort kommen allerdings nur kürzere Fahrzeuge unter. Alternativ käme der Wohnmobilstellplatz auf der gegenüberliegenden Donauseite in Frage.

(308) Offizieller WOMO-Stellplatz: Vilshofen (Stellplatz am Yachthafen)

GPS: N 48°38'22" E 13°11'11", Am Bootshafen 1. **Max. WOMOs:** 14-15.
Öffnungszeiten: April bis November.
Ausstattung: Ver-/ Entsorgung (nicht frei zugänglich), Strom, Toiletten / Duschen im Clubhaus nebenan (gegen Gebühr), Grillplatz.

Beschreibung: Schotterparkplatz direkt an der Donau, recht schön im Grünen gegenüber der Stadt gelegen, nachts aber nicht ganz leise. Gastronomie in der Nähe, etwa 650 m in die Ortsmitte.
Preis: €€, teils mit Einwurfbriefkasten.
Zufahrt: Rechts über die Donaubrücke fahren, dann sofort bei erster Gelegenheit links zum Platz abbiegen.
Hinweis: Ein weiterer versteckter Stellplatz befindet sich auch nördlich der Brücke, ein paar hundert Meter weiter östlich oberhalb der St2125, linker Hand den Hang aufwärts beim **Bauernhof Mayer**, [N 48°38'11" E 13°12'17", Hirnschnellerweg 1], €€, www.ferienbauernhof-mayer.de.

Ein von der Stadt selbst betriebener, maximal für eine Nacht nutzbarer, kostenloser Stellplatz am Ende der **Oberen Donaulände** ist etwas weiter entfernt. Leider wurde just dieser Bereich in der Vergangenheit nachts immer wieder für Autorennen und Anlagen-Lautstärketests von Jugendlichen genutzt. Die bereits 2017 versprochenen Bodenschwellen fehlten allerdings zuletzt noch immer, die Eignung ist daher nach wie vor zweifelhaft, [**309:** N 48°38'21" E 13°10'43"].

Vilshofen mit Stadtpfarrkirche und -turm

Sofern Sie am Stadtplatz ausgestiegen sind, fällt Ihnen sicher der massive Stadtturm auf. Er ist Vilshofens Wahrzeichen und größtes Gebäude. Genau gegenüber steht die vor gut 200 Jahren neu erbaute Stadtpfarrkirche **St. Johannes**. 1794 wurden Kirche und weite Teile Vilshofens Opfer eines Brandes, am Hauptplatz trotzte fast nur der Stadtturm den Flammen. Zwischen den beiden Bauwerken ragt der Ritter-Tuschl-Brunnen vor dem Rathaus in die Höhe und erinnert an den Wohltäter der Stadt. Seine Familie bedachte Vilshofen einst großzügig mit diversen Schenkungen und Stiftungen. Wenn Sie bis zur Vilsbrücke gehen, sehen Sie am Hang hinter sich ein auffälliges Gebäude. Dabei handelt es sich um die **Abtei Schweiklberg**. Falls Sie noch hinauf fahren möchten, geht das über die Schweiklbergstraße ab der Ortsmitte. Sie können die Abteikirche oder den Klosterladen besuchen, außerdem gibt es ein **Afrikamuseum** und eine Cafeteria.

***Afrikamuseum Abtei Schweiklberg**: [N 48°37'49" E 13°10'32", Schweiklberg 1], Di – So 13.00-17.00 Uhr, Zugang über den Klosterladen, www.schweiklberg.de*

Die Vils mit der Abtei Schweiklberg im Hintergrund

An sich können Sie gleich weiter nach Künzing fahren. Der Abstecher über **Aldersbach** lohnt nur dann, wenn Sie der **Marienkirche** am Kloster einen Besuch abstatten möchten oder nach einem weiteren guten Stellplatz für die Nacht Ausschau halten. In der Kirche können Sie kunstvolle Fresken und Gemälde der Gebrüder Asam bewundern, sich einer Klosterführungen anschließen oder in der Brauerei daneben das **Brauereimuseum** besichtigen. Eine Einkehr ist im sehr einfachen, aber ungemein urigen Bräustüberl im Klosterhof möglich. Ein weiterer offizieller Stellplatz versteckt sich noch ein Dorf weiter in **Aidenbach**.

(310) Offizieller WOMO-Stellplatz: Aldersbach

GPS: N 48°35'21" E 13°05'11", Klosterplatz 2. **Max. WOMOs:** 2-3.

Ausstattung: Ver-/ Entsorgung und Strom (gegen Gebühr).

Beschreibung: Markierter Teil eines ruhigen Parkplatzes am Kloster. Kein Schatten. Guter Platz, aber morgens teils laut durch Bauhof nebenan. Gastronomie, Metzger / Bäcker / Supermarkt gleich um die Ecke.

Zufahrt: Von Vilshofen (St2083) kommend bis Aldersbach fahren, dann im Ort ca. 80 m nach einem Linksknick links in den Klosterplatz einbiegen.

(311) Offizieller WOMO-Stellplatz: Aidenbach

GPS: N 48°34'13" E 13°05'02", Haidenburger Straße. **Max. WOMOs:** 3-4.

Ausstattung: Ver-/ Entsorgung (gegen Gebühr), Mülleimer.

Beschreibung: Markierte Stellplätze auf einer großen Schotterparkfläche mitten im Ort. Bäckerei und Supermarkt gleich gegenüber, Gastronomie in der Nähe. Ortsmitte etwa 350 m entfernt. Eben, kein Schatten, recht ruhig gelegen.

Zufahrt: Von Aldersbach kommend links nach Aidenbach abzweigen, dann im Ort an der größeren Kreuzung rechts halten und gleich wieder rechts zum Parkplatz abfahren.

Künzing, Moos und Plattling

Künzing ist heute nur mehr ein kleiner niederbayerischer Ort unter vielen entlang der Donau. Dank seiner Vergangenheit gibt es aber ein recht interessantes **Römermuseum** zu se-

Stellplatz 313 und Schmetterlignspuppe im Infohaus Isarmündung

hen. An der Stelle des einstigen römischen Grenz-Kastells Quintana erfahren Sie eine Menge über die Geschichte des Standortes. Von der Jungsteinzeit über die Römer bis hin zur Spätantike ist der Rundgang durch mehrere Stockwerke thematisch unterteilt.

***Römermuseum**: Osterhofener Str. 2, einige Parkplätze daneben vorhanden, Mai – Sep 10.00 – 17.00 Uhr, Okt – Apr bis 16.00 Uhr, jeweils Di – So, €*

Bei **Osterhofen** könnten Sie der **Asambasilika** St. Margaretha im Ortsteil **Altenmarkt** einen Besuch abstatten. Sie gilt als Meisterwerk des Architekten Johann Michael Fischer und beherbergt verschiedene barocke Kunstwerke der Asambrüder. Nördlich der Ortschaft finden Sie einen freien Stellplatz, direkt an der Donau auf einer Kiesbank. Achten Sie aber unbedingt auf mögliches Hochwasser und prüfen Sie den Untergrund, um nicht „baden zu gehen“ oder stecken zu bleiben, [**312:** N 48°43'07" E 13°02'23"].

Stellplatz 312

***Asambasilika**: [N 48°41'30" E 13°00'49", Hauptstr. 59], www.asambasilika.de*

Ansonsten bleibt als letzte Attraktion das etwas versteckt und nördlich der B8 kurz hinter **Moos** gelegene **Infohaus Isarmündung** zu erkunden. Am Parkplatz davor können Sie über Nacht parken falls nötig, [**313:** N 48°46'31" E 12°57'32"].

Surferwelle und Stellplatz 314 in Plattling

In der überdachten Dauerausstellung wird auf eindrucksvolle Art die vielfältige Auenlandschaft des hiesigen Isar-Mündungsgebietes genauer beleuchtet. Infotafeln, Schau-Dioramen und ein Terrarium, bei dem Sie Faltern beim Schlüpfen zusehen können, sind nur einige der Angebote. Die acht Hektar Außenfläche bieten außerdem einen schönen Erlebnisrundweg und einen Spielplatz sowie ein Bienenhaus, eine Flusswasserstation und eine Aussichtsplattform bei einer Auerochsenherde. Ein kurzweiliger, naturnaher Ausflug.

***Infohaus Isarmündung**: Maxmühle 3, Apr – Okt, Mi – So 10.00 – 17.00 Uhr, www.infozentrum-isarmuendung.de*

Endziel der Tour zwölf ist **Plattling**. Der weit ausgedehnte Stadtplatz ist gleichzeitig leider auch die Hauptdurchgangsstraße und somit eher laut als idyllisch. Sie finden südlich davon aber einen guten Stellplatz nahe dem Freibad. Wenn Sie es lieber etwas abgeschiedener mögen, können Sie auch die Grünflächen an der Isar anfahren. Sie sind über einen Damm erreichbar, an einer künstlichen Welle sind von dort aus oft Surfer zu beobachten, **[314:** N 48°46'25" E 12°53'07", ab Grünau].

Ein letzter Tipp: sollten Sie noch einen weiteren Übernachtungsort suchen, käme auch der schon zur Stadt Deggendorf gehörende Platz am **Freibad Natternberg** in Frage. Die Stadt Deggendorf mit ihrem schönen Hauptplatz ist dann nördlich der Donau nur noch einen Katzensprung entfernt und im Womo-Band 31 / Nordostbayern näher beschrieben. Eine Stippvisite lohnt sie auf jeden Fall. Ein weiterer, privater Stellplatz befindet sich südöstlich des Zentrums.

Gastrotipps Osterhofen: Elia**, Hauptstr. 65 | **Moos: Schlosswirtschaft Moos****, Preysingstr. 23 | **Plattling: Restaurant zur Isar**** Passauer Str. 2, **Gut Altholz****, Altholz 2

(315) Offizieller WOMO-Badeplatz: Plattling (Freibad Plattling)

GPS: N 48°46'20" E 12°52'24", Georg-Eckl-Str. 22. **Max. WOMOs:** 28-30.
Ausstattung: Ver-/ Entsorgung und Strom (gegen Gebühr).

Beschreibung: Schattiger Schotterparkplatz neben dem Freibad, schön gelegen, nachts relativ ruhig, etwa 550 m bis in die Ortsmitte.
Zufahrt: Gleich am Ortsbeginn nach der Isarbrücke von der B8 links in die Georg-Eckl-Straße abbiegen, nach rund 600 m rechts.

(316) Offizieller WOMO-Badeplatz: Deggendorf-Süd 1 (Freibad Natternberg)

GPS: N 48°49'14" E 12°54'39", Sandnerhofweg 4. **Max. WOMOs:** 4.
Ausstattung: Ver/ Entsorgung und Strom (gegen Gebühr).

Beschreibung: Direkt neben dem Erlebnisbad Elypso, gepflasterte Plätze neben dem Großparkplatz, etwas steril, kein Schatten, nachts ruhig, etwa 5 km bis ins Zentrum von Deggendorf jenseits der Donau.
Preis: €.
Zufahrt: In Plattling zentral rechts in die Deggendorfer Straße abbiegen und ca. 5,5 km fahren. Dann am Kreisverkehr rechts halten und gleich wieder rechts zum Erlebnisbad.

(317) Offizieller WOMO-Stellplatz: Deggendorf-Süd 2 (Womostellplatz Haus Anja)

GPS: N 48°48'46" E 12°56'38", Altholzstr. 17. **Max. WOMOs: 3-4**.
Ausstattung: Ver/ Entsorgung, Strom (gegen Gebühr).
Beschreibung: Parzellierte Stellplätze auf Schotter neben einer Pension. eben, kein Schatten, bis auf die leicht wahrnehmbare Autobahn recht ruhig, gut 3 km bis nach Deggendorf-Mitte.
Preis: €.
Zufahrt: In Plattling zentral rechts in die Deggendorfer Straße abbiegen und ca. 5,5 km fahren. Dann am Kreisverkehr rechts halten und immer geradeaus Richtung Deggendorf. Nach der Autobahnunterführung im Ortsteil Fischerdorf nach den ersten Autohändlern rechts in die Altholzstraße abbiegen, nach rund 1,3 km rechts.

Luitpoldplatz in Deggendorf

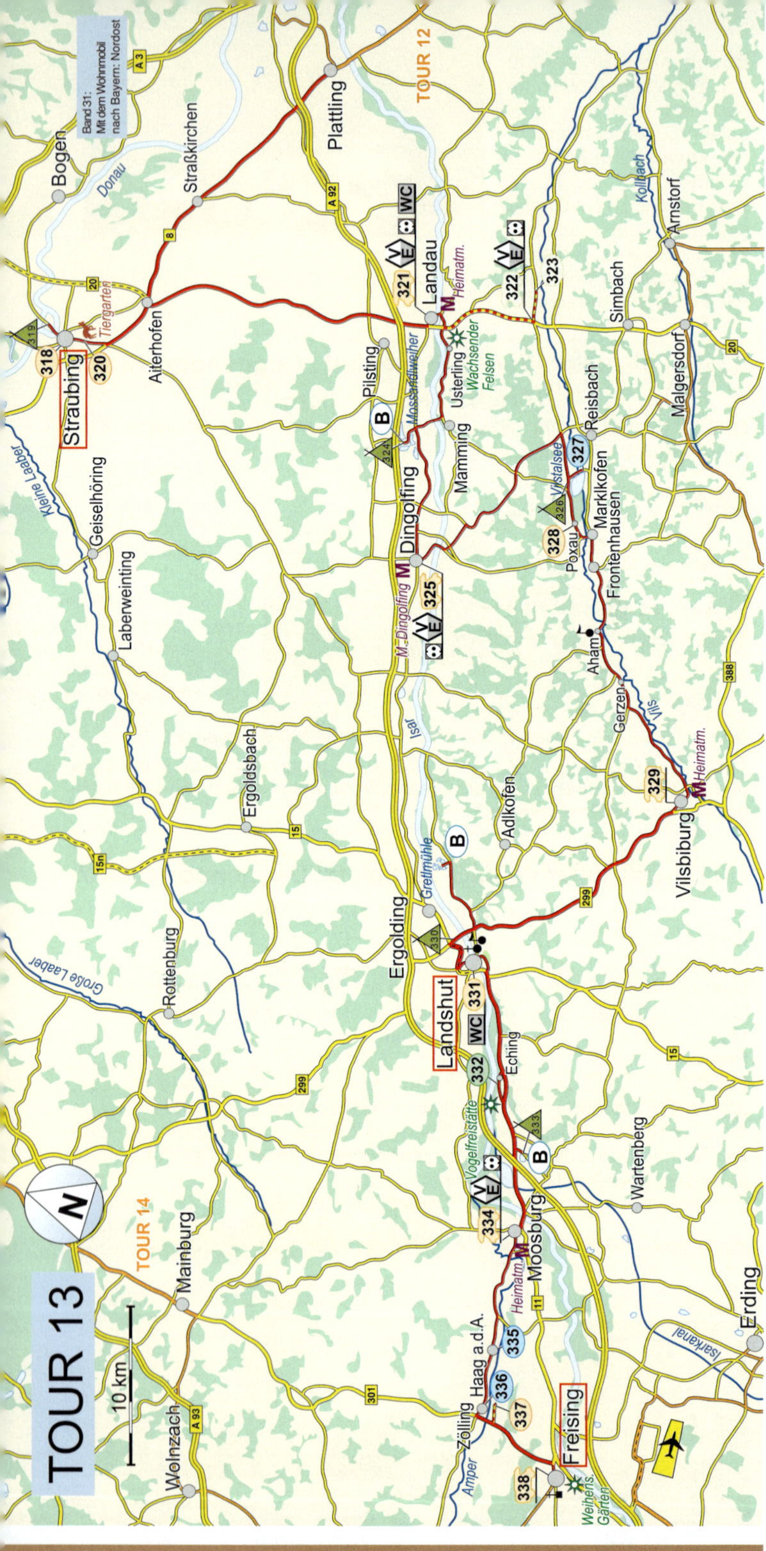
TOUR 13
10 km
TOUR 14
TOUR 12
Band 31: Mit dem Wohnmobil nach Bayern: Nordost
Straubing
Bogen
Straßkirchen
Plattling
Donau
Aiterhofen
Tiergarten
Geiselhöring
Kleine Laaber
Laberweinting
Pilsting
Mossandlweiher
Landau
Heimatm.
Usterling
Wachsender Felsen
Mamming
Dingolfing
M.-Dingolfing
Simbach
Reisbach
Vilstalsee
Marklkofen
Poxau
Frontenhausen
Aham
Gerzen
Vils
Vilsbiburg
Malgersdorf
Arnstorf
Kollbach
Isar
Ergoldsbach
Adlkofen
Gretlmühle
Ergolding
Rottenburg
Große Laaber
Landshut
Eching
Vogelfreistätte
Moosburg
Wartenberg
Mainburg
Wolnzach
Haag a.d.A.
Zolling
Amper
Freising
Weihenst. Gärten
Erding
Isarkanal
A 3
A 92
A 93
8
20
15
15n
299
301
11
388
318
319
320
321
322
323
324
325
326
327
328
329
330
331
332
333
334
335
336
337
338
WC
B
N

Tour 13: Isaraufwärts von Straubing bis Freising – 180 km

Straubing – Landau an der Isar – Dingolfing
Vilstalsee und Vilsbiburg – Landshut
Moosburg – Freising

Stellplätze:	Straubing, Landau (3x), Dingolfing, Vilstalsee, Poxau, Vilsbiburg, Landshut, Eching, Moosburg, Haag an der Amper, Anglberg, Unterberghausen, Freising
Campingplätze:	Straubing, Mossandlweiher, Vilstalsee, Landshut, Moosburg
Besichtigen:	Straubing mit Tiergarten, Museen Landau, Wachsender Felsen von Usterling, Dingolfing mit Museum und BMW, Museum Vilsbiburg, Landshut, Vogelfreistätte Eching, Moosburg mit Museen, Freising und Weihenstephan
Wandern:	Landau, Walderlebnispfad Freising
Baden:	Mossandlweiher, Vilstalsee, Erholungsgebiet Gretlmühle, Aquapark Moosburg, Haager Badeweiher, Anglberger See

Diese Tour leitet Sie aus dem Donauraum, immer entlang der Isar, wieder zurück nach Oberbayern. Beginnend mit Straubing liegen mit Dingolfing, Landshut und Freising eine ganze Reihe namhafter, interessanter Städte entlang der Route, die es zu entdecken gilt. Auch ein paar naturnahe Sehenswürdigkeiten verstecken sich unterwegs, zum Beispiel der wachsende Felsen von Usterling.

Straubing

Zunächst erreichen Sie **Straubing**. Der beste Parkplatz für einen Stadtbummel ist der Großparkplatz **Am Hagen** bei [**318:** N 48°53'05" E 12°34'04"]. Er ist auch über Nacht nutzbar. Eine Alternative benötigen Sie nur in den Monaten Juli und August, da am Platz von Anfang bis Mitte August das größte Volksfest Niederbayerns, das Gäubodenvolksfest ausgerichtet wird. Eine Möglichkeit wäre der Parkplatz P6 Ecke **Donaugasse/Uferstraße** bei [N 48°53'07" E 12°34'33"]. Der **Straubinger Campingplatz** liegt dagegen etwas weiter nördlich auf einer Donauinsel, *([**319**: N 48°53'35" E 12°34'38", Wundermühlweg 9], €€€€, www.campingplatz-straubing.de).*

Stellplatz 318

Unterwegs in Straubing

Die heute rund 45.000 Einwohner zählende Stadt an der Donau weist uralte Siedlungsspuren auf. Schon um 5000 v.Chr. siedelten wohl Menschen in der Gegend, wie Funde belegen. Eine erste, verbriefte keltische Siedlung entstand vor rund 3000 Jahren unter dem Namen Sorviodurum. Wie so oft in der Gegend folgten später die Römer und dann, etwa ab dem 6. Jahrhundert, die Bajuwaren und errichteten ihr Strupinga. Der Name hat sich nur noch leicht geändert, die nächsten Jahrhunderte dagegen waren turbolent. Der Ort fiel an Augsburger Herren, dann an die Wittelsbacher, wurde im 30-jährigen Krieg von Schweden besetzt und später von den Österreichern. Erst im 19. Jahrhundert kehrte Ruhe ein und die beschauliche Stadt konnte sich als feste Größe Niederbayerns fort entwickeln, trotz ihrer Lage etwas abseits der Hauptrouten.

Beim Parkplatzausgang **Am Hagen** gehen Sie zunächst durch das **Spitaltor** in die Altstadt hinauf. Rechts von Ihnen befindet sich das **Bürgerspital**, bereits im 13. Jahrhundert für verarmte Einwohner gegründet, sowie die **Dreifaltigkeitskirche**. Rechts durch die Spitalgasse und mit Blick auf Reste der Stadtbefestigung rechts von Ihnen kommen Sie, links ab, zum **Pfarrplatz** mit der Kirche **St. Jakob**. Sie gilt von außen als spätgotisches Meisterwerk, im Inneren steckt ein etwas wilder Stilmix von der Gotik bis zur Neuzeit. Besonders sehenswert ist der riesige Glasfensterzyklus, unter anderem mit dem Moses-Fenster nach einem Entwurf Albrecht Dürers. Westlich verlassen Sie den Platz über In der Bürg die, links abdrehend, bei der **Kapelle am Oberen Tor** auf den **Theresienplatz**, das Herz der Stadt, trifft. Er wird in der Mitte durch die große Dreifaltigkeitssäule geschmückt. Sie wurde von Straubinger Bürgern im Jahr 1709 aufgrund eines Gelübdes während des spanischen Erbfolgekrieges gestiftet. Im Osten des Platzes beginnt der Fußgängerbereich. Hier ist im Sommer immer etwas los, Feste, Märkte *(immer Samstag vormittags)* oder einfach nur durch die vielen bestuhlten Freiflächen der Cafés und Restaurants, wie zum Beispiel das Ca-

Stadtturm

fé Krönner. Dort wird auch die stadttypische Agnes-Bernauer-Torte, eine Verführung aus Baiser und Moccacreme, serviert. Gleich links steht das gotische **Rathaus**, es existiert bereits seit dem Jahr 1382. Eine **Touristeninformation** wurde dort ebenfalls eingerichtet. In der Mitte wird der Platz durch den alles dominierenden **Stadtturm** unterteilt. Von oben, also dem achten Stock des 68 Meter hohen Gebäudes, genießt man einen herrlichen Blick auf Stadt, Land und Donau. Das Glockenspiel im Turm kann für ganze 300 Melodien programmiert werden, die an allen möglichen geistlichen und weltlichen Festtagen von oben herab jeweils passend erklingen. Hinter dem Turm heißt das Areal nun **Ludwigsplatz** und wird, sogar noch deutlicher als zuvor, von den spätmittelalterlichen Häusern und einigen für Straubing typischen Rokokofassaden geziert. Gehen Sie noch bis zur Burggasse weiter und dann links. In Höhe der Hofstatt, erneut links, befindet sich die **Kirche des Bettelordens der Karmeliter**. Ein Stück weiter, geradeaus vor Ihnen, ist rechts in die Häuserfront integriert der Eingang zur **Ursulinenkirche** versteckt. Sie entstand 1741 als letztes vollendetes, gemeinsames Werk der Gebrüder Asam und zeigt ein einzigartiges Zusammenspiel von Architektur, Bildhauerei und Malerei zwischen Barock und Rokoko.

Ganz am Ende der Straße stoßen Sie vor sich auf das ehemalige **Herzogsschloss** von Albrecht I. von Straubing-Holland, dessen Bau im Jahr 1356 begonnen wurde. Den größten Teil nimmt heute das Finanzamt ein. Im Hof finden alle vier Jahre die **Agnes-Bernauer-Theater-Festspiele** statt *(nächstes Mal 2023 / 2027)*. Agnes war eine bürgerliche Baderstochter, die ohne Absegnung des Wittelsbacher Herzogs Ernst mit dessen Sohn und Thronfolger Albrecht III. ab 1428

Theresienplatz, oben Tiberiusbrunnen

im Münchner Westen lebte und ihn vermutlich sogar heimlich heiratete. Da eine solch unstandesgemäße Hochzeit Kinder der Verbindung vom Thron ausgeschlossen hätten, der Thron somit an ein anderes Geschlecht gefallen wäre und Albrecht sich nicht von ihr trennen wollte, schmiedete der Schwiegervater einen bösen Plan. Während Albrecht auf der Jagd weilte, ließ er Sie, unter Vorwand eines von ihr praktizierten Schadens- und Liebeszaubers, in der Donau ertränken. Wie anders die Zeiten damals waren, zeigt Albrechts Verhalten nach seiner Rückkehr. Er haderte nur kurz, dann heiratete er, wie vom Vater gewünscht, eine für ihn auserkorene Adelige.
Beim Weiterweg links über den Rot-Kreuz-Platz sollten Sie noch einen Schwenk in die Frauenhoferstraße machen, um dort das **Gäubodenmuseum** zu besuchen. Wichtigstes Schaustück ist der berühmte Straubinger Römerschatz. Auch besondere Schmuckstücke und Waffen aus bajuwarischer Zeit werden gezeigt. Andere Themen sind zum Beispiel die Stadtgeschichte, sakrale Kunst und andere archäologische Funde *(Fraunhoferstr. 23, Di – So 10.00 – 16.00 Uhr, €, www.gaeubodenmuseum.de)*. Ein paar Meter zurück erreichen Sie dann wieder linksseitig das Spitaltor Richtung Parkplatz oder gehen vorher noch ein Stück durch die Frauenhoferstraße weiter, wieder zurück bis zum Ludwigsplatz.

Bevor Sie Straubing über die B20 Richtung Landau verlassen, können Sie noch einen Stopp am westlichen Stadtrand beim **Tiergarten Straubing** machen. Er ist der einzige Zoo in ganz Ostbayern und beheimatet mehr als 2000 Tiere aus 200 Arten. Der Schwerpunkt liegt bei Tieren des Donauraums, doch auch Exoten wie Tiger oder Affen sind vertreten. Im Park ringsum befindet sich außerdem ein Naturerlebnispfad und die Parkplätze am Tiergarten könnten für eine Zwischenübernachtung herhalten, [**320:** N 48°52'53" E 12°32'26", Am Tiergarten].

***Tiergarten Straubing**: Am Tiergarten 3, Mär – Okt, 8.30 – 18.00 Uhr, sonst 9.00 – 16.0 Uhr, €, www.tiergarten-straubing.de*

Gastrotipps Straubing: Zum Geiss**, Theresienplatz 49, **Café Kröner** (Café), Theresienplatz 1, **Weißbierhaus****, Theresienplatz 32, **Zum Bayerischen Löwen****, Ludwigsplatz 44

Landau an der Isar

In **Landau an der Isar** erwartet Sie ein offizieller Stellplatz samt Einrichtungen am Festplatz.

(321) Offizieller WOMO-Stellplatz: Landau (Festplatz Landau)

GPS: N 48°40'41" E 12°40'48" (Zufahrt), Harburger Straße.
Max. WOMOs: 10-12.
Ausstattung: Ver-/ Entsorgung und Strom (gegen Gebühr), Toiletten.
Beschreibung: Stellplatz mit nur wenigen schattenspendenden Bäumen auf Schotterrasen an der Festwiese und einigen neu angelegten gepflasterten Stellplatzbuchten. Relativ ruhig, eben, etwa 900 m in die Ortsmitte, McDonalds Schnellrestaurant benachbart.
Zufahrt: Von der B20 kommend rechts nach Landau abbiegen und gleich

wieder rechts. Direkt vor dem McDonalds Restaurant erneut rechts zum Stellplatz fahren.
Hinweis: Während Veranstaltungen ist der Platz nicht nutzbar, z. B. Mitte Juni für rund zwei Wochen.

Eine Alternative wäre der einige Kilometer außerhalb gelegene **Vilstaler Hof**, *([**322:** N 48°36'36" E 12°41'42", Andreasstr. 2], €€ inkl. Strom, V/E und Dusche, www.vilstalerhof.de)*. Unkompliziert übernachten können Restaurantgäste des **Brauhaus Exing**, der ebenfalls etwas außerhalb liegt, am hauseigenen Parkplatz, *[**323:** N 48°38'14" E 12°46'56", Eichendorf]*. Das kleine historische Zentrum Landaus befindet sich am Isarostufer, etwas erhöht, und bietet zusammen mit dem Umgebung ein paar versteckte Highlights. Beispielsweise können Sie gleich zwei Museen besuchen. Einmal das **Heimatmuseum** im Weissgärberhaus, dem ältesten Handwerkshaus der Gemeinde. Thematisch gegliedert zeigt es die Ausstellungswelten „Bäuerliche Wohnkultur", „Glaube und Frömmigkeit", „Stadtgeschichte", „Bürgerliches Wohnen und Selbstdarstellung" sowie „Handwerk in der Stadt".

Zum anderen das **Niederbayerische Archäologiemuseum** im 1224 erbauten ehemaligen Herzogssitz, dem Kastenhof. Es vermittelt die Kulturgeschichte des Menschen in Niederbayern von der Altsteinzeit bis hin zum frühen Mittelalter. Neben der ständigen Ausstellung werden wechselnde Sonderausstellungen und zahlreiche Zusatzveranstaltungen übers Jahr gezeigt.

Mitten im Ort hat man sich auch noch einen **Planetenrundweg** einfallen lassen. Er startet im Innenhof des Landauer Rathauses am Oberen Stadtplatz 1, dort sind auch Flyer erhältlich. Dann führt er über Stadt- und Marienplatz bis an den Ortsrand und vermittelt so plastisch die Größenverhältnisse unseres Sonnensystems.

Landau

Wachsender Felsen von Usterling

***Heimatmuseum**: Höckinger Str. 9, Do 10.00 – 12.00 Uhr, Sa 14.00 – 16.00 Uhr, Mai – Mitte Okt auch So 14.00 – 17.00 Uhr, www.heimatmuseum-landau.de | **Archäologiemuseum**: Oberer Stadtplatz 20, Anfang Jan – Mitte Aug und Sep bis Mitte Dez, Mi / Fr – So 10.00 – 16.00 Uhr, €, www.steinzeit-museum.de*

Gastrotipps Landau: Zum Oberen Krieger**, Oberer Stadtplatz 6, **Sebastians****, Sebastianiplatz 5

Noch ein Stück näher an der Natur sind Sie im kleinen Örtchen **Usterling**, nur wenige Kilometer entfernt. Gleich am Ortsausgang führt ein kurzer Waldweg zum **Wachsenden Felsen von Usterling**. Dabei handelt es sich um einen kalkreichen Quellaustritt, der im Laufe einiger tausend Jahre eine fünf Meter hohe und 40 Meter lange, steinerne Rinne geformt hat, die dem Namen nach immer weiter wächst. Der Kalktuffdamm steht seit 1937 unter Naturschutz und ist durchaus den kleinen Umweg wert. An der Mamminger Straße bei [N 48°39'47" E 12°38'57"] befindet sich ein Parkplatz.

Bei **Mamming** wechseln Sie kurz darauf erneut die Isarseite und können an den Kiesgrubenseen um den **Mossandlweiher** einen Badestopp einlegen. Es gibt sowohl einen textilen als am hinteren See auch einen FKK-Bereich. Außerdem können Sie auf dem kleinen **Campingplatz am Mossandlweiher** über Nacht absteigen, *([**324:** N 48°40'17" E 12°34'36", Tödinger Str. 1], €€€, Mitte Apr – Mitte Okt, www.campingplatz-ammooslandlweiher.business.site)*.

Dingolfing

Nur ein Katzensprung ist es bis zur nächsten Stadt, nach **Dingolfing**, das ebenfalls einen schönen Wohnmobilstellplatz für seine Gäste zur Verfügung stellt. Er befindet sich gleich oberhalb des beliebten Freibades Caprima.

(325) Offizieller WOMO-Stellplatz: Dingolfing

GPS: N 48°37'42" E 12°30'04" (Zufahrt), Wollanger. **Max. WOMOs**: 12+.

Ausstattung: Ver-/Entsorgung und Strom (gegen Gebühr)

Beschreibung: Terrasierter Schotterparkplatz im Grünen oberhalb des Freibades Caprima, nur für Wohnmobile. Nachts nicht immer ganz ruhig durch Verkehrslärm, relativ eben, gute Sicht, teils etwas Schatten. Etwa 350 m in die Ortsmitte.

Zufahrt: In Dingolfing die erste Hauptstraße links ab (Ennser Straße) und immer geradeaus. Nach der Isarbrücke und dem folgenden Kreisverkehr die 4. Straße links in den Wollanger nehmen, dort links ab zum Stellplatz.

Die beschauliche Kleinstadt hat sich zu einem regionalen Einkaufszentrum gemausert, moderne Architektur paart sich allerorts mit historischen Mauern. Über 30 Brunnen und Skulpturenplätze laden allerorts in der Stadt zum Ausspannen und Verweilen ein. Das alles kann aber nicht darüber hinwegtäuschen, dass Dingolfing auch eine stark industriell geprägte Stadt ist. Kaum eine andere große Ortschaft ist so stark an ein Werksgelände gebunden wie Dingolfing an sein riesiges BMW-Werk, dass nahezu gleich viel Platz wie das eigentliche Stadtgebiet einnimmt. Recht schön wird der Bogen vom Altertum bis ins Industriezeitalter im **Museum Dingolfing** gespannt, dass in der alten **Herzogsburg** in der Oberstadt errichtet wurde. Schon das um 1410 erbaute Gebäude selbst ist den Weg wert und gilt nicht ohne Grund als eines der schönsten und besterhaltenen Baudenkmäler Niederbayerns. Auch einen Blick ins Innere sollten Sie ruhig wagen.

Mariensäule Dingolfing

Herzogsburg Dingolfing

Museum Dingolfing: *Obere Stadt 19, Di – Do 13.00 – 17.00 Uhr, Fr – So ab 10.00 Uhr, €, www.museum-dingolfing.de*

Ansonsten finden Sie den pulsierendsten Teil des Zentrums rund um den **Marienplatz** in der Unterstadt. Noch zwei besondere Tipps für einen Dingolfingbesuch zum Schluss: wie wäre es mit einer der zahlreichen, interessanten Stadtführungen, die vom Tourismusamt angeboten werden, zum Beispiel durch die Unterwelt mit dem Motto „Vergessenes – Verborgenes – Versunkenes“. Über 1000 Quadratmeter groß sind die unterirdischen Kelleranlagen der Oberstadt, um die sich viele Mythen ranken und die ein ganz besonderes Erlebnis versprechen. Eine weitere Idee ist eine Werksführung bei BMW. Sie findet während der laufenden Produktion statt, auch hierbei sind Voranmeldungen unerlässlich.

Stadtführung: *buchbar über die Touristeninformation, Fischerei 9, Voranmeldung und Zeiten unter 08731-32 71 00, mehr unter www.dingolfing.de* | **BMW Werksführung**: *Karl-Dompert-Str. 7, Werkstor 3, €€, Dauer etwa 2,5 Stunden, Anmeldung und mehr Infos unter 089 382 157 50 oder unter www.bmw-besuchen.de*

Stille Winkel entlang der Vils

Am Vilstalstausee, unten Heilig-Geist-Spital Vilsbiburg

Vilstalsee und Vilsbiburg

Nun verlassen Sie die Isar für eine Weile und schlagen einen Haken nach Südosten Richtung **Reisbach** und kurz vorher rechts ab Richtung Poxau zum Erholungsgebiet rund um den **Vilstalsee**. Rundherum gibt es gleich mehrere Übernachtungsplätze. Am ruhigen Badegewässer befindet sich nahe des Nordufers das Areal des **Campingplatzes Steinberg**, *([**326:** N 48°34'13" E 12°34'30", Milchstr. 5], ab €€€, www.vitalseecamping.de)*. Ein Bade- und Parkplatz liegt gleich unterhalb zwischen Feldern und Wiesen. Für eine freie Übernachtung sind dagegen die etwas weiter entfernten, über die **Dammstraße** zu erreichenden Schotterplätze an der Südostseite besser geeignet, [**327:** N 48°33'48" E 12°35'42"]. Ganz offiziell dürfen Sie dort übernachten, wenn Sie sich vorher in der angrenzenden Gemeinde Marklkofen eine Genehmigung zum Grillen und Feuermachen an einem eigens vorgesehenen Platz und für das Übernachten besorgen *(Voranmeldung unter 08734 987 49, €€ inkl. Toilettenutzung, Kaution 50 €, wird am Ende rückerstattet, mehr unter www.marklkofen.de)*. Eine weitere Alternative für die Nacht könnte der Parkplatz an der Wallfahrtskirche in **Poxau** sein, [**328:** N 48°34'06" E 12°33'07", Klosterstraße 22].

Sie durchfahren entlang der

St2083 nun der Reihe nach einige kleinere Orte. Lassen Sie sich Zeit und halten Sie zwischendurch ruhig an, wenn Ihnen einen schöne Ecke auffällt, zum Beispiel. der Marktplatz in **Frontenhausen** oder das Wasserschloss in **Aham**.

Vilsbibirg schließlich ist wieder eine ganze Ecke größer und weist drei einfache Stellflächen für Wohnmobile am **Parkplatz Färberanger** aus, [**329:** N 48°26'50" E 12°21'11"]. Ums Eck, am Stadtplatz, finden Sie das **Kröninger Hafner- und Heimatmuseum** im Heilig Geist Spital, verschiedene Geschäfte und in der näheren Umgebung ein paar gute Gaststätten.

Stellplätze 327, 328 und 329

***Heimatmuseum**: Stadtplatz 39 – 40, So 10.00 – 12.00 Uhr, Mi und jedes 1. WE im Monat 14.00 – 16.00 Uhr, €, www.museum-vilsbiburg.de*

Gastrotipps Schalkam: Sebastianihof***, Brunnenstr. 9 | **Vilsbiburg**: **Café Konrad** (Café), Obere Stadt 25, **Zum G`sellnhaus****, Pfarrbrückenweg 1

Landshut

Auf der B299 legen Sie rund 15 Kilometer zurück, bis Sie die Landshuter Stadtgrenze erreichen. An schönen Tagen bietet sich jetzt ein Halt an den Badeseen des **Naherholungsgebiets Gretlmühle** an. Dazu fahren Sie gleich am Ortsanfang rechts, Richtung Gewerbegebiet Schönbrunn und Gretlmühle, auf die Niedermeyerstraße. Nach etwa vier Kilometern sind Sie da und können links zu den Parkplätzen abzweigen. Zwar ist das Nachtparken verboten, für den Tag gibt es aber meist ausreichend Stellflächen bei [N 48°34'31" E 12°13'30"]. Der beste Badeplatz samt Kiosk, Toiletten und großer Liegewiese

befindet sich gleich schräg gegenüber Ihres Womo-Standorts.

Dann rollen Sie in **Landshut** ein. Sie queren die Isar ein erstes Mal, rechts geht es an dieser Stelle zum **Campingplatz Landshut Mitterwöhr**, an der Landspitze einer Isarinsel gelegen, *([**330:** N 48°33'16" E 12°10'4 8", Breslauer Str. 122], ab €€)*. Dann überqueren Sie die Isar ein zweites Mal und halten sich links auf die B15 in Richtung Zentrum. Diesmal geht es in entgegengesetzter Richtung über den Fluss. Nur wenige hundert Meter weiter finden Sie sich am Großparkplatz **Grieserwiese**, rechter Hand in der Wittstraße wieder. Er weist kein Nachtparkverbot aus, ist mit Toiletten ausgestattet und fast das ganze Jahr über nutzbar. Tags fällt eine kleine Parkgebühr an, [**331:** N 48°31'48" E 12°08'38"]. Auch als Ausgangspunkt für den folgenden Stadtrundgang ist er ideal. Die lange Rundtour führt Sie bis zur **Burg Trausnitz** und in den Hofgarten hinauf. Falls Sie lieber zwei kürzere Runden ohne größeren Anstieg unternehmen wollen, können Sie die Burg mit dem benachbarten Park alternativ auch direkt mit dem Wohnmobil anfahren. Einen entsprechenden Parkplatz gibt es in der Edmund-Jörg-Straße,. [N 48°31'47" E 12°09'31"].

Unterwegs in Landshut

Landshut ist die vielleicht schönste Stadt auf Tour 13. Sie glänzt mit romantisch-charmanten Gassen, monumentalen Bauwerken und einer malerischen, zentralen Prachtstraße, die mit ihrer mittelalterlichen aber doch großzügigen Atmosphäre zum Verweilen einlädt. Nicht zu vergessen die Burg Trausnitz, mächtig auf einer Anhöhe über Isar und Altstadt wachend.

Im Jahr 1204 als Planstadt mit Burg durch den Herzog Ludwig von Bayern gegründet, wollten die Wittelsbacher damit ihre Macht sichern und auf diese Weise eine neue Form der Territorialpolitik initiieren, die sich als äußerst erfolgreich herausstellen sollte. Schon 27 Jahre später wurde sie zur Residenz- und Hauptstadt des Herzogtums Bayern.

Naherholungsgebiet Gretlmühle, oben Stellplatz 331

Die Stadt wuchs stetig und schon Mitte des 14. Jahrhunderts erreichte sie eine Ausdehnung, die bis ins 19. Jahrhundert ausreichen und bestehen bleiben sollte. 1800 zog die Bayerische Landesuniversität von Ingolstadt nach Landshut um und blieb für 26 Jahre. 1836 wechselte der niederbayrische Regierungssitz in die Stadt. Die beginnende Industrialisierung und die 1858 eröffnete Eisenbahnlinie sorgten nun für wachsende Bevölkerungszahlen und eine damit einhergehende größere Ausdehnung. Heute zählt Landshut rund 65.000 Einwohner und besitzt eine der besterhaltenen Innenstädte, da sie im Zweiten Weltkrieg von Bomben nahezu verschont blieb.
Vom Parkplatz an der **Grieserwiese** wandern Sie zunächst entweder entlang der Isar über die Preysingallee oder durch den angrenzenden Grünzug Richtung Norden, bis zu den **Bernlocher Stadtsälen** vor der Isarbrücke. Der imposante Gebäudekomplex am **Ländtorplatz** bietet eine Fülle kultureller Nutzungsmöglichkeiten. Unter anderem ist auch das renommierte Stadttheater darin untergebracht. Vor Ihnen am Platz beginnt der verkehrsberuhigte Bereich. Nach links können Sie einen Blick auf den **Röcklturm** werfen. Er war einst als Wehrturm Bestandteil der mittelalterlichen Stadtmauer und verdankt seinen Namen dem Ratsherrn Röckl, der während einer Bürgerverschwörung gegen Heinrich den Reichen Anfang des 15. Jahrhunderts der Besitzer gewesen sein soll. Heute wird er für Ausstellungen genutzt. Rechts ab schreiten Sie durch das mittelalterliche **Ländtor**. Sein Name bezieht sich auf den Anlandeplatz der Isarflößer. Nur mehr das Außentor ist übrig. Einst stand einige Meter stadteinwärts ein noch höheres Tor. Im 19. Jahrhundert musste es jedoch abgebrochen werden, da die Theater-

Altstadt, rechts mit Rathaus

straße zu eng wurde. Das Ländtor ist eines von zwei erhaltenen Stadttoren, einst waren es acht. Machen Sie an der nächsten Kreuzung eine Drehung nach rechts, sind Sie gleich am **Etzdorf-Palais** in der Ländgasse angekommen. Das schöne Barockhaus war vom 17. bis Mitte des 19. Jahrhunderts im Besitz der Grafen von Etzdorf. Das Ehewappen im Dreiecksgiebel über dem mittleren Fenster der Hauptfassade zeugt davon. Hinter Ihnen leitet Sie die kleine Harnischgasse direkt auf die riesige **St. Martins Basilika** zu. Sie ist Hauptkirche und Wahrzeichen Landshuts. Die spätgotische Hallenkirche weist den mit 130,6 Meter höchstem Backsteinturm der Welt auf. Durch ihre Größe und die eindrucksvolle Raumwirkung gehört sie zu den bedeutendsten Sakralbauten Süddeutschlands. Die Bauzeit betrug ganze 111 Jahre, 1500 wurde sie fertig gestellt und gilt als Hauptwerk des Meisters Hans von Burghausen *(Altstadt 219, Apr – Sep 7.30 – 18.30 Uhr, Okt – Mär nur bis 17.00 Uhr, www.martin-landhut.de)*. Im hinteren Teil der Kirche können Sie außen über den Martinsfriedhof auf der rechten Seite ab und zu auch die **Schatzkammer** in der Allerseelenkapelle besichtigen, *(Mai – Nov, 1. So im Monat 11.30 – 12.30 Uhr)*.

Etwa ab der Kirche öffnet sich die breite **Altstadt**. Ein wahrer Prachtboulevard voller Geschäfte, Cafés und schmucker Häuser. Am Schwaiger Markt bieten Bauern aus der Umgebung von Montag bis Donnerstag und Samstag Vormittag ihre Waren feil. Kurz nach der Steckengasse finden Sie rechtsseitig das **Rathaus**. Es besteht aus drei gotischen Giebelhäusern, die durch eine neugotische Fassade miteinander verbunden sind. Schon 1380 erwarb der Rat der Stadt das mittlere Haus, in dem sich jetzt der Rathausprunksaal befindet. Er wurde 1878 im Stil des Historismus neugotisch umgestaltet. Eindrucksvoll zeigt ein Umlaufgemälde die wohl glanzvollste Zeit Landshuts – den Festzug während der Landshuter Hochzeit 1475 *(Altstadt 314, Mo – Fr 14.00 – 15.00 Uhr, www.landshut.de)*.

Im linken Gebäude befindet sich im Erdgeschoss die **Touristeninformation**. Drehen Sie sich nun einmal um die eigene Achse zur anderen Häuserfassade gegenüber. Dort gelangen Sie neben dem Café zur **Stadtresidenz**. Sie gilt als erster Renaissancepalast nördlich der Alpen und wurde unter Herzog Ludwig X. im 16. Jahrhundert aus zwei architektonisch unterschiedlichen Baukörpern erschaffen: Zum einen aus dem „Deutschen Bau“ vorne in der Altstadt, zum anderen mit dem „Italienischen Bau“ samt Arkadenhof dahinter. Die Residenz enthält Prunkräume mit reichen Stuckarbeiten und Freskomalereien mythologischen Inhalts sowie eine Zimmerflucht des späten 18. Jahrhunderts *(Altstadt 79, Di – So, Apr – Sep 9.00 – 18.00 Uhr, Okt – Mär 10.00 – 16.00 Uhr, nur mit Führung, €, Kombitickets mit Burg Trausnitz erhältlich, www.schloesser.bayern.de)*. Am Ende der Altstadt bleiben Sie in gleicher Richtung bis zum Beginn der Zweibrückenstraße, wo die spätgotische **Heiliggeistkirche** einen weiteren Akzent setzt. Zusammen mit dem gegenüberliegenden **Heiliggeistspital** bildete sie ehemals zwischen Innerem Isartor und Spitaler Turm einen geschlossenen Baukomplex, dessen Ursprünge in die Zeit der Stadtgründung zurückreichen. Heute dient sie als Raum für Wechselausstellungen und ist nur im Rahmen eines Ausstellungsbesuchs zu besichtigen. Im Spital ist ein Alten- und Pflegeheim untergebracht. Hinter der Kirche rechts ab durch die Heilig-Geist-Gasse, spazieren Sie bei nächster Gelegenheit erneut rechts, zur zweiten großen Innenstadtachse, der Neustadt. Jeden Freitag wird hier zwischen 7.00 und 12.00 Uhr ein großer Wochenmarkt abgehalten. An der Regierungsstraße schlagen Sie einen Haken nach links zur Dominikanerkirche **St. Blasius**, 1271 im frühgotischen Stil erbaut. Von 1747 bis 1749 schuf der Münchner Hofkünstler Johann Baptist Zimmermann eine besonders elegante Innenausstattung die einen Blick wert ist. Sie gilt als eine der herausragendsten Schöpfungen des Bayerischen Rokoko. Gleich danach rechts durch die Jordokgasse wartet noch **St. Jordok**, Landshuts älteste Pfarrkirche. Sie geht auf das frühe 14. Jahrhundert zurück, wurde nach einem Brand von 1403 um Seitenkapellen erweitert und erhielt im 19. Jahrhundert eine nahezu vollständige neugotische Ausstattung. Gleich davor schließ sich die **Freyung** an. Dieser Innenstadtbereich, der 1338 als dritte große Stadterweiterung angelegt wurde, umrahmt die Kirche und den kleinen, grünen Platz davor. Unter der Voraussetzung, das damals außerhalb der Stadt gelegene Sumpfgebiet trocken zu legen und eine Stadtmauer zu bauen, wurden hier siedelnde Bürger 10 Jahre von Steuerzahlungen ausgenommen. Über die Kramergasse und dann weiter nach links, stoßen Sie erneut auf die Neustadt, der Sie nun noch gemütlich ein Stück folgen. Für den kleinen Rundgang schwenken Sie am Ende rechts vor der **Jesuitenkirche** ab und gehen durch Spiegelgasse und Altstadt rechts zurück zum Ausgangspunkt. Für die große Runde wählen Sie vorher links die Bindergasse zu den **Museen im Kreuzgang**. Im ehemaligen Franziskanerkloster sind seit 2016 das **LANDSHUTmuseum** für Stadtgeschichte und das Kinder-Mitmach-Museum **KASiMiR** untergebracht *(Alter Franziskanerplatz 483, Di – So 10.00 – 17.00 Uhr, Eintritt frei, www.museen-landshut.de)*. Schräg dahinter am Prantlgarten liegt das **Skulpturenmuseum** am Hofberg. Den Grundstock des Bestandes bildet die Stiftung Fritz und Maria Koenig, die alternierend in Teilen gezeigt wird. Sie umfasst das plastische und graphische Werk des Bildhauers, eine Kollektion afrikanischer Kunst und weitere kunsthistorische und volkskundliche Sammlungskomplexe *(Am Prantlgarten 1, Di – So 10.30 – 13.00 Uhr und 14.00 – 17.00 Uhr, €)*. Dort, wo am Museum die Straße endet, beginnt beim **Prantlgartentor** der Anstieg auf den **Hofberg**. Er ist bis heute mit **Hofgarten** und **Herzoggarten** als grüne Lunge Landshuts erhalten geblieben. Seine Gesamtmaße sind recht umfangreich, einen Teil der Anlagen soll-

Neustadt

ten Sie aber doch durchwandern, wenn Sie schon einmal hier sind. Dazu nehmen Sie die Treppen aufwärts und bei zweiter Gelegenheit links. Dieser kleinere Pfad führt bis zum Aussichtspunkt „Stadtblick“. Dahinter, rechts ab, führt der Weg bis zum Tiergarten mit Wildgehege, Ziegen Meerschweinchen, Ententeich und mehr. Daran schließt sich ein Kräutergarten an. Gehen Sie von dort aus weiter geradeaus, gelangen Sie noch zu einem Kinderspielplatz und dem oberen Parkplatz nahe der Burg, der bereits im Text als Alternativparkplatz genannt wurde. Dagegen halten Sie sich rechts über die Stiegen, vorbei am Pavillon und bei zweiter Gelegenheit links auf die Burg Trausnitz zu. Verlassen Sie den Park durch das **Burgtor** und danach rechts, sind es nur noch wenige Meter bis zu der trutzigen Anlage. Das kleine Bergplateau hinter Landshut bot beste topographische Voraussetzung für den Bau der mittelalterlichen Festung und damit sicher einen triftigen Grund für die Stelle, an der Herzog Ludwig I. 1204 mit dem Bau von Stadt und Burg begann. Zum einen konnte man von exponierter Stelle aus das Land gut überschauen. Zum anderen war der Schutz vor feindlichen Angriffen besser als im Flachen. Rund um das Gemäuer finden Sie eine ganze Reihe schöner Panoramapunkte, im Inneren können Sie an einer **Burgführung** teilnehmen, die Sie durch mittelalterliche Säle, die Burgkapelle und zur berühmten Narrentreppe führt. Auf eigene Faust kann alternativ der **Kunst- und Wunderkammer** ein Besuch abgestattet werden. Unter den Mottos Artificialia, Naturalia, Exotica und Scientifica können allerlei interessante und teils skurrile Stücke aus der Sammlung Herzog Albrechts V. aus dem 16. Jahrhundert bestaunt werden *(Burg Trausnitz 168, Apr – Sep 9.00 – 18.00 Uhr, Okt – Mär, 10.00 – 16.00 Uhr, €, Kombitickets mit Stadtresidenz erhältlich, www.burg-trausnitz.de)*.

Burg Trausnitz

Nach der Burgbesichtigung halten Sie sich vor dem Torhaus rechts und steigen über die **Fürstentreppe** ab, die an der Alten Bergstraße endet. Am Ende links und dann rechts über den Grätzberg, kommen Sie zum Ausgangspunkt an der Grieserwiese zurück. Gleich nach rechts geht esam Denkmal Herzog Ludwigs des Reichen und der farbenprächtigen **Alten Post** linker Hand vorbei, dem ehemaligen Landschaftshaus, zurück in die Altstadt.

Gastrotipps Landshut: Pallas**, Altstadt 191, **Aran** (Café), Altstadt 29, **Augustiner an der St. Martinskirche****, Kirchgasse 251, **Café Chocolat** (Café) Altstadt 254, **Stegfellner****, Altstadt 71, **Café Belstner** (Café) Altstadt 295, **Zum Hofreiter****, Neustadt 505, **Anno 1475****, Ländgasse 118

Die Landshuter Hochzeit

Alle 4 Jahre steht Landshut von Ende Juni bis Ende Juli Kopf. Dann findet in der Innenstadt das Historienschauspiel der Landshuter Hochzeit statt. Weit über 2000 Mitwirkende lassen in originalgetreuen Kostümen das Mittelalter wieder aufleben – zu Ehren der 1475 geschlossenen Hochzeit zwischen der 18-jährigen polnischen Königstochter Hedwig und dem hiesigen Herzogssohn Georg. Das Festspiel erstreckt sich über mehrere Örtlichkeiten und Programmpunkte in der ganzen Innenstadt. Dazu gehört das Festspiel im Rathaus, mittelalterliche Konzerte in der Altstadt, nächtlicher Mummenschanz und Tanzspiel an wechselnden Orten, zeitgenössischer Speis und Trank in der Steckengasse, eine Fechtschule auf der Burg und Festspiele im nächtlichen Lager. Höhepunkt ist freilich der Hochzeitszug selbst, gefolgt von spannenden Reiter- und Ritterspielen auf der „Wiesmahd" *(nächste Termine Mitte 2021 und 2025, mehr unter www.landshuter-hochzeit.de).*

Stellplatz 332

Gleich hinter der Stadtgrenze liegt rechter Hand der **Echinger Stausee**. Rund herum wurde 1982 die **Vogelfreistätte Mittlere Isarstauseen** gegründet. Sie bildet eine ungemein wichtige Ökozone für heimische als auch durchziehende Vögel aller Art. Mit etwas Glück lassen sich zum Beispiel viele Wat- und Wasservogelarten, Baumfalken, Eisvögel und Gänsesäger beobachten. Am Ende der Pfarrstraße, vorne beim Gasthaus Forster, befindet sich eine Infostelle, ein Stück weiter entlang der Stauseestraße findet sich auch ein kleiner Parkplatz bei [**332:** N 48°30'08" E 12°03'07"]. Ab der Bundesstraße noch eine Abfahrt weiter ist rechts ab der schöne, einsam in den Auen gelegene Biergarten **Fischerhans** in der Schapolterau 3 zu finden.

Moosburg an der Isar

Vom Industriegebiet auf der rechten Seite der B11 wird nur wenige hundert Meter weiter am Kreisverkehr der Weg zum eher kleinen **Campingplatz Haselfurth** angezeigt, *([**333:** N 48°28'48" E 12°00'57", Erdinger Str. 6], €€€, www.camping-haselfurth.de).* Eine Abfahrt später erwartet Sie nach links der schon zu Moosburg gehörende **Aquapark**, ein Naturbadesee mit großen Parkplätzen. Ein schöner Fleck für einen sonnigen Sommertag, *[N 48°28'47" E 12°00'00", Sempt].*

Moosburg ist ein Ort mit wechselhafter Geschichte. Immer wieder wurde die Stadt durch Kriege, Besetzungen und Brände verheert, im Zweiten Weltkrieg war das Kriegsgefangenenlager mit bis zu 80.000 Mann größer als die eigentliche Stadt. Das Zentrum zeigt heute ein geschlossenes Ortsbild mit Bebauung aus dem 19. Jahrhundert. Am Viehmarktplatz wurden Stellplätze für Wohnmobile angelegt.

(334) Offizieller WOMO-Stellplatz: Moosburg an der Isar

GPS: N 48°27'54" E 11°56'30", Blütenstr. 2. **Max. WOMOs:** 3-4.
Ausstattung: Ver-/ Entsorgung und Strom (gegen Gebühr).

Beschreibung: Kleiner asphaltierter Platz vor der Schäfflerhalle. Schattig, laut, da an einer Hauptverkehrskreuzung, eben, ca. 700 m ins Zentrum.
Zufahrt: Von der B11 rechts ins Zentrum einbiegen und sofort wieder rechts in die Blütenstraße, dort linker Hand.

Ein paar Meter müssen Sie zwar aufsteigen, das ist aber zu schaffen. Dann ist die Altstadt, im Großen und Ganzen zwischen **Weingraben** und **Auf dem Plan** lokalisiert, erreicht. Schlendern Sie einfach ein wenig umher, einen näheren Blick lohnt die Kirche **St. Kastilius** mit einem geschnitzten Hochaltar des Landshuter Bildhauers Hans Leinberger und vielleicht das **Heimatmuseum** oder das **Museum Moderner Kuns**t, jeweils gleich neben dem Gotteshaus.

Heimatmuseum*: Kastulusplatz 3, nur So 16.00 – 17.30 Uhr |* ***Museum Moderne Kunst****: Auf dem Plan 8, nur 1. und 3. So im Monat 15.00 – 18.00 Uhr*

Auf der Weiterfahrt in Richtung Freising kommen Sie an gleich mehreren recht stillen Stellplatzgelegenheiten ohne Nachtparkverbot vorbei. Die ersten beiden bieten Bademög-

Anglberger See, oben Prozession in Moosburg

Stellplatz 332

lichkeiten und befinden sich südlich **Haag an der Amper** am **Haager Badeweiher**, [**335**: N 48°27'07" E 11°49'43"], sowie südlich von **Anglberg** am kleinen **Anglberger See**, [**336**: N 48°26'58" E 11°47'32"]. Schon recht nah bei Freising gibt es dann südöstlich von Zolling noch eine versteckte Gelegenheit beim Weiler **Unterberghausen**, direkt an der Amper auf Schotter neben einem schmalen Fahrweg bei [**337**: N 48°26'22" E 11°47'42"].

Gastrotipps Spörerau: Gasthof Sempt**, Spörerstr. 15 | **Moosburg**; **Wochenblatt****, Münchner Str. 1, **Café am Münster** (Café), Auf dem Plan 13 | **Haag an der Amper**: **Schlossallee****, Freisinger Str. 1

Freising

Stellplatz 338

Zum Abschluss fahren Sie nun in die Domstadt **Freising**. Für Stadtbummel und Übernachtung bietet sich der Parkplatz in der **Luitpoldstraße** hinter dem Bahnhof an. Es sind Flächen speziell für Wohnmobile ausgewiesen, allerdings ohne jegliche Einrichtungen, [**338**: N 48°23'49" E 11°44'58"]. Durch den S-Bahnhof ist die Altstadt schnell erreicht. Ansonsten bietet sich von hier aus eine gute Gelegenheit die Stadt München unkompliziert zu erreichen (S-Bahn Linie 1).

Unterwegs in Freising

Auch wenn erste Siedlungsspuren schon auf die Zeit um 4200 v. Chr. zurückgehen, wird Freising selbst erst um das Jahr 700 durch Agilolfinger Herzöge aus der Taufe gehoben. Sie sind es auch, die den bis heute verehrten Patron Wanderbischof Korbinian in die Klostersiedlung holen. Schon 739 wird Freising dann zum Bischofssitz. Von einer Stadt oder zumindest einem Markt kann man aber erst ab 996 sprechen, als Kaiser Otto III. Marktrechte verlieh. 1021 kamen die Benediktiner und beginnen am Weihenstephaner Berg mit dem Bierbrauen, eine große Tradition die sich bis heute fortsetzt. Erst gute hundert Jahre später wird das benachbarte München gegründet, das im Lauf der Jahrhunderte Freising den Rang ablaufen sollte. Der Bischofssitz blieb jedoch vorerst bestehen und somit auch eine gewisse Stellung samt mehreren Besitztümern in Österreich und Slowenien. 1802 änderte sich dann alles. Die Säkularisation beschnitt die kirchliche Macht und ihren Reichtum. Der Bischofssitz wanderte nach München und Freising wurde zu einer durch Behörden und Militär geprägten Landstadt, die sich allerdings zu behaupten wusste. Die Wirtschaft florierte und Freising geht es bis heute gut. Die Universitätsstadt vermeldet regelmäßig eine der niedrigsten Arbeitslosenquoten im gesamten Bundesgebiet.

Gehen Sie vom Parkplatz zunächst hinüber zum Bahnhof und queren Sie dort die Gleise. Geradeaus über die Bahnhofstraße bewegen Sie sich direkt auf die Altstadt zu. Rechts oben, immer im Blickfeld, befindet sich der Domberg. Gleich neben Ihnen, nach der Brücke über die Moosach, am Beginn des verkehrsberuhigten Bereichs, die kleine **Altöttinger Kapelle**. Immer mehr Läden säumen die Straßenseiten, rechts zweigen Sie schließlich in die Obere Hauptstraße ab. Am **Marienplatz** sticht die barocke Mariensäule ins Auge. Sie ist der Mittelpunkt des geschäftigen Zentrums. Auf der Rückseite fügt sich der historische Rathausbau, der um 1900 entstand, ins Häuserensemble ein. Neben dem **Rathaus** steht das **Asamgebäud**e von 1697. Es wurde noch vom Vater der berühmten Asambrüder mit Fresken geschmückt. Heute dient das ehemalige Lyzeum als Veranstaltungsort. Auch eine **Touristeninformationsstelle** gibt es *(Rindermarkt 20, www.tourismus.freising.de)*. Auf der gegenüberliegenden Seite sehen Sie das **Ziererhaus**. Die prächtige Rokokofassade ist Zeugnis des wohlständigen Bürgertums seiner einstigen Besitzer. Heute werden darin standesamtliche Trauungen abgehalten. Zur linken schließlich ragt die Pfarrkirche **St. Georg** mit ihrem spätgotischen Hallenbau empor. Dahinter befinden sich einige besonders alte Gassen mit historischer Bausubstanz. Ma-

Freisinger Dom, oben Marienplatz

chen Sie sich nun über das rechts vom Rathaus ansteigende Spanngässchen und das Obere Domberggässchen auf zum **Alten Gefängnis** und weiter zum Domberg. Im Hexenturm des Gefängnisses werden ab und an Führungen angeboten *(Obere Domberggasee 16, Mai – Okt Sa 14.00 und 15.00 Uhr, €)*. Der ehemalige Sitz des Fürstbischofs oben am Berg ist ein Sammelplatz für Kunst und Kultur vieler Epochen. Gleich rechts erreichen Sie das **Diözesanmuseum**. Es umfasst eine international anerkannte Sammlung sakraler Kunst aus dem Alpenraum, dazu existiert ein großer, separater Bereich für Sonderaustellungen *(Domberg 21, zuletzt vorübergehend geschlossen, www.dimu-freising.de)*. Unmittelbar daran schließt die alte Residenz, heute als **Kardinal-Döpfner-Haus** an. Es wird als Bildungszentrum der Erzdiözese München-Freising genutzt. Vorbei am Denkmal des mittelalterlichen Philosophen Caspar von Zumbuschen gelangen Sie zum **Mariendom**, einer der wichtigsten Kirchen ganz Bayerns. Er wurde im 18. Jahrhundert von den bereits genannten Gebrüdern Asam barockisiert und überbordend mit Kunstwerken ausgestattet. Dahinter steht mit der **Benediktuskirche** ein weiterer Sakralbau, sprichwörtlich etwas im Schatten. Steigen Sie nun recht vorne über die Straße Am Domberg ab und schwenken dann bei den nächstbesten Gelegenheiten zweimal links. So kommen Sie durch die Fischergasse und schließlich, rechts ab, durch die Brennergasse wieder zur Unteren Hauptstraße zurück, der Sie nach rechts folgen. Verlieren Sie sich ruhig noch etwas in den vielen schönen kleinen Gassen, links können Sie zwischen Amtsgerichtsgasse und Apothekergasse auch noch einen Blick auf den letzten Rest verbliebener Stadtbefestigung, den **Bürgerturm**, werfen. Schlussendlich halten Sie sich am Ende der Hauptstraße rechts und spazieren über die **Heiliggeistgasse** bis zur Ottostraße. Sie müssen der stark befahrenen Hauptverkehrsader nur ein kurzes Stück nach rechts folgen, dann können Sie gegenüber die Fußgängerunterführung nehmen, die Sie zurück zum Parkplatz und Ihrem Fahrzeug bringt.

Hauptstraße Freising

Weihenstephaner Gärten

Abseits der Innenstadt können Sie noch zwei weitere Ziele ins Auge fassen. Im **Freisinger Forst** verläuft ein beliebter **Walderlebnispfad**. An 23 Stationen lässt sich der Lebensraum Wald näher kennen lernen, mal spielerisch, mal erforschend und mal besinnlich. Die Gesamtlänge beträgt rund zwei Kilometer. Start und Ziel liegen am beliebten bayerischen Ausflugsbiergarten Plantage, [N 48°24'58" E 11°43'40", Plantage 2]. Der zweite Ausflugstipp führt in den südlich gelegenen Stadtteil **Weihenstephan** zur gleichnamigen, ältesten Brauerei der Welt. Seit über 1000 Jahren wird an Ort und Stelle Bier gebraut. Genaueres über die traditionsreiche Herstellung, die verschiedenen Gärverfahren und Weihenstephan selbst, erfahren Sie auf einer **Brauereiführung**. Natürlich fehlt bei der längeren Variante auch eine Produktverkostung am Ende nicht... Wenn Sie Geschmack gefunden haben, können Sie mehr Biersorten samt Speisen nebenan im Bräustüberl genießen. Einen geeigneten Ort für den Verdauungsspaziergang bekommen Sie auch noch mitgeliefert. Die **Weihenstephaner Gärten**, gepflegt durch die ansässige Hochschule zur Forschung und Sichtung von Freilandzierpflanzen, ziehen jährlich rund 100.000 Besucher an. Besonders üppig blüht es im Staudengarten, doch auch die anderen Bereiche sind sehenswert.

***Brauerei Weihenstephan**: Alte Akademie 2, parken bei [N 48°23'46" E 11°43'38"], Führung etwa 120 Minuten, €€, Mo – Mi 10.00 Uhr, Di auch 13.30 Uhr, Voranmeldung obligatorisch unter 08161 – 53 61 99, www.weihenstephaner.de | **Weihenstephaner Gärten**: [N 48°24'07" E 11°43'48", Am Staudengarten 7], Apr – Okt, 9.00 – 18.00 Uhr , www.weihenstephaner-gärten.de*

Gastrotipps Freising: Altes Gefängnis**, Obere Dombergstr. 16, **Restaurant im Bayerischen Hof****, Unter Hauptstr. 3, **Weißbräu Huber****, General-von-Nagel-Str. 5, **Kathis Steakhaus*****, Angerbadergasse 4, **Naschwerk** (Café), Angerbadergasse 6

Tour 14: Oberbayerns Norden – 310 km

Allershausen und Kranzberg

Scheyern und Pfaffenhofen an der Ilm – Wolnzach

Abensberg – Weltenburg – Bad Gögging

Altmühltal – Eichstätt – Ingolstadt

Manching und Karlshuld – Neuburg an der Donau

Stellplätze:	Weltwald, Allershausen, Pfaffenhofen an der Ilm, Wolnzach, Mainburg, Ratzenhofen, Abensberg, Weltenburg, Bad Gögging, Neustadt a.d.D., Beilngries, Kipfenberg, Güngolding, Arnsberg, Pfünz, Eichstätt, Ingolstadt (2x), Manching, Brandseen, Baarer Weiher, Leitner Weiher, Neuburg an der Donau
Campingplätze:	Neustadt, Beilngries, Kinding, Ingolstadt, Neuburg a.d.D.
Besichtigen:	Bronzezeit Museum Kranzberg, Pfaffenhofen, Hop-

	fenmuseum Wolnzach, Abensberg mit Brauerei und Vogelpark, Kloster Weltenburg, Römersiedlung Abusina, Dinosauriermuseum Denkendorf, Beilngries mit Museum, Burgmuseum Kipfenberg, Burg Pfünz, Eichstätt, Villa Rustica Möckenlohe, Ingolstadt, RömerKeltenMuseum Manching, Haus im Moos, Neuburg a.d.D.
Wandern:	Weltwald, Mainburg, Weltenburg, Altmühltal
Baden:	Kranzberger See, Freibad Wolnzach, Römertherme Bad Gögging, Mauerner Badesee, Freibad Ingolstadt, Brandseen, Baarer Weiher, Kleiner Leitner Weiher

Wann immer von Oberbayern die Rede ist, denkt man an hügelige, saftige Wiesen voller Kühe, bunt bemalte Bauernhäuser und die Alpen als rahmende Kulisse dahinter. Tatsächlich erstreckt sich ein nicht unerheblicher Landesteil aber viel weiter nach Norden. Zwischen Neuburg an der Donau, Eichstätt und Ingolstadt lässt sich so Einiges entdecken – vom größten Hopfenanbaugebiet der Erde, über Spuren von Kelten und Römern bis zu lebhaften, kulturträchtigen Städten ist einiges geboten.

Allershausen und Kranzberg

Sie verlassen Freising über die St2084 in Richtung Allershausen. Einen ersten interessanten Stopp bieten die Bayerischen Staatsforsten nach rund 2,7 Kilometer. Kurz vor der Allershausen Abfahrt rechter Hand führt links ein Fahrweg in den Wald hinein zu einem Parkplatz am **Arboretum Weltwald**, der auch als Nacht-Stopp geeignet ist, *([**339:** N 48°24'44" E 11°40'51", St2084], oder kurz danach bei [N 48°24'59" E 11°40'19"])*. Es werden auf einer Fläche von rund zehn Hektar Bäume aus aller Welt gezeigt, schon weit über 300 sind es. Auf mehreren thematisch geordneten Wanderwegen und -pfaden erlebt man so hautnah typische Baum-Vertreter aus ganz Europa, Nordamerika und Asien. Mehrere Infopavillons geben tiefere Einblicke, das gesamte Wegenetz ist mehr als 10 Kilometer lang.

Bald darauf können Sie links einen Abstecher nach **Kranzberg** unternehmen. Noch recht neu ist das **Bronzezeit Bayern Museum** im nördlichsten Ortsteil **Bernstorf** am **Pantaleonhügel**. Nicht viel ist bekannt aus dieser fernen Epoche, von der meist nur einige Hügelgräber übrig sind und ab und an namensgebende Bronzefunde. Hier, in Bernstorf wurde 1998 allerdings

Stellplatz 339

Stellplatz 340

ein echter Jahrhundertfund gemacht – ein Goldschatz und zwei Jahre später ein einzigartiger Bernsteinfund. Zeugen einer ehemaligen 13 Hektar großen Befestigungsanlage. Neugierig geworden? Viel mehr Infos erhalten Sie im Museum.

***Bronzezeit Bayern**: [N 48°24'14" E 11°37'02", Pantaleonstr. 18], direkte Zufahrt nicht möglich, parken zum Beispiel schräg gegenüber des Zugangsweges in der Kirchbergstraße am Friedhof, von dort 5 min. zu Fuß bergauf, Apr – Okt Mo / Do / So 14.00 – 17.00 Uhr, Nov – Mär nur Do / So, €, www.bronzezeit-bayern-museum.de*

Etwas weiter südlich lockt an warmen Tagen der recht schöne **Kranzberger Badesee**. Am hinteren Ende über die Seestraße und dann rechts ab bietet er auch mit dem Wohnmobil ansteuerbare Parkplätze bei [**340:** N 48°23'58" E 11°36'33"].

Bei **Allershausen** queren Sie nun die Autobahn A9. Eine weitere Stellplatzmöglichkeit gibt es am Sportplatz.

Gastrotipps Allershausen: Schlossstube**, Münchner Str. 11 | **Hohenkammer**: **Camers Schlossrestaurant*****, Schloßstr. 20

(341) WOMO-Stellplatz: Sportplatz Allershausen

GPS: N 48°26'02" E 11°36'23", Am Amperknie. **Max. WOMOs:** 2-3.
Ausstattung: Keine Einrichtungen.
Beschreibung: Größerer Schotterparker neben dem Fußballplatz, Sportgaststätte benachbart, recht eben, teils schattig, außerhalb des Spielbetriebs ruhig, 1,3 km in die Ortsmitte.
Preis: Kostenfrei aber Einkehr in der Gaststätte empfohlen.
Zufahrt: Direkt am Ortsbeginn in Höhe des Weilers Gottschlag rechts zum Sportplatz abzweigen, dort beschildert.
Info: Unbedingt erst beim Platzwart anmelden, z.B. bei Veranstaltungen nicht möglich.

Kranzberger See

Scheyern und Pfaffenhofen an der Ilm

In **Hohenkammer** befindet sich das schön renovierte, gleichnamige Schloss. Es ist heute im wesentlichen ein Tagungszentrum und Hotel, doch auch Gastronomie befindet sich darin.

Scheyern wird von einer großen Klosteranlage oberhalb der Ortschaft dominiert. Einst war es das Stammhaus der Grafen von Scheyern, aus denen das Geschlecht der Wittelsbacher hervorging. Doch schon ab dem 12. Jahrhundert zogen Benediktinermönche auf den Berg und bauten in den folgenden Jahrhunderten die einstige Burg zur heutigen Anlage um. Basilika, Kreuzgang und Kapellen sind zugänglich, an Sonn- und Feiertagen finden regelmäßig Führungen statt. Beliebter Anziehungspunkt am Kloster ist auch die zugehörige Klosterschenke samt Biergarten, in der nicht nur das hauseigene Bier verkostet werden kann.

Kloster Scheyern

***Klosteranlage**: Schyrenplatz 1, Führungen meist ab 15.00 Uhr, Treffpunkt an der Pforte der Basilika, €, www,kloster-scheyern.de*

Nur gute drei Kilometer weiter ist die Stadt **Pfaffenhofen an der Ilm** erreicht. 2011 wurde sie zur lebenswertesten Kleinstadt der Welt gekürt, das Zentrum macht auch auf Besucher einen guten Eindruck. Der große, von Geschäften und Cafés gesäumte **Hauptplatz** animiert zu einem etwas ausgedehnteren Stopp. Als letztes Überbleibsel der einstigen Stadtmauer ist der Hungerturm bis heute vorhanden. Im Veranstaltungskalender der Stadt stehen alle paar Jahre verschiedene Highlights: zuletzt fand in Pfaffenhofen die Landesgartenschau statt, 2026 wird der nur alle sieben Jahre ausgetragene Schefflertanz erneut aufgeführt *(mehr unter www.pfaffenhofen.de)*. Ein wenig außerhalb, direkt neben dem örtlichen Sportplatz und dem Freibad, befindet sich der Wohnmobilstellplatz.

Gastrotipps Pfaffenhofen: Weinschwärmer**, Münchner Str. 9, **Café Agil** (Café), Löwenstr. 6

(342) Offizieller WOMO-Stellplatz: Pfaffenhofen an der Ilm

GPS: N 48°32'10" E 11°30'29", Ingolstädter Straße (Höhe Nr. 70).
Max. WOMOs: 15.
Ausstattung: Ver-/ Entsorgung und Strom (gegen Gebühr), beleuchtet..
Beschreibung: Ebene Plätze auf Schotterboden, meist schattig, Freibad gleich daneben, nicht immer ganz ruhig, 450 m in die Ortsmitte.
Preis: €.
Zufahrt: Das Zentrum in nördlicher Richtung über die Ingolstädter Straße verlassen. Etwa 120 m nach dem Kreisverkehr rechts ab.

Wolnzach

Spätestens während der Weiterfahrt nach **Wolnzach** werden Sie bemerken, dass Sie mitten in der Hallertau, dem größten Hopfenanbaugebiet der Welt, angelangt sind. Überall ragen die Holz-/ Stahlseilkonstruktionen in den Himmel, an denen sich die Rankpflanzen nach oben schlängeln. Und das mit beeindruckender Geschwindigkeit: bis zu 20 Zentimeter am Tag schafft eine Hopfenpflanze, man kann ihr sprichwörtlich beim Wachsen zusehen. Dies und noch viel mehr über die Bier-Würzpflanze, ihre Verarbeitung und Geschichte erfahren Sie im interessanten Wolnzacher **Hopfenmuseum**. Auch eine Übernachtungsgelegenheit hat der Ort zu bieten.

***Hopfenmuseum**: [N 48°36'15" E 11°37'42", Elsenheimer Str. 2], Di – So 10.00 - 17.00 Uhr, €, www.hopfenmuseum.de*

(343) WOMO-Badeplatz: Wolnzach (Freibad Wolnzach)

GPS: N 48°35'50" E 11°37'44", Hanslmühlweg 6. **Max. WOMOs:** 5.

Ausstattung: Ver-/ Entsorgung und Strom (gegen Gebühr).
Beschreibung: Plätze auf Asphalt am hinteren Ende des Freibadparkplatzes, wenig Schatten, nachts ruhig, rund 700 m ins Zentrum.
Zufahrt: Nach Ortseinfahrt die Gleise überqueren, dann die 2. Straße (Auenstraße) nach rechts nehmen. Nach knapp 300 m rechts ab der Beschilderung folgen.

Pfaffenhofen an der Ilm

Dass im Umkreis vor allem Hopfen- und Bierliebhaber auf ihre Kosten kommen, wird auch auf den nächsten Kilometern ganz deutlich. Es locken in erster Linie beschauliche Landgasthöfe und zünftige Brauereien zu einem Besuch. Unterwegs wechseln Sie vorübergehend in den Regierungsbezirk Niederbayern. Im etwas größeren, freundlichen Ort **Mainburg** gibt es eine weitere Übernachtungsgelegenheit am **Griesplatz** bei [**344:** N 48°38'27" E 11°47'01"] in der Ortsmitte.

Hopfenmuseum Wolnzach

Stellplatz Mainburg

Und auch das kleine Ratzhofen bietet mit dem **Schlossbiergarten Ratzenhofen** eine lauschige Adresse. An manchen Tagen lässt sich der Besuch sogar mit einer Schlossführung durch die sonst privat genutzten Gemäuer kombinieren. Am großen Wiesenparkplatz unterhalb des Weilers werden Sie kaum vertrieben, falls es mal eine Maß zuviel war, [**345:** N 48°41'24" E 11°48'27"].

***Schlossführungen Ratzhofen**: Dorfstr. 32, Mitte Apr – Sep, Fr – So, genaue Zeiten und mehr unter www.ratzenhofen.de*

Erlebnispfad Hopfen und Bier

Statt mit dem Wohnmobil können Sie die Strecke zwischen Mainburg und Ratzenhofen auch als (Rad)wanderung in Angriff nehmen. Der Erlebnispfad Hopfen und Bier begleitet Sie dabei. Er startet direkt am Parkplatz in Mainburg, passiert das Heimatmuseum und führt auf zwölf Kilometern entlang von 15 Info-Stationen zum Thema Bier und Braukunst als Rundkurs bis zum Ratzenhofener Biergarten und wieder zurück. Unterwegs genießen Sie herrliche Blicke ins Hopfenland, auf kleine Dörfer, Wäldchen und Obstgärten.

Gastrotipps Wolnzach: Nepomuk Stubn**, Schlossstr. 15, **Julias Café** (Café), Klosterstr. 1 | **Mainburg: Heimat****, Bahnhofstr. 19, **Café Beis** (Café), Landshuter Str. 1 | **Ratzenhofen**: **Schlossgarten****, Dorfstr. 32

Abensberg

Ungefähr in Höhe **Abensberg** wandelt sich das Bild langsam. Die auffälligen Hopfenäcker werden nun immer öfters von den

Vogel- und Tierpark bei Abensberg

mit weißen Planen abgedeckten Spargelfeldern abgelöst. Kurz vor der Stadt bietet sich eine kurze Fahrt nach links zum privaten **Vogel- und Tierpark** nahe der Stadt an. Auf dem Gelände mitten im Wald gibt es neben verschiedensten gefiederten auch einige Säugetiere zu sehen. Highlight sind die fast täglich stattfindenden Fütterungen der Greifvögel, Nasenbären, Stinktiere und anderen Bewohner um 14.30 Uhr.

***Vogel- und Tierpark**: Welschenbach 3, Mitte Mär-Okt, 9.00-18.00 Uhr, Erw. 4,90€, Kinder ab 5J. 3,50€, Familienkarten erhältlich*

In Abensberg selbst ist die beste Stellplatzgelegenheit der große **Parkplatz an der Gillamooswiese**, gleich rechts nach der Ortseinfahrt bei **[346:** N 48°48'44" E 11°50'37"]. Sowohl die historische **Altstadt** mit Festungs- und Stadtmauerresten und dem **Abensberger Stadtmuseum**, als auch die weit sichtbare **Kuchlbauer Bierwelt** sind nur wenige Gehminuten entfernt. Letztere hat sich mit dem **Hundertwasserturm** am Hof des Geländes selbst ein Denkmal gesetzt. Das auffällige Bauwerk im gewohnt verspielten, kantenlosen Stil des berühmten Künstlers ist seit seinem Bau zum Wahrzeichen der ganzen Stadt geworden und kann auf einer Führung durch die Weißbier-Brauerei auch von innen besichtigt werden. Im Preis ist natürlich eine Bierverkostung eingeschlossen.

Hundertwasserturm Abensberg

***Stadtmuseum**: Im Herzogkasten, Dollingerstr. 18, Di–So 10.00–17.00 Uhr, €, www.stadtmuseum-abensberg.de* | ***Kuchlbauer Bierwelt**: [N 48°49'02" E 11°50'33", Römerstr. 5], Führungen bis zu 14x täglich, 10.00 – 17.00, Anmeldung erforderlich unter Tel. 09443 91 01 50, €€. www.kuchlbauer.de*

Weltenburg

Zunächst Richtung Kelheim biegen Sie nach knapp zwei Kilometern links über das kleine Holzharlanden nach **Weltenburg** ab. Zur Besichtiung des berühmten Klosters und für eine eventuelle Wanderung oder Bootsfahrt am Donaudurchbruch parken Sie auf den großen Stellflächen am Donauufer, *(**[347:** N 48°53'32" E 11°49'24", Asamstraße], tags €, Mobiltoiletten)*.

Kloster Weltenburg und Donaudurchbruch

Schon seit rund 1400 Jahren besteht das bekannte Kloster an der Donau und ist, nur mit kurzen Unterbrechungen, seitdem fast durchgehend von Mönchen bewohnt. 617 wird es an Stelle eines alten römischen Handelspostens in einer Donauschleife gegründet und zu Beginn des 9. Jahrhunderts benediktinisch. Selbst die Brauerei ist nicht viel jünger – seit dem 11. Jahrhundert fließt das Bier schon aus den Sudkesseln des Klosterkellers.

Nachdem Sie die 800 Meter Fußweg bis zum Kloster zurückgelegt haben, empfängt Sie an schönen Tagen der gemütliche Biergarten der **Klosterschenke** im Innenhof, auch ein Busshuttledienst existiert. Spezialität ist natürlich das barock-dunkle Klosterbier. Gleich gegenüber befindet sich der Eingang der von außen schlichten, innen jedoch reich verzierten **Klosterkirche**, die frei zugänglich ist. Führungen werden mehrmals täglich angeboten *(€)*. Rechts daneben befindet sich der Eingang zum **Felsenkeller**. Dort können Sie mehr zur langen Geschichte des Klosters erfahren. Fossiles, Sakrales und auch Profanes zum Thema Bier kann in Augenschein genommen werden, verschiedene Filme werden mehrmals täglich gezeigt *(je nach Saison geöffnet 10.00 / 11.00 – 16.00 / 18.00 Uhr, €)*. Auch eine reine Brauereiführung können Sie am Felsenkeller buchen. Diese findet aber nur am Wochenende statt *(Mitte Apr – Okt, Sa / So 11.00 / 12.30 / 14.00 / 15.30 Uhr, €€)*.

Der Reiz Weltenburgs wird grossteils von der idyllischen Lage bestimmt. Um sich selbst ein Bild machen zu können, verlassen Sie den Klosterbau an der Nordseite und erreichen die vorgelagerte Uferbank. Kleine Boote bringen Sie für ein paar Euro zur anderen Seite der Do-

Kloster Weltenburg

nau hinüber, wo sie die hohen Felsen erklimmen können, um einen wahren Postkartenblick auf Weltenburg zur ergattern. Entlang dieses Weges können Sie auch bis Kelheim wandern und dann auf der Donausüdseite bis zum Kloster zurückgehen. Eine weitere Möglichkeit ist es nur eine Strecke zu Fuß zurückzulegen und ab / bis **Kelheim** mit dem Schiff zu fahren. Nur rund dreihundert Meter vom Kloster entfernt befindet sich der Anleger. Die Dauer beträgt, je nach Fahrtrichtung, 20 bis 40 Minuten und führt mitten durch den bekannten Donaudurchbruch. Unterwegs werden Sie auf verschiedene Gesteinsformationen, wie die Jungfrau und die Eidechse hingewiesen, auch die **Befreiungshalle** nahe Kelheim rückt ins Bild *(Mitte Mär – Mitte Apr und Okt etwa alle 90 Minuten von 9.30 – 16.15 Uhr, Sa / So ca. alle 45 Minuten bis 18.00 Uhr. Im Sommer halbstündlich bis ca. 18.00 Uhr. €).*

Römersiedlung Abusina

Bad Gögging

Der nächste Stopp kurz nachdem kleinen **Eining** bietet geschichtliches, geht dabei aber noch weiter zurück in die Vergangenheit als das Kloster zuvor. Frei zugänglich befinden sich direkt neben der Straße die Überreste der einstigen **Römersiedlung Abusina**. Vom ersten Jahrhundert bis etwa ins Jahr 430 stand an dieser Stelle zunächst ein recht großes Kastell samt Badehaus und umliegenden Gewerbeansiedlungen. Später wurde ein kleineres, aber stark befestigtes neues Auxiliarkastell errichtet – bis die Anlage schließlich bei einem Brand unterging. Aus allen Epochen sind Gebäudereste vorhanden, die mit Schautafeln und teils akustisch untermalt recht gut in Szene gesetzt werden. Ein Parkplatz ist neben dem Ausgrabungsgelände vorhanden.

Der Kurort **Bad Gögging** ist ein Ortsteil des dahinter liegenden, größeren **Neustadt an der Donau**. Zentrum ist die Badeanlage der **Limestherme** mit dem ringsum befindlichen Kurzentrum. Elf Badebecken stehen zur Entspannung bereit, die angeschlossene Römersauna, stilecht in einem entsprechend gestalteten Turm untergebracht, bietet ebenfalls mehrere Schwitzräume an. Neben der Therme wurde am Parkplatz ein recht großer Wohnmobilstellplatz eingerichtet.

Gastrotipps Eining: Biergarten an der Fähre*, Zur Überfuhr | **Bad Gögging**: **Alter Wirt***, Trajanstr. 4

***Limestherme**: Am Brunnenforum 1, 8.00 – 20.00 Uhr, Do. bis 22.00 Uhr, Sauna morgens ab 10.00 Uhr, Di nur für Damen, ab €€, www.limes-therme.de*

(348) Offizieller WOMO-Badeplatz: Bad Gögging (Stellplatz an der Limestherme)

GPS: N 48°49'01" E 11°47'23", Am Brunnenforum. **Max. WOMOs:** 3.
Ausstattung: Ver-/ Entsorgung, Strom.

Beschreibung: Abgetrennter Bereich eines Parkplatzes, durch Grünstreifen und Sträucher getrennt, Plätze auf Pflaster, eben, etwas Schatten, ungefähr 200 m in das Kurzentrum, zur Therme 100 m.
Preis: €.
Zufahrt: Von Eining kommend in Bad Gögging links beschildert zur Therme abbiegen. Direkt davor befindet sich der Parkplatz, die Womo-Einfahrt liegt im hinteren Bereich.

Am Weg nach Neustadt folgt auch noch der **Campingplatz Felbermühle**, *([**349:** N 48°49'00" E 11°46'14"], €€€, www.felbermuehle.de)* und ein Stück weiter am **Mauerner Badesee** gibt es weitere einfache Stellflächen für eine Nacht, [**350**: N 48°46'37" E 11°43'17", St2233].

Altmühltal

Noch ein ganzes Stück zieht sich Oberbayerns nordöstlichstes Eck ab Neustadt, immer ein Stück entfernt aber doch fast parallel zum Main-Donau-Kanal, durch den **Naturpark Altmühltal** hinauf bis zur Grenze in die Oberpfalz und nach Franken. Entlang der B299 kommen Sie durch ein landschaftlich schönes Gebiet bis nach Beilngries. Wenn Sie Kinder dabei haben, möchten Sie unterwegs vielleicht einen Abstecher zum **Dinosauriermuseum und -park** bei **Denkendorf**, ein Stück weiter westlich, unternehmen. Echte Skelette im Inneren und lebensgroße Modelle auf dem 1,5 Kilometer langen Erlebnispfad im Freigelände sorgen für einen spannenden Aufenthalt. Verschiedene Mitmachstationen laden zum Ausprobieren ein, zum Beispiel wie es sich anfühlt, selbst einmal als Paläontologe tätig zu werden.

Killerschildkröte im Dinopark Altmühltal

Zentrum Beilngries, unten Schloss Hirschberg

Dinosauriermuseum: *[N 48°57'07" E 11°28'10 ,Dinopark 1], Winter Mi – Fr 11.00 – 16.00 Uhr, Sa / So schon ab 10.00 Uhr, Sommer täglich 9.00 – 18.00 Uhr, €€, www.dinopark-bayern.de*

In **Beilngries** angekommen, thront über der Stadt das schon weithin sichtbare **Schloss Hirschberg**, heute ein Seminargebäude, das nur an ausgewählten Tagen besichtigt werden kann. Mehr dazu und viel Informationsmaterial über das Altmühltal erhalten Sie im Haus des Gastes in der **Touristeninformationsstelle**, Hauptstr. 14. Für Besucher des geschäftigen Ortes gibt es einen großen Tagesparkplatz direkt am Main-Donau-Kanal in der **Neumarkter Straße,** [N 49°02'26" E 11°28'18"]. Bei einem Rundgang durch die Altstadt fallen schnell die vielen noch erhaltenen Türme auf – ganze neun von ehemals zwölf stehen noch immer und vermitteln einen Eindruck vom einstigen Leben. Auch weitere schöne Bauten wie die **Stadtpfarrkirche**, die **Frauenkirche**, das **Kaiserbeckhaus** und der imposante **Getreidekasten** mit dem heute darin eingerichteten **Spielzeugmuseum** lohnen einen Blick hinein.

***Spielzeugmuseum**: Hauptstr. 49, Apr – Okt, Mo – Fr 14.00 – 16.00 Uhr, Sa 14.00 – 18.00 Uhr, So 10.00 – 18.00 Uhr, sonst nur Mi 14.00 – 16.00 Uhr und Sa / So 13.00 – 17.00 Uhr, €, www.museen-anno-dazumal.de*

Ein weiteres Highlight ist das **Brauereimuseum** im gut 1000 Quadratmeter großen, unterirdischen **Felsenkeller**. Zwischenzeitlich fast vergessen, wurde er nach Einstellung des Braubetriebes in den 1980er Jahren zur Erinnerung an die 500-jährige Braugeschichte des Ortes restauriert und umgestaltet. Der Zugang befindet sich gleich neben dem **Altmühltaler Abenteuerpark** mit Hochseilgarten und Kletterparcours.

Beilngries bietet inzwischen wieder einen Campingplatz an. Er befindet sich südwestlich des Zentrums, nahe des Freibades und Sportplatzes, **Camping Naturama**, *([**351**: N 49°01'35" E 11°28'11", An der Altmühl 24], Mai – Okt, €€€-€€€€, www.naturama-beilngries.de)*. Zum einmaligen Zwischenübernachten können auch die einfachen Parkflächen kurz zuvor am Sportplatz nach Anmeldung genutzt werden. Ein weiterer Campingplatz samt Badegelegenheit befindet sich ein Stück weiter außerhalb am **Kratzmühlsee**. Er bietet einen gehobenen Standard.

***Abenteuerpark**: [N 49°02'16" E 11°27'43", Bräuhausstr. 36], Parkplatz vorhanden, Braumuseum Mitte Apr – Okt, So 10.30 Uhr, Aug auch Do 10.30 Uhr, €, Kletterpark Jul / Aug, sonst an den Wochenenden und in Ferienzeiten 10.00 / 12.00 – 18.00 / 19.00 Uhr, www.altmuehltaler-abenteuerpark.de |*

Gastrotipps Denkendorf: Eis vom Funck (Eis), Riedenburger Str. 33 | **Beilngries**: **Gasthof Stern****, Hauptstr. 7, **Zur Krone****, Hauptstr. 20

(352) WOMO-Campingplatz: Kinding-Pfraundorf (Camping Kratzmühlsee)

GPS: N 49°00'13" E 11°27'06", Mühlweg 2.
Internet / Tel.: www.kratzmuehle.de
Ausstattung: WLAN, Waschmaschiene / Trockner, Spielplatz, Gaststätte, Minimarkt, Fahrradverleih, Massagen, vielfältige Sportangebote

Altmühltal

Beschreibung: Sehr großer Platz mit Stellflächen auf Rasen und Schotter, ruhige Lage direkt an der Altmühl, teils Schatten, 3,5 km bis Beilngries.
Preis: €€€-€€€€.
Zufahrt: Auf der Weiterfahrt Richtung Kinding linker Hand kurz vor dem Kratzmühlsee angeschrieben.
Tipp: Nur rund 300 Meter entfernt vom Platz befindet sich das nostalgische „**Technikmuseum anno dazumal**" das an weniger schönen Tagen einen netten Kontrast zu Natur und Freiraumaktivitäten bietet *(Apr – Okt Mi / Sa 14.00 – 18.00 Uhr, So schon ab 10.00 Uhr,€)*.

Unterwegs im Altmühltal

Das Altmühltal ist ein echtes Eldorado für Naturliebhaber. Unzählige Wandermöglichkeiten, Radwege und Ausflugsfahrten auf dem Fluss bieten tolle Möglichkeiten die Freizeit abwechslungsreich und aktiv zu gestalten.

Zwei Vorschläge für mögliche Radtouren:
Zum Radfahren ist das Altmühltat an sich geradezu ideal. „An sich" deshalb, weil wann immer Sie den Fluss verlassen eine ordentliche Steigung ansteht, die dann auf meist kurzer Strecke heftig ansteigend überwunden werden muss. Im Zweifelsfall bleibt dann nur der Rückweg über die Anfahrtsroute am Fluss oder das zeitweise Absteigen und schieben.

Tour 1: (52 km, 380 Hm) Ab Beilngries entlang des Altmühltal Radweges über den Kratzmühlsee und Kinding bis Kipfenberg (16 km), dort in westlicher Richtung rund 150 Meter ansteigend bis **Gelbelsee**. Rechts ab geht die Fahrt ein Stück parallel zur Autobahn weiter bis **Denkendorf** und dann westlich die A9 querend bis **Zandt**. Nun radeln Sie links ab nach **Dörndorf** und weiter, stetig in nordöstliche Richtung, durch die Dörfer **Bitz**, **Kirchbuch**, **Arnbuch** und **Wolfsbuch** nach **Vogelthal**. Sie durchkreuzen das Hochholz **Käferau** und können sich bei **Amtmannsdorf** entspannt zurücklehnen, wenn Ihr Radweg nun wieder die 150 Meter hinab zur Altmühl abfällt. In **Kottingwörth** finden Sie Anschluss an den Altmühltal-Radweg und folgen diesem noch für rund 5 Kilometer bis Sie erneut in Beilngries ankommen.

Tour 2: (61 km, 400 Hm) Ab **Kipfenberg** fahren Sie auf dem Altmühltal-Radweg durch **Arnsberg**, **Walting** *(hier Start der Kurzvariante)* und **Pfünz** bis **Eichstätt** *(etwa 30 km)*. Nach dem westlichen

Burg Kipfenberg

Stadtteil **Rebdorf** verlässt die Route das Tal und steigt rund 130 Meter zum **Blumenberg** an. Nach **Wegscheid** und **Wintershof** folgen Sie der größeren Straße nach **Wimpasing** und **Ziegelhof**. Richtung **Buchenhüll** touchieren Sie die Fränkische Alb und halten sixh dann durch das **Affental** bis zur Straße Richtung **Walting**. Für die Kurzvariante fahren Sie rechts ab zur Altmühl (37 km gesamt). Für die Haupttour geht es nach links bis **Götzeshard** weiter. Nun rechts weg nach **Hirnstetten** radeln und dort in südwestlicher Richtung den Weg bis **Pfahldorf** einschlagen. Auf Schotter düsen Sie das letzte Stück meist recht steil hinab zum Ausgangspunkt in Kipfenberg.

Burg Arnsberg

Wandern an der Altmühl:
Auch zum Wandern gibt es viele Möglichkeiten. Teils auf Rundwegen oder direkt entlang der Altmühl. Da markierte Wege beidseits des Flusses verlaufen, können Sie sich im Prinzip Ihren Lieblingsabschnitt aussuchen und nördlich des Flusses am Altmühltal-Panoramaweg soweit gehen wie Sie möchten. Fast immer direkt dem Flussufer folgend geht es dann über den Weitwanderweg E8 zurück zum Ausgangspunkt.

Nähere Informationen zu den einzelnen Wander- und Radelmöglichkeiten finden Sie unter www.naturpark-altmuehltal.de und bei den örtlichen Touristeninformationsstellen.

Unterwegs per Boot:
Eine beliebte Variante der Altmühl zu folgen ist auch eine Bootsfahrt direkt auf dem Fluss. Eine Variante wäre die „Tour de Baroque“ genannte Fahrt mit dem Fahrrad von Beilngries nach Berching und retour per Schiff oder umgekehrt *(einfach rund 21 km, Mai – Mitte Okt, Di / Do / Sa / So je 3x täglich zwischen 10.00 – 17.45 Uhr)*.
Noch mehr Spaß macht vielen eine Paddeltour im eigenen beziehungsweise gemieteten Paddelboot. Sie können Ihren Start- und Zielpunkt dabei weitgehend frei wählen. Der Bootsabtransport und ihre Rückfahrt zum Ausgangspunkt werden von den Vermietstationen organisiert, zum Beispiel in Beilngries durch den Bootsverleih Babiel *(An der Altmühl 2a)*, in Eichstätt durch die Kanuvermietung Glas, *(Industriestr. 18a)* oder Sport & Action Kanuvermietung Bacherle *(Pfahlstr. 29)*.

Auch wenn Sie lieber mit dem Wohnmobil „wandern“ erschließt sich zumindest ein Teil der landschaftlichen Schönheit auf den folgenden Kilometern. Spätestens in **Kipfenberg** sollten Sie erneut einen Stopp einlegen. Gleich oberhalb liegt nicht nur die geographische Mitte Bayerns, sondern auch das **Römer- und Bajuwarenmuseum** thront in der dortigen Burg. Die Exponate stammen allesamt aus den reichhaltigen Funden der näheren Umgebung. Eines der Highlights ist die Inszenierung eines erst in den 90er Jahren entdeckten germanischen Krieger-Grabes aus dem 5. Jahrhundert. Im einem römischen Turm nachempfundenen, benachbarten Limes-Infopoint erhalten Sie unterhaltsam aufbereitet viele nützliche Infos zu anderen geschichtsträchtigen Punkten der Region. Wenn Sie die Auffahrt über die schmale Berstraße wagen, steht ein recht großer, ruhiger Wanderparkplatz rund 300 Meter nach der Burg nahe dem „Mittelpunkt-Gedenkstein" für Besucher bereit, **[353:** N 48°56'48" E 11°24'12"]. Alternative, offizielle Übernachtungsgelegenheiten bietet der schöne **Azur-Campingplatz** am Ende des Ortes.

Römer- und Bajuwarenmuseum: *[N 49°02'16" E 11°27'43 , Burg], Jan – Mär und Nov / Dez nur So 10.00 – 16.00 Uhr, Apr / Mai Mo – Sa, Sep / Okt täglich, Jun –Aug täglich 10.00 – 18.00 Uhr, €, www.bajuwaren-kipfenberg.de*

(354) WOMO-Campingplatz: Kipfenberg (Azur-Camping)

GPS: N 48°56'55" E 11°23'20", Campingstr. 1.
Internet: www.azur-camping.de.
Öffnungszeiten: April bis Oktober.
Ausstattung: Recht große Stellplätze auf Rasen direkt an der Altmühl, wenig Schatten, ruhige Lage, Einkaufsmöglichkeiten benachbart, Gastronomie in der Nähe.
Beschreibung: Grasplatz vor der Schranke des Campingplatzes für eine Zwischenübernachtung ganz gut geeignet, ringsum Bäume, am Platz selbst alle Einrichtungen, 400 m in den Ort.
Preis: €€€-€€€€, Womohafen €€.
Zufahrt: Im kleinen Ort nach rechts angeschrieben.

Einen besonders schönen Aussichtsplatz über das Altmühltal, entweder von einer ruhigen Bank in der alten Burgruine oder gleich daneben vom Biergarten im Schlosshof aus, finden Sie oberhalb von **Arnsberg**. Die beschilderte Zufahrt zieht sich etwas, ist aber dafür wenig steil und gut passierbar. Gäste dürfen auf Anfrage am Parkplatz vor dem Schloss-Gasthof übernachten. **[355:** N 48°55'39" E 11°22'49"]. In Güngolding folgt dann ein Rastplatz für Bootsfahrer, an dem halboffiziell auch mit dem Womo übernachtet werden kann.

(356) WOMO-Stellplatz: Güngolding

GPS: N 48°55'20" E 11°21'19", Turmstraße. **Max. WOMOs:** 5-6..
Ausstattung: Wasser, Toiletten, Mülleimer..
Beschreibung: Guter, einigermaßen ebener Rasenstellplatz am Dorfrand neben einem Tipidorf und einem Rastplatz für Bootstouristen. Kein Schat-

ten, ruhig, schöne Lage.
Preis: €.
Zufahrt: In Güngolding rechts über die Brücke fahren, dann gleich wieder rechts in die Turmstraße und bis zum Platz am Ortsende immer geradeaus.
Hinweis: Sollte der Platz nicht nutzbar / belegt sein, käme auch der recht schräge Wanderparkplatz oberhalb des Ortes bei [N 48°55'39" E 11°21'08", Holzweg] in Frage.

Stellplatz 357

Die nächste Burg oder genauer gesagt ein Nachbau dessen was einst dort stand, wartet schon wenige Kilometer weiter in **Pfünz**. Oberhalb der Felsen wurde das römische **Auxiliarkastell Vetoniana** nachgebaut. Teile des Mauerkörpers und ausgestattete Wachtürme lassen sich erforschen, die Rekonstruktion der Anlage aus dem 3. Jahrhundert soll aber noch weitergehen. Das Kastell ist frei zugänglich, der rekonstruierte Teil im Winter nicht. Die Bergstraße nach oben ist äußerst schmal und steil, daher parken Sie besser unterhalb, gleich an der Ortseinfahrt rechts in der **Eichstätter Straße** und nehmen den 15-minütigen Fußweg auf sich. Ein letzter Picknickplatz am Fluss bevor Sie Eichstätt erreichen, befindet sich nur wenige hundert Meter entfernt, gleich nach der nächsten Altmühlbrücke rechts ab bei [**357:** N 48°53'25" E 11°15'33"].

Gastrotipps Kinding: Landgasthof Wagner**, Unteremmendorf 5 | **Walting**: **Zum Alten Wirt****, St. Marien Str. 4 | **Risshofen**: **Gasthof Bauer****, Dorfstr. 15

Eichstätt

Trotz gerade einmal knapp 15.000 Einwohnern darf sich **Eichstätt** Universitätsstadt nennen. An der Katholischen Universität werden an 8 Fakultäten über 20 Studiengänge angeboten. Obwohl das den Altersdurchschnitt der Eichstätter senkt und die Anzahl der zumindest vorübergehend im Ort lebenden Menschen steigern mag, bleibt das Leben recht beschaulich, ruhig und geschichtsträchtig – 2008 feierte die Stadt das 1100-jährige Bestehen. Die schöne Innenstadt erschließt sich am besten zu Fuß, zum Beispiel vom Großparkplatz an der **Inneren Freiwasserstraße** aus, bei [N 48°53'42" E 11°10'48"]. Im hinteren Teil lassen barrierefreie, für Busse vorgesehene Einfahrten auch Womos zu. Zum Übernachten sind die extra angelegten Stellplätze ein Stück talabwärts besser geeignet.

Eichstätt, unten mit Altmühl, rechts mit Marktplatz

(358) Offizieller WOMO-Stellplatz: Eichstätt

GPS: N 48°53'04" E 11°11'51", Schottenau/Schottenwiese.
Max. WOMOs: 40+.

Ausstattung: Ver-/ Entsorgung, Strom (30x) und Toiletten / Duschen (gegen Gebühr), Grill- und Spülgelegenheit.
Beschreibung: Schöner, recht ruhiger Stellplatz auf Schotter zwischen einem Großparkplatz und dem Ufer der Altmühl. Teils schattig, recht eben, Mai bis Aug 8.00 Uhr Brötchenservice am Platz, gut 1000 m in den Ort, es fährt auch ein Bus vom Parkplatz neben dem Platz ins Zentrum.
Preis: €.
Zufahrt: Nach Ortsbeginn links in die große Pirkheimer Straße einbiegen, dann die nächste rechts in die Schottenau und den Schildern links ab zum Platz folgen.

Unterwegs in Eichstätt

Für einen Spaziergang durch die Innenstadt nehmen Sie ab dem Parkplatz an der **Inneren Freiwasserstraße** die Uferpromenade flussaufwärts bis zur kleinen Brücke an der Herzoggasse, die sie ostwärts bis zum **Marktplatz** führt. Geradeaus durch die Gabrielistraße und vor allem durch die Marktgasse ziehen sich mehrere Geschäfte, entlang des verkehrsberuhigten, gebogenen Marktplatzes befinden sich viele Cafes und Gasthöfe. Durch eine kleine Passage erreichen Sie dann den **Domplatz**. Der **Dom** selbst ist das klerikale Zentrum des Bistums und wirkt mit seinen gewaltigen Dimensionen beinahe zu groß für die kleinen Gässchen und Häuschen ringsum – er bringt es auf eine Gesamtlänge von mehr als 100 Metern. Je nachdem ob Sie am Platz links oder rechts herum weitergehen, folgen Sie der Pfahlstraße oder Holbeingasse und betreten am Ende jeweils den **Residenzplatz**. Dort befindet sich südlich des Doms der Eingang zur **Diözesansammlung**, die in zwölf Ausstellungsräumen viel Kirchengeschichtliches und Kunsthistorisches zeigt *(Residenzplatz 7, Apr – Okt, Mi – Fr 10.30 – 17.00 Uhr, Sa / So ab 10.00 Uhr, €, dioezesanmuseum-eichstaett.de)*. Vom Wohnmobilplatz aus kommen Sie übrigens, immer entlang der Altmühl und vorbei am **Hofgarten**, genau hier in der Altstadt an.
Nach links stellt die als Ringstraße fungierende Luitpoldstraße die Ver-

bindung bis zur Marktgasse her. Wenn Sie wollen, können Sie sich auch rechts über den **Leonrodplatz** und dann gleich wieder links auf den **Kardinal-Preysing-Platz** zum **Altmühltal-Informationszentrum** in der ehemaligen Notre-Dame-Kirche begeben, das so ziemlich alles an Informationsmaterial über die Region zur Verfügung stellt, was vorhanden ist. Auch eine Ausstellung zum Naturpark ist dort eingerichtet *(Kardinal-Preysing-Platz 14, Mo – Fr 9.00 - 17.00 Uhr, Sa / So ab 10.00 Uhr, Pfingsten bis Ende der bayerischen Sommerferien bis 18.00 Uhr. Von Nov – Ostern nur 9.00 – 12.00 Uhr, Mo – Do auch 14.00 – 18.00 Uhr, www.naturpark-altmuehltal.de).*

Vom Parkplatz aus in die andere Richtung, zur Hauptstraße hin, gelangen Sie, etwa in Höhe der bereits erwähnten Brücke an der Herzoggasse, über die Burgstraße hinauf zur **Willibaldsburg**. Für rund 500 Meter steigt die Straße stetig an. Da Sie oben aber von einem schmalen Torbogen ohne Wendemöglichkeit erwartet werden, müssen Sie Ihr Wohnmobil tunlichst unten stehen lassen und zu Fuß gehen. Im Inneren der Anlage ermöglicht das naturgeschichtliche **Jura Museum** einen 150 Millionen Jahre Blick zurück in die Geschichte der Erde. Besonders stolz ist man auf den nicht weit entfernt gemachten Fund eines Archaeopteryx-Flugsauriers, dem ein eigener Saal gewidmet wurde. Viele Ablagerungen und Versteinerungen aus den Plattenkalkschichten der lokalen Gesteinsformationen vermitteln einen Eindruck wie das Leben in der Urzeit an dieser Stelle einmal ausgesehen haben mag. Das separate **Museum für Ur- und Frühgeschichte** auf der Burg setzt sich mit Steinzeit, Frühmittelalter und der regionalen Entwicklung auseinander *(Willibaldsburg, Juramuseum: Di –So 9.00 - 18.00 Uhr, Okt - Mär nur 10.00 – 16.00 Uhr, €, www.jura-museum.de, Museum für Frühgeschichte: Öffnungszeiten wie zuvor, www.museumfuerurundfruehgeschichte.de).*

Villa Rustica Möckenlohe

Falls Sie beim Besuch des Jura Museums Lust bekommen haben sich selbst einmal auf die Suche nach Fossilien zu machen, können Sie gleich hinter Eichstätt Ihr Glück versuchen. Folgen Sie dazu der B13 noch ein kleines Stück in Richtung Weißenburg, bis nach einigen Aussichtskehren linksseitig der **Fossiliensteinbruch Blumenberg** angeschrieben steht. Nach einer informativen Einführung und mit Hammer und Meißel ausgerüstet dürfen Sie dann selbst ein wenig durch die Plattenschichten graben. Mit ein bisschen Geduld werden Sie garantiert Ablagerungen kleiner Krebstiere, schneckenartiger Tiere und vielleicht sogar mehr finden. Was man so alles ausbuddeln kann, sehen Sie ganz genau im zugehörigen, nahen **Museum Bergér** das voller Versteinerungen steckt.

***Fossiliensteinbruch**: [N 48°53'48" E 11°08'54",Kinderdorfstraße], Wetterabhängig Apr – Okt 10.00 – 17.00 Uhr, €, Werkzeugset erhältlich | **Museum Bergér**: Harthof 1, Apr – Sep, Mo – Fr 13.30 – 17.00 Uhr, Sa / So und Jun – Aug 10.00 – 17.00 Uhr, €, www.museum-berger.de*

Gastrotipps Eichstätt: Maletter**, Domplatz 1, **Schneider`s****, Pfahlstr. 25, **Chocolatique** (Café), Marktplatz 22

Verlassen Sie nun die Altmühltal-Region und halten Sie sich wieder südlich in Richtung Ingolstadt. Unterwegs können Sie noch einen Halt einplanen, zum Beispiel in **Möckenlohe**. Am Rande des Dorfes wurde an historischer Stelle eine römische **Villa Rustica** rekonstruiert und wiederbelebt, samt Tieren und Inventar.

***Villa Rustica**: [N 48°49'27" E 11°14'09", Tauberfelder Weg], Ostern – Okt, Mo – Fr 15.00 – 16.00 Uhr, Sa / So 13.00 - 17.00 Uhr, www.roemervilla-moeckenlohe.de*

Ingolstadt

Über **Wolkertshofen** und **Buxheim** finden Sie Ihren Weg zur B13, die Sie nach **Ingolstadt** bringt. Bevor Sie sich ins Zentrum der drittgrößten Stadt Bayerns begeben, können Sie, je nach Interessenlage, noch zwei Stopps in der Peripherie einplanen. Zunächst ist da das **Audi Forum**, welches Sie mit nur einmaligem Abbiegen nach Norden in der

Im Audi Forum

Ettinger Straße erreichen. Der große deutsche Autobauer hat in Ingolstadt seinen Hauptsitz und sich gleich neben dem Hauptwerk mit einem eigenen Ausstellungsbereich zur Unternehmensgeschichte ein Denkmal gesetzt. Historische und neue Exponate werden zeitgemäß präsentiert, empfehlenswert ist eine der kurzweiligen Führungen. Wochentags lässt sich der Besuch mit einer zusätzlichen Werksführung durch die Betriebshallen kombinieren.

***Audi Forum**: [N 48°47'00" E 11°24'46", Ettinger Straße], Museum 9.00 – 18.00 Uhr, Werksführungen laufend nur werktags bis 17.30 Uhr, Museumsführungen mehrmals täglich, Anmeldung über das Infodesk im Foyer, www.audi.de/de/foren/de/audi-forum-ingolstadt.html*

Stellplatz Ingolstadt Village

Am etwas außerhalb gelegenen Shopping-Outlet-Paradies **Ingolstadt Village** wurde an ein paar einfache Stellplätze für Wohnmobile gedacht, [**359**: N 48°47'07" E 11°28'38", Marie-Curie-Straße] – damit die Kunden wirklich bis zur letzten Minute in einem der 120 Markenshops einkaufen können! Natürlich gibt es auch Gastronomieangebote, einmal angekommen kann man also tatsächlich den ganzen Tag bleiben... falls Geldbeutel und die eigene Kondition das mitmachen. Der zentral gelegene Wohnmobilstellplatz am Altstadtring in der Jahnstraße befindet sich zwischen dem städtischen Frei- und Hallenbad. Auch wenn Sie nur für ein paar Stunden und nicht über Nacht bleiben der erste Anlaufpunkt. Nur wenn Sie es ruhiger und komfortabler wünschen oder einen längeren Aufenthalt planen ist der Campingplatz am Stadtrand die bessere Alternative.

Altes Rathaus, unten Stadtpanorama

(360) Offizieller WOMO-Stellplatz: Ingolstadt

GPS: N 48°45'37" E 11°25'13", Jahnstr. 9. **Max. WOMOs:** 12-14.
Ausstattung: Ver-/ Entsorgung und Strom (gegen Gebühr), Toiletten.

Beschreibung: Extra angelegte, schattige Wohnmobilplätze auf Asphalt im hinteren Bereich des Großparkplatzes zwischen Hallen- und Freibad. Neben dem Flussufer. Nachts nicht ganz leise, dafür unmittelbar am nur 300 m entfernten Zentrum.
Preis: € (nur wochentags zwischen 7 und 18 Uhr).
Zufahrt: Direkt am westlichen Altstadtring, Beschilderung beachten.

(361) WOMO-Campingplatz: Ingolstadt (Azur Waldcamping)

GPS: N 48°45'14" E 11°27'49", Am Auwaldsee 1.
Internet: www.azur-camping.de
Ausstattung: Waschmaschine / Trockner, Gastronomie mit Biergarten, Brötchenservice, Badesee neben dem Platz, Spielplatz.
Beschreibung: Im Grünen gelegener und schattiger Platz am Auwaldsee, etwa 3,7 km in die Stadt, nicht immer ganz eben, ruhig.
Preis: €€€-€€€€, 10% Ermäßigung bei Onlinebuchung, Womohafen davor €€.
Zufahrt: Von der B16a östlich der Innenstadt rechts ab über die Peisserstraße Richtung Auwaldsee fahren. Nach der Autobahnunterführung rechter Hand.

Neues Schloss

Unterwegs in Ingolstadt

Die Stätte Ingold wurde erstmals 806 in einer Urkunde Karls des Großen erwähnt. Die strategisch günstige Donaulage förderte den Aufstieg der befestigten Siedlung. 1250 wurden Stadtrechte verliehen und die ersten herzoglichen Palais und Residenzen entstanden. Von 1392 bis 1447 war Ingolstadt sogar Hauptstadt des damaligen Herzogtums Bayern-Ingolstadt. Schon früh wurde auch eine Universität errichtet, die erste und bedeutendste im Lande, bis sie im 19. Jahrhundert zunächst nach Landshut und später nach München verlegt wurde. Zur gleichen Zeit begann der Ausbau zur Landesfestung durch Leo von Klenze für eine 20.000 Mann starke Kavalerie. Die Bauarbeiten dauerten ganze 20 Jahre.

Sie betreten vom Parkplatz an der Jahnstraße aus die Altstadt auf der gegenüberliegenden Seite durch den **Taschenturm**, ein Nebentor der mittelalterlichen Stadtmauer und zweigen dann, die dritte Straße links, in die Goldknopfgasse ab. Das Gebäude links von Ihnen, die **Hohe Schule**, war über drei Jahrhunderte, bis ins Jahr 1800, die erste bayerische Landesuniversität. Gleich weiter nach rechts, durch die gleichnamige Straße, kommen Sie im verkehrsberuhigten Bereich an. Rechts, im **Pedellhaus** können Sie ein **Heimatmuseum** besuchen. Es zeigt überraschenderweise keine Sammlung aus der Region, sondern widmet sich der nordböhmischen Stadt Niemes und dem Böhmerwaldkreis Prachatitz *(Hohe-Schul-Str. 2, nur 2. So im Monat 14.00 – 16.00 Uhr, kostenlos)*. Die folgende **Dollstraße** wird gleich beidseits von Lokalitäten gesäumt und mündet in die breitere **Moritzstraße**. Direkt vor sich sehen Sie dort das **Alte Rathaus**, bis heute Sitz des Oberbür-

Alte Anatomie

germeisters. Seine Fassade im Renaissancestil geht auf Gabriel von Seidl zurück, der sie 1882 schuf. Rechts herum öffnet sich der Weg zum großen, modern anmutenden **Rathausplatz** hin, am hinteren Ende mit den **Neuen Rathaus**. Auch die **Touristeninformationsstelle** finden Sie hier. Nehmen Sie die Passage unter dem Haus hindurch, schließt sich eine Querstraße weiter der **Viktualienmarkt** und **Theaterplatz** an. Jeden Mittwoch und Samstag werden bis heute regionale Waren vor Ort gehandelt. Falls Sie an Kunst Interesse haben, können Sie rechts einen kurzen Abstecher, in die Tränktorstraße zum **Museum für Konkrete Kunst** machen. Dauer- und Wechselausstellungen zeigen auf rund 1000 Quadratmetern in der ehemaligen Donaukaserne Exponate wichtiger Künstler dieser Stilrichtung *(Tränktorstr. 6, Di – So 10.00 – 17.00 Uhr, €, www.mkkd-ingolstadt.de)*.

Hinter dem etwas klobigen, aber preisgekrönten Theaterbau gehen Sie über den Parkplatz bis zum **Neuen Schloss** aus dem 15. Jahrhundert. Rechts, über den **Theatersteg**, können Sie nun für eine Weile das Donauufer wechseln, um ein Stück durch den **Klenzepark** zu spazieren. Er wurde um die vom namensgebenden Architekten angelegte klassizistische Festungsanlage geschaffen. Links befindet sich die **Flankenbatterie**, dahinter das **Bayerische Polizeimuseum** im **Turm Triva** *(Paradeplatz 4, Di – Fr 9.00 – 17.30 Uhr, Sa / So ab 10.00 Uhr, €, www.armeemuseum.de)*. Rechts befindet sich mit dem **Reduit Tilly** der größte Teil des Festungswerks. Er beherbergt die Abteilung Erster Weltkrieg des **Bayerischen Armeemuseums** und zeigt eine der umfangreichsten Ausstellungen zu diesem Thema in ganz Deutschland *(Eintritt / Öffnungszeiten wie Turm Triva)*.

Zurück auf der Altstadtseite durchschreiten Sie das **Schlosstor** *(nur bis 17.00 Uhr geöffnet, später müssen Sie um das Schloss herum gehen)* und gelangen in den Schlosshof. Im Gebäude befindet sich der zweite Teil des **Armeemuseums**. Er befasst sich mit der Zeit vom Mittelalter bis ins 19. Jahrhundert *(Preise / Öffnungszeiten siehe Turm Triva, bis Mitte 2016 wegen Umbau geschlossen)*. Vorbei an den verzierten Kanonen führt der Weg nun durch den barocken **Uhrturm** hindurch bis zum **Paradeplatz** mit dem Kaiser-Ludwig-Brunnen. Daran schließt sich die Fußgängerzone mit vielen Geschäften entlang der Ludwigstraße an. Wenn Sie möchten, drehen Sie nach rund 100 Metern links in die Hallstraße ab, um einen Blick auf den **Herzogkasten** zu werfen. Das ehemalige Schloss stammt aus dem 13. Jahrhundert und war erster Herzogssitz in Ingolstadt. Er gilt als ältester Profanbau der Stadt. Über den **Carraraplatz** mit der ehemaligen kurfürstlichen Reitschule und

die Reitschulgasse stoßen Sie wieder auf die Ludwigstraße, der Sie weiter nach links folgen. Gleich vor Ihnen ragt an dieser Stelle das **Ickstatthaus** auf. Es wartet mit Süddeutschlands höchster Barockfassade auf. Wenn Sie Interesse an Kirchenbauten haben, nehmen Sie die Straße Am Stein rechts ab, vorbei an der **Franziskanerbasilika** bis zur **Gnadenthalkirche** und dann links durch die **Johannesstraße** bis zum **Tillyhaus** und der bekannten **Asamkirche**. Im Inneren gibt es ein beeindruckendes Deckenfresko Asams und die wertvollste Monstranz der Welt zu sehen. Die Konviktstraße bringt Sie zum Hauptweg zurück auf dem Sie, ohne diese Kirchenschleife zu drehen, direkt zum **Liebfrauenmünster** am Ende der Fußgängerzone gelangt wären. Er gehört zu den größten spätgotischen Hallenkirchen und besitzt einen prachtvollem Hochaltar. Vor sich sehen Sie das turmbesetzte **Kreuztor**. Wenn Sie es durchkreuzen und dann rechts Auf der Schanz etwa 200 Meter weitergehen, können Sie links in der Von-der-Tann-Straße noch einen großen Museumskomplex mitnehmen. Neben dem **Stadtmuseum** hat dort im **Kavalier Hepp** auch das **Spielzeugmuseum** und das **Europäische Donaumuseum** einen Standort gefunden *(Auf der Schanz 45, Di – Fr 9.00 – 17.00 Uhr, Sa / So ab 10.00 Uhr, €).*
Wenn Sie am besten schon vor dem Kreuztor links in die kleine **Brunnhausgasse** abzweigen, gelangen Sie schließlich zur letzten Station des Rundgangs, der **Alten Anatomie**. In dem schönen, barocken Bau, mit medizinischem Garten davor, ist das **Deutsche Medizinhistorische Museum** eingerichtet. Es zeigt eine einzigartige Sammlung zum Thema und veranschaulicht den Fortschritt der Medizin von der Antike bis in die Gegenwart. Herzstück ist der ehemalige anatomische Hörsaal mit seinen Skeletten, Präparaten und anatomischen Bildtafeln *(Anatomiestr. 18, Öffnungszeiten wie Spielzeugmuseum, www.dmm-ingolstadt.de).* Nur wenige Meter weiter schwenken Sie durch den Taschenturm rechts ab zurück zum Ausgangspunkt Ihres Rundgangs.

Gastrotipps Ingolstadt: Schanzer Rutschn**, Kanalstr. 1a, **Gasthaus Daniel****, Roseneck 1, **Weißbräuhaus****, Dollstr. 3, **Gasthof zum Anker****, Tränktorstr.1, **Café am Schloss** (Café), Balllhausstr. 2, **Anna Ingolstadt****, Theresienstr. 19, **Neue Galerie Das Mo****, Bergbräustr. 7

Manching und Karlskron

Der nächste interessante Stopp nach Ingolstadt ist der Markt **Manching**. Als Keltenhauptstadt vermarktet man sich selbst gern. Tatsache ist, dass tatsächlich vor über 2000 Jahren diese Volksgruppe, von der man heute nur mehr wenig weiß, an Ort und Stelle eine der bedeutendsten keltischen Städte errichtet hatte. Im modernen **Kelten Römer Museum** unweit des Stellplatzes wird dem gedacht und viele Schaustücke, wie zum Beispiel einer der bislang größten entdeckten Goldschätze aus dieser Zeit, präsentiert. Auch die Römerzeit lebt wieder auf. Sie siedelten zur Grenzsicherung und errichteten Militärlager in der Umgebung.

***Kelten Römer Museum**: Im Erlet 2, Feb – Nov, Di – Fr 9.30 – 16.30 Uhr, Sa / So 10.30 – 17.30 Uhr, Dez / Jan jeweils eine Stunde kürzer, €, www.museum-manching.de*

(362) Offizieller WOMO-Stellplatz: Manching (Stellplatz am Braunweiher)

GPS: N 48°42'39" E 11°29'46", Am Braunweiher. **Max. WOMOs**: 15-20.
Ausstattung: Ver-/ Entsorgung (gegen Gebühr).
Beschreibung: Zwischen Hauptstraße und Weiher gelegener Schotter-/ Asphaltparkplatz am Rand von Manching, relativ laut, kein Schatten, 600 m in den Ort.
Zufahrt: Von der B16 nach der Autobahnquerung links ab nach Manching einfahren, dann gleich auf der linken Seite.

Südwestlich von Ingolstadt und Manching erstreckt sich eine große Flachlandebene, Süddeutschlands größtes Niedermoor. Eine ganze Reihe Badeseen liegen darin verteilt, und manche sind auch mit dem Wohnmobil gut ansteuerbar. Fahren Sie zunächst über die St2335 südöstlich in Richtung Geisenfeld und in einer langgezogenen Linkskurve zum Weiler Fuchsbau ab. Die **Brandseen** sind keine zwei Kilometer entfernt. Die ehemaligen Kiesgruben sind nur selten überfüllt, auf den Parkflächen kommen somit auch etwas größere Gefährte meist gut unter. Bei [**363**: N 48°40'48" E 11°31'15"] oder schon kurz zuvor können Sie übernachten. Folgen Sie dem schmalen Sträßchen weiter in den Wald hinein. An der nächsten Kreuzung mit Picknickbank biegen Sie nach rechts ab und stoßen nach der Autobahnbrücke rechter Hand auf den **Baarer Weiher**. Es gibt eine ganze Reihe Gelegenheiten zum Baden und Parken, entweder schon Richtung Gaststätte Hexenhäusl rechts ab oder kurz darauf, zum Beispiel bei [**364**: N 48°40'36" E 11°29'38", Am See].

Stellplätze 363, 364 und 365

Über **Karlskron** geht es weiter zum **Haus im Moos**. Hinter dem Namen verbirgt sich eine Umweltbildungsstätte mit Ausstellung und Freilichtmuseum, die den Besucher in die 200-jährige Besiedlungsgeschichte dieses besonderen Naturraums entführt. Das Leben der Kolonisten in der nassen und unfruchtbaren Landschaft war lange Zeit entbehrungsreich. Erst um 1900 brachten moorverträglichere Getreide- und Kartoffelsorten den lang ersehnten Aufschwung. Von diesen Geschichten erzählen die vier umgebetteten, alten Moorbauernhöfe und das Heimatmuseum im Haupthaus. Im Freigelände verlaufen außerdem drei Erlebnispfade.

***Haus im Moor**: [N 48°40'22" E 11°20'23", Kleinhohenried 108], Jun – Okt Mo – Fr 8.00 – 17.00 Uhr, Sa ab 13.00 Uhr, So ab 11.00 Uhr, Nov – Mär Di – Do 8.00 – 17.00 Uhr, Fr 8.00 – 13.00 Uhr, €, www.haus-im-moor.de*

Am Weiterweg zur letzten Station auf Ihrer Tour durchs nördliche Oberbayern können Sie in **Karlshuld** noch rechts Richtung **Weichering** abbiegen und dem **Kleinen Leitner Weiher** einen Badebesuch abstatten. Entlang des Südufers am **Grünweg** kann man auch über Nacht parken, [**365:** N 48°42'14" E 11°19'13"].

Neuburg an der Donau

Neuburg an der Donau bietet mit seinem hoch über die Donau aufragenden Schloss eine wunderbare Kulisse und verdient es, den kleinen Haken nach Norden mitzunehmen, bevor Tour 15 Sie wieder retour Richtung Süden leitet. Zunächst benötigen Sie einen Stellplatz. Zur Auswahl steht der kleine, etwas improvisiert wirkende **Campingplatz am Ruderclub** am Donau-Südufer und fast direkt gegenüber der offizielle Stellplatz der Stadt, *([**366:** N 48°44'21" E 11°11'13", Oscar-Wittmann-Str. 5], €€€, Mai – Okt, www.drcn.de)* .

(367) Offizieller WOMO-Stellplatz: Neuburg an der Donau (Stellplatz Schlösslwiese)

GPS: N 48°44'25" E 11°11'02", Zur Ringmeierbucht. **Max. WOMOs:** 30+.
Ausstattung: Ver-/ Entsorgung, Toiletten.
Beschreibung: Am asphaltierten Parkplatz links befindet sich der Wohnmobilstellplatz auf Schotter, direkt an der Donau gleich dahinter. Recht ruhig und teils schattig, nicht ganz eben, rund 600 m in den Ort.
Zufahrt: Nördlich der Isar nach der Elisenbrücke rechts abfahren, dann kommt der Parkplatz direkt vor Ihnen linksseitig.

Unterwegs in Neuburg an der Donau

Wenn Sie an der Schlösslwiese parken, gehen Sie zunächst über die **Elisenbrücke** hinüber zur Altstadt. Die Luitpoldstraße teilt das Zentrum in zwei Teile. Links von Ihnen befindet sich das neuere Geschäftszentrum. Es beginnt direkt hinter dem **Donaukai** mit dem Fährmannsbrunnen. Hier findet jährlich im Mai das Fischerstechen, ein Lanzenturnier auf Fischerbooten, statt. Nur eine Straße weiter nach Süden erreichen Sie den **Schrannenplatz** mit der Markthalle und auch den **Spitalplatz** sowie einige verkehrsberuhigte Bereiche in der Unterstadt. Bummeln Sie doch ein wenig herum, verlaufen werden Sie sich kaum, dazu ist der Stadtteil zu übersichtlich. Rechts von der Luitpoldstraße, ein ganzes Stück erhöht in der Oberstadt, befindet sich die interessante alte Bausubstanz rund um das **Schloss Neuburg**. Die ansteigende Parkanlage dazwischen, der Hofgarten, kann entweder über eine Treppe oder links davon über die Hofgartenstraße überwunden werden. Nahe letzterer sehen Sie links von sich die Reste der alten Stadtmauer mit der **Burgwehr**. Die ehemalige Eckbastion aus dem 15. Jahrhundert diente später als Aussichtsturm und nach 1928 für einige Jahre sogar als Kneippkurheim. Oben am **Ottheinrichplatz** finden Sie die **Touristeninformationsstelle**. Halten Sie sich zunächst links durch die Landschaftsstraße. Gleich das erste Haus schräg rechts vor Ihnen ist das **Stadttheater** im ehemaligen Getreidekasten. Gegenüber steht der **Fürstliche Marstall** des Pfalzgrafen Philipp Ludwig, eine dreischiffige Halle mit Kreuzrippengewölbe. Immer weiter geradeaus durch die Herrengasse spazieren Sie am Ende der Straße bis zur Kirche **St. Peter**. Sie war erste Pfarrkirche im 7. Jahrhundert, der jetzige, neuere Bau stammt allerdings aus frühbarocker Zeit und wurde um 1646 fertig gestellt. Links ab würden Sie zum westlichen Zugang gelangen, dem **Oberen Tor** mit der alten **Vogtei**. Sie wird auch die Münz genannt und entstand wohl aus einer keltischen Wehranlage, die später von den Römern übernommen und umgebaut wurde. Der Name geht auf die Nutzung als Münzstätte im 16. Jahrhundert zurück. Rechts neben der Kirche ist im **Weveldhaus**, einem ehemaligen Adelspalais, das **Stadtmuseum** untergebracht. Es gibt Einblick in die Historie und zeigt Stücke zur Herrschafts-, Religions- und Bürgergeschichte der kleinen Stadt *(Amalienstr. 19, Mitte Mär – Dez, Di – So 10.00 – 18.00 Uhr, €)*. Das nächste alte Bauwerk, schon am Westende des Karlsplatzes mit seinen 200-jährigen Linden ringsum, ist die **Provinzialbibliothek**

Neuburg an der Donau

von Neuburg. Sie wurde im Stil des Frührokoko erbaut und wurde im Obergeschoss mit wertvollen, barocken Schränken bestückt. In der Platzmitte steht der Marienbrunnen, dahinter sehen Sie das **Rathaus** mit einer stattlichen Freitreppe, am Eingangsportal prangt das Stadtwappen. Die **Städtische Galerie** ist im Erdgeschoss untergekommen. Den Ostabschluss bildet das größte Gebäude im Rechteck, die mächtige **Hofkirche** „Unserer lieben Frau". In nur zwei Jahren, 1607 / 1608 erbaut, ist sie ein bedeutendes Bauwerk der Spätrenaissance. Die Stuckarbeiten wurden, original italienisch, von den Gebrüdern Castello aus Rovereto ausgeführt. Dahinter schließt sich der Barockbau des ehemaligen Jesuitengymnasiums an. Es fungiert heute als städtischer Konzertsaal. Bevor Sie den Durchgang des **Unteren Tors** nehmen und wieder kurz vor der Brücke an der Donau ankommen, halten Sie sich noch rechts, um das Schloss Neuburg zu inspizieren. Das Residenzschloss wurde in der ersten Hälfte des 16. Jahrhunderts durch den Pfalzgrafen Ottheinrich beauftragt, seine Kapelle gilt als ältester protestantischer Kirchenbau ganz Bayerns. Im Schlosshof zeigen Sgraffitifassaden Szenen des alten Testaments. Interessant ist auch der nördlichere der beiden Rundtürme im Ostflügel. Im Erdgeschoss wurde eine barocke Grotte eingebaut. Im Inneren ist heute das **Schlossmuseum** und eine Außenstelle der **Bayerischen Staatsgalerie** untergebracht. Das Museum im Hauptgeschoss des Ostflügels zeigt unter dem Titel „Das Fürstentum Pfalz-Neuburg" rund 550 Kunstwerke, darunter Porträts und wertvolle Bildteppiche, Waffen, Möbel und Kunsthandwerk. All das soll ein spannendes Kapitel pfalz-bayerischer Geschichte veranschaulichen *(Residenzstr. 2, Di – So, Apr – Sep 9.00 – 18.00 Uhr, Okt –Mär 10.00 – 16.00 Uhr, €, www.schloesser.bayern.de)*. Die Staatsgalerie im Westflügel widmet sich der flämischen Barockmalerei und zeigt rund 160 Werke von und aus der Zeit Peter Paul Rubens. Auch Werke von Douffet, Flémalle und Brueghel dem Älteren sind beispielsweise zu sehen *(Zeiten / Preise siehe Museum)*.

Hofkirche

Gastrotipps Neuburg an der Donau: Café Wortschatz (Café), Oskar-Wittmann-Str 3, **Mary`s Café** (Café), Bgm.-Hocheder-Platz 3, **Neuwirt****, Faberstr. 88, **Kate am Theater** (Café), Residenzstr. 66, **Aussicht****, Amalienstr. 27

TOUR 15
10 km
N
TOUR 14
TOUR 3
Band 95:
Mit dem Wohnmobil
nach Bayern: Nordwest
Donau
Neuburg a.d.D.
Baar-Ebenh.
Karlshuld
Gröbern
Hinterkaifeck
Hohenwart
368
Klingsmoos
Waidhofen
Pfaffenhofen
Schrobenhausen
Sandizell
369
Aresing
Scheyern
Ilm
Hilgertshausen
Tandern
Aichach
Paar
Glonn
Markt Indersdorf
Altomünster
M. Altomünster
Röhrmoos
Amper-moching
373
Unter-weikerts-hofen
Erdweg
370
Adelzhausen
Schwabhausen
Dachau
KZ-Gedenks.
Friedberg
Odelzhausen
Sulzemoos
372
WC
374
Mühlenm.
Pfaffenhofen
Eberts-hausener See
371
Bergkirchen
Karlsfeld
375
Maisach
Olching
376
377
Vogelpark
Gröbenzell
Mering
378
Puchheim-Bhf.
Pucher Meer
379
Eichenau
380
M. FFB
Fürstenfeldbruck
Germering
381
Schöngeising
Jexhof
382
Grafrath
Amper
Gilching
Gauting
Ritterspiele
Kaltenberg
384
383
Türkenfeld
Weßlinger See
Lech
St. Ottilien
Eresing
Inning
Wörthsee
Würm
Schondorf
Pilsensee
Starnberg
Kaufering
386
Utting
Herrsching
Pöcking
Ammersee
Landsberg a.L.
Andechs
Feldafing
Starnberger See
385
A 93
A 9
A 8
A 99
A 96
16
300
13
471
2
17

Tour 15: Tief im Westen: Dachau, Bruck und Landsberg – 230 km

Hohenwart – Schrobenhausen – Altomünster
Erdweg und Sulzemoos – Dachau – Olching
Fürstenfeldbruck – St. Ottilien und Kaltenberg
Landsberg am Lech

Stellplätze:	Hohenwart, Schrobenhausen, Erdweg, Ebertshausener See, Sulzemoos, Mariabrunn, Dachau, Olching, Fürstenfeldbruck (2x), Maisach, Jexhof, Schöngeising, St. Ottilien, Kaltenberg, Landsberg am Lech
Campingplätze:	Ampersee, Landsberg am Lech
Besichtigen:	Schrobenhausen, Museum Altomünster, St. Peter bei Erdweg, Furtmühle Pfaffenhofen, Dachau, Vogelpark Olching, Fürstenfeldbruck, Jexhof, Kloster St. Ottilien, Kaltenberger Ritterspiele, Landsberg am Lech
Wandern:	St. Alto Weg Altomünster
Baden:	Ebertshausener See, Olchinger See, Freibad Maisach, Pucher Meer, Amperoase Fürstenfeldbruck

Auf der letzten Tour dieses Buches kreuzen Sie „im mittleren Westen" Oberbayerns durch das sanft geschwungene, von zahlreichen Kirchdörfern und Klöstern geprägte Dachauer Hinterland. Sie kommen der Landeshauptstadt München nochmals sehr nahe und beenden die Rundfahrt über Fürstenfeldbruck in der schönen Lechstadt Landsberg.

Hohenwart

Zunächst fahren Sie von Neuburg aus bis Karlshuld zurück und halten sich diesmal in südöstlicher Richtung auf **Hohenwart** zu. Schon von weitem sichtbar liegt auf dem Hügel am Ortsbeginn das ehemalige Benediktinerinnenkloster mit der schönen Kirche **St. Georg**. Die Einfahrt in den alten Dorfkern ist durch das Markttor für hohe Fahrzeuge nicht möglich. Praktisch, dass es darum nicht allzu weit außerhalb einen ruhigen Wohnmobilstellplatz gibt. Ein guter Platz für eine Zwischenübernachtung.

(368) Offizieller WOMO-Stellplatz: Hohenwart

GPS: N 48°35'53" E 11°23'07", Schulstraße 5.
Max. WOMOs: 8-10.
Ausstattung: Ver-/ Entsorgung (nicht im Winter).
Beschreibung: Ganz schön am Ortsrand gelegener, ebener Platz gegenüber der Mittel-

schule auf Asphalt und Schotter, ruhig, kaum Schatten, 700 m in den Ort. **Zufahrt**: Auf der St2043 bis Hohenwart fahren, dann noch vor der Ortsmitte in einer Rechtskurve links ab zur Schule, Stellplatz gegenüber.

Für den Weiterweg nehmen Sie die Straße über den Ortsteil Klosterberg, um das Tor erneut zu umgehen und fahren Richtung Schrobenhausen weiter. Unterwegs fallen Ihnen, je nach Jahreszeit, möglicherweise die vielen weiß abgedeckten, mit akkuraten Ackerfurchen gezierten Felder auf. Ringsum befindet sich eines der wichtigsten deutschen Anbaugebiete für weißen Spargel. Die zarten Gemüsestangen werden so vor Witterungseinflüssen geschützt und optimale Wachstumsbedingungen geschaffen. Gestochen werden sie bis heute am Ende der Saison per Hand und dann als Schrobenhausener Spargel in den Handel gebracht. Etwa in Höhe von Waithofen passieren Sie ein grausiges Stück Vergangenheit. Nur wenige hundert Meter entfernt trugen sich im Einödbauernhof Hinterkaifeck vor rund 100 Jahren mysteriöse Morde zu.

Hinterkaifeck

Hinterkaifeck ist Tatort eines der rätselhaftesten Verbrechen in der deutschen Kriminalgeschichte. Auf dem Einödhof der etwa 300 Meter von Gröbern entfernt lag, wurden in der Nacht vom 31. März auf den 1. April 1922 sechs Menschen ermordet, indem der oder die Täter ihnen mit einer Harke den Schädel einschlugen. Zu den Opfern zählten das Bauernehepaar Andreas und Cäzilia Gruber, deren verwitwete Tochter Viktoria Gabriel samt ihren erst 7- und 2-jährigen Kindern Cäzilia und Josef sowie die Hausmagd Maria Baumgartner. Entdeckt wurden die Morde erst einige Tage später, als sich Nachbarn auf den Weg machten um nach dem Rechten zu sehen. Ein Monteur der am Hof einen Traktor reparierte, hatte Stunden vorher angeblich nichts bemerkt und niemanden gesehen, obwohl während seiner Anwesenheit ein Scheunentor geöffnet und der Hofhund draußen angebunden wurde – zu einem Zeitpunkt als alle Bewohner längst tot waren. Viele Thesen zu den möglichen Tätern wurden aufgestellt und Gerüchte über Missbrauch in der Familie und übertriebenen Geiz als mögliche Motive machten im Lauf der Jahre die Runde. Es konnte damals kein Täter ermittelt werden. Zuletzt im Jahr 2007 wurde durch die Fürstenfeldbrucker Polizeifachschule ein Versuch gemacht den „Cold Case" als Studienabschlussarbeit aufzuklären, ebenfalls ohne Erfolg. Das Verbrechen bleibt somit unaufgeklärt. Das der Fall bis heute viele Menschen bewegt und beschäftigt, zeigt sich einmal am 2006 erschienenen Buch „Tannöd" der Autorin Andrea Schenkel und der 2009 folgenden, gleichnamigen Verfilmung, u.a. mit Julia Jentsch und Monica Bleibtreu in den Hauptrollen. Eine unglaubliche Fülle an Informationen stellt auch die Internetseite www.hinterkaifeck.net zur Verfügung. Der Hof selbst wurde ein Jahr nach der Tat abgerissen. Nur ein Gedenkstein ist geblieben. Wenn Sie sich selbst ein Bild machen wollen, finden Sie ihn westlich vom Dorf **Gröbern** entlang der Eybergstraße und dann noch rund 450 Meter auf einem Feldweg bis zum Wegdreieck. Als makaberes Event verpackt werden auch nächtliche Fackelwanderungen *(gesamt etwa 5 km)* inklusiv Menü im Gasthof Bogenrieder und Punsch für unterwegs zum Ort des Mordhofs angeboten *(Oft wöchentlich, Termine und Infos unter www.gasthof-bogenrieder.de oder unter Tel. 08443-10 33, Ringstr. 5, Waidhofen).*

Schrobenhausen

Auch am **Klostergartenparkplatz** in **Schrobenhausen** wurde im hinteren Teil ein Wohnmobilstellplatz angelegt. Nur wenige Meter sind es von dort aus bis in die Altstadt hinüber.

(369) Offizieller WOMO-Stellplatz: Schrobenhausen

GPS: N 48°33'31" E 11°15'40", Rot-Kreuz-Straße. **Max. WOMOs:** 6-8.
Ausstattung: Keine Einrichtungen.
Beschreibung: Markierter Teil eines asphaltierten Parkgeländes, relativ ruhig, eben, etwas Schatten, rund 250 m in die Altstadt. Ver-/ Entsorgung gegen Gebühr an der örtlichen Kläranlage möglich. Infos und Öffnungszeiten am Platz.
Zufahrt: Von der B300 kommend rechts ab in den Ort einfahren. Dann am Kreisverkehr vor der Stadtmauer links halten und gleich wieder rechts in die Rot-Kreuz-Straße abbiegen. Der Platz liegt beschildert rechts am Ende.

Unterwegs in Schrobenhausen

Die Stadt kann auf eine über 1200-jährige Geschichte zurückblicken und besitzt eine nahezu intakte Stadtmauer aus dem 15. Jahrhundert, vier städtische Museen und eine Reihe interessanter Kirchen. Zunächst erreichen Sie am Bgm.-Stocker-Ring den Stadtwall. Er wurde 1825 bepflanzt und führt als Spazierweg unter mächtigen Kastanien, Buchen und Eichen um den Ortskern herum. Von oben gesehen bildet er ein grünes Oval, welches die Altstadt umschließt, auch zwei Spielplätze erfreuen kleine Besucher unterwegs. Die insgesamt zwölf Stadttürme sehen Sie von hier aus am besten. Sie halten sich aber zunächst rechts und dann gleich wieder links über die Lenbachstraße in die Ortsmitte hinein. Einige Cafés und Läden säumen den Weg. An der Pfarrgasse schwenken Sie nach rechts und gelangen zum **Zeiselmairhaus**. Das 1478 erbaute Fachwerkhaus beherbergte seit dem 19. Jahrhundert die Schuhmacherfamilie Zeiselmair. Nach umfangreichen Sanierungsarbeiten ist es seit 1990 ein Museum und zeigt typische Wohnräume aus verschiedenen Epochen, eine Schuhmacher-

Schrobenhausen

werkstatt, sowie Grabungsfunde aus dem Haus- und Gartenbereich *(In der Lachen 1, Mai / Jun Sa / So 14.00 – 17.00 Uhr, Jul – Sep nur bis 16,00 Uhr, €)*. Durch den nach Norden verlaufenden Teil der Pfarrgasse und einen schmalen Durchgang zwischen den Häusern ins Tal kommen Sie zur Stadtpfarrkirche **St. Jakob**. Der mächtige Turm bestimmt schon vom Weitem die Silhouette. Errichtet im 15. Jahrhundert wird sie zu den schönsten spätgotischen Hallenkirchen Altbayerns gerechnet. Direkt vor der Kirche nach links gelingt der Weiterweg zum **Lenbachplatz**, dem ehemaligen Schrannenplatz mit dem **Rathaus**. Donnerstags und Samstags wird bis heute Markt gehalten, auch eine **Touristeninformationsstelle** finden Sie dort vor. Am Ende des Platzes zweimal links drehen Sie zur Hauptstraße mit der **Liebfrauenkirche** zurück. Der stattliche Turm ragt wirkungsvoll im Straßenbild empor. Im Jahr 1442 wurde ein Bürgerspital angegliedert, heute wird es als Realschule genutzt. Daneben leitet Sie die Spitalgasse und späterder Hofgraben rechts ab zum **Lenbachmuseum** im Geburtshaus Franz von Lenbachs (1836-1904), des berühmtesten deutschen Portraitmalers des ausgehenden 19. Jahrhunderts. Das Haus zeigt frühe Arbeiten, Skizzenbücher, zahlreiche Studien, Entwürfe und Bildnisse des Künstlers, aber auch Erinnerungsstücke und Mobiliar. Drei Räume im Erdgeschoss sind dem Tiermaler Johann Baptist Hofner, einem Freund und Förderer Lenbachs, gewidmet *(Ulrich-Peißer-Gasse 1, Mai / Jun 10.00 – 17.00 Uhr, Jul – Apr Mi / Sa / So 14.00 – 16.00 Uhr, €)*. Über den Hofgraben nur ein Stück zurück, finden Sie gleich beieinander, das **Museum im Pflegschloss** und das **Europäische Spargelmuseum** vor. Das herzogliche Pflegschloss, früher Sitz des Landgerichts und Wohnung des Landrichters, beherbergt das Schrobenhausener Stadtmuseum. Es gibt Einblick in die über 1200-jährige Geschichte der Stadt und in die Geschichte des Umlandes *(Zeiten wie Lenbachmuseum, €)*. In einem Turm der Stadtmauer, dem früheren Gefängnis- und Amtsturm, befindet sich seit 1991 das in seiner Art einzige Spargelmuseum Europas. Es zeigt alles rund um das Thema: Geschichte, Botanik, Anbau, Kunst und Kuriositäten in Sachen Spargel. Das Obergeschoss widmet sich dem Motto „Spargelessen“ *(Am Hofgraben 1a, Zeiten / Preise siehe Lenbachmuseum)*. Hinter den Museen können Sie über eine Lücke in der Mauer zum Stadtwall spazieren und dann entweder noch durch die Parkanlage streifen oder gleich zu Ihrem Fahrzeug zurückkehren.

Altomünster

Ein ganzes Stück Weg in einem Rutsch legen Sie nun bis Altomünster zurück. Der beste Parkplatz für Sie in der stark klösterlich geprägten Gemeinde befindet sich am Bahnhof, [N 48°23'10" E 11°15'14", Bahnofstraße]. Der Ort und sein Name gehen auf den wundertätigen Heiligen Alto zurück, der um das Jahr 743 als Einsiedler an den Ort gekommen sein soll. In wenigen Schritten sind Sie von dort aus am ruhigen Marktplatz mit Brunnen. Links über die Kirchenstraße stoßen Sie auf die Treppe zur **Klosterkirche St. Alto**. Sie liegt zentral zwischen dem Konvent der Mönche im Süden und dem der Nonnen im Norden und wurde gemeinsam genutzt – mit insgesamt drei Ebenen und jeweils eigenen Umgängen für beide im Inneren. In der vorgebauten Kapelle befindet sich ein Beinhaus. Das Nonnenkloster war bis 2017 das einzige Brigittenkloster Deutschlands. Nachdem zu diesem Zeitpunkt nur mehr eine Schwester verblieben war, wurde es auf Weisung des Vatikans aufgelöst. Die weitere Nutzung ist bislang unklar. Durch einen Gang können Sie links neben der Kirche um das Gebäude herum gehen und gelangen dann, immer rechts haltend, zum Ausgangspunkt zurück. Unterwegs befindet sich noch die Museumsgalerie und das **Museum Altomünster**. Es zeigt die Entstehung und Entwicklung des Brigittenordens und der Klosterentwicklung vor Ort sowie Sonderausstellungen. In Sachen St. Alto können Sie dann auch noch eine Wanderung unternehmen.

Marktplatz Altomünster

***Museum Altomünster**: St. Brigittenhof 6, Mi – Sa 13.00 – 16.00 Uhr, So bis 17.00 Uhr, www.museum-altomuenster.de*

Gastrotipp Altomünster: Kapplerbräu**, Nerbstr. 8

St. Alto-Weg (4,5 km, 2,5 Stunden)

Die Wurzeln des Mönchs St. Alto sind unbekannt, doch wird eine iroschottische Herkunft vermutet. 750 gründete er das Kloster Altomünster. Überliefert sind von ihm ein „Rodungswunder“ bei dem die zu fällenden Bäume für das Kloster wie von selbst fielen und die Zweige von Vögeln davon getragen wurden. Sein „Brunnenwunder“ besagt, dass an der Stelle wo er seinen Bischofsstab auf die Erde stieß, eine Quelle zu sprudeln begann. Und bei seinem „Kelchwunder“ soll ein Jesuskind(abbild) aus einem von ihm gesegneten Kelch empor gestiegen sein. 770 verstarb er, am 9. Februar wurde ihm zu Ehren ein katholischer Gedenktag festgelegt.

Der Weg verläuft durch die Hügellandschaft rings um Altomünster bis zur Quelle, an der St. Alto einst gesiedelt haben soll, teils über kleine Teerstraßen, teils über Feld- und Waldwege.

Sie finden den recht schönen Weg leicht anhand der hölzernen Wegweiser mit den blauen Pfeilen. Er startet am Marktplatz und führt Richtung Norden ortsauswärts. Vor dem Maierbräu biegen Sie nach rechts ab und dann links in die Dr.-Lang-Straße bis zur Talangerstraße, auf der Sie sich erneut rechts halten. Nach wenigen hundert Metern treffen Sie auf die Straße nach **Halmsried**, rechts zweigt der Wanderweg markiert „Zum Altobrünnl“ ab. Sie sind an einer begehbaren Sonnenuhr angelangt, danach folgen Streuobstwiesen an denen Sie sich zur Wegzehrung und in der richtigen Jahreszeit bedienen können. Am Waldrand erwartet Sie ein Rastplatz, bevor Sie durch den hallengleichen Forst bis zur Quelle weiter wandern. Auch dort ist ein Platz zum Verweilen eingerichtet worden, dazu eine Infotafel zum Heiligen Alto. Auf Stegen überqueren Sie den Bachlauf und steigen dann leicht zum Waldende an. Dem Straßenverlauf folgend geht es zurück auf Altomünster zu, der Blick auf die Gemeinde regt zum Innehalten an. An der kommenden Kreuzung wandern Sie rechts ab bis zu einer Baumgruppe mit Artenbezeichnungen. Im weiteren Verlauf stoßen Sie auf den bereits bekannten Hinweg, den Sie links herum zurückgehen. Eine Schleife ist noch möglich, wenn Sie bei der Sonnenuhr links die Anhöhe für eine weitere schöne Ortsaussicht samt Bankerl erklimmen. Über den **Schmelchenberg** und später kurz rechts entlang des **Brunnwiesenwegs** sind Sie im Nu wieder auf der bekannten Ausgangsroute und dort links ab zurück am Marktplatz.

Erdweg und Sulzemoos

Ihr nächstes Ziel ist die Gemeinde **Erdweg**. Genau genommen schon der Petersberg, etwas nördlich des Hauptortes mit der Kirche **St. Peter**. Schon 1107 geweiht und in ihrer romanischen Bauweise nahezu unverfälscht geblieben, ist sie das einzige entsprechende Bauwerk der gesamten Diözese. Sie gilt als spiritueller Mittelpunkt vieler Gläubiger aus der Umgebung. Die romanischen Wandgemälde, die bei einer Restaurierung 1907 frei gelegt und großflächig ergänzt wurden, vermitteln einen guten Eindruck von Kirchengestaltung der damaligen Zeit. Wenn nicht gerade Sonntagsgottesdienst ist, sind die recht großen Parkplätze unterhalb meist ungenutzt und es spricht nichts gegen eine Übernachtung, [**370:** N 48°20'26" E 11°17'37", Petersberg].

St. Peter

Nachdem Sie die Autobahn A8 gekreuzt haben sind Sie in **Odelzhausen** angekommen. Nur ein Ziel fürs Wochenende stellt die rund 850 Jahre alte **Furtmühle** kurz vor **Pfaffenhofen an der Glonn** dar. Das denkmalgeschützte Ensemble aus dem frühen 19. Jahrhundert ist als Getreide- und Sägemühle bis heute in Betrieb und somit eine echte Rarität. Das zugehörige **Mühlenmuseum** mit schönem Café ist regulär nur an Sonntagen geöffnet.

Zur Weiterfahrt nehmen Sie ab Odelzhausen die Lukaer Straße in südliche Richtung, bis links die Seestraße zum stillen Badetümpel **Ebertshauserner See** führt. Der Weiher versteckt sich rechtsseitig am Ende eines Feldwegs bei **[371:** N 48°17'39" E 11°13'22"]. Für ein bis zwei Mobile auch ein möglicher Nachtplatz. Im Industriegebiet von Sulzemoos erwartet Sie dann ganz in der Nähe wieder ein echter Stellplatz am riesigen Caravan- und Campingmarkt Freistaat.

Mühlenmuseum: *[N 48°17'37" E 11°10'21", Egenhofen], Apr – Nov, So 13.30 – 17.30 Uhr, www.furtmuehle-egenhofen.de*

Gastrotipps Erdweg: Wirtshaus am Erdweg**, Hauptstr. 14 | **Wiedenzhausen: Huberwirt****, Dorfstr. 4

(372) WOMO-Stellplatz: Sulzemoos (Stellplatz Freistaat)

GPS: N 48°16'54" E 11°15'41", Ohmstraße. **Max. WOMOs: Etwa** 30.
Internet: www.derfreistaat.de.
Ausstattung: Ver-/ Entsorgung und Strom (gegen Gebühr), Toiletten, WLAN, Frühstücksbistro.
Beschreibung: Schotterparkplatz neben dem riesigen Camping- und Caravanmarkt, 1000 m vom Ort entfernt im Industriegebiet, Womo-Waschanlage und McDonalds Restaurant in der Nähe.
Zufahrt: Von Sulzemoos kommend nach dem Kreisverkehr und der Autobahnüberquerung rechts ab zum Campingmarkt, der Stellplatz befindet sich links, gegenüber des Geländes.

Dachau

Über **Schwabhausen** machen Sie sich zu Ihrem nächsten Ziel, nach **Dachau** auf. Erster Anlaufpunkt dort mag die bekannte **KZ-Gedenkstätte** sein, die sich im Osten der Stadt befindet, der zugehörige, gebührenpflichtige Parkplatz lässt sich über die **Alte Römerstraße** bei [N 48°15'58" E 11°28'15"] anfahren.

Konzentrationslager Dachau

Am 22. März 1933, nur wenige Wochen nachdem Adolf Hitler zum Reichskanzler ernannt worden war, ließ er in Dachau ein Konzentrationslager für politische Gefangene errichten. Es diente als Modellanlage für alle späteren Konzentrationslager und „Schule der Gewalt" für die SS. Während der zwölf Jahre in denen das Lager bestand, waren inklusive der zahlreichen Außenlager über 200.000 Menschen aus ganz Europa inhaftiert. Etwa 41.500 von Ihnen überlebten die Lagerhaft nicht. Am 29. April 1945 befreiten amerikanische Truppen die Überlebenden. 20 Jahre später, im Jahr 1965 wurde die Gedenkstätte auf dem Gelände des ehemaligen Konzentrationslagers errichtet. Die Initiative ging von ehemaligen Häftlingen aus, die sich im „Comité International de Dach-

au" zusammengeschlossen hatten und auf die Unterstützung des Bayerischen Staates setzen konnten. Zuletzt gab es zwischen 1996 und 2003 eine konzeptionelle Neuausrichtung der Ausstellung mit dem Leitmotiv „Der Weg der Häftlinge" im ehemaligen Wirtschaftsgebäude. Dazu kommen regelmäßige Sonderausstellungen und andere teils erhaltene, teils rekonstruierte Bereiche wie das Lagergefängnis Bunker, Wohnbaracken und Sicherungsanlagen. Die bedrückende Atomsphäre des Lagers ist bis heute spürbar, ein Besuch sicher keine leichte Unterhaltung und dennoch ein wichtiges, mahnendes Ziel nicht nur für Deutsche, sondern für viele Nationen die daraus nur lernen können. Die Eindringlichkeit des Gezeigten und die daraus resultierenden Gedanken zu Recht und Unrecht, Schuld und Sühne hallen lange nach *(9.00 – 17.00 Uhr, Eintritt frei)*.

Natürlich hat Dachau auch andere Seiten zu bieten und es wäre falsch die Stadt nur nach diesem dunkelsten Kapitel ihrer Vergangenheit zu beurteilen. Gleich ums Eck finden Sie zum Beispiel das empfehlenswerte **Café Weißenbeck** mitten im Industriegebiet *(Felix-Wankel-Str. 5)*. Wenn Sie einen etwas weiteren Weg nicht scheuen, könnten Sie vom Dachauer Osten aus über die Ortschaften Hebertshausen und Ampermochig weiter Richtung **Röhrmoos** den wunderschönen bayerischen Biergarten der **Schlosswirtschaft Mariabrunn** anfahren. Bei einer Maß zu viel, ist es notfalls möglich, auf den großen Parkplätzen davor über Nacht zu parken, **[373:** N 48°18'49" E 11°28'43", Mariabrunn 1]. Wenn Sie sich später oder stattdessen eher zur Dachauer Ortsmitte hin orientieren, kommen Sie am Stellplatz der Stadt unter.

Schlosswirtschaft, oben Gedenkstätte KZ Dachau, rechts Rathaus

(374) Offizieller WOMO-Stellplatz: Dachau

GPS: N 48°15'45" E 11°26'30", Ostenstr. 10. **Max. WOMOs:** 6-7.
Ausstattung: Mülltonnen, sonst keine Einrichtungen.
Beschreibung: Asphaltierte, speziell für Wohnmobile ausgewiesene Stellfläche neben dem Bahndamm. Zentrumsnah, Einkaufsmöglichkeiten in der Nahe, von Bäumen umgeben, daher teils schattig. Etwa 500 m in die Altstadt
München Zentrum: Rund 800 m zum S-Bahn-Halt Dachau, von dort mit der S 2 in ca. 10 Stationen bis ins Münchner Zentrum.

Zufahrt: Aus Richtung Bergkirchen kommend immer geradeaus auf die Dachauer Ringstraße fahren. Nach dem Normamarkt linker Hand in die Ostenstraße einfahren, nach rund 150 m rechts.
Hinweis: Zuletzt war der Platz wegen Bauarbeiten nicht mehr nutzbar. Alternativ wäre eine Nacht am Parkplatz neben der KZ Gedenkstätte in der Alten Römerstraße, wie zuvor beschrieben, machbar.

Unterwegs in Dachau

Nur ein kurzer Anstieg, zum Beispiel entlang der Ludwig-Thoma-Straße links und dann rechts über die **Martin-Huber-Treppe**, bringt Sie in die Altstadt. Sie geht bis auf die Zeit Karls des Großen zurück und wurde im Jahr 805 erstmals urkundlich erwähnt. Der historische Kern steht seit 1984 unter Ensembleschutz. Oben angelangt drehen Sie nach links bis zum **Rathaus**. Das einst historische Gebäude wurde 1934 durch einen Neubau ersetzt. Ein moderner Zwischenbau verbindet das „Alte Rathaus" mit dem früheren „Lebzelterhaus" daneben. Unter dem Gebäude verläuft eine Passage, auf der Sie die davor gelegene Aussichtsterrasse erreichen können. Auf der gegenüberliegenden Straßenseite befindet sich die **Touristeninformationsstelle**. Als nächstes kommen Sie an dem kleinen **Zollhäuschen** mit bunten Fensterläden vorbei. Die Straße die hier auf den Karlsberg hinauf führt, wurde früher gesperrt und es wurde eine Maut erhoben – für jeden der in der Stadt Handel treiben wollte. Dieses System war noch bis 1926 in Betrieb. Es folgt das **Bezirksmuseum**. Darin wird neben der Stadtgeschichte zum Beispiel die bürgerliche Kultur und das Trachtenwesen dargestellt *(Augsburger Str. 3, Mo – Fr 8.00 – 12.30 Uhr, Do auch 14.00 – 18.00 Uhr, €,*

Hauptplatz in der Dachauer Altstadt

Marktsonntag in Dachau, unten Laubengang im Schlosspark

www.dachauer-galerien-museen.de). Gegenüber ragt die Pfarrkirche **St. Jakob** im Spät-Renaissance-Stil aus den Häuserfluchten empor. Der 44 Meter hohe Barockturm gilt als Dachauer Wahrzeichen. Sie sollten nun den etwas beschwerlichen Anstieg links über die Klosterstraße und die Schlossstraße auf sich nehmen. Oben genießen Sie einen tollen Blick bis nach München und bei Föhn bis zur gut sichtbaren Alpenkette. Das **Dachauer Schloss** selbst stammt aus Wittelsbacher Besitz und ist heute nur noch in Teilen erhalten. Es war einst eine mächtige Vierflügelanlage. Sie wurde im 19. Jahrhundert abgebrochen, übrig blieb nur der im Barockstil umgestaltete Festsaaltrakt. Darin ist heute ein **Schlosscafé** mit traumhafter Terrasse und Blick auf den schönen **Hofgarten** untergebracht. Der Park lädt zum Umherstreifen und Ausspannen ein *(Di – So, Apr – Sep 9.00 – 18.00 Uhr, Okt / Mär 10.00 – 16.00 Uhr)*. Nachdem Sie wieder „abgestiegen“ sind gehen Sie links weiter durch die Augsburger Straße. Was noch folgt ist das gekennzeichnete **Ludwig-Thoma-Haus**. Der bekannte bayerische Dichter und Poet führt von 1894-1897 seine Anwaltskanzlei darin *(Nr. 13)*. Die bronzene Nachbildung gleich gegenüber bezeichnet den Ort des einstigen Markttores, das an dieser Stelle von 1390 bis 1891 den Eingang nach Dachau sicherte. Nehmen Sie die Gottesackerstraße nach rechts, kommen Sie noch an der kleinen, gleichnamigen Friedhofskapelle vorbei, die durch Hofbaumeister Hans Krumpper 1627-28 erbaut wurde und mit ihrer interessanten oktagonalen Bauform auffällt. Einfach weiter geradeaus gelangen Sie direkt wieder an der Treppe an, die Sie zurück zum Stellplatz bringt.

Gastrotipps Dachau: Weinraum**, Klosterstr. 1a, **Stadtkeller***, Brunngartenstr. 7, **Steirer****, Schleisshimer Str. 27, **Weißenbeck** (Café), Felix-Wankel-Str. 5

Olching

Über die B471, die südlich von Dachau verläuft, halten Sie nun gen Westen Richtung Fürstenfeldbruck. Kurz vor der Autobahnüberführung haben Sie Gelegenheit zu einem Nacht-Stopp am an und für sich schön gelegenen **Campingplatz am Ampersee** samt Badeplatz. Leider ist es nur nicht immer ganz leise, da er sehr nah an der Autobahn liegt *([**375:** N 48°13'53" E 11°21'36", Josef-Kistler-Weg 20], Mai – Sep, €€€, www.ampersee.de).*

Nach der A8 nehmen Sie gleich die erste Ausfahrt nach **Olching**, das Sie von Norden her erreichen. Statt gleich in den Ort hinein zu fahren, können Sie erst noch zum **Olchinger See** steuern, der etwas außerhalb ruhige, schattige Parkplätze und Badegelegenheiten verspricht. Vor allem die großen, hinteren Parkplätzen sind für Wohnmobile geeignet und weisen weder eine Höhenbarriere noch ein Nachtparkverbot auf, [**376:** N 48°12'24" E 11°21'12", Ulmenweg]. Die Ortsmitte, weiter westlich, ist von vielen Läden gesäumt und versprüht betriebsame Geschäftigkeit. Wirklich schön ist Olching aber nicht. Am zentralen Kreisverkehr rechts ab können Sie zu einem ausgewiesenen Stellplatz, etwas abseits im Auwald gelegen, fahren.

(377) Offizieller WOMO-Stellplatz: Olching

GPS: N 48°12'24" E 11°19'20", Toni-März-Str. 25. **Max. WOMOs:** 3-4.
Ausstattung: Keine Einrichtungen.
Beschreibung: Stellplatz auf schattigem Parkplatz in den Amperauen neben einem Vereinsheim, nachts sehr ruhig, auf Asphalt / Schotter, ca. 600 m in die Ortsmitte.
München Zentrum: Ca. 1,2 km zum S-Bahn-Halt Olching, von dort mit der S3 in 10 Stationen ins Münchner Zentrum.
Zufahrt: Am zentralen Kreisverkehr in Olching rechts über die Mühlbachbrücke fahren und danach am Festplatz sofort wieder links in die Toni-März-Straße. Nach dem Speedwaystadion links halten, dort sind die zwar bis dahin mit Wegweisern versehenen, aber nicht markierten Stellplätze.

Richtig nah am Platz liegt der **Olchinger Vogelpark**. Er wird mitten im Waldgebiet rund um die Amper in Privatinitiative von einigen Vogelfreunden betrieben. In mehr als 30 Anlagen werden heimische und exotische Vögel gezeigt, vom Kanarienvogel bis zum Geier.

***Vogelpark**: Toni-März-Str. 1, Apr – Nov, Sa / So 10.00 – 17.00 Uhr, €, www.vogelpark-olching.de*

Gastrotipps Olching: Dorfstubn**, Hauptstr. 41, **Dolomiti** (Eis), Hauptstr. 83

Fürstenfeldbruck

Nun können Sie noch einen Haken in Ihren Fahrweg einbauen, um einige weitere Stellplatzgelegenheiten, im ersten Fall mit guter Anbindung ins Münchner Zentrum, nicht zu versäumen. In **Maisach** befindet er sich nahe des Freibades, der Platz am Badesee **Pucher Meer** ist ideal, wenn Sie an heißen Tagen einfach mal Pause machen und ausspannen wollen. Der dritte Platz liegt mitten in **Fürstenfeldbruck**.

(378) Offizieller WOMO-Badeplatz: Maisach (Freibad Maisach)

GPS: N 48°13'19" E 11°15'27", Badweg 2. **Max. WOMOs:** 3-4.

Ausstattung: Keine Einrichtungen.
Beschreibung: Ausgewiesene Stellplätze als Teil des Freibadparkplatzes, grüne, ruhige Ortsrandlage, teils schattig, Gastronomie zu Fuß erreichbar. Ortszentrum rund 550 m entfernt.
München Zentrum: Etwa 900 m bis zum S-Bahn-Halt Maisach, von dort mit der S3 in 13 Stationen bis ins Münchner Zentrum.
Zufahrt: In Olching rechts halten nach Maisach, im Ort an der Straßengabelung rechts ab auf der Schulstraße bis zur Freibadabfahrt am Ortsende rechts.

(379) Offizieller WOMO-Badeplatz: Fürstenfeldbruck 1 (Stellplatz am Pucher Meer)

GPS: N 48°11'16" E 11°13'56", Augsburger Straße. **Max. WOMOs:** 4-5.
Ausstattung: Toiletten (Mai – Sep), Mülltonnen.
Beschreibung: Schotterparkplatz, die Wohnmobilplätze sind am hinteren Ende ausgewiesen. Gastronomie tagsüber am Badesee, Ortsmitte etwa 2,6 km entfernt.
Preis: €.
Zufahrt: Von Maisach kommend am Kreisverkehr nach dem McDonalds am Gewerbegebiet Hasenheide von der St2054 rechts abfahren. Die Einfahrt zum Parkplatz folgt rund 1,5 km später rechter Hand.

(380) WOMO-Stellplatz: Fürstenfeldbruck 2 (Stellplatz Amperoase)

GPS: N 48°10'24" E 11°14'37", Klosterstr. 7. **Max. WOMOs:** 10-12.

Ausstattung: Ver-/ Entsorgung und Strom (gegen Gebühr).

Beschreibung: Recht ruhiger Stellplatz gleich neben dem Freibad auf Asphalt, teils schattig, ca. 1000 m in die Ortsmitte, großes Freibad benachbart.

München Zentrum: Zum S-Bahn-Halt Fürstenfeldbruck etwa 1,4 km, von dort mit der S4 in ca. 11 Stationen bis ins Münchner Zentrum.

Preis: €.

Zufahrt: Von Maisach aus in die Stadt einfahren, im Zentrum nach einem Rechtsknick diese Richtung über die Pucher Straße beibehalten. Später, wenn sich die Straße teilt, links in die Holzhofstraße fahren und dann rechts in die Schöngeisinger Straße abbiegen. Nach gut 100 m links zum Freibad fahren.

Hinweis: Sollte einmal kein Platz frei sein oder der Platz aus anderen Gründen nicht nutzbar sein, käme zur Not auch der Großparkplatz am Kloster, in Frage, [N 48°10'17" E 11°14'55" , Fürstenfelder Straße].

Die große Kreisstadt mit ihren rund 35.000 Einwohnern ist nicht unbedingt eine touristische Größe. Der Stellplatz ist aber ein ganz guter Ausgangspunkt für einen Spaziergang. Entweder Sie gehen durch die Grünflächen entlang der Amperauen oder die große **Schöngeisinger Straße** in östliche Richtung auf die Innenstadt zu. Es gibt viele kleine Geschäfte zu entdecken, rund um die **Hauptstraße** haben Sie den Mittelpunkt erreicht.

Vom Stellplatz über die Amper nach Süden gehen Sie in wenigen Minuten zum schönen **Kloster Fürstenfeld**. Heute wird es als Kulturzentrum genutzt. Überragt wird die Anlage von der **Klosterkirche** mit ihrem 75 Meter hohen barocken Turm. Die majestätische Architektur und Ausstattung zieht jährlich zahlreiche Besucher an. 1700 begann der Bau der Kirche nach Plänen Viscardis, erst 1741 konnte sie geweiht werden. Die Innenausstattung

Im Fürstenfeldbrucker Zentrum

Kloster Fürstenfeldbruck

nahm jedoch nochmals 25 Jahre in Anspruch. Viele Künstler arbeiteten daran mit, besonders aber die schon öfters auf Ihrer Reise in Erscheinung getretenen Gebrüder Asam. Im Klosterrund ist auch das **Museum Fürstenfeldbruck** in der ehemaligen Klosterbrauerei am südlichen Ende untergebracht. In den Abteilungen „Kloster Fürstenfeld“, „Leben in Bruck um 1900“ und „Römer, Kelten, Steinzeitmenschen“ vermittelt es in übersichtlicher Weise wichtige Bereiche regionaler Kultur und Geschichte.

***Museum Fürstenfeldbruck**: Fürstenfeld 6, Di – Sa 13.00 - 17.00 Uhr, So ab 11.00 Uhr, €, www.museumffb.de*

Gastrotipps Fürstenfeldbruck: Klosterstüberl**, Fürstenfeld 7c, **Restaurant Hotel Zur Post****, Hauptstr. 7, **Parkcafé****, Augsburger Str. 14, **Vierwasser****, Pruggmayrstr. 4

Langsam neigt sich Ihre Bayernrundfahrt dem Ende zu. Etwa ab **Schöngeising** schwenken Sie nach Westen, um nun über mehrere kleine Dörfer bis Landsberg zu fahren. Das Dorf bietet Ihnen einen schönen Stellplatz und gleich ums Eck davon den schönen Biergarten **Zum Unteren Wirt** mit großen Grünanlagen samt Badestelle *(Kirchstr. 2)*.

(381) Offizieller WOMO-Stellplatz: Schöngeising (Stellplatz Sedlmeier)

GPS: N 48°08'06" E 11°12'33", Enterbruck 3. **Max. WOMOs:** 5.
Öffnungszeiten: April bis Oktober.
Ausstattung: Ver-/ Entsorgung (nicht frei zugänglich) und Strom (gegen Gebühr).
Beschreibung: Stellplatz auf Schotterrasen im Hof eines privaten Anwesens, schöne ruhige, dörfliche Lage, ruhig und teils schattig, Wirtshaus mit Biergarten gleich in der Nähe.

Preis: €.
Zufahrt: Von der B471 hinter Fürstenfeldburck links in die Brucker Straße Richtung Schöngeising abbiegen, dann immer geradeaus. Nach der Amperbrücke auf der rechten Seite.

Weiter südlich lohnt auch noch ein Halt am **Bauernhofmusem Jexhof**. Das bis 1980 bewohnte Anwesen ist weitgehend im Originalzustand erhalten worden und zeigt die wirtschaftlichen Verhältnisse eines Bauernhofs des Brucker Landes ab dem 18. und bis zum Beginn des 20. Jahrhunderts. Auch der Getreidestall, das Maschinenhaus, Backhaus, Stadel und Kuhstall können besichtigt werden, am Parkplatz ist es möglich über Nacht zu stehen, ein Wirtshaus gehört zum Ensemble, [**382**: N 48°06'56" E 11°12'19"].

***Jexhof**: Jexhof 1, Ende Mär – Anfang Nov, Di – Sa 13.00 - 17.00 Uhr, So 11.00 – 18.00 Uhr, €, www.jexhof.de*

St. Ottilien und Kaltenberg

Sie rollen nun durch Grafrath und Türkenfeld, der nächste Vorschlag für einen kurzen Aufenthalt ist die Klosteranlage der **Erzabtei St. Ottilien**. Schräg gegenüber vom **Emminger Hof** werden recht großzügige, schattige Parkplätze für Besucher bereit gestellt, [**383**: N 48°05'50" E 11°02'32", Erzabtei 12]. 120 Brüder des Benediktinerordens leben in der großen Anlage zu der auch ein Gymnasium mit Internat gehört. Für Besucher gibt es einige interessante Anlaufstellen. Wenn Sie neben der Gaststätte das Gelände betreten, kommt linksseitig zunächst der **Klosterladen**, in dem Sie verschiedenste Waren, teils aus eigener Herstellung, teils Fair-Trade-Produkte erstehen können. Rechts folgt das kleine **Nähmaschinenmuseum**. Seit 1970 sammelt Bruder Aurelian Binswanger, selbst ausgebildeter Herrenschneider, Nähmaschinen und alles was dazu gehört. Von seinen rund 700 Sammlerstü-

St. Ottilien

Stellplatz 384

cken werden in der Ausstellung 380 ausgewählte und restaurierte Maschinen vorgestellt.

Am Ende des Weges stehen Sie an der großen **Klosterkirche**. Die dreischiffige Basilika mit Querschiff, 75 Meter Turm und geradem Chorabschluss im Stil der Gotik wirkt wie ein Stück Mittelalter, obwohl Sie, zusammen mit dem restlichen Kloster, erst 1897-99 erbaut wurde. Rechts daneben bei der Klosterpforte befindet sich das **Missionsmuseum**. Es wurde 1911 als Afrika-Museum eingerichtet, um die Arbeit der Missionsbenediktiner in Deutsch-Ostafrika anschaulich zu machen. Ein Schwerpunkt der Sammlung ist die zoologische Abteilung mit zahlreichen Ausstellungsstücken. Daneben steht eine umfangreiche völkerkundliche Sammlung, die sich mit Kultur, Religion und Lebensformen, die inzwischen so nicht mehr anzutreffen sind, befasst. Die kleine **Ottilienkapelle** liegt etwas abseits auf einer Anhöhe hinter dem Exerzitienhaus. Als ältester Teil des Klosters stammt Sie im Ursprung vermutlich aus dem 14. Jahrhundert. Noch weiter abseits, nordöstlich der Parkplätze, befindet sich auch ein **Hofladen** der regionale Lebensmittel anbietet.

***Nähmaschinenmuseum**: Mai – Okt 10.00 – 17.00 Uhr, sonst bis 16.00 Uhr, www.erzabtei.de | **Missionsmuseum**: 10.00 – 17.00 Uhr, Eintritt frei, www.erzabtei.de*

Nur mehr ein Katzensprung ist es bis zum **Schloss Kaltenberg**. Bekannt ist es vor allem für die alljährlichen **Kaltenberger Ritterfestspiele**, die an drei Wochenenden im Juli abgehalten werden – ein Riesenspektakel mit Gauklernächten und mehrtägigen Turnieren. Sicher ein interessantes Ziel, wenn Sie gerade in der Nähe sind. Während der Spiele sind alle Wiesen vor dem Gelände als Parkflächen für Tag und Nacht ausgewiesen. Doch auch im übrigen Jahr können Sie über Nacht parken, dann sind die Felder freilich eher verwaist, mehr unter www.ritterturnier.de, [**384**: N 48°07'50" E 10°59'26", Schlossstraße].

Landsberg am Lech

Landsberg ist letztes Ziel und Abschluss Ihrer Reise durch das südöstliche Bayern. Der **Campingplatz Landsberg** versteckt sich etwas weiter südlich im schönen Naherholungsgebiet **Pössinger Au**, das sich entlang des Lechs bis zur Stadtgrenze zieht, (*[**385:** N 48°01'56" E 10°53'05", Pössinger Au 1], €€€, www.camping-landsberg-am-lech.de*). Als Fußmarsch ist der Weg ins Zentrum zu weit, doch wenn Sie ein Fahrrad dabei haben eine gute Alternative zum zentralen Parkplatz an der Watzinger Wiese, der Wohnmobilstellplätze ausweist.

(386) Offizieller WOMO-Stellplatz: Landsberg am Lech (Watzinger Wiese)

GPS: N 48°03'20" E 10°52'25", Gottesackerangerweg 1. **Max. WOMOs:** 8.
Ausstattung: Ver-/ Entsorgung (nicht frei zugänglich) sowie Strom und Toiletten (gegen Gebühr).

Beschreibung: Markierte Plätze auf Rasengitter, direkt am Großparkplatz, nachts relativ ruhig, früh und abends entsprechend betriebsam, kein Schatten. Ortszentrum etwa 750 m entfernt.
Preis: €.
Zufahrt: A96, Ausfahrt „Landsberg Nord", dann rechts in die Augsburger Straße abbiegen. Bei erster Gelegenheit dem Verlauf links ab folgen und vor der Lechbrücke rechts in die Von-Kühlmann-Straße einfahren. Gleich die nächste wieder rechts ist die Zielstraße.
Hinweis: Sollte der Platz einmal belegt sein, kommt als Alternative der einfache Parkplatz am Hungerbachweg bei [N 48°03'03" E 10°51'57"] in Frage, für kleine Womos auch der Parkplatz [N 48°02'58" E 10°52'17", Von-Kühlmann-Straße], direkt am Lechufer.

Unterwegs in Landsberg am Lech

Ihren Aufstieg von der einfachen Siedlung zur mittelalterlichen Stadt verdankt das ehemalige „Landesperch", wie so viele Orte in Bayern, dem Salzhandel und der 1158 durch Heinrich den Löwen hierhin verlegten Salzstraße. Erhobene Wegzölle füllten das Säckel und sorgten, auch nach einer völligen Zerstörung beim Krieg zwischen Ludwig dem Bayern und Friedrich dem Schönen 1315, für einen baldigen Wiederaufbau. Ein schlimmes Gemetzel folgte 1633 als im 30-jährigen Krieg fast die gesamte Einwohnerschaft ausgelöscht wurde. Das nächste Mal wurde in der Neuzeit Geschichte geschrieben. Adolf Hitler, nach dem misslungenen Putsch vom November 1923 zu fünf Jahren Festungshaft verurteilt, saß in Landsberg ein und schrieb dort 1924 das Buch „Mein Kampf". Später wurden rund um Landsberg und das nördlich davon gelegene Kaufering viele Konzentrationslager errichtet. Überlebende wurden später in der Stadt durch die Alliierten angesiedelt und versorgt.

Lechstufe in Landsberg

Hauptplatz von Landsberg, unten rechts Mutterturm

Ihr Stadtrundgang beginnt am Lechufer, rechts über den **Hudsonweg** und dann an der Fußgängerbrücke **Lechsteg** hinüber zum Ostufer. Nehmen Sie dort die **Lechstraße** nach rechts bis zur **Hinteren Mühlgasse**. Durch **Färber-** und **Bäckerturm** schreiten Sie auf den **Vorderen Anger** zu. Halten Sie sich erst einmal links, vorbei an der vom Baumeister Dominikus Zimmermann entworfenen **Johanniskirche** mit schönem Rokokoaltar. Gegenüber liegt das Landsberger **Schuhmuseum** im Schuhhaus Pfanz. Es zeigt allerhand typisches Fußkleid ferner Länder, alter Zeiten und berühmter Persönlichkeiten sowie eine große Schuhlöffelsammlung *(Vorderer Anger 274, Öffnung bei Bedarf auf Anfrage vor Ort oder tel. unter 08191 422 96, €, www.schuhhaus-pflanz.de)*. Ein Stück weiter wird das historische Zentrum nördlich vom **Sandauer Tor** begrenzt, daneben liegt der Arkadenhof der ehemaligen Färberei. Sie schwenken nun rechts in den **Hinteren Anger**. Über Blattern- und Ledergasse können Sie links noch eine Kurve durch zwei kleine, alte Gassen nehmen. Wenn Sie einen Blick ins **Stadtmuseum** werfen möchten, gehen Sie nun in der Kochgasse links über einen Fußweg hinauf. In seinen vier Geschossen wird ein Querschnitt durch die Landsberger Geschichte gezogen. Von frühgeschichtlichen Funden über mittelalterliche Beispiele der hiesigen Handwerkskunst bis hin zu Ausstellungen zeitgenössischer Künstler bietet es interessante Einblicke *(Von-Helfensteingasse 426, wegen Sanierung zuletzt geschlossen, www.museum-landsberg.de)*. Es befindet sich im ehemaligen Jesuitengymnasium gleich neben der **Heilig-Kreuz-Kirche**. Durch die Kochgasse nach rechts erreichen Sie dann die mächtige **Stadtpfarrkirche**. Sie wurde als Pfeilerbasilika im 15. Jahrhundert erbaut. Das bedeutendste Kunstwerk im Inneren zeigt eine Madonna und wurde um 1430 von Hans Multscher gemalt. Weiter in südliche Richtung durch die Schlossergasse schwenken Sie am **Schmalzturm** rechts zum zentralen **Hauptplatz** mit dem 1783 erbauten Marienbrunnen ab. Im Hintergrund finden Sie die **Touristeninformationsstelle** und das historische Landsberger **Rathaus**. Folgen Sie der H.-von-Herkomer-

Straße weiter. Rechts in die übrigen Fassaden integriert steht das alte **Ursulinenkloster**. Seine Rokokokirche ist tagsüber zugänglich. Vor der Lechbrücke links verläuft, vorbei am **Nonnenturm** der Zugangsweg zur **Pössinger Au** *(siehe Campingplatz)*. Im dortigen Lechpark gibt es ein Kneippbad, einen Wasserspielplatz und Wildgehege. Rechts könnten Sie entlang der Ufer-Promenade bis zum **Salzstadel** spazieren. Links davon befindet sich der Flößerplatz und das schöne Insel-Freibad, im weiteren Verlauf erreichen Sie den Ausgangspunkt wieder. Alternativ gehen Sie über die Brücke und halten sich danach rechts. Sie haben von diesem Punkt einen besonders schönen Blick auf das Lechwehr und die Altstadt im Hintergrund. Bleiben Sie nun einfach auf der grünen St.-Laurent-Du-Var-Promenade immer entlang des Flusslaufs. Zuletzt taucht noch der erst 1884 aus Tuffquadern errichtete aber viel älter wirkende **Mutterturm** vor Ihnen auf. Er beherbergt das **Herkomermuseum**, das sich mit dem Werk des Künstlers beschäftigt und auch zusätzliche Wechselausstellungen zeigt *(Von-Kühlmann-Str. 2, Mai – Okt, Di – So 11.00 – 17.00 Uhr, sonst nur Sa / So, €, inkl. Turm, www.herkomer.de)*. Nun müssen Sie, nur mehr der Nase nach, dem Wegverlauf folgen. Nahe der **Christuskirche** geht es linksseitig zurück zum Parkplatz.

Gastrotipps Landsberg am Lech: Fischerwirt**, Rossmarkt 197, **Nonnenbräu****, Epfenhauser Str. 5, **Lechcafé** (Café), Salzgasse 138, **Café Cortina** (Eis), Salzgasse 125, **Süßbräu***, Alte Bergstr. 453

Allgemeine Landeskunde Bayern in Stichworten

Nur ein kleiner Überblick in Stichpunkten soll Ihnen an dieser Stelle einen ersten Überblick vermitteln.
Hauptstadt: München, **Fläche Bayerns**: 70.550 Quadratkilometer, davon entfallen 17.529 Quadratkilometer auf Oberbayern und 10.330 Quadratkilometer auf Niederbayern.
Größte Seen in Südbayern: Chiemsee (79.9 qkm), Starnberger See (56,36 qkm), Ammersee (46,6 qkm).
Höchste Berge in Südostbayern: Zugspitze (2962 m), Watzmann (2713 m), Karwendelspitze (2538 m).
Wichtigste Flüsse: Donau, Inn, Salzach und Isar.

Einwohnerzahl: Ca. 13 Mio, davon 4,65 Mio. in Oberbayern und 1,23 Millionen in Niederbayern.
Konfessionen in Bayern: Katholisch 55%, Protestantisch 21 %, Konfessionslos 18 %, Muslimisch 4 %, andere 2 %.
Lebenserwartung Bayern: Männer 79,1 Jahre, Frauen 83,7 Jahre.

Regierung Bayerns: Seit 11/2018 Bündnis von CSU und Freien Wählern, Ministerpräsident: Markus Söder (CSU).
Bruttoinlandsprodukt pro Kopf in Bayern: 47.946 €.

Die 10 größten Städte in Südostbayern: München (1.472.000), Ingolstadt (137.000), Landshut (72.000), Rosenheim (63.000), Passau (52.000) Freising (49.000), Straubing (48.000), Dachau (47.000), Germering (40.000), Fürstenfeldbruck (38.000).

Ärztliche Versorgung und Medikamente

Als deutscher Staatsbürger ist dieses Kapitel hinfällig für Sie – zum Arzt zu gehen gestaltet sich genau wie bei Ihnen daheim.
Für Ausländer gilt, dass Deutschland, und somit natürlich auch Bayern, Mitglied der EU ist. Es gilt die europäische Versicherungskarte Ihrer Krankenkasse. Diese müssen Sie vor Reiseantritt beantragen. Anderenfalls werden Sie wie ein Privatpatient behandelt und bekommen daheim möglicherweise nur einen Teil rückerstattet. Schweizer Staatsbürger sollten vor Reiseantritt abklären, welche Kosten Ihre Krankenkasse übernimmt. In jedem Fall kann es zu Abrechnungsunterschieden kommen. Um am Ende nicht mit hohen Kosten konfrontiert zu werden, macht sich daher, auch im nahen Nachbarland, ein zusätzlicher Auslandskrankenschutz bezahlt. Viele Versicherer bieten so etwas für wenig Geld an, teils lässt sich das auch über einen Schutzbrief Ihres Automobilclubs abdecken (siehe Pannenhilfe).

Ausrüstung

Was Sie so einpacken, hängt natürlich stark von Ihren Interessen, der Jahreszeit und dem Zielgebiet ab. Für die gängigen Reisemonate sollten Sie für Ihr Wohnmobil Außentisch und –stühle dabei haben, eine Markise oder ein Tarp sind ebenfalls zu empfehlen. All dies dürfen Sie aber fast nur auf Campingplätzen und einigen offiziellen Stellplätzen nutzen (siehe „Übernachten"). Im Sommer sind besonders in den Gegenden um die Gewässer des Flachlandes Insektengaze an Türen und Fenstern zu empfehlen. Ansonsten gilt: wärmere Kleidung für die Bergregionen, auch im Sommer kann es dort abends schon mal frisch werden, und leichte Kleidung fürs Flachland in den Sommermonaten. Vor allem der Nordosten Oberbayerns und der im Buch behandelte Teil Niederbayerns ist ein Fahrradparadies. Die Mitnahme lohnt sich, wenn Sie in dieser Gegend unterwegs sind und noch Platz im Gepäck haben.

Baden

Auch wenn das Meer in weiter Ferne liegt – Südbayern ist reich an Badestellen. Es locken natürliche Seen, Baggerseen sowie Freibäder Wasserratten jeden Alters zur Abkühlung auf ihr Gelände. An vielen Seen ist das Baden kostenlos und die Ufer frei zugänglich, dort wo spezielle Liegewiesen und andere Einrichtungen vorhanden sind, wird ab und an ein kleiner Betrag fällig, das gleiche gilt für Freibäder. Auch FKK-Fans finden immer wieder entsprechend markierte oder geduldete Badestellen im Freistaat – sogar mitten in Münchens Englischem Garten am Eisbach! Saisonunabhängigen Badespaß versprechen die verschiedenen Thermen. Besonders groß ist die Auswahl im Bäderdreieck südlich von Passau (Tour 12). Gleich fünf Wellnesstempel stehen dort innerhalb weniger Kilometer bereit. Die größte Therme der Welt bietet Erding, wenige Kilometer nordöstlich von München (Tour 1).

Ein- und Ausreise

Die Ein- und Ausreise gestaltet sich wenig spektakulär. Da Deutschland Mitglied des Schengen-Abkommens ist, finden zu EU-Ländern in der Regel keine Grenzkontrollen statt. Eine Ausnahme bilden die großen Grenzübergänge an den Autobahnen und Bundesstraßen, an denen seit einigen Jahren Sichtkontrollen durchgeführt werden (Stand 02/20). Ein Passdokument müssen Sie natürlich trotzdem mit sich führen. Für EU-Bürger und Schweizer reicht für einen Urlaubsaufenthalt ein Personalausweis bzw. Reisepass mit mindestens 90 Tagen Gültigkeit. Auch Kinder benötigen eigene Dokumente, schon seit 2012 ist ein Eintrag in den Ausweis der Eltern nicht mehr ausreichend. Für Ihr Fahrzeug müssen Sie neben dem Kfz-Schein als Ausländer eine grüne Versicherungskarte mitführen und als Fahrer natürlich einen Führerschein vorweisen können.
Spezielle Zollbestimmungen bestehen innerhalb der EU nur für Kunstgegenstände und Antiquitäten, sowie größere Mengen an Zigaretten (mehr als 800 Stück) und Alkohol. Zur Weiterreise in die Schweiz gibt es möglicherweise gesonderte Regelungen. Es bestehen keine speziellen Impfvorschriften.

Essen und Trinken

Die Versorgung mit Lebensmitteln gestaltet sich problemlos. Und auch das Angebot an wirklich guten Restaurants, urigen Bräustüberln oder Cafés ist bemerkenswert.
Sie werden im Buch auch immer wieder mal auf die Bezeichnung „echter" oder „bayerischer" Biergarten stoßen. Damit ist gemeint, dass Sie,

nach guter alter Tradition, Ihre Brotzeit in diese Gastgärten selbst mitbringen können und nur die Getränke vom Wirt abnehmen müssen. Ein Speisenangebot gibt es natürlich trotzdem.
Was so als typisch bayerisch gilt, dürfte allgemein bekannt sein... Klassiker wie Schweinsbraten, Haxn, Leberkäs, Fleischpflanzerl, Roll- und Krustenbraten haben es längst auf die Tische im ganzen deutschsprachigen Raum geschafft. Ein wenig spezieller wird es dann vielleicht bei Obazdn (Käse-Butter-Zubereitung), Weißwürsten (die man sehr wohl auch nach dem Zwölf-Uhr-Leuten essen darf und nicht zuzeln muss, Hauptsache Sie lassen die Pelle weg), Woll- und Milzwurst sowie Saurem Züngerl oder Schwammerl mit Semmelknödeln. Als Beilagen werden meist alle Arten von Kartoffeln, Krautsalat, Radi oder Brezn gereicht – und natürlich flüssig Brot, das bayerische Bier – „an Guadn"!

Fahrzeug und Technik

Da die Straßenverhältnisse in Bayern unproblematisch sind, muss Ihr Fahrzeug keinen speziellen Anforderungen genügen. Nur auf wenigen, schmalen Pass- und Nebenstraßen, wie zum Beispiel im Berchtesgadener Land, wird es für sehr große Wohnmobile über sieben Meter manchmal im wahrsten Sinne des Wortes etwas eng.
Sinnvoll in der Anschaffung ist eine **Solaranlage**, zumindest dann, wenn Sie nicht regelmäßig auf Campingplätzen Station machen möchten und trotzdem gerne für ein paar Tage in einer Gegend bleiben, ohne die Batterien durch weite Fahrtstrecken stetig zu laden. Am günstigsten kommt der Einbau in der Regel, wenn er gleich beim Kauf mit „einverhandelt" wird. **CE-Stromadapter-** und **Verlängerungskabel** gehören selbstverständlich auch immer ins Gepäck, genauso wie **Wasserschlauch mit Gewindeadaptern**, **Eimer**, **Gießkanne / Wassersack** und **Toilettenzusatz**, sofern Sie keine SOG-Anlage zur Entlüftung nutzen. Bei den Zusätzen achten Sie möglichst darauf, dass diese „grün" sind und die Umwelt so wenig wie möglich belasten. Der Einsatz normaler Chemiekeulen ist grundsätzlich problematisch, vor allem dann, wenn Toiletten nicht an die allgemeine Kanalisation angeschlossen sind. Das kommt sogar in Österreich öfters vor, als man meinen mag.
Unerlässlich sind außerdem **Unterlegkeile** für unebenes Gelände, zumindest wenn Sie nicht vor haben etwas mehr für unseren folgenden Tipp auszugeben.
Eine nicht ganz günstige aber äußerst praktische und in vielen Situationen goldwerte Investition ist außerdem eine **Luftfederung**, wie sie ab Werk bislang fast nur bei Fahrzeugen der Luxusklasse verbaut wird. Dabei werden die durch das hohe Grundgewicht des Womos ständig am Limit agierenden, herkömmlichen Federn durch Blasebälge ersetzt, die zukünftig die Nivellierung und Federung übernehmen. Dadurch wird nicht nur der Fahrkomfort und die Kurvenlage erheblich verbessert, vor allem bei großen Fahrzeugen ist das deutlich spürbar. Bei einer Vollluftfederung, bei der alle vier Federn getauscht und danach elektronisch einzeln angesteuert werden können, kommen noch eine ganze Reihe anderer Funktionen hinzu. Auf unebenen Böden sparen Sie sich Unterlegkeile, da das Fahrzeug auf Knopfdruck in die Waage gebracht werden kann, beim Entsorgen des Grauwassers lässt sich das Womo seitlich so stark absenken, dass auch Reste aus dem Tank laufen, die sonst leicht darin verbleiben und, gerade in warmen, sommerlichen Gefilden, für starke Geruchsbelästigung im Innenraum sorgen können. Einzeln oder im gesamten absenk- und anhebbare Vorder- und Hinterachse können außerdem

bei langsamer Fahrt die Gesamthöhe des Fahrzeugs verringern oder auf schlechten Wegen für größere Bodenfreiheit sorgen. Ein deutlich erhöhter Böschungswinkel hilft darüber hinaus z.B. beim Befahren steiler Rampen (z.B: bei Fähren), ohne Gefahr aufzusetzen. Ein Thema, dass vor allem bei Womos mit längerem Überhang immer wieder auftaucht. Praktisch ist auch die eingebaute Wiegefunktion, durch die Sie schon vor Fahrtantritt wissen, ob Sie noch im grünen Bereich sind, denn die maximal 3,5t vieler Womos ist vielmals erschreckend schnell erreicht... (Voll)luftfederungen sind von verschiedenen Anbietern zum nachträglichen Einbau erhältlich. Wir selbst nutzen seit Jahren das System der Fa. Goldschmitt und können es daher weiterempfehlen.

Feiertage, Ferien und freie Tage in Südbayern

- 1. Januar: Neujahr
- 6. Januar: Heilige drei Könige
- Faschingsdienstag: Einige Geschäfte / Behörden haben nachmittags geschlossen
- Karfreitag (wechselnde Daten des Kirchenkalenders)
- Ostersonn- und -montag (wechselnde Daten des Kirchenkalenders)
- 1. Mai: Tag der Arbeit
- Christi Himmelfahrt (wechselnde Daten des Kirchenkalenders)
- Pfingstsonn- und -montag (wechselnde Daten des Kirchenkalenders)
- Fronleichnam (wechselnde Daten des Kirchenkalenders)
- 15. August: Mariä Himmelfahrt
- 3. Oktober: Tag der deutschen Einheit
- 1. November: Allerheiligen
- Buß- und Bettag: Mittwoch vor dem 23. November, gilt nur für Schulen
- 24. Dezember: Heiligabend, Geschäfte sind nachmittags geschlossen
- 25. Dezember: 1. Weihnachtsfeiertag
- 26. Dezember: 2. Weihnachtsfeiertag
- 31. Dezember: Sylvester, Geschäfte sind nachmittags geschlossen

Es gelten folgende Schulferientermine: Weihnachtsferien (zwei Wochen, Ende Dezember bis Anfang Januar), Faschingsferien (eine Woche im Februar), Osterferien (zwei Wochen zwischen März und April), Pfingstferien (zwei Wochen zwischen Mai und Juni), Sommerferien (von Ende Juli bis Mitte September), Herbstferien (eine Woche zwischen Ende Oktober und Anfang November)

Gas

Die Versorgung ist in Deutschland bzw. Bayern ist völlig unproblematisch – es werden die gleichen grauen Tauschflaschen wie in Österreich verwendet. Sie sind im Campingfachhandel, mancherorts an Tankstellen oder z.B. in vielen Baumärkten erhältlich. Das Tauschen der leichteren Alugas-Flaschen ist an diesen Orten meist auch möglich. Sie können ein Verzeichnis der Handelspunkte online unter www.alugas.de abrufen. Das Schweizer System weicht ab und Flaschen können nur in Ausnahmefälle und mit Adaptern befüllt werden. Gastanks können an Gastankstellen gefüllt werden. Bitte informieren Sie sich, ob für Ihr System gegebenenfalls ein Adapter notwendig ist.

Geld und Preisniveau

Während im ländlichen Niederbayern das Preisniveau eher günstig ist, werden Sie, z.B. beim Essen gehen in den Touristenhochburgen Oberbayerns oder in München schon deutlich kräftiger zur Kasse gebeten. Sollte Ihnen Ihre Kredit-/Bankkarte abhanden kommen oder gar gestohlen werden, lassen Sie diese unbedingt noch vor Ort sperren.
Dafür gibt es in Deutschland eine zentrale Sperrrufnummer, an der aber leider nicht alle Geldinstitute partizipieren. Für die Schweiz gibt es verschiedene Nummern.
Informieren Sie sich daher unbedingt vor Reiseantritt bei Ihrem Kreditinstitut darüber und notieren Sie sich die Rufnummern.

Zentrale Sperrrufnummer (viele Bankkarten und Kreditkarten):
116 116 oder 030 4050 4050

Zentrale Sperrrufnummer für Mastercard
+49 69 79 33 19 10 oder +1 636 72 27 111

Zentrale Sperrrufnummer für Visa:
+49 69 79 33 19 10 oder +1 410 581 99 94

Zentrale Sperrrufnummer für American Express:
+49 69 97 97 20 00 (D und A), +41 44 65 96 333 (CH)

Zentrale Sperrrufnummer für Diners Club:
+49 69 900 15 01 35 (D), +43 1 50 13 51 35 (A), +41 58 880 88 00 (CH)

Haustiere

Sofern Sie mit Haustier aus dem Ausland anreisen, meistens wird es sich dabei um einen Hund handeln, können Sie ihn recht problemlos mitnehmen. Sie benötigen nur einen **EU-Heimtierausweis**, in dem eine gültige Tollwutimpfung nachgewiesen wird. Außerdem muss das Tier eindeutig gekennzeichnet sein. Seit 2011 ist dafür nur noch ein Mikrochip zulässig. Die gleichen Bestimmungen gelten auch für Katzen, zu anderen Tieren können wir hier keine genauen Informationen bereit stellen.

Beachten Sie, dass Hunde in Naturparks, Naturschutzgebieten und Nationalparks nur angeleint mitgenommen werden dürfen und an Badeseen im Sommer fast überall verboten sind. Die Mehrzahl der Campingplätze erlaubt Hunde bzw. Haustiere, normalerweise werden sie mit ein paar Euro pro Tag berechnet. Jedoch ist es auch hier fast überall Pflicht, Hunde während des Aufenthaltes strikt an der Leine zu führen.

Kinder

Beim Reisen mit Kindern müssen Sie keine speziellen Beschränkungen beachten. Je nach Interessenlage wird ein Urlaub in Bayern mit Kindern ganz hervorragend funktionieren. Viele Badeseen, interessante, teils kindgerecht gestaltete Wandermöglichkeiten und Themenwege, Museen, Höhlen und sportliche Aktivitäten lassen eine Reise zum Erlebnis werden. Alle regionalen Touristeninformationen helfen Ihnen gerne mit entsprechenden Infos weiter.

Konsularische Hilfe und Notrufnummern

Wir drücken Ihnen die Daumen, dass Sie keine der hier aufgeführten Nummern benötigen, denn in jedem Fall wäre das wohl mit einem mehr oder minder unerfreulichen Anlass verbunden. Nichts desto trotz ist im Notfall jede dieser Nummern goldwert, auch wenn die Heimat nicht weit ist.

Egal ob Sie Ihren Reisepass oder andere wichtige Dokumente verloren haben, beraubt wurden oder, aus welchen Gründen auch immer, festsitzen, hier wird Ihnen geholfen:

Für Österreich:

Österreichisches Generalkonsulat München:
Ismaninger Str. 136, 81675 München
Öffnungszeiten: Mo/Mi./Do./Fr. 9.00-12.00 Uhr, Di. 13.00-16.00 Uhr
Telefon Botschaft: +49 89 9 98 15 0, Fax +49 89 9 81 02 25
Internet: www.bmeia.gv.at/gk-muenchen
Öffnungszeiten: Mo.-Fr. 8.30-12.00 Uhr und 13.00-15.00 Uhr

Für die Schweiz:

Schweizer Generalkonsulat München:
Prinzregentenstr. 20, 80538 München
Telefon: +49 89 286 62 00, Fax +49 89 280 57 961
Internet: www.eda.admin.ch/muenchen
Öffnungszeiten: Mo.-Fr. 9.00-12.00 Uhr

Weitere wichtige Notrufnummern:

Polizei: 110
Feuerwehr und Rettungsdienst: 112
Ärztlicher Bereitschaftsdienst: 116 117

Kartenmaterial, Navigation und Literatur

Um sich auch auf Nebenstraßen gut zu recht zu finden, empfiehlt sich eine gute Karte des Landes. Unser Favorit ist die Freytag & Berndt-Karte **Bayern Süd, 1:200.000** ISBN 978-3-70790-447-5 (gibts auch im Shop auf www.womo.de).

Alle freien Übernachtungs- und Picknickplätze, Campingplätze sowie Parkplätze, vor allem in Innenstädten bzw. wenn sie außerorts nicht offensichtlich durch die Tourenbeschreibungen zu finden sind, haben wir Ihnen mit exakten GPS Daten angegeben. Jedes moderne, einigermaßen brauchbare Navigationsgerät bietet dafür die Möglichkeit an, eigene Koordinaten einzugeben.
Wählen Sie unter Optionen die von uns gewählte Darstellungsvariante mit Grad, Minuten und Sekunden aus und geben Sie die jeweiligen Koordinaten händisch ein oder besorgen Sie sich **die im Womo-Verlag erhältlichen Daten zum Download** und folgen Sie der Installationsanleitung. Natürlich sollte Ihr Navigationsgerät über entsprechendes Kartenmaterial von Bayern verfügen damit das alles klappt – das ist zwar bei so ziemlich allen mobilen Geräten Standard, aber nicht immer bei Festeinbauten, je nach Herkunftsland des Fahrzeugs.

Mit diesem Buch bringen wir Ihnen viele Informationen zu Sehenswürdigkeiten und ein klein wenig Kultur nähern. Trotzdem bleibt dieser Reiseführer auf Routen, Touren und Wissenswertes rund ums Wohnmobil spezialisiert. Für tiefergehende Informationen zu Städten, allen voran München, Kultur und Kunst, Wanderungen, Land und Leuten empfehlen wir Ihnen zusätzliche Reiseliteratur je nach Interessenlage – das Angebot ist riesig.

Mobilfunk und Internet

Die Versorgung mit Mobilfunk ist in ganz Bayern mittemäßig. Nicht immer haben Sie in entlegenen Winkeln und am Berg noch ein gutes Funksignal. Mit Internet sieht es leider noch schlechter aus. Auf Campingplätzen ist freies WLAN noch immer nicht Standard. Am Land sucht man mancherorts vergeblich nach gutem Netz. Dafür gehen immer mehr Städte und Gemeinden dazu über, im Zentrum freies WLAN anzubieten. Auch einige Gastronomiebetriebe bieten freies WLAN-Netz an. Die größten Erfolgschancen außerhalb der Ballungsräume haben Sie im Netz der Deutschen Telekom, gefolgt vom Vodafone-Netz. Im O2 / Telefonica-Netz sieht es dagegen meist schlechter aus.

Öffnungszeiten

Geschäfte haben regional recht unterschiedliche Öffnungszeiten. Die gesetzliche Regelung sieht aber vor, dass Geschäfte an Werktagen von 6.00-20.00 Uhr geöffnet haben dürfen, Bäckereien ab 5.30 Uhr. Sonntags ist allerorts geschlossen. Große Überlandtankstellen bieten oft ein breites Angebot verschiedenster Waren und haben teils rund um die Uhr geöffnet.

Pannenhilfe / Unfall

Wenn Sie eine Panne haben und Hilfe benötigen, können Sie diese über Ihre heimischen Automobilclubs erhalten. Hier die Notrufnummern der größten Clubs:

Deutschland
ADAC: +49 89 22 22 22 (Schaden) bzw. +49 89 76 76 76 bei Erkrankung
ACE: +49 711 53 03 43 536
AvD: +49 69 66 06 600

Österreich
ÖAMTC: +43 1 25 120 00
ARBÖ: +43 1 891 21 0

Schweiz
TCS: +41 58 827 27 27
ACS: +41 44 283 33 77

Falls Sie als Ausländer einen Unfall haben, empfiehlt sich ein **Europäischer Unfallbericht**, den Sie gemeinsam mit dem Unfallgegner vor Ort ausfüllen. Solche Vorlagen können Sie z.B. im Internet kostenfrei downloaden und ausdrucken.
In schwerwiegenderen Fällen, vor allem mit Personenschaden, müssen Sie auch die Polizei verständigen, schon um etwaigen Problemen mit der Versicherung vorzubeugen.

Reisezeit

Bayern hat fast das ganze Jahr über Saison, ganz nach Ihren Interessen. Frühjahr und Herbst sind die ideale Zeit, für Aktivurlaub, wenn Sie wandern und radeln möchten oder Städte besichtigen wollen. Allerdings kann im Hochgebirge teils bis in dem Mai hinein noch Schnee liegen. Der Sommer ist die ideale Zeit um gemütlich die vielen Biergärten zu erkunden und an einem der unzähligen Badeseen zu relaxen. Im Winter lockt Südbayern mit einer recht großen Zahl an Wintersportmöglichkeiten. Wir beschränken uns mit diesem Buch und den Tipps für Wohnmobilrundreisen aber in erster Linie auf die schneefreie Zeit.

Straßenverkehr / Maut

Bislang sind Bayerns Straßen noch mautfrei, ob und wann sich das ändern wird, steht in den Sternen. Nur Fahrzeuge über 7,5 t müssen LKW Maut zahlen. Das wird die wenigsten Wohnmobile betreffen. Falls doch erkundigen Sie sich bitte über das Mautsystem Toll-Collect unter www.toll-collect.de

Im Alpenraum sind einige wenige Staats- und Landesstraßen mautpflichtig. Wir weisen im Text darauf hin.

Hier noch einige wichtige Verkehrsregeln und -gegebenheiten:
- Erlaubte Geschwindigkeit in Orten: 50 km/h oder nach Beschilderung
- Erlaubte Geschwindigkeit außerorts: Bis 3,5 t 100 km/h oder nach Beschilderung, über 3,5 t 80 km/h
- Erlaubte Geschwindigkeit auf Autobahnen: Bis 3,5 t ohne Beschränkung (Richtgeschwindigkeit 130km/h), über 3,5 t 100 km/h
- Seit 2012 gibt es auf Autobahnen und Schnellstraßen die verpflichtende Rettungsgassen-Regelung. Das heißt, dass zwischen der linken und mittleren Spur bzw. zwischen den vorhandenen Spuren ausreichend Platz gelassen werden muss, um Rettungsfahrzeugen und Polizei das Durchkommen zu ermöglichen.
- Es gilt die 0,5 Promille Grenze
- Kinder unter 12 Jahren die kleiner als 150 cm sind, dürfen nur mit entsprechenden Kindersitzen befördert werden.
- Bei einer Panne außerhalb von Ortschaften müssen Warnwesten getragen werden. Das Mitführen einer solchen kann, genauso wie Verbandskasten und Warndreieck, kontrolliert und gegebenenfalls bei Nichtbeachtung bestraft werden.
- Telefonieren während der Fahrt ist nur mit Freisprecheinrichtung erlaubt
- Bei winterlichen Verhältnissen herrscht Winterausrüstungspflicht.

Tourismus

Vor allem Oberbayern ist eine ausgesprochene Tourismusregion. Die Möglichkeiten und Angebote sind derart vielfältig, dass man immer nur einen Bruchteil wahrnehmen kann.
Die einzelnen Informationsämter der Regionen halten vielfältige Unterlagen bereit, vom Wanderführer bis zum Campingplatzmerkblatt und von der Radkarte bis zum Berghüttenverzeichnis. Machen Sie ruhig Gebrauch von dem Angebot. Vorab können Sie sich online einen Überblick unter www.bayern.by verschaffen.

Übernachten

Campingplätze:

Die aufgeführten Campingplätze entlang der 15 Touren entsprechen allesamt einem Standard, der Ihnen alle benötigten Annehmlichkeiten gewährt. Das heißt Sie können überall mit ordentlichen Sanitäreinrichtungen rechnen, es gibt Ver- und Entsorgungsgelegenheiten und Stromanschlüsse. Viele bieten darüber hinaus Waschmaschinen und Trockner (gegen Extragebühr), einen Kiosk und / oder ein (Imbiss)Restaurant. WLAN ist leider bislang nicht überall eingerichtet, über die Hälfte der Plätze ist damit ausgestattet. Das Preisniveau ist für mitteleuropäische Verhältnisse eher günstig. Für eine Übernachtung zahlen Sie, je nach Saison und Platz, meistens zwischen 18 – 38 EUR, nur ganz wenige Luxus-Plätze reißen nach oben hin aus. Ein paar bieten überdies verbilligte Tarife für Wohnmobile an, wenn man nur für eine Nacht bleibt und das entsprechene Wohnmobilhafen-Angebot nutzt, diese haben wir an Ort und Stelle im Buch beschrieben.

Gastro-/Bauernhof-Stellplätze:

Einige Restaurants, Hotels und Bauernhöfe haben Stellplätze auf ihren Grundstücken für Wohnmobile eingerichtet. Manchmal beinhaltet dies nur die Erlaubnis am Parkplatz übernachten zu dürfen, teils kostenfrei und gegen Konsumation, andere haben richtige kleine Campingplätze aufgebaut oder bieten zumindest Wasser und / oder Toiletten / Duschen / Strom für den Aufenthalt an. Dann wird i.d.R. eine Gebühr fällig, die sich am Angebot bemisst und teils beinahe Campingplatzniveau erreichen kann. In den Stellplatzbeschreibungen sind dazu nähere Details angegeben.

(Freie) Stellplätze:

Viele Gemeinden stellen in Bayern offiziell freigegebene Stellplätze für Wohnmobile zur Verfügung. Das können einfache Parkplätze ohne Einrichtungen sein, die dann meist kostenlos sind. Andere sind mit Ver-/ Entsorgungssäulen ausgestattet, dann meist gegen eine Gebühr. Das freie Stehen ist in Deutschland, wenn nicht ausdrücklich verboten, erlaubt. Allerdings nur für eine Nacht und „zur Wiederherstellung der Fahrtüchtigkeit". Solche einfachen Stellplätze die uns geeignet erschienen, sind im Text teils nur klein angegeben. Wichtig ist, dass dort in der Regel nur max. 1 – 3 Fahrzeuge stehen sollten. Bitte beachten Sie das und verhalten Sie sich rücksichtsvoll. Breiten Sie kein Campingleben aus, sondern parken Sie wirklich nur über Nacht und hinterlassen Sie die Orte sauber. Nur dann werden Sie auch zukünftig nicht für Wohnmobile gesperrt.

Versorgung/Entsorgung

Die Zahl an Ver-/Entsorgungseinrichtungen ist meist ausreichend, wenn auch nicht gerade üppig. Auf allen Touren haben Sie Gelegenheiten Ihre Tanks zu füllen oder zu leeren. Nur „im Notfall" müssen Sie einmal einen Campingplatz dafür anfahren. Sehen Sie sich vorab die jeweiligen Tourenkarten an, dort sind alle Camping- und Stellplätze mit Ver-/Entsorgungseinheiten auf einen Blick erfasst und entsprechend vermerkt.

Wandern/Radfahren

Gleichwohl wie für Skifahrer im Winter herrschen fast schon paradiesische Zustände für Wanderer und Radfahrer in Südbayern. Das Angebot an Bergtouren, Flachlandwanderungen aber auch Radtouren aller Längen und Anforderungsstufen ist gigantisch. Kein Wanderführer kann alle Möglichkeiten umfassend darstellen und schon gar nicht dieses auf Wohnmobilreisen ausgelegte Buch.
Wir haben für Sie einige wenige Vorschläge gesammelt und textlich ausgeführt. Wenn Sie aber weitergehende Interessen haben, werden Sie nicht daran vorbeikommen, entsprechende Literatur zu besorgen oder im Internet bzw. bei den entsprechenden Tourismus-Stellen Material zu beschaffen. Es lohnt sich, denn einige der schönsten Naturerlebnisse werden Sie nur abseits von Straßen und Zivilisation haben.

Bildnachweis:

Alle Fotos in diesem Buch stammen von den Autoren, ausgenommen: © **Bavaria Filmstadt**, S. 67 oben, © **Chiemgau Therme**, S. 252 unten, © **Europatherme**, S. 294 unten, © **Dinosaurierpark Altmühltal**, S. 341 unten, © **Johannesbad**, S. 295 oben, © **Kurverwaltung Bad Birnbach**, S. 288, © **Salzbergwerk Berchtesgaden Südwestdeutsche Salzwerke AG**, S. 216, © **Therme Eins**, S. 294 oben , © **Therme Erding**, S. 53, © **Wohlfühltherme Bad Griesbach**, S. 291 oben | **Wikimedia Commons:** Matthias Schweigl S. 193, T. Then S. 226, ***CC BY-SA 2.0:*** Anna from Grassau S. 253, Björn Laczay S. 327 oben, H. Pohl S. 339, Heribert Bechen S. 342 oben, ***CC BY-SA 3.0:*** Brian Clontarf S. 352/353 unten, Christian Siewecke S. 331, Czanki S. 282; Foto Fitti S. 187, Flodur63 S. 284, G. Freihalter S. 365 unten, Gras-Ober S. 61, I. Berger S. 69 oben, K. Lackerbeck S. 285 unten, Pedelecs S. 349 oben, Rufus46 S. 65 unten, Unteroktav S. 335, ***CC BY-SA 4.0:*** Elcom Stadler S. 279 oben, Didi43 S. 336 unten, Fr. Anneser S. 317 unten, Inzeller Touristik GmbH S. 201, Michael Eicken Sa. 200, Nordenfan S. 217 unten, Rufus46 S. 363 unten, Thomas Ledl S. 276 unten, Uoaei1 S. 227

Kloster Benediktbeuren

Stichwortverzeichnis

Alle WOMO-Reiseführer auf einen Blick

Wohnmobilhandbuch	Reinhard Schulz
Wohnmobilkochbuch	Waltraud Roth-Schulz
Albanien	Ulrike und Frank Staub
Allgäu	Heiner Newe und Heiderose Thomsen-Newe
Andalusien	Christian und Christina Winkler
Auvergne	Esther Vergenz
Baden-Württemberg	Heiner Newe und Heiderose Thomsen-Newe
Baltikum	Stefanie Holtkamp und Andrea Bergmann
Bayern Nordosten	Heiner Newe und Heiderose Thomsen-Newe
Bayern Nordwesten	Heiner Newe und Heiderose Thomsen-Newe
Bayern Südosten	Christian und Christina Winkler
Belgien/Luxemburg	Ulrike und Frank Staub
Bretagne	Anette Scharla-Dey und Franz Peter Tschauner
Burgund	Ralf Gréus
Dänemark	Anke Globi
Elsass	Ralf Gréus
England Norden	Christian und Christina Winkler
England Süden	Christian und Christina Winkler
Finnland	Uwe und Annegret Rohland
Französische Alpen	Heiner Newe und Heiderose Thomsen-Newe
Französische Atlantikküste Nord	Esther Vergenz
Französischer Jura	Heiner Newe und Heiderose Thomsen-Newe
Griechenland	Reinhard Schulz und Waltraud Roth-Schulz
Harz	Heiner Newe und Heiderose Thomsen-Newe
Heitere Wohnmobil Geschichten	Peter Simm und Silvia Sussmann
Hessen Teil 1	Anette Scharla-Dey und Franz Peter Tschauner
Hessen Teil 2	Anette Scharla-Dey und Franz Peter Tschauner
Hunsrück/Mosel/Eifel	Anette Scharla-Dey und Franz Peter Tschauner
Irland	Uwe und Annegret Rohland
Island	Alexander und Jutta Ramin
Korsika	Reinhard Schulz und Waltraud Roth-Schulz
Kroatien/Montenegro	Peter Simm und Silvia Sussmann
Languedoc/Roussillon	Ralf Gréus
Lothringen	Friedrich Riehl und Toshiko Riehl-Takada
Ligurien	Ralf Gréus
Lüneburger Heide	Heiner Newe und Heiderose Thomsen-Newe
Marokko	Ulrike und Frank Staub
Mecklenburg-Vorpommern Teil 1	Stefanie Holtkamp und Andrea Bergmann
Mecklenburg-Vorpommern Teil 2	Stefanie Holtkamp und Andrea Bergmann
Mittelitalien	F. Riehl und T. Riehl-Takada, Klaus Huber
Münsterland	Regina Stockmann
Namibia	Frank Linke und Ute Nast-Linke
Neuseeland Nordinsel	Dieter Giesen und Andrea Lossen
Neuseeland Südinsel	Dieter Giesen und Andrea Lossen
Niederlande	Friedrich Riehl

Weitere Informationen in unserem Buchshop unter www.womo.de

Nord-Frankreich	Esther Vergenz
Nord-Spanien	Reinhard Schulz und Waltraud Roth-Schulz
Normandie	Anette Scharla-Dey und Franz Peter Tschauner
Norwegen Norden	Reinhard Schulz und Waltraud Roth-Schulz
Norwegen Süden	Reinhard Schulz und Waltraud Roth-Schulz
Ostfriesland	Heiner Newe und Heiderose Thomsen-Newe
Ost-Spanien	Reinhard Schulz und Waltraud Roth-Schulz
Österreich Osten	Christian und Christina Winkler
Österreich Westen	Christian und Christina Winkler
Peloponnes	Reinhard Schulz und Waltraud Roth-Schulz
Pfalz	Ralf Gréus
Piemont/Aostatal	Ralf Gréus
Polen Norden	Nicola Kluftinger
Polen Süden	Helmut und Angelika Breidenbach
Portugal Norden	Stephanie Seufert
Portugal Süden	Stephanie Seufert
Provence Osten/ Côte d'Azur	Ralf Gréus
Provence Westen/ Côte d'Azur	Ralf Gréus
Pyrenäen	Andrea Bergmann und Stefanie Holtkamp
Rumänien	Christian und Christina Winkler
Sachsen	Anette Scharla-Dey und Franz Peter Tschauner
Sardinien	Reinhard Schulz und Waltraud Roth-Schulz
Schleswig-Holstein	Heiner Newe und Heiderose Thomsen-Newe
Schottland	Uwe und Annegret Rohland
Schwarzwald/Bodensee	Ralf Gréus
Schweden Norden	Uwe und Annegret Rohland
Schweden Süden	Reinhard Schulz und Waltraud Roth-Schulz
Schweiz Osten	Andrea Bergmann und Stefanie Holtkamp
Schweiz Westen	Andrea Bergmann und Stefanie Holtkamp
Sizilien	Christian und Christina Winkler
Slowakei	Ulrike und Frank Staub
Slowenien	Peter Simm und Silvia Sussmann
Südafrika	Frank Linke und Ute Nast-Linke
Süditalien Osten	Reinhard Schulz und Waltraud Roth-Schulz
Süditalien Westen	Reinhard Schulz und Waltraud Roth-Schulz
Südtirol	Reinhard Schulz und Waltraud Roth-Schulz
Südwest-Frankreich	Stefanie Holtkamp und Andrea Bergmann
Thüringen	Katja Eisenschmidt
Toskana/Elba	Ralf Gréus
Trentino/Gardasee	Peter Simm und Silvia Sussmann
Tschechien	Steffen und Eva Peuker
Umbrien/Marken	Ralf Gréus
Ungarn	Peter Simm und Silvia Sussmann
Venetien/Friaul	Christian und Christina Winkler
Wales	Christian und Christina Winkler

Info-Blatt aus dem WOMO-Buch: Bayern SO '20

Lokalität Seite Datum
(Stellplatz, Campingplatz, Wandertour, Gaststätte, usw.)
unverändert gesperrt/geschlossen folgende Änderungen:

Lokalität Seite Datum
(Stellplatz, Campingplatz, Wandertour, Gaststätte, usw.)
unverändert gesperrt/geschlossen folgende Änderungen:

Lokalität Seite Datum
(Stellplatz, Campingplatz, Wandertour, Gaststätte, usw.)
unverändert gesperrt/geschlossen folgende Änderungen:

Lokalität Seite Datum
(Stellplatz, Campingplatz, Wandertour, Gaststätte, usw.)
unverändert gesperrt/geschlossen folgende Änderungen:

Lokalität Seite Datum
(Stellplatz, Campingplatz, Wandertour, Gaststätte, usw.)
unverändert gesperrt/geschlossen folgende Änderungen:

Lokalität Seite Datum
(Stellplatz, Campingplatz, Wandertour, Gaststätte, usw.)
unverändert gesperrt/geschlossen folgende Änderungen:

Meine E-Mail:

Rückmeldung bitte per Post oder an die Autoren-E-Mail:
Autoren-E-Mail: **winkler@womo.de**